Regional Innovation Index of China 2025

中国区域创新能力评价报告2025

中国科技发展战略研究小组   著
中国科学学与科技政策研究会

图书在版编目（CIP）数据

中国区域创新能力评价报告. 2025 / 中国科技发展战略研究小组，中国科学学与科技政策研究会著. 北京：知识产权出版社，2025. 9. — ISBN 978-7-5245-0099-5

Ⅰ. F127

中国国家版本馆 CIP 数据核字第 2025NB3946 号

策划编辑：李　潇　　　　　　　　　责任校对：谷　洋
责任编辑：韩　冰　武　晋　　　　　责任印制：孙婷婷
封面设计：杰意飞扬·张　悦

中国区域创新能力评价报告 2025

中国科技发展战略研究小组　中国科学学与科技政策研究会　著

出版发行：知识产权出版社有限责任公司	网　　址：http://www.ipph.cn
社　　址：北京市海淀区气象路 50 号院	邮　　编：100081
责编电话：010-82000860 转 8126	责编邮箱：83930393@qq.com
发行电话：010-82000860 转 8101/8102	发行传真：010-82000893/82005070/82000270
印　　刷：北京九州迅驰传媒文化有限公司	经　　销：新华书店、各大网上书店及相关专业书店
开　　本：787mm×1092mm　1/16	印　　张：16.5
版　　次：2025 年 9 月第 1 版	印　　次：2025 年 9 月第 1 次印刷
字　　数：360 千字	定　　价：118.00 元
ISBN 978-7-5245-0099-5	

出版权专有　侵权必究
如有印装质量问题，本社负责调换。

《中国区域创新能力评价报告2025》

编辑委员会

主　　任：柳卸林

副 主 任：高太山　杨博旭

执 笔 人：柳卸林　高太山　杨博旭　徐晓丹　常馨之
　　　　　丁雪辰　杨培培　吉晓慧　朱浪梅　孔祥茹

中国科技发展战略研究小组成员简介

方　新　　中国科学院大学公共政策与管理学院原院长　教授

柳卸林　　中国科学院大学中国创新创业研究中心主任　教授

薛　澜　　清华大学苏世民书院院长　教授

王春法　　中国国家博物馆原馆长

胡志坚　　中国科学学与科技政策研究会副理事长　研究员

穆荣平　　中国科学院科技战略咨询研究院　研究员

王昌林　　国家发展和改革委员会副主任

游光荣　　军事科学院　研究员

高世楫　　国务院发展研究中心资源与环境政策研究所所长　研究员

苏　竣　　清华大学公共管理学院　教授

肖广岭　　清华大学科技与社会研究所　教授

高太山　　国务院发展研究中心企业研究所　研究员

前 言

《中国区域创新能力评价报告》（以下简称《评价报告》）是以中国区域创新体系建设为主题的综合性、连续性的年度研究报告，对各省（自治区、直辖市）创新能力进行分析比较为核心内容。从 1999 年起，中国科技发展战略研究小组每年推出一本《评价报告》。《评价报告》以区域创新体系理论为指导，借助中国科技发展战略研究小组多年形成的评价方法，利用大量的统计数据，综合、客观及动态地给出各省（自治区、直辖市）创新能力的排名与分析，为地方政府了解本地区创新能力提供参考。中国科技发展战略研究小组是一个团结、目标一致、工作认真、富有责任感的开放性研究团队。其主要成员来自科技部、中国科学院、中国社会科学院、国务院发展研究中心、清华大学、军事科学院等单位。

为了更好地展示各区域创新能力的动态演化过程，《评价报告》自 2021 年起增加了对各地区区域创新能力排名变化的分析。从 2023 年开始，《评价报告》突出了地区的创新能力优势和劣势分析，有利于各地区快速了解本地区区域创新情况。按照数据来源公开可比的要求，《评价报告》使用滞后两年的统计数据，即 2025 年的评价结果是基于 2023 年的数据完成的。

在综合评价与系统分析的基础上，本年度报告分为三篇：第一篇是中国区域创新能力分析，重点反映当年区域创新能力排名的总体情况；第二篇是各省（自治区、直辖市）区域创新能力分析，包括各地区优劣势指标分析；第三篇是附录。

2025 年《政府工作报告》指出，"优化国家战略科技力量布局，推进科研院所改革，探索国家实验室新型科研组织模式，增强国际和区域科技创新中心辐射带动能力。""加大区域战略实施力度。发挥区域协调发展战略、区域重大战略、主体功能区战略的叠加效应，积极培育新的增长极。""支持经济大省挑大梁，在要素保障、科技创新、改革开放先行先试等方面制定支持政策。"全面部署新的一年我国在区域布局、重大战略和科技创新等方面的工作，为我国区域创新发展提供了新的战略指引。结合本年度区域创新能力评价结果，当前我国区域创新格局呈现以下特征。

一是持续推进区域创新高地建设，分布式创新体系初步形成。2016年，国务院印发的《"十三五"国家科技创新规划》（以下简称《科创规划》）中正式提出"创新高地"的概念，强调其在落实国家区域发展总体战略、创新体制机制、集聚创新资源和带动区域创新水平跃升等方面的重要作用。近年来，国家持续部署和推动创新高地建设。2018年5月，习近平总书记在中国科学院第十九次院士大会、中国工程院第十四次院士大会上提出"努力成为世界主要科学中心和创新高地"的重要论断；2021年3月，《求是》杂志发表习近平总书记重要文章《努力成为世界主要科学中心和创新高地》，深入探讨了建设科学中心和创新高地的重要性和紧迫性，为创新高地建设提供了根本遵循。2021年9月，习近平总书记在中央人才工作会议上强调"加快建设世界重要人才中心和创新高地"，为创新高地建设路径提供重要指导。2024年10月以来，《国家空间科学中长期发展规划（2024—2050年）》和国务院密集批复的杭州、南京、郑州等多个地区的"国土空间总体规划（2021—2035年）"，都将"创新高地"建设作为重要发展目标。2025年4月29日，习近平总书记在上海考察时强调，上海承担着建设国际科技创新中心的历史使命，要抢抓机遇，以服务国家战略为牵引，不断增强科技创新策源功能和高端产业引领功能，加快建成具有全球影响力的科技创新高地。创新高地具有强大创新引领能力和竞争力，依托创新高地建设，不仅能够有效发挥本地科技创新优势，带动周边形成创新合力，还有助于推动周边地区串点成线、连线成片，促进区域之间的优势互补，形成分布式创新体系，最终促进国家创新体系整体效能的提升。

二是科技金融制度不断完善，支撑科技与产业深度融合。党的二十届三中全会明确提出，要构建同科技创新相适应的科技金融体制，加强对国家重大科技任务和科技型中小企业的金融支持。全国科技大会和中央金融工作会议也对科技金融作出了具体部署，要求金融管理部门、科技部门和金融机构深化金融供给侧结构性改革，推动金融、科技、产业融合发展。为加快构建同科技创新相适应的科技金融体制，支撑高水平科技自立自强和科技强国建设，2024年以来，国家金融监督管理总局《关于加强科技型企业全生命周期金融服务的通知》和中国人民银行等七部门《关于扎实做好科技金融大文章的工作方案》相继出台，构建了覆盖信贷、债券、创投等多渠道的政策矩阵，尤其在科创企业全生命周期服务、知识产权融资、资本市场对接等领域形成细化指引。2025年5月13日，科技部、中国人民银行、国家金融监督管理总局等七部门联合发布《加快构建科技金融体制 有力支撑高水平科技自立自强的若干政策举措》，旨在构建同科技创新相适应的科技金融体制。在全球化竞争格局深刻变革的背景下，科技创新已成为大国博弈的核心战场，各地也在结合自身特点，持续推出科技金融相关政策措施，地方政府同步探索差异化实践，不断优化科技金融制度，如北京落地"创新积分贷"、上海推行知识产权证券化项目、江苏完善"苏创融"产品模式。

三是人工智能技术蓬勃发展，赋能区域创新能力快速提升。2025年伊始，"杭州六小龙"的横空出世，再次引起各行各业对人工智能技术的广泛关注。人工智能的强赋能作用，使其成为新一轮科技革命和产业变革的重要驱动力量，将对全球经济社会发展和人类文明进步产生深远影响。我国在人工智能领域持续发力，跻身世界第一梯队，截至2025年4月9日，我国人工智能专利申请量达1 576 379件，占全球申请量的38.58%，位居全球首位，我国已累计培育400余家人工智能领域国家级专精特新"小巨人"企业，占据了全球十分之一的人工智能产业规模，形成了完整的人工智能产业体系。[①] 2025年《政府工作报告》提出，持续推进"人工智能+"行动，将数字技术与制造优势、市场优势更好结合起来，支持大模型广泛应用，大力发展智能网联新能源汽车、人工智能手机和电脑、智能机器人等新一代智能终端以及智能制造装备。各地持续出台相关举措，布局人工智能产业，推动人工智能与传统产业融合，提升区域创新能力。湖南省工业和信息化厅发布《湖南省人工智能产业发展三年行动计划（2024—2026年）》。该计划提出，到2026年，全省智能算力达到3600PFlops，人工智能产业规模突破1000亿元。北京市发展和改革委员会等部门联合发布《北京市推动"人工智能+"行动计划（2024—2025年)》，从标杆应用、示范性应用、商业化应用等维度谋划推动人工智能应用落地，构建大模型赋能经济社会发展的全景图。四川省印发《四川省人工智能产业链总体工作方案（2024—2027年)》，明确未来三年四川人工智能产业发展的主要目标、发展布局和重点任务，计划到2027年，产业规模突破2000亿元。

四是创新格局略有变动，区域创新基础支撑不断加强。在习近平新时代中国特色社会主义思想指引下，各地推动科技创新和产业创新深度融合，打造高效能区域创新体系。领先格局基本稳定，2025年排名前5位没有变化，依次为广东、江苏、北京、浙江和上海。从排名变化情况看，2025年排名上升的地区有10个，其中，甘肃排名上升5位，重庆、内蒙古和

---

① 《我国已形成完整人工智能产业体系》：https：//www.gov.cn/yaowen/shipin/202504/content_7021303.htm.

云南均上升4位，中西部地区创新驱动发展取得较好成效；排名下降的地区有11个，其中，黑龙江下降5位，创新排名下降的态势尚未扭转。2025年区域创新能力得分依然呈现明显的梯队分布，广东、江苏、北京、浙江、上海和山东的区域创新能力综合得分在40分以上，具有明显的领先优势；湖北、安徽和湖南得分在30分以上，具有一定竞争力。从创新能力相对得分的动态变化来看，广东区域创新领先优势开始缩小，江苏、浙江、上海和山东进步较为明显。不同省市创新实力、创新潜力和创新效率差异较大。大省大市在创新实力方面依然占据优势，直辖市在综合效率指标排名中表现较好，部分追赶地区在综合潜力指标排名中靠前。科技指标增长明显，创新驱动发展的基础不断增强，财政科技支出、规模以上工业企业研发经费投入、全国发明专利申请量、规模以上工业企业新产品销售收入等指标增长明显。

由于资料的限制，本报告没有涉及台湾地区、香港和澳门特别行政区的创新发展情况。

由于本报告是集体完成的，文字风格不尽统一，加之时间紧迫、经验有限，虽数易其稿，但仍有许多不尽如人意之处，欢迎各界批评指正。

《中国区域创新能力评价报告》课题组

2025年6月24日

第一篇　2025年中国区域创新能力分析

第1章　全国区域创新能力排名　3
　1.1　总体概述　3
　1.2　综合指标排名　4
　1.3　实力指标排名　9
　1.4　效率指标排名　11
　1.5　潜力指标排名　13
　1.6　其他重要指标排名　14

第2章　决定创新能力强弱的因素分析　23
　2.1　领先地区　23
　2.2　创新能力与经济发展、居民消费及教育水平的关系　28
　2.3　研发投入金额及投入强度　30
　2.4　各地区研发经费投入使用结构　36
　2.5　从专利申请量看创新能力分布　38

第3章　区域创新能力评价的方法与意义　42
　3.1　区域创新能力评价的意义　42
　3.2　评价体系与分析框架　43

第二篇　区域创新能力分省（自治区、直辖市）报告

第4章　各地区创新能力分析　51
　4.1　北京市　51

4.2	天津市	55
4.3	山西省	58
4.4	河北省	62
4.5	内蒙古自治区	65
4.6	辽宁省	69
4.7	吉林省	73
4.8	黑龙江省	77
4.9	上海市	80
4.10	江苏省	84
4.11	浙江省	88
4.12	安徽省	92
4.13	福建省	96
4.14	江西省	100
4.15	山东省	103
4.16	河南省	107
4.17	湖北省	111
4.18	湖南省	114
4.19	广东省	118
4.20	广西壮族自治区	122
4.21	海南省	126
4.22	重庆市	130
4.23	四川省	134
4.24	贵州省	137
4.25	云南省	141
4.26	西藏自治区	145
4.27	陕西省	148
4.28	甘肃省	152
4.29	青海省	155
4.30	宁夏回族自治区	158
4.31	新疆维吾尔自治区	162

第三篇 附 录

附录 A	区域创新能力评价指标含义和数据来源	169
附录 B	区域创新能力分地区基本指标	177

图 B - 1	11101 研究与试验发展全时人员当量（人年）	177
图 B - 2	11102 每万人平均研究与试验发展全时人员当量（人年）	178
图 B - 3	11103 研究与试验发展全时人员当量增长率（%）	178
图 B - 4	11201 财政科技支出（亿元）	179
图 B - 5	11202 财政科技支出占 GDP 的比例（%）	179
图 B - 6	11203 财政科技支出增长率（%）	180
图 B - 7	12101 发明专利申请受理数（不含企业）（件）	180
图 B - 8	12102 每万名研发人员发明专利申请受理数（件）	181
图 B - 9	12103 发明专利申请受理数（不含企业）增长率（%）	181
图 B - 10	12104 每亿元研发经费内部支出产生的发明专利申请数（件）	182
图 B - 11	12201 发明专利授权数（件）	182
图 B - 12	12202 每万名研发人员发明专利授权数（件）	183
图 B - 13	12203 发明专利授权数增长率（%）	183
图 B - 14	12204 每亿元研发经费内部支出产生的发明专利授权数（件）	184
图 B - 15	13101 国内论文数（篇）	184
图 B - 16	13102 每十万研发人员平均发表的国内论文数（篇）	185
图 B - 17	13103 国内论文数量增长率（%）	185
图 B - 18	13201 国际论文数（篇）	186
图 B - 19	13202 每十万研发人员平均发表的国际论文数（篇）	186
图 B - 20	13203 国际论文数增长率（%）	187
图 B - 21	21111 作者同省异单位科技论文数（篇）	187
图 B - 22	21112 每十万研发人员作者同省异单位科技论文数（篇）	188
图 B - 23	21113 作者同省异单位科技论文数增长率（%）	188
图 B - 24	21121 作者异省合作科技论文数（篇）	189
图 B - 25	21122 每十万研发人员作者异省科技论文数（篇）	189
图 B - 26	21123 作者异省科技论文数增长率（%）	190
图 B - 27	21131 作者异国合作科技论文数（篇）	190
图 B - 28	21132 每十万研发人员作者异国科技论文数（篇）	191
图 B - 29	21133 作者异国科技论文数增长率（%）	191
图 B - 30	21201 高校研发经费内部支出额中来自企业的资金（万元）	192
图 B - 31	21202 高校研发经费内部支出额中来自企业资金的比例（%）	192
图 B - 32	21203 高校研发经费内部支出额中来自企业资金增长率（%）	193
图 B - 33	22101 合作申请发明专利数（件）	193

图 B-34	22102 每万名研发人员合作申请发明专利数（件）	194
图 B-35	22103 合作申请发明专利数增长率（%）	194
图 B-36	22201 规模以上工业企业国内技术成交额（万元）	195
图 B-37	22202 规模以上工业企业平均国内技术成交额（万元/项）	195
图 B-38	22203 规模以上工业企业国内技术成交额增长率（%）	196
图 B-39	22301 规模以上工业企业国外技术引进金额（万元）	196
图 B-40	22302 规模以上工业企业平均国外技术引进金额（万元/项）	197
图 B-41	22303 规模以上工业企业国外技术引进金额增长率（%）	197
图 B-42	23001 实际使用外资金额（亿美元）	198
图 B-43	23002 实际使用外资金额占 GDP 的比重（%）	198
图 B-44	23003 实际使用外资金额占 GDP 的比重增长率（%）	199
图 B-45	31101 规模以上工业企业研发人员数（万人）	199
图 B-46	31102 规模以上工业企业就业人员中研发人员比重（%）	200
图 B-47	31103 规模以上工业企业研发人员增长率（%）	200
图 B-48	31201 规模以上工业企业研发活动经费内部支出总额（亿元）	201
图 B-49	31202 规模以上工业企业研发活动经费内部支出总额占销售收入的比例（%）	201
图 B-50	31203 规模以上工业企业研发活动经费内部支出总额增长率（%）	202
图 B-51	31301 规模以上工业企业有研发活动的企业数（家）	202
图 B-52	31302 规模以上工业企业中有研发活动的企业占总企业数的比例（%）	203
图 B-53	31303 规模以上工业企业有研发活动的企业数量增长率（%）	203
图 B-54	32101 规模以上工业企业发明专利申请数（件）	204
图 B-55	32102 规模以上工业企业每万名研发人员平均发明专利申请数（件）	204
图 B-56	32103 规模以上工业企业发明专利申请增长率（%）	205
图 B-57	32201 规模以上工业企业有效发明专利数（件）	205
图 B-58	32202 每万家规模以上工业企业平均有效发明专利数（件）	206
图 B-59	32203 规模以上工业企业有效发明专利增长率（%）	206
图 B-60	33101 规模以上工业企业研发经费外部支出（万元）	207
图 B-61	33102 规模以上工业企业平均研发经费外部支出（万元/家）	207
图 B-62	33103 规模以上工业企业研发经费外部支出增长率（%）	208
图 B-63	33201 规模以上工业企业技术改造经费支出（万元）	208
图 B-64	33202 规模以上工业企业平均技术改造经费支出（万元/家）	209
图 B-65	33203 规模以上工业企业技术改造经费支出增长率（%）	209

图 B – 66	33301 有电子商务交易活动的企业数（家）	210
图 B – 67	33302 有电子商务交易活动的企业数占总企业数的比例（%）	210
图 B – 68	33303 有电子商务交易活动的企业数增长率（%）	211
图 B – 69	34001 规模以上工业企业新产品销售收入（亿元）	211
图 B – 70	34002 规模以上工业企业新产品销售收入占营业收入的比重（%）	212
图 B – 71	34003 规模以上工业企业新产品销售收入增长率（%）	212
图 B – 72	41111 移动电话用户数（万户）	213
图 B – 73	41112 移动电话普及率（部/百人）	213
图 B – 74	41113 移动电话用户数增长率（%）	214
图 B – 75	41121 移动互联网接入流量（万 GB）	214
图 B – 76	41122 移动互联网人均接入流量（GB）	215
图 B – 77	41123 移动互联网接入流量增长率（%）	215
图 B – 78	41211 科技企业孵化器数量（个）	216
图 B – 79	41212 平均每个科技企业孵化器创业导师人数（人）	216
图 B – 80	41213 科技企业孵化器增长率（%）	217
图 B – 81	42101 按目的地和货源地划分进出口总额（亿美元）	217
图 B – 82	42102 按目的地和货源地划分进出口总额占 GDP 比重（%）	218
图 B – 83	42103 按目的地和货源地划分进出口总额增长率（%）	218
图 B – 84	42201 科技服务业从业人员数（万人）	219
图 B – 85	42202 科技服务业从业人员占第三产业从业人员比重（%）	219
图 B – 86	42203 科技服务业从业人员增长率（%）	220
图 B – 87	42301 居民人均消费支出（元）	220
图 B – 88	42303 居民人均消费支出增长率（%）	221
图 B – 89	43101 教育经费支出（亿元）	221
图 B – 90	43102 教育经费支出占 GDP 的比例（%）	222
图 B – 91	43103 教育经费支出增长率（%）	222
图 B – 92	43201 6 岁及 6 岁以上人口中大专以上学历人口数（抽样数）（人）	223
图 B – 93	43202 6 岁及 6 岁以上人口中大专以上学历人口所占的比例（%）	223
图 B – 94	43203 6 岁及 6 岁以上人口中大专以上学历人口增长率（%）	224
图 B – 95	44111 科创板上市公司市值（亿元）	224
图 B – 96	44112 科创板上市公司平均市值（亿元/个）	225
图 B – 97	44113 科创板上市公司市值增长率（%）	225
图 B – 98	44211 科技企业孵化器当年获风险投资额（万元）	226

图 B-99	44212 科技企业孵化器当年获风险投资强度（万元/项）	*226*
图 B-100	44213 科技企业孵化器当年获风险投资额增长率（%）	*227*
图 B-101	44221 科技企业孵化器孵化基金总额（万元）	*227*
图 B-102	44222 平均每个科技企业孵化器孵化基金额（万元）	*228*
图 B-103	44223 科技企业孵化器孵化基金总额增长率（%）	*228*
图 B-104	45101 高新技术企业数（家）	*229*
图 B-105	45102 每百亿 GDP 所拥有的高新技术企业数（家）	*229*
图 B-106	45103 高新技术企业数增长率（%）	*230*
图 B-107	45201 科技企业孵化器当年毕业企业数（家）	*230*
图 B-108	45202 平均每个科技企业孵化器当年毕业企业数（家）	*231*
图 B-109	45203 科技企业孵化器当年毕业企业数增长率（%）	*231*
图 B-110	51001 地区 GDP（亿元）	*232*
图 B-111	51002 人均 GDP 水平（元）	*232*
图 B-112	51003 地区 GDP 增长率（%）	*233*
图 B-113	52101 第三产业增加值（亿元）	*233*
图 B-114	52102 第三产业增加值占 GDP 的比例（%）	*234*
图 B-115	52103 第三产业增加值增长率（%）	*234*
图 B-116	52201 高技术产业新产品销售收入（亿元）	*235*
图 B-117	52202 高技术产业新产品销售收入占主营业务收入的比重（%）	*235*
图 B-118	52203 高技术产业新产品销售收入增长率（%）	*236*
图 B-119	53001 高技术产品出口额（百万美元）	*236*
图 B-120	53002 高技术产品出口额占地区出口总额的比重（%）	*237*
图 B-121	53003 高技术产品出口额增长率（%）	*237*
图 B-122	54101 城镇登记失业人员（万人）	*238*
图 B-123	54102 城镇登记失业率（%）	*238*
图 B-124	54103 城镇登记失业人员增长率（%）	*239*
图 B-125	54201 高新技术产业就业人数（人）	*239*
图 B-126	54202 高新技术产业就业人数占总就业人数的比例（%）	*240*
图 B-127	54203 高新技术产业就业人数增长率（%）	*240*
图 B-128	55101 万元地区生产总值能耗（等价值）（吨标准煤）	*241*
图 B-129	55103 万元地区生产总值能耗（等价值）增长率（%）	*241*
图 B-130	55201 电耗总量（亿千瓦时）	*242*
图 B-131	55202 每万元 GDP 电耗总量（千瓦时）	*242*

图 B－132　55203 电耗总量增长率（％）　243

图 B－133　55301 废水中主要污染物排放量（万吨）　243

图 B－134　55302 每亿元 GDP 废水中主要污染物排放量（吨）　244

图 B－135　55303 废水中主要污染物排放量增长率（％）　244

图 B－136　55401 废气中主要污染物排放量（万吨）　245

图 B－137　55402 每亿元 GDP 废气中主要污染物排放量（吨）　245

图 B－138　55403 废气中主要污染物排放量增长率（％）　246

中国区域创新能力评价报告2025

第一篇

2025年中国区域创新能力分析

第1章 全国区域创新能力排名

1.1 总体概述

自1999年以来，中国科技发展战略研究小组已经连续26年对全国31个省（自治区、直辖市）创新能力进行评价分析，对促进我国区域创新能力的提升做出了重要的贡献。

近年来，各地因地制宜发展新质生产力，2025年的分析基于2023年的统计数据，区域分布呈现出以下新的特点。

一是整体创新格局趋于稳定，部分追赶地区进步明显。2025年广东区域创新能力排第1位，江苏排第2位，北京排第3位，浙江和上海分别排第4位和第5位，前5位较上年没有变化。从排名变化情况看，2025年排名上升的地区有10个，其中，甘肃排名上升5位，重庆、内蒙古和云南均上升4位，中西部地区创新驱动发展取得较好成效；排名下降的地区有11个，其中，黑龙江下降5位，创新排名下降的态势尚未扭转。

二是领先格局基本稳定，2025年区域创新能力得分依然呈现明显的梯队分布，广东、江苏、北京、浙江、上海和山东的区域创新能力综合得分在40分以上，具有明显的领先优势；湖北、安徽和湖南得分在30分以上，具有一定竞争力。从创新能力相对得分的动态变化来看，广东区域创新领先优势开始缩小，江苏、浙江、上海和山东进步较为明显。

三是追赶地区的差异性和排名波动依然较大。部分地区创新驱动发展取得较好成效，甘肃排名上升5位，重庆、内蒙古和云南均上升4位；新疆进一步延续上年上升趋势，比上年提升2位。也有部分地区呈现下降趋势，黑龙江尚未扭转下降态势，比上年下降5位；陕西和广西均下降4位，山西下降3位，江西和贵州均下降2位。

四是不同地区创新实力、创新潜力和创新效率差异较大。大省大市在创新实力方面依然占据优势，2025年广东、江苏、浙江、山东和北京位列前5位，其中，山东超过北京，排名提升1位；上海排第6位，天津排第17位，重庆排第15位，与上年保持一致。在综合效率指标排名中，北京、上海和浙江位居前三名，其中，浙江提升1位；江苏和广东分别排第4位和第5位；天津排第6位，重庆排第11位。在综合潜力指标排名中，海南排第1位，与上年保持一致；内蒙古排第2位，比上年上升1位；新疆排第3位，比上年上升5位；山东排第4位，比上年下降2位；湖北排第5位，比上年上升1位。

五是科技指标增长明显，创新驱动发展的基础不断增强。2023年政府财政科技支出总量为7514.67亿元，较上年增长10.24%，其中，内蒙古和吉林投入增速遥遥领先，分别达到74.35%和72.05%，山西、上海、青海、天津、甘肃、陕西和新疆7个地区增速也超过20%。全国规模以上工业企业研发经费投入达到20 969.86亿元，较上年增长8.31%；其中，广东、江苏、浙江、山东和湖南5个地区企业研发经费投入达11 367.23亿元，5个地区投入总和占全国的比重为54.2%。从研发经费投入结构看，2023年各地区研发经费使用仍然以试验发展为主。除北京和甘肃外，其他29个地区试验发展经费占比超过60%。2023年，全国发明专利申请数为1 511 361件，较上年增长4.06%；从增速来看，2023年专利申请数增速最高的地区为海南，提升了21.74%，内蒙古和新疆紧随其后，增长速度均超过15%。截至2023年全国共有高技术企业454 449家，较上年增加130 337家。2023年全国规模以上工业企业新产品销售收入总和341 334.05亿元，较上年增长4.07%，有14个地区新产品销售收入增加，其中，西藏增长最快，达到74.35%；17个地区出现负增长，其中，青海下降最快，达到-45.2%。

总体上看，各地区创新能力稳步提升，一些关键性基础指标增长明显，但也有一些地区创新投入及产出有所下滑，区域之间指标变动差异较大，发展不充分不协调问题较为突出。

1.2 综合指标排名

2025年广东区域创新能力依然保持第1位，连续9年居全国首位；江苏排第2位，北京排第3位，浙江和上海依然排第4位和第5位，前5位排名较上年没有变化。进入前10名的地区还有山东、湖北、安徽、湖南和重庆，其中，重庆上升4位跻身全国前10位（图1-1）。

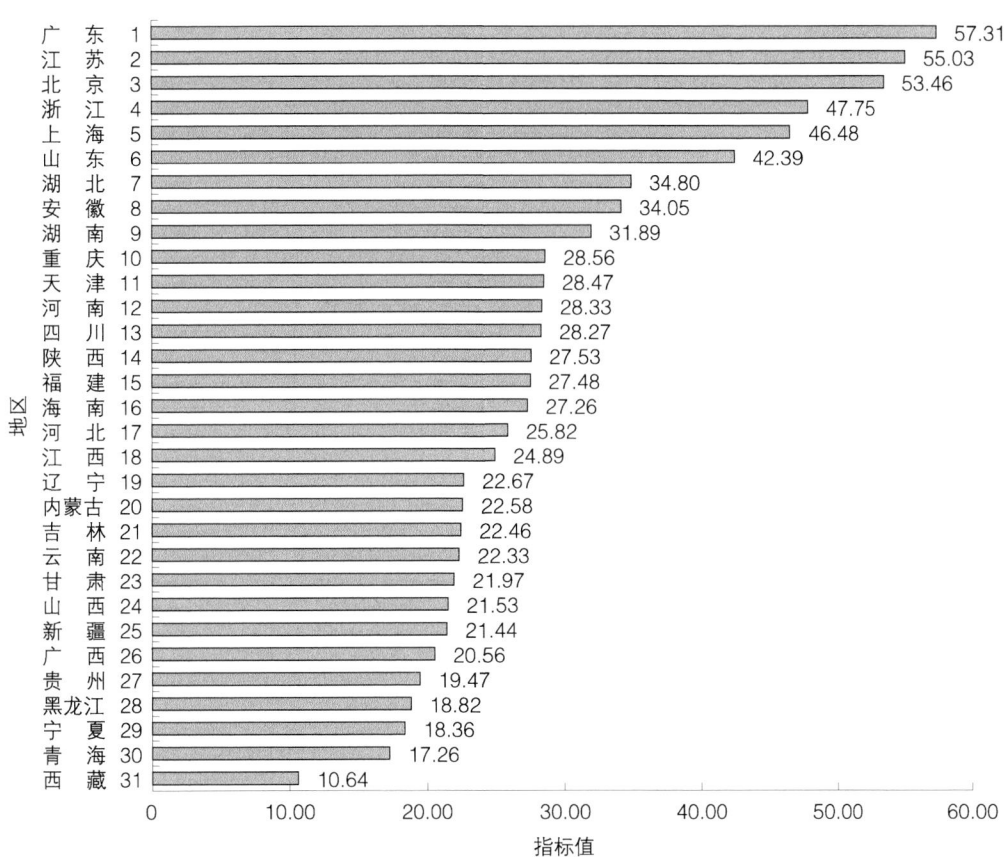

图1-1 2025年我国区域创新能力综合排名

从排名前10位的地区来看，2025年广东、江苏、北京、浙江、上海和山东的区域创新能力综合得分在40分以上，具有明显的领先优势；湖北、安徽和湖南得分在30分以上，具有一定竞争力。从创新能力相对得分的动态变化来看，广东在经历高速发展后，领先优势开始缩小，其他领先地区大多呈现追赶态势。其中，江苏、浙江、上海和山东进步较为明显（图1-2）。

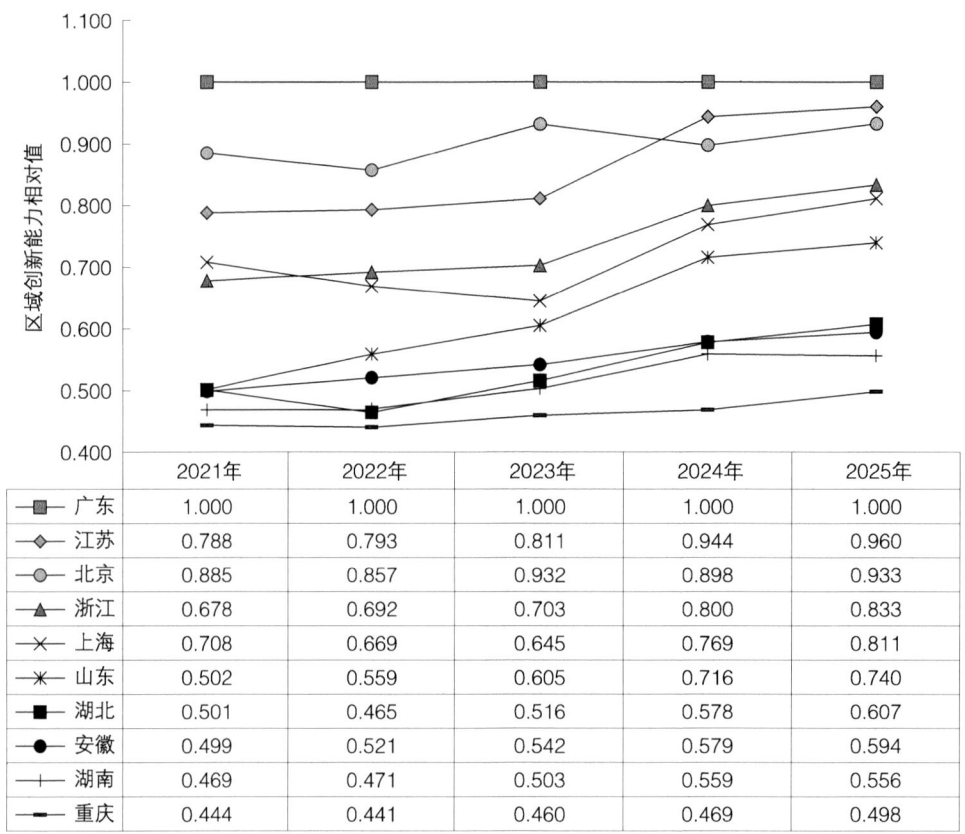

图 1-2 2021—2025 年区域创新能力变化情况

从排名变化情况看，2025 年排名上升的地区有 10 个，分别是甘肃、重庆、内蒙古、云南、河北、新疆、湖北、河南、海南和宁夏。其中，甘肃排名上升 5 位，创新转型效果明显；重庆、内蒙古和云南均上升 4 位，中西部地区创新驱动发展取得较好成效。河北和新疆均上升 2 位，新疆进一步延续上年上升趋势。2025 年排名下降的地区有 11 个，包括黑龙江、陕西、广西、山西、江西、贵州、安徽、四川、辽宁、吉林和青海。其中，黑龙江下降 5 位，创新排名持续下降的态势尚未扭转；陕西和广西均下降 4 位，山西下降 3 位，江西和贵州均下降 2 位，中西部地区创新驱动发展依然面临困境（表 1-1）。

表 1-1 2024—2025 年各地区创新能力排名与排名变化

地区	2025 年排名	2024 年排名	排名变化	地区	2025 年排名	2024 年排名	排名变化
广东	1	1	0	山东	6	6	0
江苏	2	2	0	湖北	7	8	1
北京	3	3	0	安徽	8	7	-1
浙江	4	4	0	湖南	9	9	0
上海	5	5	0	重庆	10	14	4

续表

地区	2025年排名	2024年排名	排名变化	地区	2025年排名	2024年排名	排名变化
天津	11	11	0	云南	22	26	4
河南	12	13	1	甘肃	23	28	5
四川	13	12	-1	山西	24	21	-3
陕西	14	10	-4	新疆	25	27	2
福建	15	15	0	广西	26	22	-4
海南	16	17	1	贵州	27	25	-2
河北	17	19	2	黑龙江	28	23	-5
江西	18	16	-2	宁夏	29	30	1
辽宁	19	18	-1	青海	30	29	-1
内蒙古	20	24	4	西藏	31	31	0
吉林	21	20	-1				

注：表中排名变化中正数为排名上升，负数为排名下降，0表示排名不变。

从一级指标看，在知识创造综合指标方面，北京依然排全国第1位，效用值为73.85，北京在科教资源方面的集聚优势，持续支撑其知识创造的全国领先；广东紧随其后，排第2位，效用值为52.14，与北京依然存在不小的差距；江苏依然排第3位，上海超越浙江重回第4位，浙江排第5位；安徽和陕西分别排第6位和第7位，均比上年有所上升。在知识获取综合指标方面，上海排第1位，效用值为62.40，领先优势明显；北京排第2位，效用值为54.76；江苏排第3位，效用值为52.30，前3位与上年保持一致；广东排第4位，与上年保持一致；浙江排第5位，比上年上升1位。在企业创新综合指标方面，广东继续保持第1位，效用值为68.11，连续9年居全国首位；江苏、山东和浙江紧随其后，排名与上年保持一致；安徽排第5位，比上年上升1位。在创新环境综合指标方面，广东继续保持全国第1位，效用值为52.87，比上年有所下降；北京和江苏分别排第2位和第3位，排名与上年保持一致；浙江、上海和山东紧随其后，排名未发生变化。在创新绩效综合指标方面，江苏超过广东，全国排第1位，效用值为63.53；广东排第2位，效用值为61.80；北京、浙江和上海紧随其后。

从排名靠后的地区来看，西藏在综合得分以及5个维度上均排在全国末位；宁夏、甘肃和青海等地区，也在不同维度上排名较为靠后。从各维度得分来看，创新绩效的相对差距最小，企业创新的相对差距最大；从标准差来看，创新环境和创新绩效标准差小于知识创造、知识获取和企业创新，分布相对均匀（表1-2）。

表 1-2 2025 年各地区创新能力一级指标排名情况

地区	综合值		知识创造		知识获取		企业创新		创新环境		创新绩效	
	效用值	排名	效用值	排名	效用值	排名	效用值	排名	效用值	排名	效用值	排名
权重	1.00		0.15		0.15		0.25		0.25		0.20	
广东	57.31	1	52.14	2	45.87	4	68.11	1	52.87	1	61.80	2
江苏	55.03	2	51.03	3	52.30	3	57.15	2	50.13	3	63.53	1
北京	53.46	3	73.85	1	54.76	2	40.85	6	51.96	2	54.85	3
浙江	47.75	4	43.87	5	39.79	5	50.62	4	47.46	4	53.39	4
上海	46.48	5	47.94	4	62.40	1	35.63	9	43.65	5	50.52	5
山东	42.39	6	31.27	9	39.28	6	56.09	3	34.44	6	45.87	6
湖北	34.80	7	29.81	11	26.01	9	39.79	8	32.79	7	41.43	11
安徽	34.05	8	34.85	6	19.73	17	41.07	5	28.59	11	42.26	9
湖南	31.89	9	22.29	17	19.65	18	40.23	7	28.65	10	41.91	10
重庆	28.56	10	19.70	21	18.30	21	32.36	10	24.05	15	43.80	7
天津	28.47	11	26.06	13	29.71	7	21.59	19	30.59	9	35.30	14
河南	28.33	12	27.41	12	20.05	16	27.43	14	26.52	13	38.60	12
四川	28.27	13	30.00	10	22.28	13	23.87	17	30.62	8	34.03	16
陕西	27.53	14	34.77	7	26.68	8	18.73	25	28.13	12	33.00	18
福建	27.48	15	14.69	29	20.82	14	30.15	11	23.85	16	43.29	8
海南	27.26	16	34.50	8	17.68	23	26.85	15	23.38	17	34.39	15
河北	25.82	17	18.81	25	19.32	19	28.85	13	25.77	14	32.23	19
江西	24.89	18	20.04	19	11.65	29	29.43	12	22.08	20	36.29	13
辽宁	22.67	19	20.32	18	25.45	10	18.70	26	22.70	19	27.28	26
内蒙古	22.58	20	19.93	20	23.05	12	19.54	23	21.18	22	29.74	23
吉林	22.46	21	23.24	15	17.46	24	21.21	21	19.99	24	30.26	22
云南	22.33	22	13.92	30	16.63	25	23.79	18	21.97	21	31.53	21
甘肃	21.97	23	26.00	14	20.48	15	24.24	16	13.45	30	27.86	25
山西	21.53	24	19.31	24	23.46	11	15.28	28	18.75	25	33.05	17
新疆	21.44	25	19.66	22	15.74	26	19.40	24	23.36	18	27.18	27
广西	20.56	26	19.44	23	11.33	30	20.89	22	20.38	23	28.11	24
贵州	19.47	27	18.69	26	14.21	28	15.43	27	17.43	27	31.60	20
黑龙江	18.82	28	23.09	16	18.70	20	14.15	29	18.12	26	22.44	30
宁夏	18.36	29	15.05	28	14.51	27	21.22	20	14.79	29	24.63	29
青海	17.26	30	17.01	27	17.85	22	11.27	30	15.32	28	26.94	28
西藏	10.64	31	12.06	31	9.68	31	5.93	31	9.32	31	17.82	31

1.3 实力指标排名

本报告将区域创新能力分解为创新的实力、效率和潜力，指标体系相应的分为实力指标、效率指标和潜力指标。创新实力是指一个地区拥有和投入的创新资源，包括科技投入水平、科研人员规模、专利数量和新产品数量等；创新效率是指一个地区单位投入所产生的效益，如单位科技人员和研究开发经费投入产生的论文或专利数量；创新潜力是指一个地区创新发展的速度，也就是与上年相比的增长率水平。通过对指标体系的分解，可以更清晰地看出创新能力的差异性和动态性（表1-3）。

表1-3 2025年区域创新的实力、效率和潜力指标排名

地区	综合			知识创造			知识获取			企业创新			创新环境			创新绩效		
	实力	效率	潜力	实力	效率	潜力	实力	效率	潜力	实力	效率	潜力	实力	效率	潜力	实力	效率	潜力
北京	5	1	23	2	1	13	4	2	25	14	1	16	4	1	26	5	1	23
天津	17	6	29	18	8	21	9	3	30	18	15	26	17	3	16	16	11	28
河北	13	20	6	14	30	6	17	19	17	12	17	6	11	27	9	18	17	19
山西	21	23	14	21	25	8	19	16	1	20	30	21	21	23	23	23	15	24
内蒙古	26	27	2	26	29	2	21	13	2	23	25	11	24	19	12	30	21	1
辽宁	18	19	26	15	17	26	11	7	20	16	24	27	15	14	24	27	24	17
吉林	22	18	20	22	9	25	23	11	23	22	18	18	26	20	14	21	20	14
黑龙江	23	26	30	19	5	31	18	18	13	27	28	25	22	31	17	26	28	30
上海	6	2	17	5	2	15	3	1	24	8	5	23	5	2	1	6	3	7
江苏	2	4	13	3	10	11	1	4	21	2	9	19	2	9	5	2	2	12
浙江	3	3	8	4	7	22	5	6	19	3	8	10	3	6	2	3	4	11
安徽	8	8	9	7	4	19	14	27	7	5	3	5	10	21	4	8	10	13
福建	12	17	18	13	31	29	10	22	5	13	16	4	14	22	15	7	7	20
江西	16	14	24	16	19	24	20	31	27	13	11	9	16	16	25	13	14	29
山东	4	7	4	6	22	10	6	5	14	4	4	1	6	11	10	4	8	9
河南	11	15	19	10	16	9	16	21	6	10	14	22	9	25	11	9	12	27
湖北	7	10	5	8	13	27	7	17	10	6	7	8	8	17	1	12	13	6
湖南	9	9	12	11	21	28	13	26	12	7	2	12	12	15	6	10	9	18
广东	1	5	27	1	11	23	2	8	29	1	6	17	1	4	27	1	5	22
广西	19	30	15	20	18	14	25	30	26	19	26	5	19	26	13	19	23	25

续表

地区	综合			知识创造			知识获取			企业创新			创新环境			创新绩效		
	实力	效率	潜力	实力	效率	潜力	实力	效率	潜力	实力	效率	潜力	实力	效率	潜力	实力	效率	潜力
海南	28	13	1	28	6	1	28	20	5	29	12	3	28	5	19	17	19	3
重庆	15	11	11	17	23	16	15	12	28	15	10	14	17	18	4	11	6	8
四川	10	16	15	9	14	7	8	15	22	11	20	24	7	10	7	15	18	15
贵州	24	25	25	24	20	12	26	29	16	25	22	30	23	28	28	22	25	2
云南	20	22	10	23	28	18	22	25	9	21	19	7	20	13	22	20	22	10
西藏	31	31	31	31	24	30	31	28	31	31	31	31	31	24	31	31	26	31
陕西	14	12	21	12	3	5	12	9	3	17	24	28	13	7	20	14	16	26
甘肃	25	21	7	25	12	4	24	10	4	26	23	2	27	29	29	24	27	16
青海	30	24	28	30	15	17	30	14	8	30	27	29	30	12	30	25	31	5
宁夏	29	28	22	29	26	20	29	23	18	28	16	22	29	30	21	28	30	21
新疆	27	29	3	27	27	3	26	24	11	24	29	4	25	8	18	29	29	4

2025年广东综合实力指标保持全国第1位，江苏排第2位，浙江排第3位，山东超过北京排第4位，北京排第5位，上海排第6位，湖北超过安徽排第7位。综合实力排前10位的地区还包括安徽、湖南和四川。天津和重庆排名保持不变，分别为第17位和第15位。

在知识创造实力方面，广东依然排第1位，北京超过江苏，重新回到第2位，江苏排第3位；浙江排第4位，比上年提升1位；上海排第5位。排前10位的地区还有山东、安徽、湖北、四川和河南，其中，山东和湖北下降1位，安徽和河南上升1位。知识创造实力排名高于综合实力排名的地区有8个，排名差距较大的地区有黑龙江（19/23）、辽宁（15/18）、北京（2/5）；知识创造实力排名低于综合实力排名的地区有11个，排名差距较大的地区有云南（23/20），其余地区知识创造实力排名与其综合实力排名差距不超过2位。

在知识获取实力方面，江苏居全国首位，广东排第2位，上海排第3位，北京和浙江分别排第4位和第5位；进入前10位的地区还包括山东、湖北、四川、天津和福建。知识获取实力排名高于综合实力排名的地区有13个，排名差距较大的地区有天津（9/17）、辽宁（11/18）、黑龙江（18/23）、内蒙古（21/26）和上海（3/6）；知识获取实力排名低于综合实力排名的地区有12个，排名差距较大的地区有安徽（14/8）、广西（25/19）、河南（16/11）、湖南（13/9）、河北（17/13）和江西（20/16），其余地区的排名差距均不超过2位。

在企业创新实力方面，广东、江苏和浙江排前3位，山东和安徽紧随其后，前5位排名没有变化；湖北、湖南、上海、福建和河南也进入前10位；北京排第14位，与上年保持一致。企业创新实力排名高于综合实力排名的地区有12个，排名差距较大的地区有安徽（5/8）、福建（9/12）、江西（13/16）、内蒙古（23/26）和新疆（24/27）；企业创新实力排名低于综合实力排名的地区有10个，排名差距较大的地区有北京（14/5）、黑龙江（27/23）和陕西（17/14），其余地区的排名差距均不超过2位。

在创新环境实力方面，广东、江苏和浙江排前3位，与上年保持一致；北京和上海分别排第4位和第5位，与上年保持一致；山东排第6位，排名与上年保持一致；其他排前10位的地区依次是四川、湖北、河南和安徽，其中，湖北和安徽上升1位，河南下降1位。创新环境实力排名高于综合实力排名的地区有11个，排名差距较大的地区有四川（7/10）和辽宁（15/18）；创新环境实力排名低于综合实力排名的地区有8个，排名差距较大的地区有吉林（26/22）和湖南（12/9），其余地区创新环境实力排名与综合实力排名差距不超过2位。

在创新绩效实力方面，广东、江苏和浙江排前3位，与上年保持一致；山东和北京分别排第4位和第5位，与上年保持一致；其他排前10位的地区依次是上海、福建、安徽、河南和湖南，其中，安徽上升1位，河南下降1位。创新绩效实力排名高于综合实力排名的地区有11个，排名差距较大的地区有海南（17/28）、福建（7/12）、青海（25/30）、重庆（11/15）和江西（13/16）；创新绩效实力排名低于综合实力排名的地区有9个，排名差距较大的地区有辽宁（27/18）、湖北（12/7）、四川（15/10）、河北（18/13）、内蒙古（30/26）和黑龙江（26/23），其余地区创新绩效实力排名与综合实力排名差距不超过2位。

1.4 效率指标排名

在综合效率指标排名中，北京和上海分别排第1位和第2位，与上年保持不变；浙江排第3位，比上年提升1位，继续保持上升态势；江苏排第4位，广东排第5位，比上年下降2位。进入前10名的地区还有天津、山东、安徽、湖南和湖北，其中，湖南上升1位，湖北下降1位。重庆排第11位，与上年保持一致。综合来看，直辖市在人均投入和人均产出方面依然保持优势。综合效率指标排名后5位的地区分别是内蒙古、宁夏、新疆、广西和西藏。

在知识创造效率方面，北京和上海依然排第1位和第2位；陕西排第3位，比上年上升4位，进步明显；安徽排第4位，与上年保持一致；黑龙江排第5位，比上年下降2位；其他排前10位的地区依次是海南、浙江、天津、吉林和江苏，其中海南下降2位，浙江下降1位，天津上升4位，吉林上升1位，江苏上升1位。知识创造效率排名高于综合效率排名的地区有14个，其中排名差距较大的地区有甘肃（12/21）、黑龙江（5/26）、吉林（9/18）、安徽（4/8）、海南（6/13）、贵州（20/25）、西藏（24/31）、广西（18/30）、青海（15/24）和陕西（3/12）；知识创造效率排名低于综合效率排名的地区有15个，其中，排名差距较大的地区有江西（19/14）、湖南（21/9）、广东（11/5）、湖北（13/10）、江苏（10/4）、河北（30/20）、山东（22/7）、重庆（23/11）、云南（28/22）、福建（31/17）和浙江（7/3）；其余地区知识创造效率与综合效率排名差距不超过 2 位。

在知识获取效率方面，上海、北京和天津排前 3 位，与上年保持一致；江苏和山东分别排第 4 位和第 5 位，其中，山东上升 1 位；进入前 10 位的其他地区分别是浙江、辽宁、广东、陕西和甘肃，其中，浙江上升 1 位，辽宁下降 2 位，陕西和甘肃均上升 1 位。知识获取效率排名高于综合效率排名的地区有 16 个，排名差距较大的地区有内蒙古（13/27）、辽宁（7/19）、甘肃（10/21）、青海（14/24）、黑龙江（18/26）、吉林（11/18）、山西（16/23）、宁夏（23/28）、新疆（24/29）、天津（3/6）、陕西（9/12）和西藏（28/31）；知识获取效率排名低于综合效率排名的地区有 13 个，排名差距较大的主要有安徽（27/8）、湖南（26/9）、江西（31/14）、湖北（17/10）、海南（20/13）、河南（21/15）、福建（22/17）、贵州（29/25）、浙江（6/3）、广东（8/5）和云南（25/22）；其余地区知识获取效率排名与综合效率排名差距不超过 2 位。

在企业创新效率方面，北京依然排第 1 位；湖南排第 2 位，比上年上升 2 位；安徽排第 3 位，比上年下降 1 位；山东排第 4 位，比上年上升 3 位；上海排第 5 位，比上年下降 2 位；进入前 10 位的其他地区依次是广东、湖北、浙江、江苏和重庆，其中广东下降 1 位，湖北和浙江上升 1 位，江苏上升 3 位。企业创新效率排名高于综合效率排名的地区有 15 个，排名差距较大的地区有云南（19/22）、河北（17/20）、安徽（3/8）、福建（13/17）、江西（11/14）、山东（4/7）、湖北（7/10）、湖南（2/9）、广西（26/30）、贵州（22/25）、宁夏（16/28）；排名低于综合效率排名的地区有 12 个，排名差距较大的地区有上海（5/2）、江苏（9/4）、陕西（21/12）、天津（15/6）、山西（30/23）、青海（27/24）、浙江（8/3）、四川（20/16）和辽宁（24/19）；其余地区企业创新效率排名与综合效率排名差距不超过 2 位。

在创新环境效率方面，北京、上海和天津分别排前 3 位，与上年保持一致；广东排第 4 位，比上年提升 1 位；海南排第 5 位，比上年下降 1 位；进入前 10 位的其他地区依次为浙江、陕西、新疆、江苏和四川，其中，陕西上升 2 位，江苏上升 1 位，四川上升 4 位。创新环境效率排名高于综合效率排名的地区有 12 个，排名差距较大的地区有新疆（8/29）、青海（12/24）、云南（13/22）、海南（5/13）、内蒙古（19/27）、西藏（24/31）、四川（10/16）、陕西（7/12）、辽宁（14/19）、广西（26/30）和天津（3/6）；排名低于综合效率排名的地区有 16 个，排名差距较大的地区有安徽（21/8）、河南（25/15）、甘肃（29/21）、湖北（17/10）、重庆（18/11）、河北（27/20）、湖南（15/9）、江苏（9/4）、福建（22/17）、黑龙江（31/26）、山东（11/7）、浙江（6/3）和贵州（28/25）；其余地区创新环境效率排名与综合效率排名差距均不超过 2 位。

在创新绩效效率方面，北京排第 1 位，与上年保持一致；江苏超过上海，排第 2 位，上海排第 3 位；浙江和广东分别排第 4 位和第 5 位，与上年保持一致；排前 10 位的其他地区依次为重庆、福建、山东、湖南和安徽，其中，重庆和湖南上升 2 位，福建上升 5 位，山东上升 6 位，安徽下降 1 位。创新绩效效率排名高于综合效率排名的地区有 9 个，排名差距较大的主要有福建（7/17）、山西（15/23）、广西（23/30）、内蒙古（21/27）、重庆（6/11）、西藏（26/31）、河南（12/15）和河北（17/20）；创新绩效效率排名低于综合效率排名的地区有15个，排名差距较大的主要有青海（31/24）、海南（19/13）、甘肃（27/21）、天津（11/6）、辽宁（24/19）、陕西（16/12）和湖北（13/10）；其余地区创新绩效效率排名与综合效率排名差距不超过2位。

1.5 潜力指标排名

在综合潜力指标排名中，海南排第1位，与上年保持一致；内蒙古排第2位，比上年上升1位；新疆排第3位，比上年上升5位；山东排第4位，比上年下降2位；湖北排第5位，比上年上升1位；进入前10位的其他地区依次为河北、甘肃、浙江、安徽和云南，其中，河北上升13位，甘肃上升15位，浙江下降1位，云南上升6位。北京、天津和重庆分别排第23位、第29位和第11位。

在知识创造潜力方面，海南排第1位，与上年保持一致；内蒙古排第2位，比上年上升1位；新疆排第3位，比上年上升5位；甘肃和陕西分别排第4位和第5位，其中，甘肃上升13位，陕西上升4位；进入前10位的其他地区依次是河北、四川、山西、河南和山东。知识创造潜力排名高于综合潜力排名的地区有15个，排名差距较大的地区有陕西（5/21）、贵州（12/25）、青海（17/28）、河南（9/19）、北京（13/23）、四川（7/15）、天津（21/29）、山西（8/14）、广东（23/27）和甘肃（4/7）；知识创造潜力排名低于综合潜力排名的地区有10个，排名差距较大的地区有湖北（27/5）、湖南（28/12）、浙江（22/8）、福建（29/18）、安徽（19/9）、云南（18/10）、山东（10/4）、重庆（16/11）和吉林（25/20）；其他地区排名相差不超过2位。

在知识获取潜力方面，山西排第1位，比上年上升1位；内蒙古排第2位，比上年上升6位；陕西排第3位，比上年下降2位；甘肃和海南分别排第4位和第5位，其中，甘肃上升10位，海南上升16位；其他进入前10位的地区依次为河南、安徽、青海、云南和湖北。知识获取潜力排名高于综合潜力排名的地区有12个，排名差距较大的地区有青海（8/28）、陕西（3/21）、黑龙江（13/30）、山西（1/14）、河南（6/19）、贵州（16/25）、辽宁（20/26）、宁夏（18/22）、甘肃（4/7）和福建（15/18）；知识获取潜力排名低于综合潜力排名的地区有16个，排名差距较大的地区有重庆（28/11）、河北（17/6）、浙江（19/8）、广西（26/15）、山东（14/4）、新疆（11/3）、江苏（21/13）、四川（22/15）、上海（24/17）、湖北（10/5）、海南（5/1）、吉林（23/20）和江西（27/24）；其他地区排名相差不超过2位。

在企业创新潜力方面，山东排第1位，比上年上升4位；甘肃排第2位，比上年上升10位；海南排第3位，比上年下降1位；新疆和广西分别排第4位和第5位，其中，广西上升

22位；排前10位的其他地区依次为河北、云南、湖北、江西和浙江。企业创新潜力排名高于综合潜力排名的地区有12个，其中排名差距较大的地区有江西（9/24）、广西（5/15）、广东（17/27）、北京（16/23）、黑龙江（25/30）、福建（13/18）、甘肃（2/7）、天津（26/29）、山东（1/4）和云南（7/10）；企业创新潜力排名低于综合潜力排名的地区有16个，其中排名差距较大的地区有四川（24/15）、内蒙古（11/2）、陕西（28/21）、山西（21/14）、上海（23/17）、江苏（19/13）、安徽（15/9）、贵州（30/25）、湖北（8/5）、河南（22/19）和重庆（14/11）；其他地区排名相差不超过2位。

在创新环境潜力方面，湖北排第1位，比上年上升4位；浙江排第2位，比上年下降1位；安徽排第3位，比上年上升1位；重庆和江苏分别排第4位和第5位，其中，重庆上升8位，江苏下降2位；其他排前10位的地区依次为湖南、四川、上海、河北和山东。创新环境潜力排名高于综合潜力排名的地区有17个，差距较大的地区有天津（16/29）、黑龙江（17/30）、上海（8/17）、江苏（5/13）、四川（7/15）、河南（11/19）、重庆（4/11）、浙江（2/8）、安徽（3/9）、湖南（6/12）、吉林（14/20）、湖北（1/5）和福建（15/18）；创新环境潜力排名低于综合潜力排名的地区有12个，差距较大的地区有甘肃（29/7）、海南（19/1）、新疆（18/3）、云南（22/10）、内蒙古（12/2）、山西（23/14）、山东（10/4）、河北（9/6）、北京（26/23）和贵州（28/25）；其他地区排名差距不超过2位。

在创新绩效潜力方面，内蒙古排第1位，比上年上升1位；贵州排第2位，比上年上升14位；海南排第3位，比上年上升23位；新疆和青海分别排第4位和第5位，其中，新疆比上年上升19位，青海比上年上升15位；其他进入前10位的地区依次为湖北、上海、重庆、山东和云南。创新绩效潜力排名高于综合潜力排名的地区有11个，排名差距较大的地区有贵州（2/25）、青海（5/28）、上海（7/17）、辽宁（17/26）、吉林（14/20）、广东（22/27）和重庆（8/11）；创新绩效潜力排名低于综合潜力排名的地区有15个，排名差距较大的地区有河北（19/6）、山西（24/14）、广西（25/15）、甘肃（16/7）、河南（27/19）、湖南（18/12）、山东（9/4）、陕西（26/21）、江西（29/24）、安徽（13/9）和浙江（11/8）；其他地区排名差距不超过2位。

1.6 其他重要指标排名

一个地区创新能力的强弱，往往取决于一些基础指标间的差异，为了进一步揭示排名变化背后的原因，本报告对一些重要的基础指标进行了深入分析。

1. 各地区财政科技支出排名

2023年财政科技支出排名前10位的地区依次是广东、浙江、江苏、安徽、上海、北京、河南、湖北、山东和湖南，其中，上海较 2022 年提升 2 位，北京和河南均下降 1 位。

从排名变化情况看，排名变化较大的地区有：内蒙古从 27 位上升至 22 位，山西从 22 位上升至 18 位，海南从 20 位下降至 23 位；其他地区排名变化均不超过 2 位。从投入增速看，全国有 28 个地区财政科技支出较上年有所增加，其中，新疆、陕西、甘肃、天津、青海、上海、山西、吉林和内蒙古共 9 个地区投入增长超过 20%；贵州、福建和广东共 3 个地区财政科技支出较上年有所下降，但降幅均未超过 10%（表 1-4）。

表 1-4　2022—2023 年各地区财政科技支出　　　　　　　（单位：亿元）

地区	财政科技支出		排名		排名变化	地区	财政科技支出		排名		排名变化
	2023 年	2022 年	2023 年	2022 年			2023 年	2022 年	2023 年	2022 年	
广东	980.46	983.8	1	1	0	重庆	102.54	98.9	17	17	0
浙江	787.48	680.9	2	2	0	山西	84.14	61.0	18	22	4
江苏	761.46	678.3	3	3	0	贵州	80.06	88.9	19	18	-1
安徽	535.34	507.6	4	4	0	辽宁	78.93	74.4	20	19	-1
上海	528.05	386.3	5	7	2	天津	77.03	62.2	21	21	0
北京	521.91	488.7	6	5	-1	内蒙古	74.97	43.0	22	27	5
河南	470.10	409.2	7	6	-1	海南	69.54	69.2	23	20	-3
湖北	397.84	376.5	8	8	0	新疆	64.27	53.5	24	24	0
山东	322.70	313.3	9	9	0	云南	61.33	59.0	25	23	-2
湖南	314.12	279.7	10	10	0	甘肃	58.60	47.7	26	25	-1
江西	244.15	228.4	11	12	1	黑龙江	49.41	46.5	27	26	-1
四川	244.12	229.1	12	11	-1	吉林	38.54	22.4	28	29	1
福建	146.92	153.0	13	13	0	宁夏	28.06	25.6	29	28	-1
陕西	133.68	109.8	14	15	1	青海	11.86	9.5	30	30	0
河北	131.04	118.1	15	14	-1	西藏	8.71	8.3	31	31	0
广西	107.31	104.1	16	16	0						

2. 各地区发明专利授权数排名

发明专利授权数代表了一个地区的发明与创新能力。2023 年发明专利授权数排名前 10 位的地区依次是广东、江苏、北京、浙江、山东、上海、四川、安徽、湖北和陕西；其中，四川超越安徽和湖北，跃升至第 7 位，湖北降至第 9 位；陕西超越湖南排至第 10 位，湖南降至第 11 位；其他地区排名保持不变。从排名变化幅度看，除了四川和湖北，天津从第 16 位升至第 14 位，相应地，重庆由第 14 位降至第 16 位，其他地区排名变化不超过 1 位（表 1-5）。

从授权数增速看，黑龙江、湖南和湖北发明专利授权数较 2022 年分别减少 5.68%、1.42% 和 0.64%，全国其余 28 个地区发明专利授权数均有所增加，其中，西藏和内蒙古增速超过 50%；除浙江、福建、重庆和山东外，其他省市增速均超过 15%。

表 1-5 2022—2023 年各地区发明专利授权数   （单位：件）

地区	发明专利授权数		排名		排名变化	地区	发明专利授权数		排名		排名变化
	2023 年	2022 年	2023 年	2022 年			2023 年	2022 年	2023 年	2022 年	
广东	143 141	115 080	1	1	0	辽宁	13 069	10 892	17	17	0
江苏	107 899	89 248	2	2	0	江西	10 375	8655	18	18	0
北京	107 875	88 127	3	3	0	黑龙江	8035	8519	19	19	0
浙江	64 760	61 286	4	4	0	吉林	7619	6483	20	20	0
山东	55 318	48 696	5	5	0	广西	6717	5472	21	21	0
上海	44 345	36 797	6	6	0	山西	6557	5026	22	22	0
四川	33 339	25 458	7	9	2	云南	5907	4091	23	23	0
安徽	30 526	26 180	8	8	0	贵州	4712	3645	24	24	0
湖北	29 025	29 212	9	7	-2	甘肃	3568	2472	25	25	0
陕西	22 020	18 963	10	11	1	内蒙古	3391	2054	26	26	0
湖南	20 133	20 423	11	10	-1	新疆	2398	1711	27	27	0
福建	17 858	16 213	12	12	0	海南	2273	1602	28	28	0
河南	17 531	14 574	13	13	0	宁夏	1522	1204	29	29	0
天津	14 319	11 745	14	16	2	青海	561	458	30	30	0
河北	14 213	12 022	15	15	0	西藏	299	149	31	31	0
重庆	13 600	12 207	16	14	-2						

3. 各地区国际论文数排名

国际论文数是反映一个地区科学水平的重要指标。2023 年国际论文数排前 10 位的地区依次是北京、江苏、上海、广东、陕西、山东、湖北、浙江、四川和湖南，其中，湖北和湖南上升 1 位，浙江下降 1 位，其他地区排名保持不变。

2023 年全国各地区发表的国际论文数较上年均有所增加，其中，宁夏、河北和贵州增加幅度超过 50%，全国共发表国际论文 1 147 821 篇，较上年增加 23.67%（表 1-6）。

表1-6 2022—2023年各地区国际论文数　　　　　　　　　　　　　　　　　　　　（单位：篇）

地区	国际论文数 2023年	国际论文数 2022年	排名 2023年	排名 2022年	排名变化	地区	国际论文数 2023年	国际论文数 2022年	排名 2023年	排名 2022年	排名变化
北京	162 680	134 617	1	1	0	福建	23 733	20 015	17	17	0
江苏	116 297	94 327	2	2	0	吉林	23 231	19 420	18	18	0
上海	83 248	70 917	3	3	0	河北	18 188	11 991	19	20	1
广东	80 984	66 019	4	4	0	甘肃	15 663	12 226	20	19	-1
陕西	66 050	54 117	5	5	0	江西	14 783	11 800	21	21	0
山东	61 596	50 028	6	6	0	山西	13 204	10 258	22	22	0
湖北	61 158	48 576	7	8	1	广西	13 187	9536	23	23	0
浙江	60 228	48 816	8	7	-1	云南	12 333	9085	24	24	0
四川	54 451	44 253	9	9	0	贵州	8338	4795	25	26	1
湖南	42 577	33 588	10	11	1	新疆	6956	4929	26	25	-1
辽宁	41 603	34 841	11	10	-1	内蒙古	5244	3775	27	27	0
天津	33 185	28 386	12	12	0	海南	4113	2763	28	28	0
安徽	32 888	26 573	13	13	0	宁夏	2546	1689	29	29	0
河南	32 509	23 729	14	15	1	青海	1658	1256	30	30	0
黑龙江	28 943	24 735	15	14	-1	西藏	258	185	31	31	0
重庆	25 989	20 883	16	16	0						

4. 各地区规模以上工业企业研发活动经费内部支出总额排名

企业研发活动经费支出强度是表征企业对创新重视程度的重要指标。2023年全国各地区规模以上工业企业研发活动经费内部支出总额为20 969.86亿元，较上年增长8.31%。排前10位的地区依次是广东、江苏、山东、浙江、湖南、安徽、福建、河南、湖北和上海；其中，安徽上升2位，山东上升1位，浙江、福建和河南下降1位。

从增长情况来看，除西藏和贵州外，其他所有地区的投入均有增长，其中，海南增长幅度最大，增长达到27.71%，新疆和北京的增长幅度也超过25%，整体来看，由于西部地区投入基数相对较小，故增速较快（表1-7）。

表1-7 2022—2023年各地区规模以上工业企业研发活动经费内部支出总额　　　（单位：亿元）

地区	研发活动经费		排名		排名变化	地区	研发活动经费		排名		排名变化
	2023年	2022年	2023年	2022年			2023年	2022年	2023年	2022年	
广东	3426.64	3217.75	1	1	0	陕西	376.56	354.41	17	16	-1
江苏	3301.69	2993.68	2	2	0	天津	295.99	284.57	18	18	0
山东	1869.34	1728.70	3	4	1	山西	217.59	202.31	19	19	0
浙江	1827.58	1768.06	4	3	-1	云南	210.15	198.67	20	20	0
湖南	941.98	858.87	5	5	0	内蒙古	191.97	170.85	21	21	0
安徽	926.96	820.65	6	8	2	广西	155.19	150.57	22	22	0
福建	917.29	848.59	7	6	-1	贵州	126.20	131.75	23	23	0
河南	914.24	845.54	8	7	-1	黑龙江	106.02	98.00	24	24	0
湖北	895.63	793.16	9	9	0	吉林	103.68	92.60	25	25	0
上海	811.03	765.99	10	10	0	新疆	81.10	64.12	26	27	1
河北	703.50	635.87	11	11	0	甘肃	78.23	72.00	27	26	-1
四川	571.82	530.08	12	12	0	宁夏	66.88	59.71	28	28	0
重庆	499.90	479.33	13	13	0	海南	19.08	14.94	29	29	0
江西	484.07	439.69	14	14	0	青海	15.18	14.92	30	30	0
北京	441.00	349.00	15	17	2	西藏	1.15	1.70	31	31	0
辽宁	392.22	375.67	16	15	-1						

5. 各地区规模以上工业企业新产品销售收入排名

新产品销售收入反映企业的创新绩效。2023年全国规模以上工业企业新产品销售收入总额为341334.05亿元，较上年增长4.07%。排前10位的地区依次是广东、江苏、山东、浙江、安徽、湖南、湖北、江西、河北和上海；其中，广东超越江苏升至首位，江苏居第2位，河北上升2位，山东和湖南均上升1位，浙江、湖北和上海均下降1位。总体排名比较稳定，地区排名变化不超过2位。

分地区看，全国有14个地区新产品销售收入有所增加，甘肃、山东、新疆、云南和西藏等5个地区增速超过20%，其中，西藏增长最快，增幅达到74.35%；17个地区出现负增长，其中，青海下降最快，降幅达到45.20%（表1-8）。

表1-8 2022—2023年各地区规模以上工业企业新产品销售收入 (单位：亿元)

地区	新产品销售收入 2023年	新产品销售收入 2022年	排名 2023年	排名 2022年	排名变化	地区	新产品销售收入 2023年	新产品销售收入 2022年	排名 2023年	排名 2022年	排名变化
广东	51 877.46	48 075.11	1	2	1	天津	4124.65	4868.42	17	17	0
江苏	49 561.71	51 118.31	2	1	-1	山西	3306.83	3554.84	18	19	1
山东	47 124.59	37 847.17	3	4	1	陕西	3268.21	4364.08	19	18	-1
浙江	41 836.29	41 281.82	4	3	-1	广西	2975.21	2860.45	20	21	1
安徽	19 592.54	17 580.47	5	5	0	内蒙古	2574.86	3147.46	21	20	-1
湖南	15 631.26	13 771.72	6	7	1	云南	2204.59	1631.34	22	23	1
湖北	14 722.41	14 809.30	7	6	-1	吉林	1818.47	2177.02	23	22	-1
江西	12 470.13	11 644.75	8	8	0	甘肃	1377.03	1121.96	24	26	2
河北	11 173.88	9474.63	9	11	2	贵州	1107.25	1359.86	25	25	0
上海	10 385.00	10 785.33	10	9	-1	黑龙江	1053.94	1395.42	26	24	-2
河南	9425.54	10 656.02	11	10	-1	新疆	854.06	685.48	27	28	1
福建	7714.14	7757.65	12	12	0	宁夏	813.87	924.50	28	27	-1
重庆	7586.73	6795.72	13	14	1	海南	311.63	372.35	29	30	1
四川	6081.48	6831.89	14	13	-1	青海	205.60	375.18	30	29	-1
北京	5648.46	5603.73	15	15	0	西藏	14.68	8.42	31	31	0
辽宁	4491.55	5102.55	16	16	0						

6. 各地区教育经费支出排名

教育经费支出是反映地方政府重视创新的基础指标。2023年教育经费支出排前10位的地区依次是广东、江苏、山东、浙江、河南、四川、河北、湖南、安徽和湖北，排名与上年保持一致。

从投入绝对值看，全国教育经费支出总额为55 550.40亿元，比上年增长6.77%；除天津外，其他地区教育经费支出均上升，其中，河北、江西、福建和宁夏4个地区增速超过10%（表1-9）。

表1-9 2022—2023年各地区教育经费支出　　　　　　　　　　　　　　　　（单位：亿元）

地区	教育经费支出 2023年	教育经费支出 2022年	排名 2023年	排名 2022年	排名变化	地区	教育经费支出 2023年	教育经费支出 2022年	排名 2023年	排名 2022年	排名变化
广东	6190.20	6018.81	1	1	0	贵州	1580.13	1508.08	17	17	0
江苏	3882.03	3733.38	2	2	0	陕西	1495.44	1415.14	18	18	0
山东	3714.44	3400.79	3	3	0	重庆	1314.70	1276.17	19	19	0
浙江	3444.01	3165.18	4	4	0	山西	1212.55	1114.02	20	21	1
河南	2969.57	2767.48	5	5	0	辽宁	1167.45	1111.00	21	22	1
四川	2829.45	2591.26	6	6	0	新疆	1161.29	1114.61	22	20	-2
河北	2439.58	2192.78	7	7	0	内蒙古	923.05	859.59	23	23	0
湖南	2210.05	2003.85	8	8	0	甘肃	905.59	849.84	24	24	0
安徽	2053.21	1897.94	9	9	0	黑龙江	880.65	844.10	25	25	0
湖北	1940.55	1793.20	10	10	0	吉林	748.41	709.20	26	26	0
江西	1891.60	1651.42	11	12	1	天津	656.59	666.46	27	27	0
福建	1762.57	1532.02	12	16	4	海南	483.37	464.82	28	28	0
云南	1706.85	1669.41	13	11	-2	西藏	364.33	333.55	29	29	0
广西	1703.88	1644.87	14	13	-1	宁夏	333.22	283.87	30	31	1
上海	1691.69	1576.48	15	14	-1	青海	308.52	306.69	31	30	-1
北京	1585.43	1532.60	16	15	-1						

7. 各地区高新技术企业数排名

高新技术企业数代表了一个地区企业创新的水平和活力程度。2023年全国31个地区高新技术企业数排前10位的地区依次是广东、江苏、浙江、山东、北京、湖北、上海、安徽、四川和陕西；其中，山东超越北京，排名上升1位至第4位，湖北超越上海，上升至第6位，四川由第11位上升至第9位，陕西由第16位上升至第10位。从总量上看，截至2023年全国共有高新技术企业454 449家，较上年增加130 337家（表1-10）。

表 1-10 2022—2023 年各地区高新技术企业数　　　　　　　　　　　　（单位：家）

地区	高新技术企业数 2023 年	高新技术企业数 2022 年	排名 2023 年	排名 2022 年	排名变化	地区	高新技术企业数 2023 年	高新技术企业数 2022 年	排名 2023 年	排名 2022 年	排名变化
广东	74 724	59 475	1	1	0	重庆	7550	5061	17	18	1
江苏	51 563	37 368	2	2	0	江西	6102	6513	18	17	-1
浙江	41 709	28 310	3	3	0	黑龙江	4388	2782	19	22	3
山东	33 469	20 378	4	5	1	山西	4126	3607	20	19	-1
北京	26 481	25 071	5	4	-1	广西	3946	3270	21	20	-1
湖北	25 024	14 311	6	7	1	吉林	3591	2842	22	21	-1
上海	23 984	19 189	7	6	-1	云南	3210	2045	23	23	0
安徽	19 200	11 323	8	8	0	贵州	2271	1800	24	24	0
四川	16 703	10 131	9	11	2	甘肃	2106	1373	25	25	0
陕西	16 685	8304	10	16	6	新疆	1978	935	26	28	2
湖南	16 161	10 933	11	10	-1	内蒙古	1880	1218	27	26	-1
福建	14 404	8886	12	13	1	海南	1455	1180	28	27	-1
河北	14 007	10 970	13	9	-4	宁夏	593	355	29	29	0
河南	12 773	8316	14	15	1	青海	279	226	30	30	0
辽宁	12 552	8721	15	14	-1	西藏	126	101	31	31	0
天津	11 409	9118	16	12	-4						

8. 各地区第三产业增加值占 GDP 的比例排名

第三产业增加值占 GDP 的比例反映了一个地区的产业结构，比例的变化代表了该地区产业结构升级的水平。2023 年第三产业增加值占 GDP 的比例排前 10 位的地区依次是北京、上海、天津、海南、浙江、广东、湖北、四川、重庆和西藏；其中，湖北上升 6 位，四川上升 2 位，浙江上升 1 位；西藏下降 3 位，继上年后再呈下滑之势；广东和重庆均下降 1 位。

从绝对值看，北京依然是全国唯一一个第三产业占比超过 80% 的地区；有 19 个地区低于全国平均水平（53.52%），相对上年减少了 2 个；有 7 个地区第三产业占比不足 50%，比上年减少 5 个，产业转型升级情况较上年有所提升（表 1-11）。

表 1-11 2022—2023 各地区第三产业增加值占 GDP 的比例　　　　　　　　　　（单位:%）

地区	第三产业占比		排名		排名变化	地区	第三产业占比		排名		排名变化
	2023年	2022年	2023年	2022年			2023年	2022年	2023年	2022年	
北京	84.8	83.9	1	1	0	河北	52.4	49.4	16	21	5
上海	75.2	74.1	2	2	0	甘肃	51.8	51.3	18	12	-6
天津	62.7	61.3	3	3	0	云南	51.8	50.0	18	19	1
海南	60.9	60.0	4	4	0	江苏	51.7	50.5	20	16	-4
浙江	56.0	54.3	5	6	1	贵州	51.2	50.5	21	16	-5
广东	55.8	54.9	6	5	-1	广西	50.8	49.8	22	20	-2
湖北	54.7	51.2	7	13	6	黑龙江	50.8	48.1	22	23	1
四川	54.5	52.2	8	10	2	福建	50.0	47.0	24	25	1
重庆	54.3	52.9	9	8	-1	江西	49.8	47.6	25	24	-1
西藏	54.1	53.8	10	7	-3	青海	47.4	45.5	26	26	0
吉林	54.0	51.7	11	11	0	新疆	45.3	44.9	27	27	0
山东	53.8	52.8	12	9	-3	宁夏	45.1	43.7	28	28	0
河南	53.4	49.0	13	22	9	陕西	44.6	43.5	29	29	0
湖南	53.1	51.1	14	14	0	山西	42.7	40.8	30	30	0
安徽	52.5	50.9	15	15	0	内蒙古	41.4	40.0	31	31	0
辽宁	52.4	50.5	16	16	0						

第 2 章 决定创新能力强弱的因素分析

2.1 领先地区

一般来讲，创新能力领先的地区普遍具有相对落后地区所不具备的创新要素：经济和科技基础较好，教育资源丰富且高等教育发达，市场经济相对成熟，对外开放程度较高，企业创新动力足，研发投入水平较高，创新基础设施完善，等等。这些要素通过适合当地特点的学习和创新机制，相互促进和加强，共同造就了较强的创新能力。

1. 广东

2025 年广东区域创新能力综合排名居全国第 1 位。从指标层次看，实力综合指标排第 1 位，与上年保持一致；效率综合指标排第 5 位，比上年下降 2 位；潜力综合指标排第 27 位，再次呈现下降趋势。从指标维度看，企业创新和创新环境全国排名均为第 1 位；知识创造和创新绩效排第 2 位，其中，创新绩效比上年下降 1 位；知识获取排第 4 位，与上年保持一致；各维度均具有较好的表现。

广东把推进产业科技创新、发展新质生产力作为广东的战略之举、长远之策。2024 年，预计全省研发经费支出约 5100 亿元、研发投入强度 3.6% 左右，高新技术企业约 7.7 万家，"深圳—香港—广州"科技集群创新指数连续 5 年居全球第二。产业发展向新提质，先进制造业、高技术制造业增加值占规模以上工业企业比重分别提高到 56.7%、31.6%，新能源汽车产量增长 43%、占全国 1/4，工业机器人产量增长 31.2%、占全国 44%，智能手机产量增长 12.5%、占全国超四成，集成电路产量增长 21%、占全国 18%。工业投资超 1.5 万亿元、增长 6.7%，技改投资增长 11.5%、连续 24 个月保持两位数增长，为高质量发展积蓄了向上向好的强大动能。

在基础指标方面，2023 年，研究与试验发展全时人员当量为 1 202 364.8 人年，全国排第 1 位；财政科技支出为 980.46 亿元，全国排首位；发明专利授权数为 143 141 件，全国排第 1 位。在企业创新方面，规模以上工业企业国内技术成交额为 1 601 767 万元，规模以上工业企业研发人员数为 1 173 248 万人，规模以上工业企业研发活动经费内部支出总额为 3426.64 亿元，规模以上工业企业发明专利申请数为 164 853 件，规模以上工业企业技术改造经费支出为 4 626 463 万元，均居全国首位。此外，有电子商务交易活动的企业数、规模以上工业企业新产品销售收入、移动电话用户数、按目的地和货源地划分进出口总额、教育经费支出、6 岁及 6 岁以上人口中大专以上学历人口数（抽样数）、高新技术企业数、第三产业增加值、高技术产品出口额等诸多指标均居全国第 1 位。近年来，广东深入落实创新驱动发展，强化企业的主体地位，不断完善区域创新体系建设，健全创新体系功能，提升创新体系整体效能。

2. 江苏

2025 年江苏创新能力排全国第 2 位，实力综合指标排第 2 位，效率综合指标排第 4 位，潜力综合指标排第 13 位。从指标维度看，创新绩效排第 1 位，比上年上升 1 位；企业创新排第 2 位，与上年保持一致；知识创造、知识获取和创新环境均排第 3 位，与上年保持一致。

江苏加强科技创新和产业创新深度融合，努力打造发展新质生产力的重要阵地，具有全球影响力的产业科技创新中心建设扎实推进，全社会研发投入强度超过 3.3%，万人发明专利拥有量 74.5 件。新设基础研究专项资金，布局建设物理、应用数学、合成生物三大省基础科学中心，实施省科技重大专项攻关、前沿技术研发和基础研究重点项目，在全球首次发现引力子激发，成功研发全球首套多电极血管内消融设备，全球最大无人货运飞机总装下线，13 个创新药获批上市，居全国第 1 位。首个全国高校区域技术转移转化中心获批建设，成功举办 2024 中国高校科技成果交易会，中国科学院工业人工智能研究院落地江苏，苏州实验室、紫金山实验室、太湖实验室等战略科技力量加快建设，累计获批牵头建设全国重点实验室 44 家。高新技术企业超 5.7 万家，新增中国独角兽和潜在独角兽企业数量均居全国第 1 位。9 家高新区进入国家高新区综合评价前 50 强，启动科技成果"先使用后付费"改革，技术合同成交额超 5000 亿元。

从基础指标看，江苏规模以上工业企业国外技术引进金额为 1 107 086 万元，实际使用外资金额为 253.40 亿美元，均居全国首位，对外开放创新方面效果显著。规模以上工业企业有研发活动的企业数为 27 871 家，全国排第 1 位，企业创新能力持续提升。科技企业孵化器数量为 1231 个，科技企业孵化器当年毕业企业数为 5255 家，均为全国第 1 位，创业氛围浓厚。此外，研究与试验发展全时人员当量、发明专利申请受理数（不含企业）、国内论文数、国际论文数、作者异省合作科技论文数、高校研发经费内部支出额中来自企业的资金、规模以上工业企业研发人员数、规模以上工业企业发明专利申请数、规模以上工业企业新产品销售收入、教育经费支出、6 岁及 6 岁以上人口中大专以上学历人口数（抽样数）等指标也表现良好，均居全国第 2 位，为江苏持续提升区域创新体系效能提供强有力支撑。

3. 北京

2025年北京创新能力居全国第3位，实力综合指标排第5位，效率综合指标排第1位，潜力综合指标排第23位，比上年上升8位。从指标维度看，知识创造全国排第1位，与上年持平；知识获取排第2位，与上年保持一致；企业创新全国排第6位，比上年上升1位；创新环境排第2位，创新绩效排第3位，均与上年保持一致。

北京坚持以科技创新引领新质生产力发展，现代化产业体系加快建设。持续提升创新体系效能，落实国际科技创新中心建设条例，统筹教育科技人才一体发展；支持在京国家实验室承担国家科技重大专项，推动怀柔综合性国家科学中心29个科技设施进入科研状态，建成清华大学南口全国重点实验室基地一期；深入实施基础研究领先行动和关键核心技术攻坚行动，长安链在国家战略中作用更加凸显，"北脑二号"填补国内脑机接口技术空白，全球首个通用智能人"通通"正式发布，备案上线大模型105款，稳居全国首位。大力发展现代服务业，推动金融业高质量发展，北京证券交易所上市公司达262家，北京获批成为金融资产投资公司股权投资试点城市。做优做强先进制造业，制定实施医疗器械、新材料等40项细分产业支持政策；医药健康产业规模首次突破万亿元，北汽、小米、理想等重点整车项目陆续投产，在京生产新能源汽车约30万辆，增长近3倍；人工智能核心产业规模突破3000亿元，集成电路重大项目顺利实施；未来产业蓬勃发展，火箭大街启动建设，实现全球首例纯电驱全尺寸人形机器人拟人奔跑。

从基础指标来看，北京国内论文数为60 776篇、国际论文数为162 680篇、作者同省异单位科技论文数为14 720篇、作者异省合作科技论文数为12 291篇、作者异国合作科技论文数为1060篇、每十万研发人员作者异国科技论文数为185篇，均居全国首位，基础研究能力方面全国领先。每万名研发人员发明专利申请受理数为3228件、每万名研发人员发明专利授权数为1887件、每万名研发人员合作申请发明专利数为706件、每万家规模以上工业企业平均有效发明专利数为255 475件，均为全国第1位，创新效率优势明显。此外，财政科技支出占GDP的比例、发明专利申请受理数（不含企业）、高校研发经费内部支出额中来自企业的资金、合作申请发明专利数、规模以上工业企业平均研发经费外部支出、有电子商务交易活动的企业数占总企业数的比例、科技服务业从业人员数、科技服务业从业人员占第三产业从业人员比重、科技企业孵化器当年获风险投资额、科技企业孵化器当年获风险投资强度等诸多指标也均居全国首位。

4. 浙江

2025年浙江创新能力综合排名居全国第4位，与上年保持一致。从指标层次看，实力综合指标排第3位，效率综合指标排第3位，潜力综合指标排第8位；从指标维度看，知识创造排第5位，比上年下降1位；知识获取排第5位，与上年保持一致；企业创新、创新环境与创新绩效均为第4位，且均与上年保持一致。

浙江推进高水平创新型省份建设，新质生产力发展势头良好。推动高等教育内涵式发展，12所高水平大学"一校一策"建设方案加快实施，高校基础设施提质工程有序推进，新增博士学位授权点56个、硕士学位授权点173个。深化"315"科技创新体系建设，新增全国重点实验室18家、累计38家，新增重大科技成果110项，获国家科技奖30项，全社会研发投入强度达3.2%，区域创新能力继续保持全国第4位。加大人才引育力度，新引育省级以上高层次人才2300多人，其中引进顶尖人才41人，新增高技能人才39万人，全省人才资源总量持续增加。推动教育科技人才一体贯通，制定实施促进人才有序流动、推动教科人一体化发展的指导意见，省实验室、省技术创新中心均与高校建立深度合作关系，全国首个国家卓越工程师实践基地落户浙江。联动推进产业创新，科技成果"先用后转"模式加快推广，之江实验室万卡大科学与工程计划初具成效，阿里通义千问等一批大模型加速发展。

从基础指标看，浙江规模以上工业企业就业人员中研发人员比重为10.80%、科技企业孵化器孵化基金总额为7 040 187.20万元，均为全国第1位；每万人平均研究与试验发展全时人员当量为122.0人年、财政科技支出为787.48亿元、规模以上工业企业有研发活动的企业数为20 376家、科技服务业从业人员增长率为8.11%、高技术产业新产品销售收入占主营业务收入的比重为54.28%，均为全国第2位。此外，研究与试验发展全时人员当量、规模以上工业企业研发人员数、规模以上工业企业发明专利申请数、规模以上工业企业研发经费外部支出、科技企业孵化器数量、居民人均消费支出、高新技术企业数、高技术产品出口额、高新技术产业就业人数、高新技术产业就业人数占总就业人数的比例等指标也居全国前列。

5. 上海

2025年上海创新能力综合排名居全国第5位，实力综合指标排第6位，效率综合指标排第2位，均与上年保持一致；潜力综合指标排第17位。从指标维度看，知识创造排第5位，知识获取排第1位，企业创新排第9位，创新环境和创新绩效排第5位，其中，创新绩效比上年上升1位。

上海加快国际科技创新中心建设，创新策源能力实现新突破。发挥在沪国家实验室及基地"总平台、总链长"作用，承担实施一批重大科技专项任务。深化基础研究先行区建设，推动设立上海尚思自然科学研究院，建立战略科学家主导的管理和选人机制。合成生物学创新中心等新型研发机构成立运行，高效低碳燃气轮机试验装置基本建成。深化科技体制机制改革，科研项目管理机制和科技攻关组织模式进一步优化。实施新一轮科技成果转化行动方案，技术合同成交额达到5200.7亿元，增长7.2%。优化张江高新区、"大零号湾"等载体创新生态，高新技术企业达到2.5万家。开展数据产品知识产权登记存证试点。深入实施高峰人才引育、青年科技人才培养等行动，外籍人才出入境便利化等政策持续完善，人才发展体制机制综合改革加快推进,"一站式"人才综合服务平台优化提升,高水平人才高地建设成效显著。

从基础指标看,上海实际使用外资金额占 GDP 的比重为 3.60%、移动电话普及率为 188.62 部/百人、科技企业孵化器增长率为 19.56%、按目的地和货源地划分进出口总额占 GDP 比重为 82.49%、居民人均消费支出为 52 508.47 元、科创板上市公司市值为 18 259.80 亿元、高新技术产业就业人数占总就业人数的比例为 28.18%、高新技术产业就业人数增长率为 27.34%、废水中主要污染物排放量增长率为 -47.61%,均居全国首位。

每万名研发人员发明专利申请受理数、每万名研发人员发明专利授权数、实际使用外资金额、每万家规模以上工业企业平均有效发明专利数、科技服务业从业人员占第三产业从业人员比重、6 岁及 6 岁以上人口中大专以上学历人口所占的比例、科技企业孵化器当年获风险投资强度、第三产业增加值占 GDP 的比例、每万元 GDP 电耗总量、废水中主要污染物排放量等指标居全国第 2 位。

6. 山东

2025 年山东创新能力综合排名居全国第 6 位。从指标层次看,山东实力综合指标排第 4 位,比上年提升 1 位;效率综合指标排第 7 位,与上年保持一致;潜力综合指标排第 4 位,较上年下降 2 位。从指标维度看,知识创造排第 9 位,与上年保持一致;知识获取排第 6 位,比上年下降 1 位;企业创新排第 3 位,创新环境排第 6 位,与上年保持一致;创新绩效排第 6 位,比上年下降 1 位。

山东区域创新能力不断提升,全社会研发投入增长 9.4%,高于全国 1 个百分点。崂山实验室阶段性任务顺利完成,山东高等技术研究院基础研究取得重要成效。新增全国重点实验室 15 家,总数达 36 家。新建空大信息、铝产业先进制造省实验室,重组省重点实验室 249 家。新增微纳制造国家级制造业创新中心。新增国家级领军人才 435 人、省级领军人才 947 人,住鲁两院院士和海外学术机构院士达到 168 人。高新技术企业突破 3.5 万家,科技型中小企业达 5 万家,高新技术产业产值占比提高 1.5 个百分点左右。35 项成果获得国家科学技术奖,发明专利授权量增长 15.4%。全球首列碳纤维地铁列车投入商运,12 英寸碳化硅衬底、超大尺寸铌酸锂晶体全球首发,全球运力最强固体火箭"引力一号"点火升空,全球最大直径泥水平衡盾构机"山河号"投用,亚洲首艘圆筒型浮式生产储卸油装置"海葵一号"交付运营,潍柴柴油机热效率第四次刷新世界纪录。一类靶向抗癌新药"齐倍安"获批上市。

从基础指标看,山东有电子商务交易活动的企业数增长率为 37.21%、规模以上工业企业新产品销售收入占营业收入的比重为 40.74%、规模以上工业企业新产品销售收入增长率为 41.06%、移动互联网接入流量增长率为 30.29%、高技术产业新产品销售收入占主营业务收入的比重为 59.22%,均居全国首位。研究与试验发展全时人员当量增长率、高校和科研院所研发经费内部支出额中来自企业资金的比例、规模以上工业企业研发活动经费内部支出总额、规模以上工业企业有效发明专利增长率、规模以上工业企业新产品销售收入、科技服务业从业人员增长率、教育经费支出、第三产业增加值等指标也表现较为突出。整体来看，山东部分潜力指标依然保持全国领先，整体区域创新体系效能不断提升。

7. 湖北

2025年湖北创新能力综合排名居全国第7位。从指标层次看，湖北实力综合指标排第7位，效率综合指标排第10位，潜力综合指标排第5位。从指标维度看，知识创造排第11位，知识获取排第9位，企业创新排第8位，创新环境排第7位，创新绩效排第11位。

湖北省突破性科技成果竞相涌现，存储芯片、心肌旋切、北斗通导遥一体化等技术和产品世界领先，组织研发"劳动者""神农""天问"等多款人形机器人，获得国家科技奖励19项，居全国第2位，李德仁院士获国家最高科学技术奖。现代化产业体系加速构建，"51020"现代产业集群持续壮大，千亿级产业达到19个，光电子信息、汽车制造、大健康三大产业迈入万亿级规模；高技术制造业增加值增长22.7%，对工业增长贡献率达到35.1%，数字经济增加值占比超过50%，中部领先；武汉东湖、襄阳、宜昌3家高新区进入全国50强，高新技术企业达到3万家、科技型中小企业达到4.5万家，连续4年保持20%以上的增长。向高竞攀、向新笃行，创新创造成为荆楚大地最强劲的旋律。

从基础指标来看，湖北居民人均消费支出增长率为12.40%，居全国首位。高校研发经费内部支出额中来自企业资金的比例为42.84%、规模以上工业企业有效发明专利增长率为25.87%、有电子商务交易活动的企业数增长率为29.64%、科技企业孵化器当年毕业企业数增长率为16.38%、废水中主要污染物排放量增长率为 -35.28%，均居全国第2位。此外，高校研发经费内部支出额中来自企业的资金、高校研发经费内部支出额中来自企业资金增长率、规模以上工业企业国内技术成交额增长率、规模以上工业企业研发活动经费内部支出总额占销售收入的比例、科技企业孵化器增长率、高新技术企业数增长率、规模以上工业企业国内技术成交额、科技企业孵化器数量、科技企业孵化器当年毕业企业数、第三产业增加值增长率等指标也具有一定优势。

2.2 创新能力与经济发展、居民消费及教育水平的关系

一个地区的创新能力与该地区的经济发展、居民消费及教育水平有着密切关系。从表2-1和图2-1可以看出，不论是反映经济发展水平的人均国内生产总值和居民消费水平，还是反映教育水平的人口学历指标，创新能力领先的地区一般要高于相对落后的地区。这是地区历史积累和已有创新的结果，也是今后创新的基础和起点。未来，教育及人力资源投入对区域创新能力的影响将越来越大。

表2-1 2023年各地区经济发展、居民消费及教育水平

地区	人均GDP水平（元）	居民人均消费水平（元）	6岁及6岁以上人口中大专以上学历人口所占的比例（%）
北京	200 278.00	47 586.45	50.14
上海	190 321.00	52 508.47	38.44
江苏	150 487.00	35 491.25	23.55
福建	129 865.00	31 868.52	17.21
浙江	125 043.00	42 194.35	21.00
天津	122 752.00	34 913.95	34.33
广东	106 985.00	34 331.49	20.15
内蒙古	102 677.00	27 025.46	21.73
湖北	95 538.00	27 105.67	18.33
重庆	94 147.00	26 514.78	19.51
山东	90 771.00	24 293.22	18.17
陕西	85 448.00	22 011.55	21.67
安徽	76 830.00	23 606.86	15.54
湖南	75 938.00	25 462.32	17.41
山西	73 984.00	19 755.71	21.67
新疆	73 774.00	19 714.59	19.03
海南	72 958.00	23 751.55	18.13
宁夏	72 957.00	21 629.32	20.32
辽宁	72 107.00	24 865.34	21.11
四川	71 835.00	23 550.27	16.46
江西	71 216.00	23 379.20	15.19
西藏	65 642.00	17 220.16	13.17
云南	64 107.00	20 995.35	14.34
青海	63 903.00	20 327.06	18.10
河南	60 073.00	21 010.95	15.08
河北	59 332.00	22 920.21	16.32
吉林	57 739.00	21 410.60	21.06
贵州	54 172.00	20 161.25	13.79
广西	54 005.00	19 749.33	15.42
黑龙江	51 563.00	22 052.24	18.14
甘肃	47 867.00	19 012.60	15.72

数据来源：《中国统计年鉴2024》。

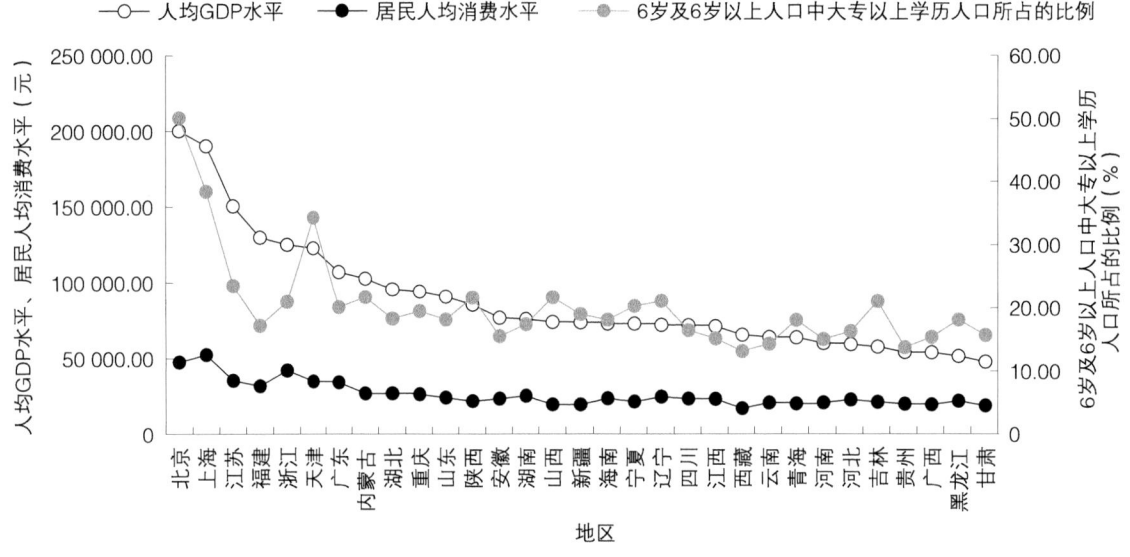

图 2-1 2023 年各地区经济发展、居民消费及教育水平

2.3 研发投入金额及投入强度

一个地区的研发投入水平与创新能力之间密切相关，但二者之间并非完全线性增长的关系，研发投入总量以及来源结构都是重要的影响因素。

1. 研发投入水平与来源结构

2023 年政府研发经费投入总量为 7514.67 亿元，较上年增长 10.24%。分地区看，广东政府研发投入依旧保持最高，总额达到 980.46 亿元，占全国总量的 13.05%，远超其他地区。从结构分布看，排名前五的地区广东、浙江、江苏、安徽和上海经费投入总和约占全国投入总量的 47.81%，比例较上年略有下降，但领先优势仍然明显。

从增速看，内蒙古和吉林投入增速遥遥领先，分别达到 74.35% 和 72.05%，山西、上海、青海、天津、甘肃、陕西和新疆 7 个地区增速也超过 20%；贵州、福建和广东 3 个地区呈现下降趋势（表 2-2）。

表 2-2 2022—2023 年各地区政府研发经费投入情况

地区	政府研发经费投入（亿元）			政府研发经费投入占全国比重（%）		
	2023 年	2022 年	增长率（%）	2023 年	2022 年	变化值（百分点）
全国	7514.67	6816.9	10.24	—	—	—
广东	980.46	983.8	-0.34	13.05	14.43	-1.38

续表

地区	政府研发经费投入（亿元）			政府研发经费投入占全国比重（%）		
	2023年	2022年	增长率（%）	2023年	2022年	变化值（百分点）
浙江	787.48	680.9	15.65	10.48	9.99	0.49
江苏	761.46	678.3	12.26	10.13	9.95	0.18
安徽	535.34	507.6	5.46	7.12	7.45	-0.33
上海	528.05	386.3	36.69	7.03	5.67	1.36
北京	521.91	488.7	6.80	6.95	7.17	-0.22
河南	470.10	409.2	14.88	6.26	6.00	0.26
湖北	397.84	376.5	5.67	5.29	5.52	-0.23
山东	322.70	313.3	3.00	4.29	4.60	-0.31
湖南	314.12	279.7	12.31	4.18	4.10	0.08
江西	244.15	228.4	6.90	3.25	3.35	-0.10
四川	244.12	229.1	6.56	3.25	3.36	-0.11
福建	146.92	153.0	-3.97	1.96	2.24	-0.28
陕西	133.68	109.8	21.75	1.78	1.61	0.17
河北	131.04	118.1	10.96	1.74	1.73	0.01
广西	107.31	104.1	3.08	1.43	1.53	-0.10
重庆	102.54	98.9	3.68	1.36	1.45	-0.09
山西	84.14	61.0	37.93	1.12	0.89	0.23
贵州	80.06	88.9	-9.94	1.07	1.30	-0.23
辽宁	78.93	74.4	6.09	1.05	1.09	-0.04
天津	77.03	62.2	23.84	1.03	0.91	0.12
内蒙古	74.97	43.0	74.35	1.00	0.63	0.37
海南	69.54	69.2	0.49	0.93	1.02	-0.09
新疆	64.27	53.5	20.13	0.86	0.78	0.08
云南	61.33	59.0	3.95	0.82	0.87	-0.05
甘肃	58.60	47.7	22.85	0.78	0.70	0.08
黑龙江	49.41	46.5	6.26	0.66	0.68	-0.02
吉林	38.54	22.4	72.05	0.51	0.33	0.18
宁夏	28.06	25.6	9.61	0.37	0.38	-0.01
青海	11.86	9.5	24.84	0.16	0.14	0.02
西藏	8.71	8.3	4.94	0.12	0.12	0.00

数据来源：《中国科技统计年鉴2024》和《中国统计年鉴2024》。

2023年全国规模以上工业企业研发经费投入达到20 969.86亿元，较上年增长8.31%；其中，广东企业研发经费投入依然最高，达到3426.64亿元，占全国的16.34%，投入金额比上年略有上升，但占比反而有所下降；江苏紧随其后，占全国比重的15.74%。从分布情况看，广东、江苏、山东、浙江和湖南5个地区企业研发经费投入达11 367.23亿元，投入总和占全国的比重为54.20%。

从增速来看，除西藏和贵州外，其他地区企业研发活动经费内部支出均有所增加，其中，西藏继上年后继续下降32.35%，贵州并未延续上年快速增长态势，降幅为4.21%；海南增速达到27.71%，居全国首位；此外，新疆、北京、安徽、湖北、内蒙古和宁夏6个地区增幅超过12%，部分中西部地区依然维持较高增长速度（表2-3）。

表2-3 2022—2023年各地区规模以上工业企业研发活动经费内部支出情况

地区	企业研发经费投入（亿元）			企业研发经费投入占全国比重（%）		
	2023年	2022年	增长率（%）	2023年	2022年	变化值（百分点）
全国	20 969.86	19 361.75	8.31	—	—	—
广东	3426.64	3217.75	6.49	16.34	16.62	-0.28
江苏	3301.69	2993.68	10.29	15.74	15.46	0.28
山东	1869.34	1728.70	8.14	8.91	8.93	-0.02
浙江	1827.58	1768.06	3.37	8.72	9.13	-0.41
湖南	941.98	858.87	9.68	4.49	4.44	0.05
安徽	926.96	820.65	12.95	4.42	4.24	0.18
福建	917.29	848.59	8.10	4.37	4.38	-0.01
河南	914.24	845.54	8.12	4.36	4.37	-0.01
湖北	895.63	793.16	12.92	4.27	4.10	0.17
上海	811.03	765.99	5.88	3.87	3.96	-0.09
河北	703.50	635.87	10.64	3.35	3.28	0.07
四川	571.82	530.08	7.87	2.73	2.74	-0.01
重庆	499.90	479.33	4.29	2.38	2.48	-0.10
江西	484.07	439.69	10.09	2.31	2.27	0.04
北京	441.00	349.00	26.36	2.10	1.80	0.30
辽宁	392.22	375.67	4.41	1.87	1.94	-0.07
陕西	376.56	354.41	6.25	1.80	1.83	-0.03
天津	295.99	284.57	4.01	1.41	1.47	-0.06

续表

地区	企业研发经费投入（亿元）			企业研发经费投入占全国比重（%）		
	2023年	2022年	增长率（%）	2023年	2022年	变化值（百分点）
山西	217.59	202.31	7.55	1.04	1.04	0.00
云南	210.15	198.67	5.78	1.00	1.03	-0.03
内蒙古	191.97	170.85	12.36	0.92	0.88	0.04
广西	155.19	150.57	3.07	0.74	0.78	-0.04
贵州	126.20	131.75	-4.21	0.60	0.68	-0.08
黑龙江	106.02	98.00	8.18	0.51	0.51	0.00
吉林	103.68	92.60	11.97	0.49	0.48	0.01
新疆	81.10	64.12	26.48	0.39	0.33	0.06
甘肃	78.23	72.00	8.65	0.37	0.37	0.00
宁夏	66.88	59.71	12.01	0.32	0.31	0.01
海南	19.08	14.94	27.71	0.09	0.08	0.01
青海	15.18	14.92	1.74	0.07	0.08	-0.01
西藏	1.15	1.70	-32.35	0.01	0.01	0.00

数据来源：《中国科技统计年鉴2024》。

一个地区的研发投入结构与该地区创新主体的分布结构紧密相关。2023年，北京、海南和西藏3个地区政府研发投入超过企业，其余28个地区企业研发投入明显高于政府（图2-2），总体结构与上年相同。政府和企业研发投入的差异，反映了地区要素集聚和发展模式的差异，北京作为我国重要的科技创新中心，集聚了众多高校和科研院所，获得国家诸多资金支持，并不断成为国家关键核心技术创新策源地；海南依托独特的地理位置，在免税区建设等方面成绩突出，其研发投入水平整体较低，且主要依赖政府投入；西藏受到地理位置的影响，企业研发投入相对较少，其主要依靠政府对研发的支持。在企业研发投入较高的地区，其发展模式也存在差异，其中，江苏、广东、山东和浙江，在保持一定政府投入的基础上，企业研发投入远高于政府投入，是典型的以企业为主体的创新型发展模式。黑龙江、吉林、新疆、甘肃、宁夏和青海处于西部和东北地区，政府和企业研发投入水平都比较低，处于创新转型发展阶段。随着创新驱动发展战略的深入实施，充分发挥企业在科技创新中的主体作用，引导企业加强基础研发等投入，提高创新体系效能。

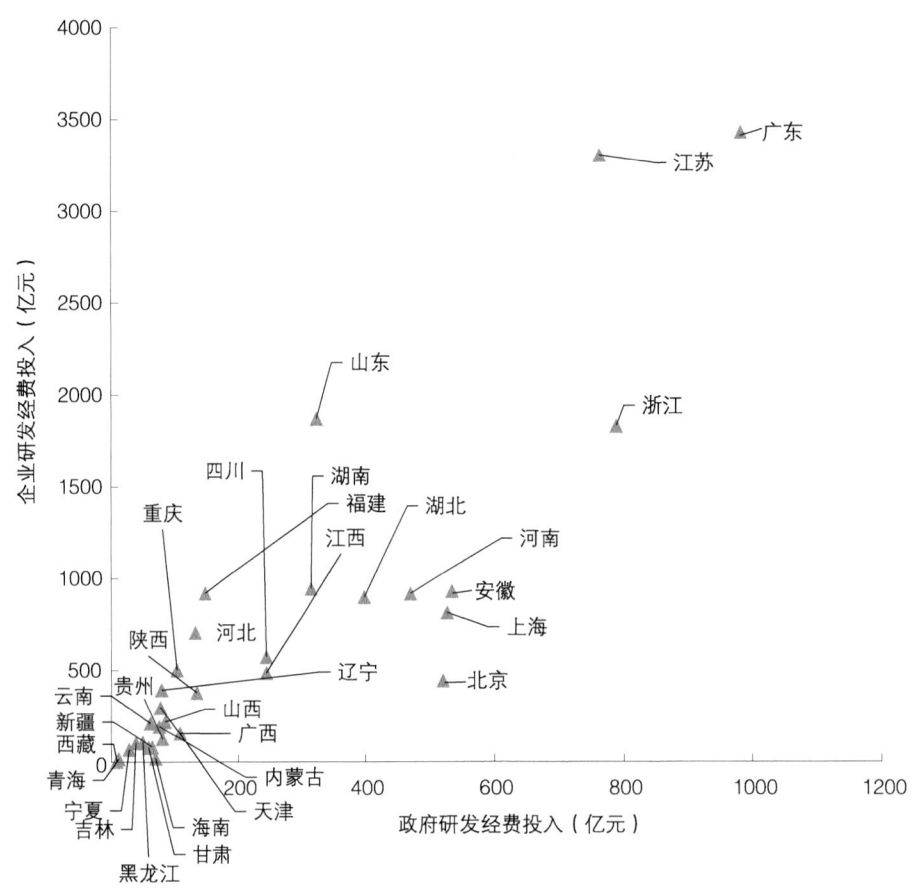

图 2-2　2023 年各地区研发活动经费投入水平及来源结构分布

2. 研发投入强度

从政府研发投入占 GDP 的比例以及规模以上工业企业研发活动经费内部支出总额占销售收入的比例来看，绝大多数地区的研发投入强度较上年有所加大，总体变动幅度较小（表 2-4）。从政府研发投入占 GDP 的比例看，2023 年政府研发投入强度上升的地区共有 21 个，下降的地区共有 7 个，不变的地区有 3 个；其中，上升幅度最大的地区是上海，较上年提升了 0.25 个百分点；下降幅度最大的地区是海南，较上年下降了 0.09 个百分点。

表 2-4　2022—2023 年各地区政府与企业的研发投入水平

地区	政府研发投入占 GDP 的比例（%）			规模以上工业企业研发活动经费内部支出总额占销售收入的比例（%）		
	2023 年	2022 年	变动值（百分点）	2023 年	2022 年	变动值（百分点）
安徽	1.14	1.13	0.01	1.81	1.75	0.06

续表

地区	政府研发投入占GDP的比例（%）			规模以上工业企业研发活动经费内部支出总额占销售收入的比例（%）		
	2023年	2022年	变动值（百分点）	2023年	2022年	变动值（百分点）
北京	1.19	1.17	0.02	1.52	1.26	0.26
福建	0.27	0.29	-0.02	1.62	1.51	0.11
甘肃	0.49	0.43	0.06	0.69	0.66	0.03
广东	0.72	0.76	-0.04	1.85	1.76	0.09
广西	0.39	0.40	-0.01	0.66	0.67	-0.01
贵州	0.38	0.44	-0.06	1.19	1.27	-0.08
海南	0.92	1.01	-0.09	0.54	0.50	0.04
河北	0.30	0.28	0.02	1.33	1.25	0.08
河南	0.79	0.67	0.12	1.86	1.78	0.08
黑龙江	0.31	0.29	0.02	0.83	0.75	0.08
湖北	0.71	0.70	0.01	1.91	1.74	0.17
湖南	0.63	0.57	0.06	2.37	2.16	0.21
吉林	0.28	0.17	0.11	0.74	0.68	0.06
江苏	0.59	0.55	0.04	1.93	1.82	0.11
江西	0.76	0.71	0.05	1.15	1.10	0.05
辽宁	0.26	0.26	0.00	1.05	1.01	0.04
内蒙古	0.30	0.19	0.11	0.65	0.59	0.06
宁夏	0.53	0.50	0.03	0.84	0.73	0.11
青海	0.31	0.26	0.05	0.36	0.32	0.04
山东	0.35	0.36	-0.01	1.62	1.59	0.03
山西	0.33	0.24	0.09	0.61	0.52	0.09
陕西	0.40	0.34	0.06	1.21	0.97	0.24
上海	1.12	0.87	0.25	1.76	1.70	0.06
四川	0.41	0.40	0.01	1.13	1.05	0.08
天津	0.46	0.38	0.08	1.22	1.18	0.04
西藏	0.36	0.39	-0.03	0.20	0.34	-0.14
新疆	0.34	0.30	0.04	0.44	0.36	0.08
云南	0.20	0.20	0.00	1.06	1.01	0.05
浙江	0.95	0.88	0.07	1.64	1.62	0.02
重庆	0.34	0.34	0.00	1.82	1.76	0.06

数据来源：《中国统计年鉴2024》。

从企业研发强度看，除西藏、贵州和广西 3 个地区外，其他地区企业研发投入强度均呈现上升趋势，其中北京地区企业研发投入强度上升最多，达到 0.26 个百分点。

从投入结构看，除北京、安徽和上海外，2023 年其余 28 个地区政府研发投入强度在 1% 以下，其中，北京地区政府研发投入强度达到 1.19%，延续上年增长态势，并领先于其他地区。政府研发投入强度为 0.5%~1% 的地区有 9 个，分别是浙江、海南、河南、江西、广东、湖北、湖南、江苏和宁夏；为 0.3%~0.5% 的地区有 15 个，分别是甘肃、天津、四川、陕西、广西、贵州、西藏、山东、重庆、新疆、山西、青海、黑龙江、内蒙古和河北；吉林、福建、辽宁和云南 4 个地区的政府研发投入强度小于 0.3%，数量较上年有所减少。

规模以上工业企业研发投入强度在 1% 以上的地区有 20 个，比上年多 1 个；其中，湖南的企业研发投入强度维持在首位，达到 2.37%，江苏维持第 2 位，为 1.93%，湖北超越河南位列第三，为 1.91%；规模以上工业企业研发投入强度为 0.5%~1% 的地区有 8 个，规模以上工业企业研发投入强度低于 0.5% 的地区有 3 个。

2.4 各地区研发经费投入使用结构

从研发经费投入使用结构看，2023 年各地区研发经费使用仍然以试验发展为主。除北京和甘肃外，其他 29 个地区试验发展经费占比超过 60%；其中，江苏试验发展经费占比超过 90%，福建、内蒙古、浙江、山东、河北、河南、广东、江西、宁夏、安徽、重庆、湖南、广西、山西、天津、贵州和湖北 17 个地区试验发展经费占比为 80%~90%，上海、辽宁、云南、四川、新疆和青海 6 个地区试验发展经费占比为 70%~80%。

基础研究是支撑原始创新的重要驱动力。2023 年全国基础研究经费占比超过 10% 的地区有 9 个，其中，西藏依旧稳居第一，但下降至 26.68%，其次为海南，达到 19.47%，较上年有所回升；青海、贵州和辽宁等 13 个地区基础研究经费占比为 5%~10%，仍然有 9 个地区基础研究经费占比未达到 5%。区域创新能力总体排名靠前的地区，广东基础研究经费占比为 5.55%，江苏为 4.94%，较上年略有提升，北京为 16.03%，与上年相比有所下降（表 2-5 和图 2-3）。

表 2-5 2023 年各地区研发经费投入使用结构

地区	研发经费投入（亿元）				使用结构（%）		
	总额	基础研究	应用研究	试验发展	基础研究经费占比	应用研究经费占比	试验发展经费占比
北京	2947.07	472.32	752.62	1722.13	16.03	25.54	58.44
天津	599.23	36.32	73.34	489.58	6.06	12.24	81.70

续表

地区	研发经费投入（亿元）				使用结构（%）		
	总额	基础研究	应用研究	试验发展	基础研究经费占比	应用研究经费占比	试验发展经费占比
河北	912.11	25.98	85.58	800.54	2.85	9.38	87.77
山西	298.18	13.92	38.20	246.05	4.67	12.81	82.52
内蒙古	228.15	7.63	16.98	203.54	3.34	7.44	89.21
辽宁	676.44	46.93	103.49	526.03	6.94	15.30	77.76
吉林	210.24	27.47	52.44	130.33	13.07	24.94	61.99
黑龙江	229.29	30.86	60.70	137.73	13.46	26.47	60.07
上海	2049.6	216.35	237.76	1595.49	10.56	11.60	77.84
江苏	4212.29	208.01	202.91	3801.37	4.94	4.82	90.24
浙江	2640.19	122.73	174.87	2342.59	4.65	6.62	88.73
安徽	1264.74	85.85	110.68	1068.21	6.79	8.75	84.46
福建	1171.68	44.01	73.85	1053.81	3.76	6.30	89.94
江西	604.14	32.09	48.67	523.37	5.31	8.06	86.63
山东	2386.02	99.99	176.54	2109.50	4.19	7.40	88.41
河南	1211.66	37.57	113.00	1061.09	3.10	9.33	87.57
湖北	1408.17	77.00	193.24	1137.92	5.47	13.72	80.81
湖南	1283.94	88.24	129.00	1066.70	6.87	10.05	83.08
广东	4802.62	266.74	359.57	4176.30	5.55	7.49	86.96
广西	228.15	15.69	24.10	188.35	6.88	10.56	82.56
海南	89.80	17.48	17.48	54.84	19.47	19.47	61.07
重庆	746.67	36.30	83.58	626.79	4.86	11.19	83.94
四川	1357.80	88.42	243.30	1026.09	6.51	17.92	75.57
贵州	211.38	19.40	20.64	171.34	9.18	9.76	81.06
云南	346.74	38.21	40.38	268.14	11.02	11.65	77.33
西藏	7.16	1.91	0.91	4.33	26.68	12.71	60.47
陕西	846.04	55.36	163.45	627.24	6.54	19.32	74.14
甘肃	156.25	25.80	36.98	93.47	16.51	23.67	59.82
青海	30.31	2.96	4.87	22.48	9.77	16.07	74.17
宁夏	85.50	4.30	7.38	73.83	5.03	8.63	86.35
新疆	115.52	13.28	14.95	87.28	11.50	12.94	75.55

数据来源：《中国科技统计年鉴2024》。

一般来说，研发投入使用结构要和本地区经济发展水平、产业结构特征、资源禀赋优势相适应。总体而言，我国研发经费投入结构符合创新发展规律和国际趋势。尤其是来自政府的资金，大多用于有较大外部性的基础研发活动，而非直接用于企业的竞争性产品开发。目前来看，绝大多数基础研究经费投入仍然来自高校和科研院所，企业投入占比仍然偏低。未来，政策的导向应建立以企业为主体的创新体系，探索新型研发机构创新模式，创新体制机制，引导更多研发经费投入基础研究，提升创新体系整体效能。

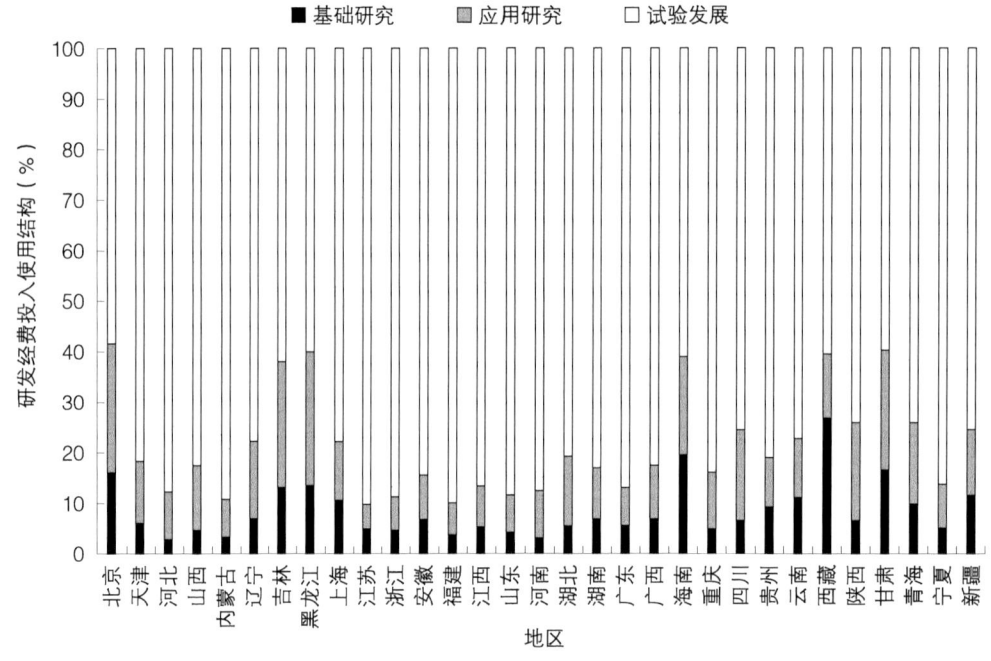

图 2-3　2023 年各地区研发经费投入使用结构

2.5　从专利申请量看创新能力分布

一般来讲，创新能力领先的地区在专利申请数量方面也具有领先优势。2023 年，全国专利申请数为 5 365 670 件，相对上年增长 3.84%；其中，广东继续保持第 1 位，全年申请专利 963 732 件，较上年下降 2.99%，占全国专利申请数的 17.96%。

2023 年，全国发明专利申请数为 1 511 361 件，较上年增长 4.06%；其中，广东发明专利申请数继续保持全国第一，全年申请 240 223 件，较上年上升 1.38%，占全国发明专利申请数的 15.89%，占比较上年有所下降。

专利申请数排名前五的地区依次为广东、江苏、浙江、山东和北京，申请数量总和占到全国总量的 54.88%；发明专利申请数排名前五的地区依次为广东、北京、江苏、浙江和上海，占全国的 56.40%（表 2-6）。

表 2-6　2022—2023 年各地区专利申请情况

地区	三种专利						发明专利					
	专利数（件）			占全国比重（%）			专利数（件）			占全国比重（%）		
	2023年	2022年	增长率（%）	2023年	2022年	变动值（百分点）	2023年	2022年	增长率（%）	2023年	2022年	变动值（百分点）
全国	5 365 670	5 167 436	3.84				1 511 361	1 452 433	4.06			
北京	318 984	307 175	3.84	5.94	5.94	0.00	205 179	189 198	8.45	13.58	13.03	0.55
天津	91 141	84 335	8.07	1.70	1.63	0.07	24 263	21 466	13.03	1.61	1.48	0.13
河北	149 855	137 437	9.04	2.79	2.66	0.13	28 929	24 182	19.63	1.91	1.66	0.25
山西	45 179	40 421	11.77	0.84	0.78	0.06	11 387	9891	15.12	0.75	0.68	0.07
内蒙古	39 138	32 921	18.88	0.73	0.64	0.09	8248	6676	23.55	0.55	0.46	0.09
辽宁	105 912	97 292	8.86	1.97	1.88	0.09	25 496	23 080	10.47	1.69	1.59	0.10
吉林	46 407	42 522	9.14	0.86	0.82	0.04	17 576	15 518	13.26	1.16	1.07	0.09
黑龙江	47 168	49 027	-3.79	0.88	0.95	-0.07	14 726	14 770	-0.30	0.97	1.02	-0.05
上海	246 656	224 409	9.91	4.60	4.34	0.26	97 066	89 448	8.52	6.42	6.16	0.26
江苏	684 579	662 509	3.33	12.76	12.82	-0.06	191 877	194 983	-1.59	12.70	13.42	-0.72
浙江	553 317	513 830	7.68	10.31	9.94	0.37	117 996	122 807	-3.92	7.81	8.46	-0.65
安徽	242 322	221 063	9.62	4.52	4.28	0.24	67 093	65 368	2.64	4.44	4.50	-0.06
福建	171 901	163 032	5.44	3.20	3.15	0.05	33 730	30 581	10.30	2.23	2.11	0.12
江西	92 239	91 815	0.46	1.72	1.78	-0.06	20 186	20 625	-2.13	1.34	1.42	-0.08
山东	424 640	408 136	4.04	7.91	7.90	0.01	96 906	88 744	9.20	6.41	6.11	0.30
河南	176 579	169 106	4.42	3.29	3.27	0.02	30 637	33 183	-7.67	2.03	2.28	-0.25
湖北	213 714	202 118	5.74	3.98	3.91	0.07	59 068	55 207	6.99	3.91	3.80	0.11
湖南	109 198	114 087	-4.29	2.04	2.21	-0.17	35 007	35 851	-2.35	2.32	2.47	-0.15
广东	963 732	993 480	-2.99	17.96	19.23	-1.27	240 223	236 957	1.38	15.89	16.31	-0.42
广西	49 188	56 283	-12.61	0.92	1.09	-0.17	12 471	13 611	-8.38	0.83	0.94	-0.11
海南	21 029	17 273	21.74	0.39	0.33	0.06	4681	4402	6.34	0.31	0.30	0.01
重庆	92 060	86 751	6.12	1.72	1.68	0.04	30 517	28 907	5.57	2.02	1.99	0.03
四川	180 303	165 499	8.95	3.36	3.20	0.16	53 454	48 283	10.71	3.54	3.32	0.22
贵州	36 997	40 555	-8.77	0.69	0.78	-0.09	11 954	10 732	11.39	0.79	0.74	0.05
云南	54 207	52 999	2.28	1.01	1.03	-0.02	12 493	12 036	3.80	0.83	0.83	0.00
西藏	3486	3135	11.20	0.06	0.06	0.00	625	585	6.84	0.04	0.04	0.00
陕西	117 687	108 096	8.87	2.19	2.09	0.10	41 729	38 569	8.19	2.76	2.66	0.10

续表

地区	三种专利						发明专利					
	专利数（件）			占全国比重（%）			专利数（件）			占全国比重（%）		
	2023年	2022年	增长率（%）	2023年	2022年	变动值（百分点）	2023年	2022年	增长率（%）	2023年	2022年	变动值（百分点）
甘肃	32 916	32 512	1.24	0.61	0.63	-0.02	7052	7005	0.67	0.47	0.48	-0.01
青海	7686	7590	1.26	0.14	0.15	-0.01	1790	1459	22.69	0.12	0.10	0.02
宁夏	16 788	16 233	3.42	0.31	0.31	0.00	3518	3358	4.76	0.23	0.23	0.00
新疆	30 662	25 795	18.87	0.57	0.50	0.07	5484	4951	10.77	0.36	0.34	0.02

数据来源：《中国科技统计年鉴2024》和《中国统计年鉴2024》。

从增速来看，2023年专利申请数增速最高的地区为海南，提升了21.74%，内蒙古和新疆紧随其后，增长速度均超过15%。发明专利申请数增长速度最快的地区是内蒙古，增速达到23.55%，青海、河北和山西紧随其后，增速分别为22.69%、19.63%和15.12%，均超过15%。

从全国变动幅度看，2023年专利申请总数占全国比重提高幅度最大的地区由山东变为浙江，提高了0.37个百分点；上海和安徽紧随其后，分别提高了0.26和0.24个百分点；广东、广西和湖南等10个地区占比则出现下滑，其中，下降幅度最大的地区是广东，下降了1.27个百分点。发明专利申请数占全国比重提高幅度最大的地区依旧是北京，提高了0.55个百分点，遥遥领先于其他地区；山东增幅位居第二，达到0.30个百分点；上海、河北和四川增幅分别为0.26、0.25、0.22，其他地区增幅均低于0.15个百分点。浙江、广东和河南等10个地区出现下降，其中，降幅最大的地区是江苏，达到0.72个百分点。

从规模以上工业企业专利申请数看，有8个地区企业专利申请量占本省全部专利的比重超过30%，分别为广东（38.07%）、江西（37.71%）、湖南（36.92%）、福建（34.56%）、江苏（34.28%）、安徽（33.85%）、宁夏（32.68%）和浙江（32.60%）。规模以上工业企业发明专利占本省发明专利的比重普遍较高，有23个地区的占比超过30%，其中，有18个地区的占比超过40%，分别为福建（68.63%）、广东（68.62%）、江西（60.54%）、新疆（57.22%）、宁夏（55.57%）、安徽（50.70%）、青海（50.06%）、内蒙古（49.27%）、吉林（47.91%）、湖南（47.71%）、湖北（46.97%）、河北（45.53%）、山东（44.74%）、江苏（43.69%）、云南（42.07%）、河南（41.33%）、广西（41.18%）和浙江（40.93%），较上年增加5个地区。整体来看，无论是三种专利还是发明专利，企业贡献呈现上升趋势，表明企业创新主体地位突出。未来构建区域创新生态系统，不仅要突出企业在创新中的主体地位，同时还要积极引导企业、高校和科研院所之间的有效互动（表2-7）。

表2-7 2023年各地区规模以上工业企业专利申请情况

地区	规模以上工业企业专利申请			
	数量（件）		占本省全部专利的比重（%）	
	三种专利	发明专利	三种专利	发明专利
安徽	82 018	34 015	33.85	50.70
北京	31 980	20 643	10.03	10.06
福建	59 409	23 148	34.56	68.63
甘肃	7154	2285	21.73	32.40
广东	366 916	164 853	38.07	68.62
广西	11 790	5136	23.97	41.18
贵州	8290	3883	22.41	32.48
海南	1685	701	8.01	14.98
河北	34 738	13 170	23.18	45.53
河南	45 208	12 661	25.60	41.33
黑龙江	6186	2930	13.11	19.90
湖北	63 597	27 742	29.76	46.97
湖南	40 317	16 701	36.92	47.71
吉林	13 009	8420	28.03	47.91
江苏	234 666	83 835	34.28	43.69
江西	34 785	12 220	37.71	60.54
辽宁	19 606	6927	18.51	27.17
内蒙古	11 056	4064	28.25	49.27
宁夏	5486	1955	32.68	55.57
青海	1744	896	22.69	50.06
山东	123 645	43 358	29.12	44.74
山西	9698	4017	21.47	35.28
陕西	18 424	7791	15.66	18.67
上海	45 050	19 761	18.26	20.36
四川	41 770	17 184	23.17	32.15
天津	19 635	7249	21.54	29.88
西藏	128	46	3.67	7.36
新疆	7278	3138	23.74	57.22
云南	13 189	5256	24.33	42.07
浙江	180 387	48 296	32.60	40.93
重庆	27 116	11 321	29.45	37.10

数据来源：《中国科技统计年鉴2024》。

第3章 区域创新能力评价的方法与意义

3.1 区域创新能力评价的意义

自20世纪90年代以来，区域创新体系逐渐受到学者的关注（Cooke，1997）[①]。从理论上讲，在丰富创新系统理论体系的同时，它还有自身的重要意义。首先，区域创新体系的研究将创新的变量延伸到空间维度，使创新体系有了地理的内涵，丰富了国家创新体系的研究内容；其次，区域创新体系让创新资源配置中的区域极化与均衡成为一个重要的研究命题；最后，区域创新体系的研究为各级政府对创新的政策支持、规制模式等相关研究提供了多样性的支撑。

中国区域创新体系的结构形成有其独特性。中国是一个有着悠久历史的国家，地域的多样使得区域创新体系具有丰富的多样性；中国也是一个从计划经济走向市场经济、从封闭自守走向开放创新的国家，不同地区转型的速度、方式和开放的程度都存在差异，从而导致区域创新体系结构的差异性。由此引来的核心话题是，对一个地区创新发展模式的认知，将对其创新能力的评价显得尤为重要。

从现实意义上讲，开展区域创新能力的评价，一方面可以为中央政府提供协调区域发展的新模式，中国地域广大、区域多样性高，可以为创新提供更多更大的空间；另一方面，也可以为地方政府推动当地经济工作提供新的思路，更加突出创新在区域发展中的地位，发挥地方政府在产业升级和经济发展方式转变中的能动作用。

[①] COOKE P, URANGA M G, ETXEBARRIA G. Regional innovation systems: institutional and organisational dimensions [J]. Research policy, 1997, 26 (4-5): 475-491.

3.2 评价体系与分析框架

在本报告中，一个地区的创新能力是针对该地区创新能力与其他地区相比而言的相对排名，不是该地区创新能力的直接衡量。总的说来，各省（自治区、直辖市）的创新能力相对上年而言，都会有一定的提高。

评价一个地区的创新能力，需要一套较好的评价体系。指标体系的设计、指标数量、权重的大小、主观指标与客观指标的比例，都影响到区域创新能力的最终排名。因此，我们在指标选取、评价方法等多个方面都非常谨慎，借鉴了包括《世界竞争力年鉴》《全球竞争力报告》《全球创新指数报告》和《国家创新指数报告》在内的诸多国内外知名报告，并根据我国区域创新体系的特征进行了适当的动态性调整。

3.2.1 评价原则

在召开了近十次不同专家组成的学术会议、听取了许多专家的意见后，研究小组最终形成了评价中国区域创新能力框架的四个原则。

第一，框架必须考虑区域创新体系建设情况，即强调高校、科研院所、企业、中介机构和政府等创新要素的网络化，把知识在几个要素间流动的程度作为衡量区域技术创新系统化的关键。

第二，框架必须考虑区域科技创新的链条建设。强调链条，首先是因为在大多数情况下，技术创新先是来自一个创新的思想和发明或科技突破，其中高校、科研院所的知识创造活动是重要的创新来源。其次，有了很强的知识创造活动，不等于该地区就有较强的创新能力，因为许多事实表明，科技实力强不等于技术创新能力强，许多地区没有较强的科技基础，但仍然有很高的技术创新能力。问题的关键是一个地区能否有效地利用全球范围内的各种知识为本地区的创新服务。因此，必须考虑知识流动或技术转移的能力。最后，企业是技术创新的主体，而不是科研院所或高校。因此，一个地区技术创新能力的高低关键是企业有没有足够的创新动力和创新能力。我们在考察企业的技术创新能力时，注重引入创新链条来进行评价。与已有的科技竞争力评价体系不同的是，本报告的指标框架强调企业是技术创新主体这一价值判断。

第三，框架强调创新环境建设的重要性。在市场经济体系下，衡量地方政府工作的重要标准不是传统的计划和干预的多少，而是如何创造一个有利于企业创新的环境。因为政府远离市场，不能直接指导企业的技术创新流动，其职能调整的关键就是从依赖计划转向创造创新环境来推动企业的技术创新。

第四，框架必须兼顾一个地区发展的存量、相对水平和增长率三个维度。在洛桑的《国

中国区域创新能力评价报告 2025

际竞争力报告》中，比较强调存量、相对水平，但不强调增长率。本报告的一个特色是对增长率的强调，我们认为，增长率反映了一个地区的经济发展潜力。从 2007 年开始，我们将综合指标分解为实力指标、效率指标和潜力指标，并延续至今。

3.2.2 指标体系

在本报告中，区域创新能力评价体系包括 5 个一级指标、20 个二级指标、40 个三级指标和 138 个四级指标；其中，一级指标包括知识创造、知识获取、企业创新、创新环境和创新绩效（表 3–1）。知识创造用来衡量一个地区创造新知识的能力；知识获取用来衡量一个地区利用外部知识以及产学研合作的能力；企业创新用来衡量一个地区内企业应用新知识、开发新技术、利用新工艺，以及制造新产品的能力；创新环境用来衡量一个地区为技术的产生、流动和应用提供相应环境的能力；创新绩效用来衡量创新对一个地区经济社会发展效益的能力。

表 3–1　中国区域创新能力指标体系

一级指标	二级指标	一级指标	二级指标
1. 知识创造综合指标	1.1　研究开发投入综合指标	4. 创新环境综合指标	4.1　创新基础设施综合指标
	1.2　专利综合指标		4.2　市场环境综合指标
	1.3　科研论文综合指标		4.3　劳动者素质综合指标
2. 知识获取综合指标	2.1　科技合作综合指标		4.4　金融环境综合指标
	2.2　技术转移综合指标		4.5　创业水平综合指标
	2.3　外资企业投资综合指标	5. 创新绩效综合指标	5.1　宏观经济综合指标
3. 企业创新综合指标	3.1　企业研究开发投入综合指标		5.2　产业结构综合指标
	3.2　设计能力综合指标		5.3　产业国际竞争力综合指标
	3.3　技术提升能力综合指标		5.4　就业综合指标
	3.4　新产品销售收入综合指标		5.5　可持续发展与环保综合指标

在保持评价体系总体框架稳定的前提下，为了更好地反映各地区最新科技创新情况，使得评价结果能够真正成为反映经济结构调整、经济发展方式向创新驱动转型的先导性信息，课题组会根据创新实践新形势及统计口径的变化进行相应的替换或调整。2024 年报告对政府研发投入、外商投资企业年度注册资金、上市公司市值、高技术企业等相关指标进行了替换，具体情况可参考附录 A。

与国内外同类报告相比，评价体系涵盖了大部分衡量创新的基础指标（表 3–2），并划分为实力、效率与潜力三层，提出了图 3–1 所示的区域创新能力分析框架，由此既能够评价各地区总量的变化，也能够观测单个地区的变化速度与幅度。遗憾的是，鉴于相关数据获取的难度，目前缺乏对制度、体制、政策及政府效率的直接测度，只能通过测度创新产出来间接反映以上指标。这一点，正是我们未来努力的方向和提升的空间。

表3-2 国内外知名报告创新能力评价指标对比

名称	指标等级	维度	一级	二级	三级	四级	方法
中国区域创新能力评价报告	4	5	5	20	40	138	定量
中国创新指数	3	8	2	8	39	—	定量
中国城市创新报告	2	3	3	21	—	—	定量
国家创新指数	2	5	5	31	—	—	定量
世界竞争力年鉴	3	4	4	20	327	—	定量+定性
全球竞争力报告	2	12	12	113	—	—	定量+定性
创新型联盟指数	3	3	3	7	24	—	定量+定性
全球创新指数	4	7	2	7	20	82	定量+定性

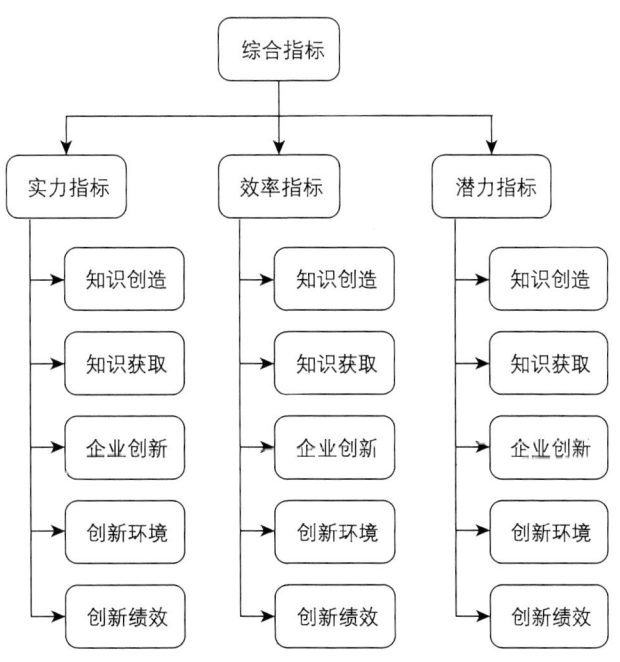

图3-1 中国区域创新能力分析框架

3.2.3 评价方法

区域创新能力报告的评价方法是加权综合评价法，基础指标无量纲化后，用专家打分得到权重，分层逐级综合，最后得出每个省（自治区、直辖市）创新能力的综合效用值。

单一指标采用直接获取的区域数据来表示，在无量纲化处理时采用效用值法，效用值规定的值域是[0，100]，即该指标下最优值的效用值为100，最差值的效用值为0，计算方法如下。

1. 正效指标

如设 i 表示第 i 项指标，j 表示第 j 个区域：

$$y_{ij} = \frac{x_{ij} - x_{i\min}}{x_{i\max} - x_{i\min}} \times 100$$

其中，x_{ij} 为 i 指标 j 区域的指标获取值；y_{ij} 为 i 指标 j 区域的指标效用值；$x_{i\max}$ 为该指标的最大值；$x_{i\min}$ 为该指标的最小值。

这里说的正效指标是指该项指标其值越大，效用值越高。如劳动生产率、人均GDP、发明专利数等。

2. 负效指标

负效指标是指该指标其值越大，则效用值越低，如失业率〔（失业人数+下岗人数）/当地就业人数〕等，对这类指标的处理应采用如下方法：

$$y_{ij} = \frac{x_{i\max} - x_{ij}}{x_{i\max} - x_{i\min}} \times 100$$

3. 复合指标

复合指标是采用两项或更多的单项数据指标复合计算后得到的，一般是增长率、平均数等，效用值的处理方法与单项指标是一样的。

4. 权重选取

本报告采用专家打分法确定指标的权重，这种选择带有一定的主观性，但也是国际上普遍采用的方法，聘请的专家都是在国内科技政策管理研究方面有较深造诣的学者，他们对国内外的评价报告也都有深入了解。

5. 加权综合

加权计算是分层逐级进行的，下文以图3-2为例进行说明。

a、b、c、d 分别表示分层；$f(a)$，$f(b)$，$f(c)$，$f(d)$ 分别表示其权重；$x(a, j)$，$x(b, j)$，$x(c, j)$，$x(d, j)$ 分别表示分层分区域的指标效用值，计算时从右向左进行。

如计算 c_i 的指标值（加权效用值）。设 $x(c_i, j)$ 是区域 j 在 c_i 指标下的综合效用值；$x(d_i, j)$ 是区域 j 在 d_i 指标下的效用值。那么，

$$x(c_1, j) = x(d_1, j)f(d_1) + x(d_2, j)f(d_2) + x(d_3, j)f(d_3) + \cdots$$

以此类推，求出 $x(c_2, j)$，$x(c_3, j)$，$\cdots$

进一步求出 $x(b_i, j)$：

$$x(b_1, j) = x(c_1, j)f(c_1) + x(c_2, j)f(c_2) + x(c_3, j)f(c_3) + \cdots$$

以此类推，求出 $x(b_2, j)$，$x(b_3, j)$，…

再进一步求出 $x(a, j)$：

$$x(a,j) = x(b_1,j)f(b_1) + x(b_2,j)f(b_2) + x(b_3,j)f(b_3) + \cdots$$

$j=1$，2，3，…，31，分别求出31个地区的各层次各项指标的效用值。

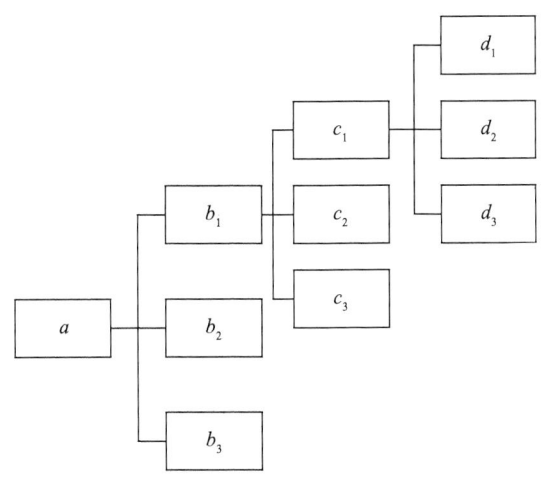

图 3-2　指标体系示意图

3.2.4　数据来源

为了保证研究的可检验性，本报告的数据均来源于公开出版的统计年鉴和政府工作报告，主要包括《中国统计年鉴》《中国科技统计年鉴》《中国高技术产业统计年鉴》《中国火炬统计年鉴》《中国科技论文统计报告》等。本年度报告使用的是2023年的基础数据，滞后统计年鉴2年，对个别地区的缺失数据，进行了平滑处理。在创新潜力评价方面，增长率指标仍然使用"近三年增长率平均值"作为基础指标，以保证排名的稳定性与可靠性。由于资料有限，暂无港澳台地区的数据。

中国区域创新能力评价报告2025

第二篇

区域创新能力分省
（自治区、直辖市）报告

第4章 各地区创新能力分析

4.1 北京市

2025年北京创新能力综合指标排全国第3位，与上年持平。经济指标方面，2023年北京GDP总量为43760.7亿元，排全国第13位；人均GDP水平（200278元）排全国第1位，比上年增长9965元；第三产业增加值占GDP的比例为84.8%，排全国第1位。2001—2025年北京创新能力变化趋势如图4-1所示。

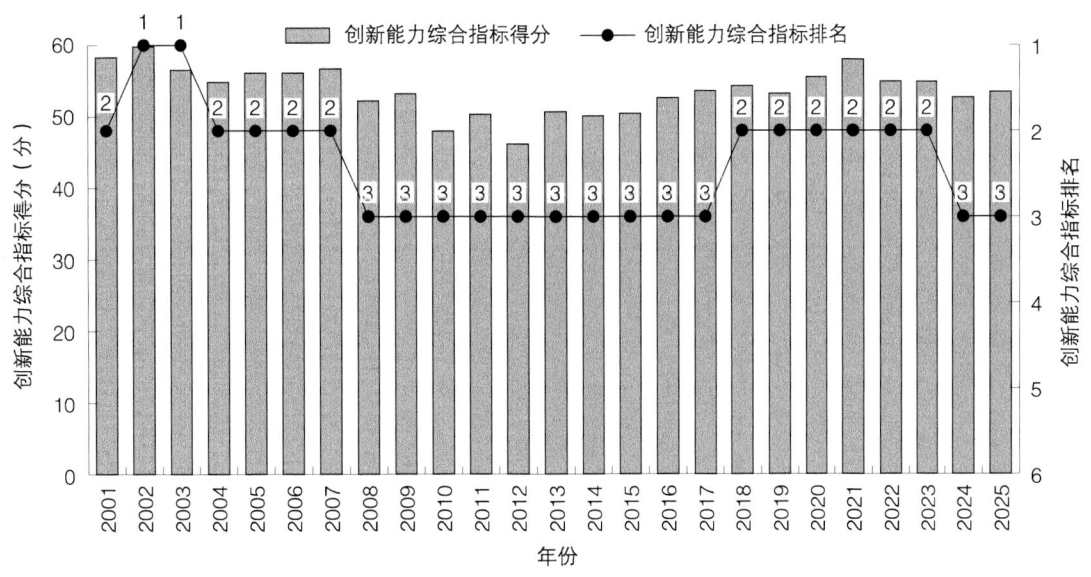

图4-1 2001—2025年北京创新能力变化趋势

分指标看，2025年北京知识创造排名继续居全国第1位，与上年持平，保持绝对领先优势；知识获取、创新环境排名均居第2位，与上年持平；企业创新排第6位，较上年提升1位；创新绩效排第3位，与上年持平（表4-1、图4-2）。

表 4-1 北京创新能力综合指标

指标名称	2025年综合指标		2025年分项指标排名		
	指标值	排名	实力	效率	潜力
综合值	53.46	3	5	1	23
1 知识创造综合指标	73.85	1	2	1	13
1.1 研究开发投入综合指标	64.41	3	4	1	22
1.2 专利综合指标	80.34	1	1	1	13
1.3 科研论文综合指标	79.77	1	1	2	11
2 知识获取综合指标	54.76	2	4	2	25
2.1 科技合作综合指标	73.74	1	1	2	20
2.2 技术转移综合指标	38.40	3	4	2	21
2.3 外资企业投资综合指标	52.81	5	6	3	23
3 企业创新综合指标	40.85	6	14	1	16
3.1 企业研究开发投入综合指标	44.85	11	16	7	14
3.2 设计能力综合指标	49.34	2	8	1	13
3.3 技术提升能力综合指标	32.75	7	12	2	30
3.4 新产品销售收入综合指标	30.19	12	15	12	12
4 创新环境综合指标	51.96	2	4	1	26
4.1 创新基础设施综合指标	51.07	3	11	1	11
4.2 市场环境综合指标	59.04	2	3	2	13
4.3 劳动者素质综合指标	43.68	5	11	1	21
4.4 金融环境综合指标	59.48	1	1	1	23
4.5 创业水平综合指标	46.53	8	6	2	29
5 创新绩效综合指标	54.85	3	5	1	23
5.1 宏观经济综合指标	59.95	3	13	1	17
5.2 产业结构综合指标	46.09	5	6	2	17
5.3 产业国际竞争力综合指标	22.41	10	8	9	15
5.4 就业综合指标	58.74	2	7	1	30
5.5 可持续发展与环保综合指标	87.06	3	1	1	18

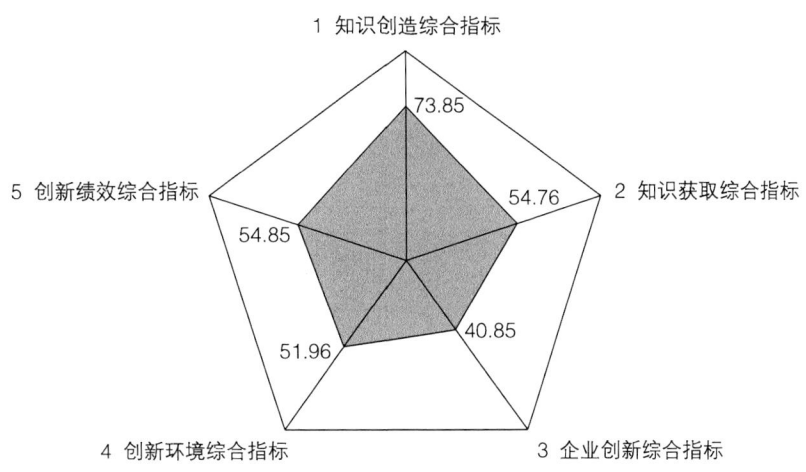

图 4-2　北京创新能力蛛网图

五个维度中，北京在知识创造方面表现最好，高于综合水平，排第 1 位；其次为知识获取与创新环境，均排第 2 位，与上年持平。企业创新排名略低于综合得分排名，但较上年上升 1 位，排第 6 位（图 4-3）。

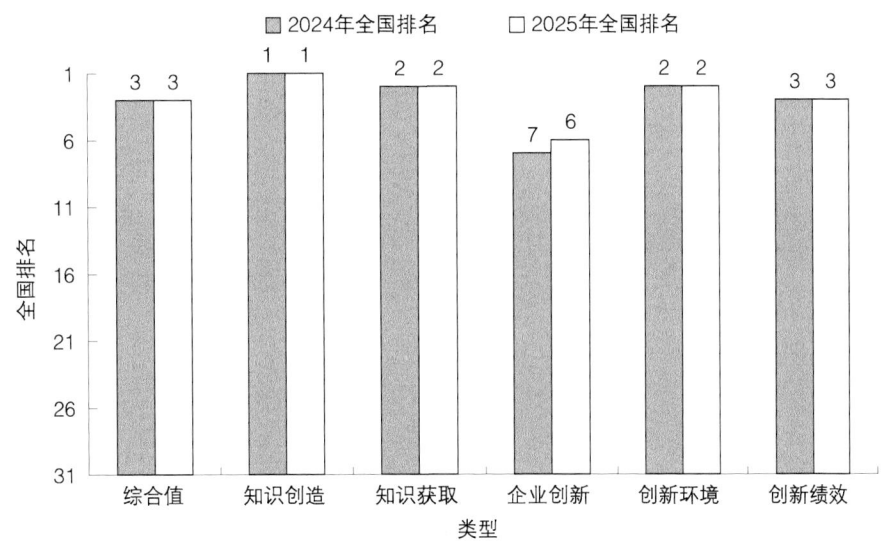

图 4-3　北京各维度排名与上年对比

在表现最好的知识创造维度方面，研究开发投入综合指标排第 3 位，专利综合指标排第 1 位，科研论文综合指标排第 1 位。具体来看，每万人平均研究与试验发展全时人员当量、财政科技支出占 GDP 的比例、每万名研发人员发明专利申请受理数与授权数等指标连续两年排全国第 1 位，体现出雄厚的科研投入与人力资源基础；国内论文发表数位居全国首位，较上年上升 1 位，进一步巩固了北京在科研产出方面的领先地位（表 4-2）。

表 4-2 北京优势基础指标（部分）

指　标	2024 年指标值	2025 年指标值	2024 年排名	2025 年排名	排名变化
每万人平均研究与试验发展全时人员当量（人年）	170.9	184.0	1	1	0
财政科技支出占 GDP 的比例（％）	1.17	1.19	1	1	0
每万名研发人员发明专利申请受理数（件）	3107	3228	1	1	0
每万名研发人员发明专利授权数（件）	1612	1887	1	1	0
国内论文数（篇）	64 494	60 776	2	1	1

北京企业创新维度方面表现相对落后，企业研究开发投入综合指标排第 11 位，设计能力综合指标排第 2 位，技术提升能力综合指标排第 7 位，新产品销售收入综合指标排第 12 位。具体来看，北京规模以上工业企业有研发活动的企业数和研发人员数连续两年分别位居第 20 位和第 17 位，反映出企业研发主体数量和人力投入仍显不足；规模以上工业企业技术改造经费支出排名由第 28 位降至第 29 位，平均支出虽小幅上升，但排名仍处于第 29 位，企业更新改造能力较弱；规模以上工业企业新产品销售收入排名连续两年保持在第 15 位，在成果转化和产业化方面仍有较大提升空间（表 4-3）。

表 4-3 北京劣势基础指标（部分）

指　标	2024 年指标值	2025 年指标值	2024 年排名	2025 年排名	排名变化
规模以上工业企业研发人员数（万人）	79 152	82 701	17	17	0
规模以上工业企业有研发活动的企业数（家）	1325	1167	20	20	0
规模以上工业企业技术改造经费支出（万元）	96 153.0	92 718.8	28	29	−1
规模以上工业企业平均技术改造经费支出（万元）	30.6	29.5	30	29	1
规模以上工业企业新产品销售收入（亿元）	5603.73	5648.46	15	15	0

整体来看，北京在打造国家战略科技力量核心承载区方面持续走在全国前列，区域创新高地建设成效显著，知识创造与原始创新能力稳居全国首位。近年来，北京以"三城一区"为主平台，聚焦关键核心技术攻关，强化财政科技投入的战略引导作用，系统推进税收、金融、用地等创新政策协同落地。下一阶段，北京需持续巩固其在知识创造与创新环境方面的全国领先地位，进一步增强企业创新优势，推动形成更具韧性和竞争力的区域创新体系，持续引领全国科技创新发展。

4.2 天津市

2025年天津创新能力综合指标排全国第11位，与上年排名一致。经济指标方面，2025年天津GDP总量为16 737.3亿元，排全国第24位；人均GDP水平（122 752元）排全国第6位；第三产业增加值占GDP的比例为62.7%，排全国第3位。2001—2025年天津创新能力变化趋势如图4-4所示。

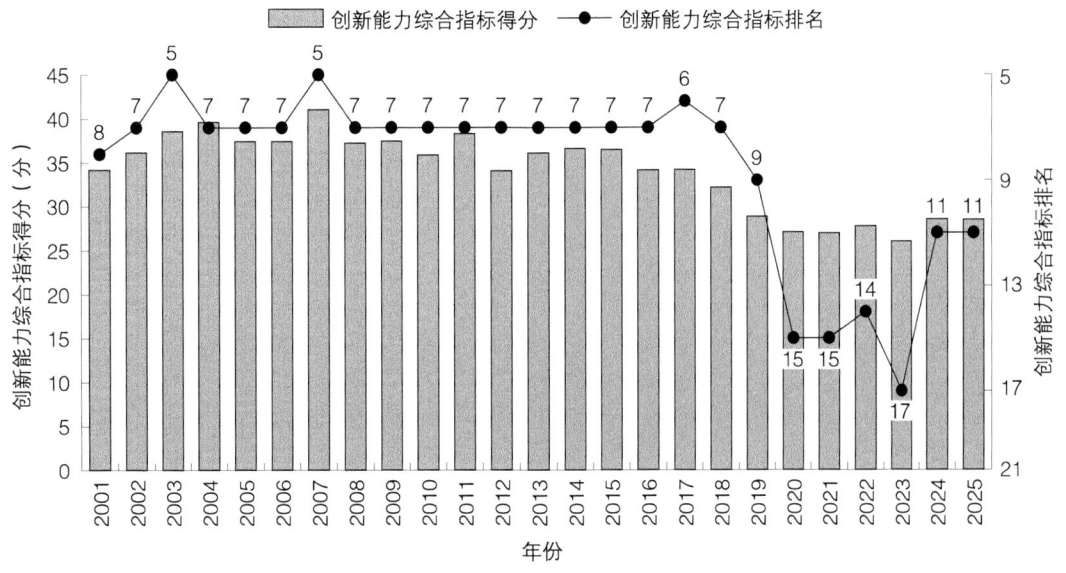

图4-4　2001—2025年天津创新能力变化趋势

分指标看，2025天津知识创造排名上升3位，排第13位；知识获取、创新环境排名保持稳定，分别排第7位和第9位；企业创新排名与上年持平，排第19位；创新绩效排第14位，比上年下降1位（表4-4、图4-5）。

表4-4　天津创新能力综合指标

指标名称	2025年综合指标		2025年分项指标排名		
	指标值	排名	实力	效率	潜力
综合值	28.47	11	17	6	29
1　知识创造综合指标	26.06	13	18	8	21
1.1　研究开发投入综合指标	17.95	19	19	12	31
1.2　专利综合指标	29.83	9	15	8	3
1.3　科研论文综合指标	34.74	10	14	7	17
2　知识获取综合指标	29.71	7	9	3	30

续表

指标名称	2025年综合指标		2025年分项指标排名		
	指标值	排名	实力	效率	潜力
2.1 科技合作综合指标	32.78	18	15	5	31
2.2 技术转移综合指标	8.15	28	19	13	30
2.3 外资企业投资综合指标	43.57	7	7	2	19
3 企业创新综合指标	21.59	19	18	15	26
3.1 企业研究开发投入综合指标	32.76	17	18	13	28
3.2 设计能力综合指标	14.68	20	17	8	25
3.3 技术提升能力综合指标	15.04	28	25	25	19
3.4 新产品销售收入综合指标	21.77	17	17	14	25
4 创新环境综合指标	30.59	9	17	3	16
4.1 创新基础设施综合指标	25.56	19	26	11	10
4.2 市场环境综合指标	36.58	6	7	3	23
4.3 劳动者素质综合指标	25.53	17	27	4	24
4.4 金融环境综合指标	19.55	7	12	7	4
4.5 创业水平综合指标	45.73	9	16	1	13
5 创新绩效综合指标	35.30	14	16	11	28
5.1 宏观经济综合指标	28.89	13	24	6	26
5.2 产业结构综合指标	29.51	13	19	9	23
5.3 产业国际竞争力综合指标	11.22	16	13	14	21
5.4 就业综合指标	32.48	29	26	29	26
5.5 可持续发展与环保综合指标	74.41	7	4	5	28

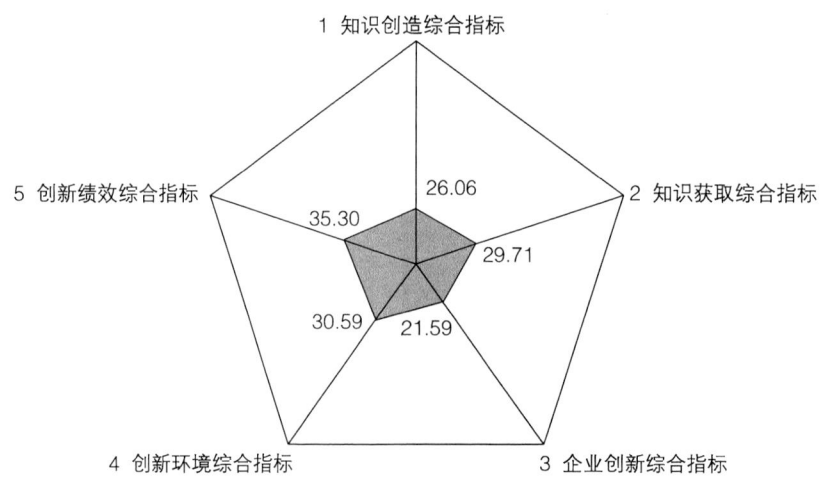

图 4-5 天津创新能力蛛网图

五个维度中,天津在知识获取方面表现最好,创新环境方面也高于综合指标排名,且分别稳定保持在第7位和第9位。相对来看,在企业创新方面表现较差,稳定居于第19位(图4-6)。

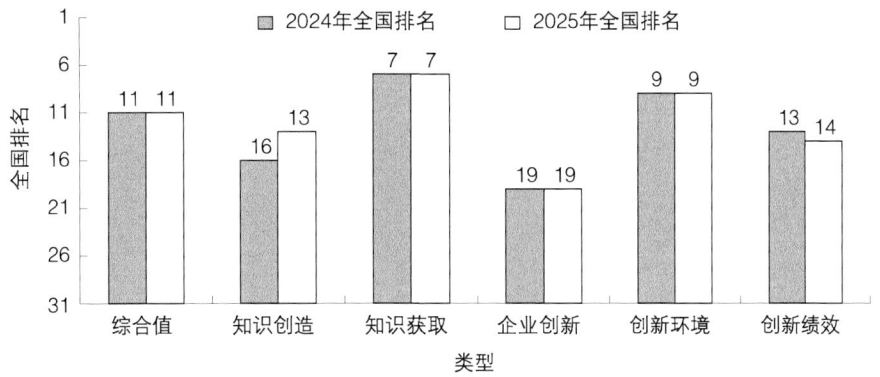

图4-6 天津各维度排名与上年对比

在表现最好的知识获取维度方面,天津科技合作综合指标排第18位,技术转移综合指标排第28位,外资企业投资综合指标排第7位。具体来看,每十万研发人员作者异国科技论文数排名由第7位上升至第6位,每万名研发人员合作申请发明专利数排名提升至第6位,表明天津在科研协同与跨区域合作方面持续增强;实际使用外资金额及其占GDP比重排名分别上升至第7位和第3位,显示出天津在吸引全球创新资源、促进外资科技投入方面具备较强竞争力;每十万研发人员作者异省科技论文数持续保持在第9位,反映出良好的全国科研网络协作能力(表4-5)。

表4-5 天津优势基础指标(部分)

指 标	2024年指标值	2025年指标值	2024年排名	2025年排名	排名变化
每十万研发人员作者异省科技论文数(篇)	1589	1517	9	9	0
每十万研发人员作者异国科技论文数(篇)	120	98	7	6	1
每万名研发人员合作申请发明专利数(件)	203	219	8	6	2
实际使用外资金额(亿美元)	59.5	57.7	8	7	1
实际使用外资金额占GDP的比重(%)	2.45	2.43	4	3	1

在表现较弱的企业创新维度方面,企业研究开发投入综合指标排第17位,设计能力综合指标排第20位,技术提升能力综合指标排第28位,新产品销售收入综合指标排第17位。具体来看,天津规模以上工业企业技术改造经费支出排名下降至第28位,规模以上工业企业平均技术改造经费支出进一步下降至第28位,显示出企业技术更新投入力度减弱;有电子商务交易活动的企业数占总企业数的比例排名由第23位下降至第26位,反映出数字化转型水平仍有待提升;规模以上工业企业研发活动经费内部支出总额连续两年保持在第18位,说明企业整体研发投入强度有待进一步加大(表4-6)。

表 4-6 天津劣势基础指标（部分）

指　标	2024 年指标值	2025 年指标值	2024 年排名	2025 年排名	排名变化
规模以上工业企业研发活动经费内部支出总额（亿元）	284.57	295.99	18	18	0
规模以上工业企业技术改造经费支出（万元）	283 354.0	190 139.5	26	28	-2
规模以上工业企业平均技术改造经费支出（万元/家）	48.8	32.5	25	28	-3
有电子商务交易活动的企业数占总企业数的比例（%）	7.77	9.61	23	26	-3

整体来看，天津在构建高水平开放创新体系方面持续发力，展现出显著的国际合作优势与前沿科技接轨能力。依托京津冀协同发展和自贸试验区政策红利，天津开放型创新能力居全国前列。未来，天津应在保持开放合作优势的基础上，重点补齐企业创新短板，提升企业在技术研发、产品开发和产业竞争力等方面的综合能力，进一步夯实区域创新高地建设基础，助力全市经济实现更高质量的发展。

4.3　山西省

2025 年山西创新能力综合指标排全国第 24 位，较上年下降 3 位。经济指标方面，2025 年山西 GDP 总量为 25 698.2 亿元，排全国第 20 位；人均 GDP 水平（73 984 元）排全国第 15 位；第三产业增加值占 GDP 的比例为 42.7%，排全国第 30 位。与经济指标相比，山西创新能力排名相对靠前。2001—2025 年山西创新能力变化趋势如图 4-7 所示。

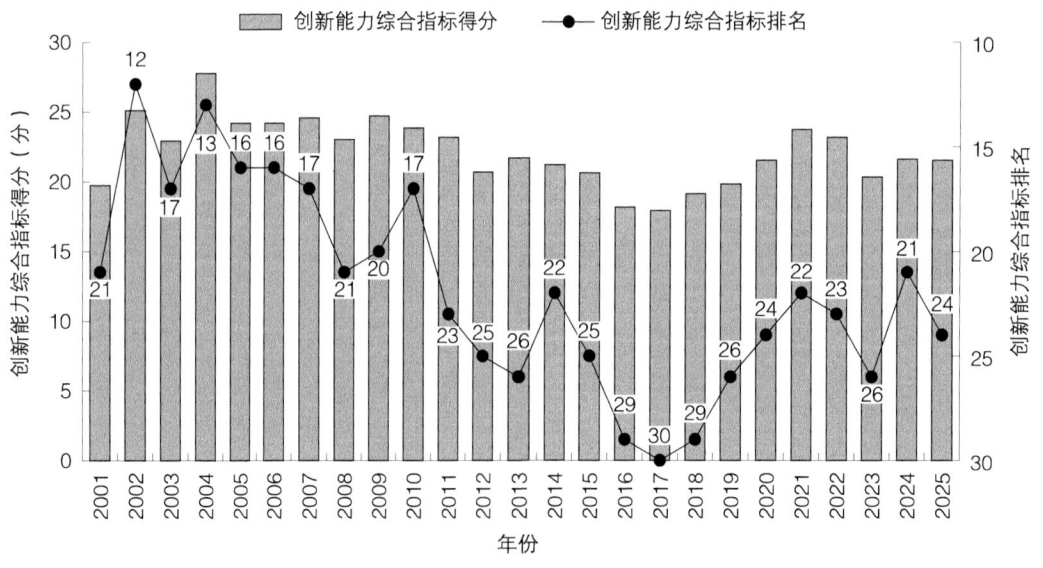

图 4-7　2001—2025 年山西创新能力变化趋势

分指标看，2025年山西知识创造排名上升4位，由第28位升至第24位；知识获取排名上升2位，由第13位升至第11位；企业创新排名小幅上升1位，由第29位升至第28位，仍处于相对靠后的位置；创新环境排名上升2位，从第27位进步至第25位；创新绩效则下降3位，由第14位退至第17位（表4-7、图4-8）。

表4-7 山西创新能力综合指标

指标名称	2025年综合指标		2025年分项指标排名		
	指标值	排名	实力	效率	潜力
综合值	21.53	24	21	23	14
1 知识创造综合指标	19.31	24	21	25	8
1.1 研究开发投入综合指标	15.32	23	20	22	13
1.2 专利综合指标	20.87	16	22	20	7
1.3 科研论文综合指标	24.16	20	21	14	13
2 知识获取综合指标	23.46	11	19	16	1
2.1 科技合作综合指标	35.70	14	19	6	6
2.2 技术转移综合指标	7.94	30	24	28	22
2.3 外资企业投资综合指标	25.91	8	16	12	1
3 企业创新综合指标	15.28	28	20	30	21
3.1 企业研究开发投入综合指标	21.63	27	19	28	12
3.2 设计能力综合指标	10.26	26	22	30	22
3.3 技术提升能力综合指标	14.56	29	22	29	16
3.4 新产品销售收入综合指标	14.02	22	18	25	20
4 创新环境综合指标	18.75	25	21	23	23
4.1 创新基础设施综合指标	20.14	25	22	14	25
4.2 市场环境综合指标	14.87	26	25	27	20
4.3 劳动者素质综合指标	31.05	13	19	12	8
4.4 金融环境综合指标	5.16	27	27	27	24
4.5 创业水平综合指标	22.54	21	21	18	26
5 创新绩效综合指标	33.05	17	23	15	24
5.1 宏观经济综合指标	20.81	21	20	15	18
5.2 产业结构综合指标	19.24	24	21	21	26
5.3 产业国际竞争力综合指标	29.89	5	14	2	26
5.4 就业综合指标	37.03	21	21	20	23
5.5 可持续发展与环保综合指标	58.30	20	21	20	16

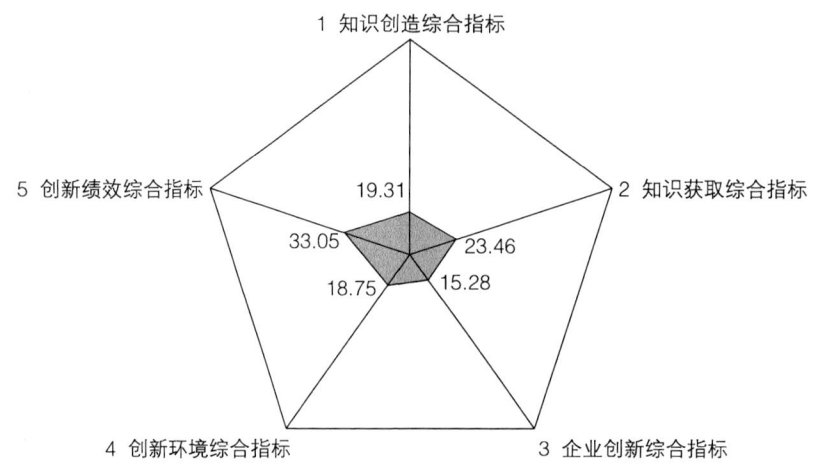

图 4-8　山西创新能力蛛网图

总的来看，2025 年，除创新绩效外，山西在其他 4 个维度排名均有上升，其中，知识获取方面表现较好，带动作用显著。但企业创新与综合值排名差距较大，属于相对劣势方面（图 4-9）。

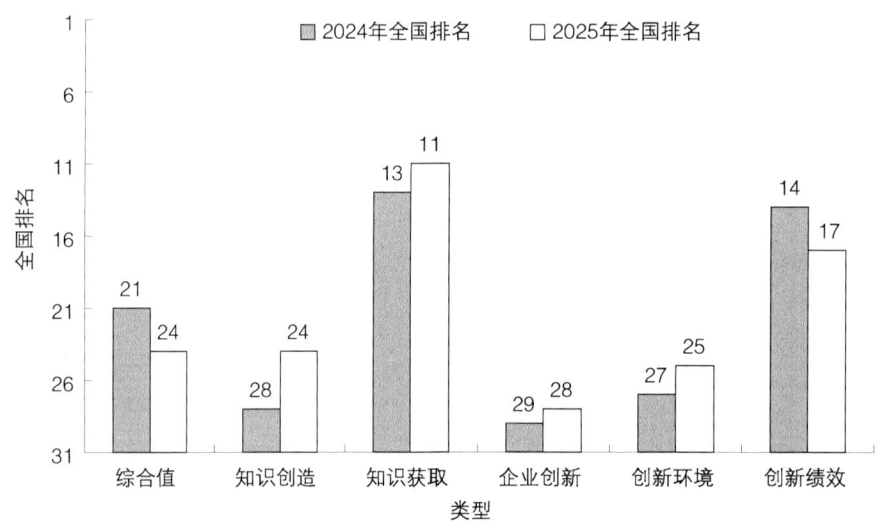

图 4-9　山西各维度排名与上年对比

从具体指标看，山西在知识获取方面具有突出优势。科技合作综合指标排第 14 位，技术转移综合指标排第 30 位，外资企业投资综合指标排第 8 位。山西知识获取具有多项优势基础指标，均位于全国前列。其中，高校研发经费内部支出额中来自企业资金的比例排名由第 16 位上升至第 12 位，作者异国合作科技论文数排名提升至第 16 位，每十万研发人员作者异国科技论文数连续两年保持在第 9 位，每十万研发人员作者同省异单位科技论文数稳定在第 10 位，说明科研协同越发紧密；此外，实际使用外资金额占 GDP 的比重显著提升，排名跃升至第 13 位，凸显山西在引资合作方面进步明显（表 4-8）。

表4-8　山西优势基础指标（部分）

指　　标	2024年指标值	2025年指标值	2024年排名	2025年排名	排名变化
每十万研发人员作者同省异单位科技论文数（篇）	1862	1848	10	10	0
作者异国合作科技论文数（篇）	106	98	18	16	2
每十万研发人员作者异国科技论文数（篇）	97	84	9	9	0
高校研发经费内部支出额中来自企业资金的比例（%）	27.45	32.89	16	12	4
实际使用外资金额占GDP的比重（%）	0.22	0.35	22	13	9

山西在企业创新方面，排名小幅上升，但是仍有进步空间。在企业创新维度方面，企业研究开发投入综合指标位于第27位，设计能力综合指标排第26位，技术提升能力综合指标排第29位，新产品销售收入综合指标排第22位。具体来看，山西规模以上工业企业研发人员占比和研发经费投入强度连续两年分别排第28位和第27位，表明企业研发能力整体较弱；规模以上工业企业每万名研发人员平均发明专利申请数下降至第30位，反映出研发产出效率偏低；有电子商务交易活动的企业数占总企业数的比例排名降至第30位，显示出企业数字化转型水平亟须加强（表4-9）。

表4-9　山西劣势基础指标（部分）

指　　标	2024年指标值	2025年指标值	2024年排名	2025年排名	排名变化
规模以上工业企业就业人员中研发人员比重（%）	3.35	3.54	28	28	0
规模以上工业企业研发活动经费内部支出总额占销售收入的比例（%）	0.52	0.61	27	27	0
规模以上工业企业每万名研发人员平均发明专利申请数（件）	548	576	29	30	-1
有电子商务交易活动的企业数占总企业数的比例（%）	5.81	8.52	28	30	-2

整体而言，山西正加快从资源型经济向创新驱动型经济转型，在推进开放创新和构建产学研融合生态方面取得了阶段性进展。依托能源革命综合改革试点和中部地区崛起战略，山西初步形成以高校院所为依托、产业需求为导向的技术供需对接机制。未来，山西需加快突破"企业创新力弱—转化效率低"的瓶颈，打造更多"以创新促转型"的典型场景，推动区域创新能力实现跨越式发展。

4.4 河北省

2025年河北创新能力综合指标排全国第17位,较上年排名进步2位。经济指标方面,2025年河北GDP总量为43 944.1亿元,排全国第12位;人均GDP水平(59 332元)排全国第26位;第三产业增加值占GDP的比例为52.4%,排全国第16位。与经济指标相比,河北创新能力排名相对持平。2001—2025年河北创新能力变化趋势如图4-10所示。

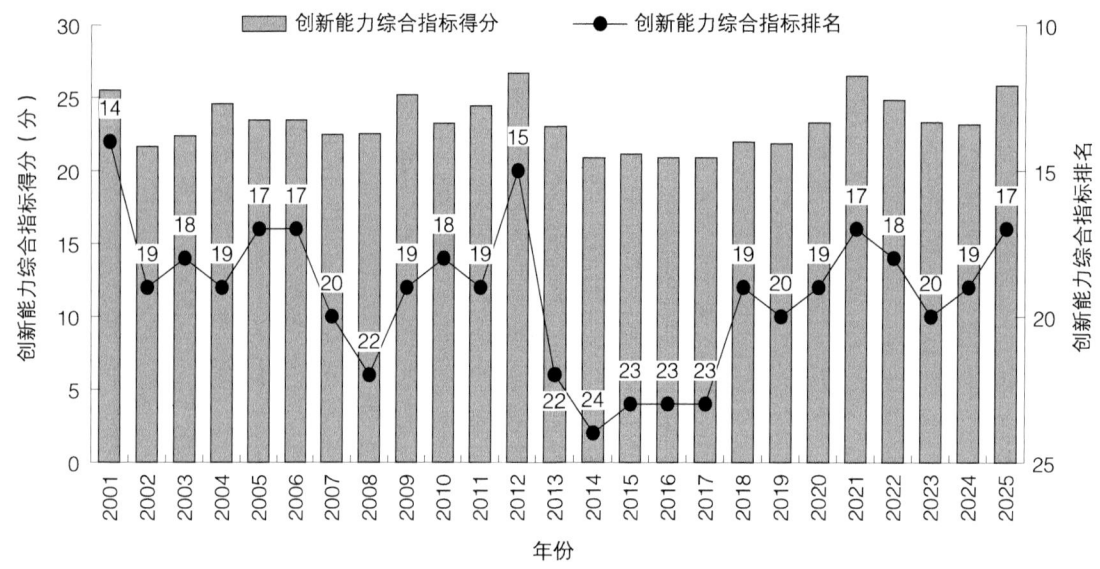

图4-10 2001—2025年河北创新能力变化趋势

分指标看,2025年河北知识创造排名上升1位,排第25位;知识获取排名下降2位,排第19位;企业创新排名和创新环境表现突出,分别上升4位和5位,跃升至第13位和第14位;创新绩效排名保持在第19位,与上年持平(表4-10、图4-11)。

表4-10 河北创新能力综合指标

指标名称	2025年综合指标		2025年分项指标排名		
	指标值	排名	实力	效率	潜力
综合值	25.82	17	13	20	6
1 知识创造综合指标	18.81	25	14	30	6
1.1 研究开发投入综合指标	17.5	20	14	23	14
1.2 专利综合指标	18.32	22	17	26	8
1.3 科研论文综合指标	22.42	21	15	25	4
2 知识获取综合指标	19.32	19	17	19	17

续表

指标名称	2025年综合指标		2025年分项指标排名		
	指标值	排名	实力	效率	潜力
2.1 科技合作综合指标	35.78	13	16	13	8
2.2 技术转移综合指标	10.38	22	14	23	19
2.3 外资企业投资综合指标	13.67	20	13	18	15
3 企业创新综合指标	28.85	13	12	17	6
3.1 企业研究开发投入综合指标	40.90	13	10	14	5
3.2 设计能力综合指标	18.69	14	13	26	7
3.3 技术提升能力综合指标	15.46	27	14	30	22
3.4 新产品销售收入综合指标	39.43	10	9	11	7
4 创新环境综合指标	25.77	14	11	27	9
4.1 创新基础设施综合指标	28.15	14	5	29	9
4.2 市场环境综合指标	25.95	10	11	12	6
4.3 劳动者素质综合指标	37.70	9	7	18	7
4.4 金融环境综合指标	9.43	22	21	14	20
4.5 创业水平综合指标	27.63	19	13	20	20
5 创新绩效综合指标	32.23	19	18	17	19
5.1 宏观经济综合指标	23.89	19	12	26	14
5.2 产业结构综合指标	31.63	12	14	12	11
5.3 产业国际竞争力综合指标	7.87	22	17	21	18
5.4 就业综合指标	49.56	8	5	7	16
5.5 可持续发展与环保综合指标	48.21	26	28	21	22

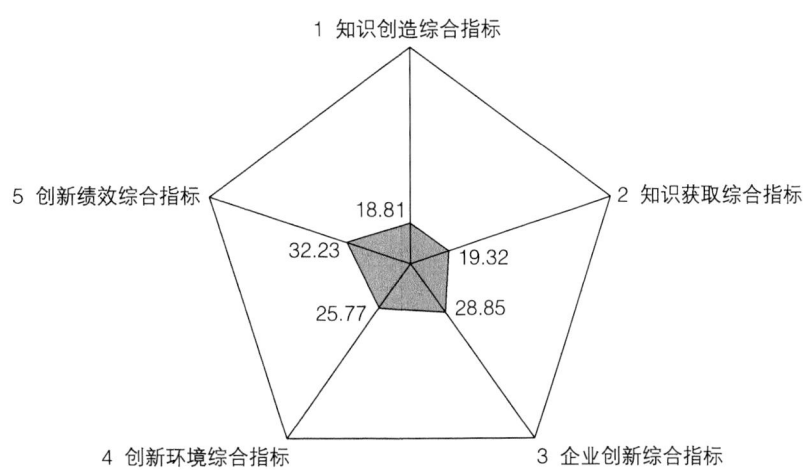

图 4-11 河北创新能力蛛网图

五个维度中，河北在企业创新方面表现最好，稳定高于综合水平。创新环境方面上升幅度最大，上升后高于综合水平。知识创造方面小幅上升，但仍有较大上升空间（图4-12）。

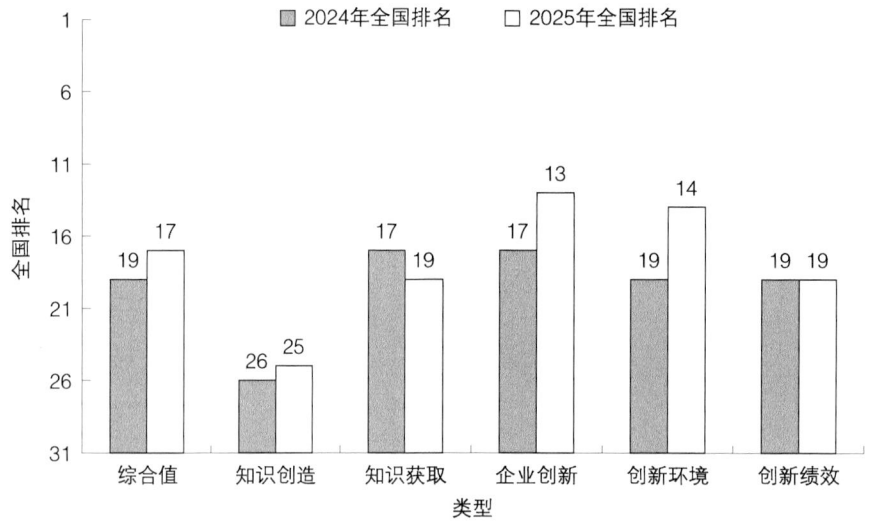

图4-12 河北各维度排名与上年对比

在表现最好的企业创新维度方面，企业研究开发投入综合指标排第13位，设计能力综合指标排第14位，技术提升能力综合指标排第27位，新产品销售收入综合指标排第10位。具体来看，规模以上工业企业研发人员数排名提升至第10位，研发人员增长率跃升至第6位，显示企业研发力量持续增强；发明专利申请增长率排名上升14位，排全国第10位，反映出创新活跃度显著提升；新产品销售收入排名上升2位，排全国第9位，表明技术转化与市场化能力同步增强（表4-11）。

表4-11 河北优势基础指标（部分）

指 标	2024年指标值	2025年指标值	2024年排名	2025年排名	排名变化
规模以上工业企业研发人员数（万人）	171 074	191 158	11	10	1
规模以上工业企业研发人员增长率（%）	13.86	15.04	11	6	5
规模以上工业企业发明专利申请增长率（%）	9.19	20.44	24	10	14
规模以上工业企业新产品销售收入（亿元）	9474.63	11 173.88	11	9	2

在知识创造维度方面，河北劣势较为明显。研究开发投入综合指标排第20位，专利综合指标排第22位，科研论文综合指标排第21位。具体来看，每亿元研发经费内部支出产生的发明专利申请数排名提升至第26位；每亿元研发经费内部支出产生的发明专利授权数保持稳定，排第28位；每十万研发人员平均发表的国际论文数排名上升至第28位，显示出国际科研影响力有所增强；此外，财政科技支出占GDP的比例排名微降至第26位，反映财政支持力度相对平稳（表4-12）。

表 4-12　河北劣势基础指标（部分）

指　　　标	2024 年指标值	2025 年指标值	2024 年排名	2025 年排名	排名变化
财政科技支出占 GDP 的比例（%）	0.28	0.30	25	26	-1
每亿元研发经费内部支出产生的发明专利申请数（件）	16	17	28	26	2
每亿元研发经费内部支出产生的发明专利授权数（件）	14.2	15.6	28	28	0
每十万研发人员平均发表的国际论文数（篇）	4651	6429	30	28	2

整体来看，河北近年来在推动企业主导的产学研融通创新方面取得了积极进展，以雄安新区、中关村·京津冀协同创新园等高能级平台为牵引，河北加快推动以企业为核心的技术攻关体系建设，强化政策、资金与人才精准支持，逐步构建起覆盖研发全周期的创新支持机制。但总体来看，河北基础研究与原创能力仍相对薄弱，知识创造体系尚未形成系统合力。未来，河北需进一步增强高校和科研机构的战略科技力量供给能力，通过数字化提升传统产业竞争力，通过优化创新政策体系、健全资源共享机制，打造更加开放、协同、高效的创新生态系统，夯实区域创新高地建设的基础支撑。

4.5　内蒙古自治区

2025 年内蒙古创新能力综合指标排第 20 名，较上年上升 4 位。经济指标方面，2023 年，内蒙古 GDP 总量为 24 627 亿元，全国排第 21 位；人均 GDP 水平（102 677 元）排全国第 8 位；第三产业增加值占 GDP 的比例为 41.4%，全国排名第 31 位。与经济指标相比，内蒙古创新能力排名更高，2001—2025 年内蒙古创新能力排名变化趋势如图 4-13 所示，自 2022 年以来排名呈持续上升趋势。

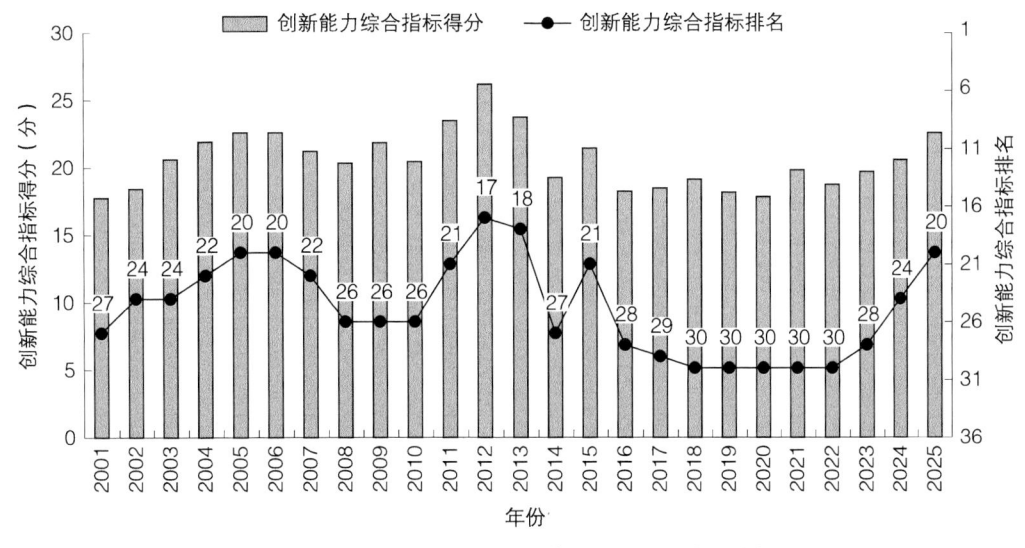

图 4-13　2001—2025 年内蒙古创新能力变化趋势

分指标看，2025年内蒙古知识创造排名上升10位至第20位，较上年上升显著；知识获取排名上升6位至第12位；创新环境排名上升7位至第22位；创新绩效排名与上年持平，仍处于第23位；企业创新排名较上年下降5位至第23位（表4-13、图4-14）。

表4-13 内蒙古创新能力综合指标

指标名称	2025年综合指标		2025年分项指标排名		
	指标值	排名	实力	效率	潜力
综合值	22.58	20	26	27	2
1 知识创造综合指标	19.93	20	26	29	2
1.1 研究开发投入综合指标	21.12	16	23	29	2
1.2 专利综合指标	19.92	20	26	27	1
1.3 科研论文综合指标	17.55	28	27	21	10
2 知识获取综合指标	23.05	12	21	13	2
2.1 科技合作综合指标	23.56	24	27	26	3
2.2 技术转移综合指标	29.80	5	11	3	5
2.3 外资企业投资综合指标	17.60	14	21	22	3
3 企业创新综合指标	19.54	23	23	25	11
3.1 企业研究开发投入综合指标	23.27	26	22	25	11
3.2 设计能力综合指标	18.49	16	23	17	6
3.3 技术提升能力综合指标	23.53	16	23	10	9
3.4 新产品销售收入综合指标	11.54	27	21	27	27
4 创新环境综合指标	21.18	22	24	19	12
4.1 创新基础设施综合指标	25.78	18	27	5	23
4.2 市场环境综合指标	25.81	11	17	23	3
4.3 劳动者素质综合指标	23.69	22	24	19	14
4.4 金融环境综合指标	10.10	20	25	23	7
4.5 创业水平综合指标	20.51	25	26	24	18
5 创新绩效综合指标	29.74	23	30	21	1
5.1 宏观经济综合指标	34.68	9	21	8	2
5.2 产业结构综合指标	33.63	10	22	15	1
5.3 产业国际竞争力综合指标	10.42	17	22	23	3
5.4 就业综合指标	38.26	18	23	22	9
5.5 可持续发展与环保综合指标	31.68	31	29	29	27

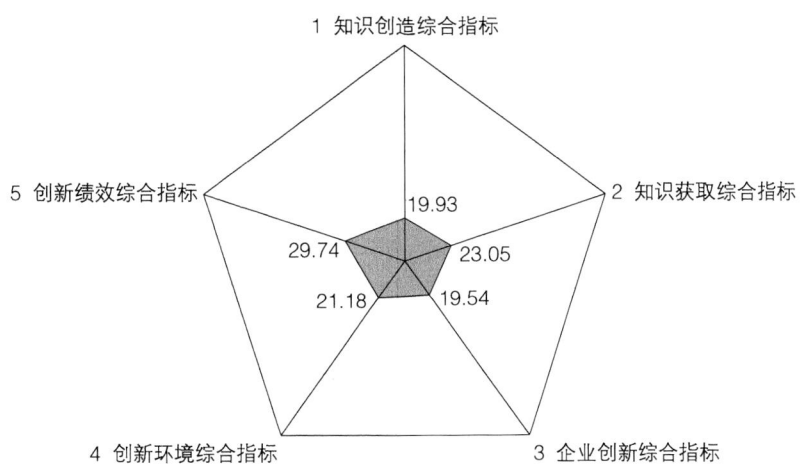

图 4-14　内蒙古创新能力蛛网图

内蒙古创新发展中的五个维度整体呈现上升趋势，其中，内蒙古在知识获取方面表现最好，高于综合得分排名，排第 12 位，较上年排名提高 6 位。在知识创造方面表现齐平于综合得分排名，排第 20 位。在企业创新和创新绩效方面表现较弱，创新绩效方面连续两年都排第 23 位，企业创新与综合得分排名相差 3 位（图 4-15）。

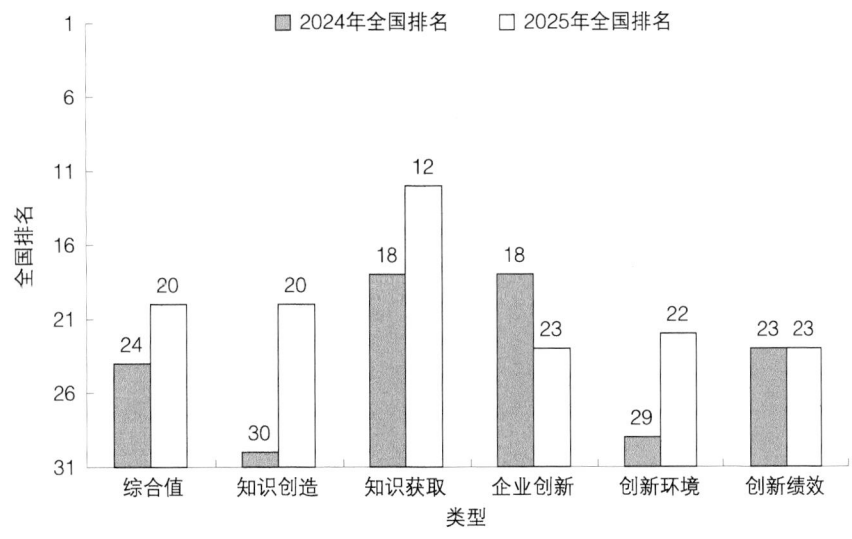

图 4-15　内蒙古各维度排名与上年对比

内蒙古创新能力中表现最好的是知识获取维度，科技合作综合指标排第 24 位，技术转移综合指标排第 5 位，外资企业投资综合指标排第 14 位。具体来看，规模以上工业企业平均国内技术成交额排名与上年持平，位于全国第 1 位。内蒙古的知识获取表现在各个指标上均有一定程度的上升，其中作者异省科技论文数增长率上升 27 位至全国第 1 位；合作申请发明专利数增长率虽然下降 1 位，但仍排全国第 3 位。每万名研发人员合作申请发明专利数、规模以上工业企业国内技术成交额与实际使用外资金额占 GDP 的比重增长率的排名均较上年有所提升，都排名全国前 5 位。作者同省异单位科技论文数增长率上升 8 个位次至全国第 2 位（表 4-14）。

表 4-14　内蒙古优势基础指标（部分）

指　标	2024 年指标值	2025 年指标值	2024 年排名	2025 年排名	排名变化
作者同省异单位科技论文数增长率（%）	2.79	15.24	10	2	8
作者异省科技论文数增长率（%）	0.04	7.61	28	1	27
每万名研发人员合作申请发明专利数（件）	180	243	10	4	6
合作申请发明专利数增长率（%）	99.98	104.60	2	3	-1
规模以上工业企业国内技术成交额（万元）	240 929.0	403 083.7	4	3	1
规模以上工业企业平均国内技术成交额（万元/项）	67.1	106.2	1	1	0
实际使用外资金额占 GDP 的比重增长率（%）	37.71	41.19	9	4	5

内蒙古表现相对落后的企业创新和创新绩效方面，虽然宏观经济综合指标与产业结构综合指标排名靠前，位于全国第 9 位与第 10 位，但在其他指标方面，企业研究开发投入综合指标排第 26 位，设计能力综合指标与技术提升能力综合指标排第 16 位，新产品销售收入综合指标排第 27 位，产业国际竞争力综合指标排第 17 位，就业综合指标排第 18 位，可持续发展与环保综合指标排第 31 位。

具体来看，内蒙古的劣势基础指标主要有：规模以上工业企业研发人员增长率与规模以上工业企业新产品销售收入增长率，其排名较上年均有大幅下降。规模以上工业企业研发活动经费内部支出总额占销售收入的比例与上年排名持平。规模以上工业企业新产品销售收入占营业收入的比重、规模以上工业企业研发人员增长率与规模以上工业企业新产品销售收入增长率的排名均处于第 27 位。第三产业增加值占 GDP 的比例、废气中主要污染物排放量与每亿元 GDP 废气中主要污染物排放量维持在第 31 位（表 4-15）。

表 4-15　内蒙古劣势基础指标（部分）

指　标	2024 年指标值	2025 年指标值	2024 年排名	2025 年排名	排名变化
规模以上工业企业研发人员增长率（%）	32.05	-2.46	2	27	-25
规模以上工业企业研发活动经费内部支出总额占销售收入的比例（%）	0.59	0.65	26	26	0
规模以上工业企业新产品销售收入占营业收入的比重（%）	10.89	8.66	24	27	-3
规模以上工业企业新产品销售收入增长率（%）	44.52	-6.06	3	27	-24
第三产业增加值占 GDP 的比例（%）	40.0	41.4	31	31	0
废气中主要污染物排放量（万吨）	159.10	184.71	31	31	0
每亿元 GDP 废气中主要污染物排放量（吨）	68.7	75.0	31	31	0

总体来看，内蒙古知识获取和知识创造表现较为突出，但企业创新与创新绩效仍相对薄弱，区域企业科技创新能力亟待提升。近年来，内蒙古陆续出台了一系列科技政策文件，并推出了"1+7+N"科技政策包，构建梯次培育体系，营造良好的创新环境，突出企业创新主体地位，推动创新资源向企业集聚，推动以企业为主体的产学研融通创新，提升科技创新能力，为区域的高质量发展不断注入新的动能。同时，内蒙古正积极在储能、氢能、新型电力系统等前沿领域寻求科技突破，依托资源禀赋，加快建设国家重要能源基地。在从传统能源向新能源的绿色转型中，内蒙古通过生态导向的科技创新，探索经济增长的"第二曲线"。未来，应持续完善科技成果转化机制，鼓励中小企业加大研发投入，发展专精特新企业群体；进一步深化与国内外高校、科研院所的合作，强化高层次人才引进与培养，夯实内生创新基础，打造高质量、可持续的区域创新生态。

4.6 辽宁省

2025 年辽宁创新能力综合指标排名较上年下降 1 位，排全国第 19 位。经济指标方面，2023 年辽宁 GDP 总量为 30 209.4 亿元，排全国第 16 位；人均 GDP 水平（72 107 元）排全国第 19 位；第三产业增加值占 GDP 的比例为 52.4%，排全国第 16 位。与经济指标相比，辽宁的创新能力排名较低，2001—2025 年辽宁创新能力变化趋势如图 4-16 所示。

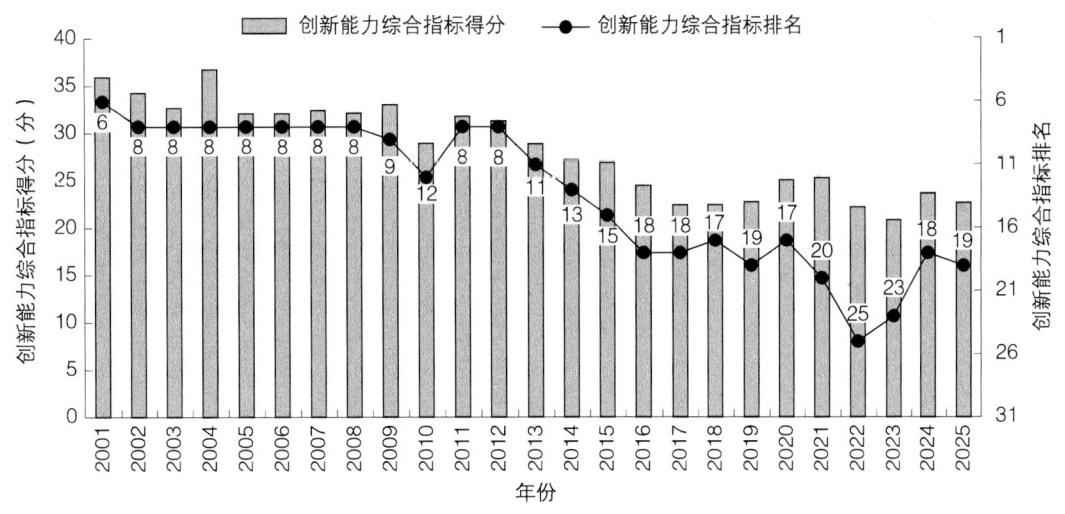

图 4-16 2001—2025 年辽宁创新能力变化趋势

分指标看，2025 年辽宁知识创造排名较上年上升 4 位至第 18 位，企业创新排名较上年下降 5 位至第 26 位，创新环境排名较上年下降 1 位至第 19 位，创新绩效排名较上年上升 3 位至第 26 位，知识获取排名较上年下降 1 位至第 10 位（表 4-16、图 4-17）。

表 4-16 辽宁创新能力综合指标

指标名称	2025年综合指标		2025年分项指标排名		
	指标值	排名	实力	效率	潜力
综合值	22.67	19	18	19	26
1 知识创造综合指标	20.32	18	15	17	26
1.1 研究开发投入综合指标	12.07	26	17	27	26
1.2 专利综合指标	20.56	18	16	19	19
1.3 科研论文综合指标	36.32	8	10	9	16
2 知识获取综合指标	25.45	10	11	7	20
2.1 科技合作综合指标	41.50	8	11	4	27
2.2 技术转移综合指标	10.18	23	16	20	24
2.3 外资企业投资综合指标	24.86	9	10	8	5
3 企业创新综合指标	18.70	26	16	24	27
3.1 企业研究开发投入综合指标	29.62	20	15	21	24
3.2 设计能力综合指标	9.57	27	16	23	26
3.3 技术提升能力综合指标	16.69	24	19	26	15
3.4 新产品销售收入综合指标	18.00	20	16	20	19
4 创新环境综合指标	22.70	19	15	14	24
4.1 创新基础设施综合指标	20.37	23	19	24	18
4.2 市场环境综合指标	19.71	18	13	8	28
4.3 劳动者素质综合指标	25.84	16	17	21	18
4.4 金融环境综合指标	10.47	19	15	19	14
4.5 创业水平综合指标	37.12	12	15	9	14
5 创新绩效综合指标	27.28	26	27	24	17
5.1 宏观经济综合指标	22.54	20	16	19	15
5.2 产业结构综合指标	17.18	26	18	27	24
5.3 产业国际竞争力综合指标	7.14	24	20	26	6
5.4 就业综合指标	34.31	24	28	24	13
5.5 可持续发展与环保综合指标	55.25	23	23	22	7

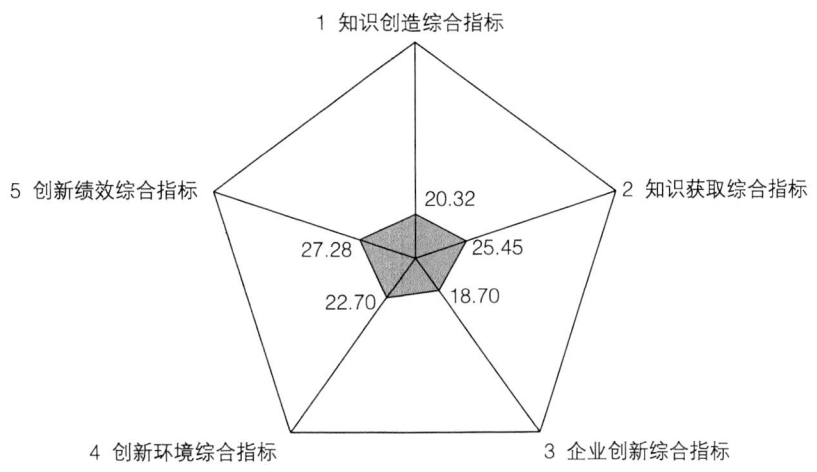

图 4-17 辽宁创新能力蛛网图

五个维度中，辽宁在知识获取方面表现最好，远高于综合得分排名，但较上年下降 1 位，排第 10 位。在创新绩效方面表现最差，但较上年提升 3 位，位列第 26 位，仍有较大的发展空间。知识创造、企业创新和创新环境排名都有不同幅度的升降（图 4-18）。

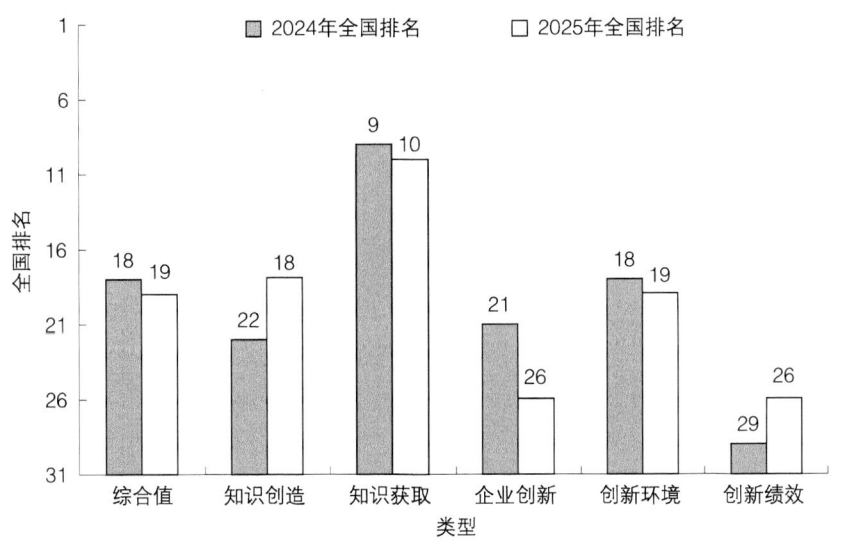

图 4-18 辽宁各维度排名与上年对比

辽宁表现最好的是知识获取方面，科技合作综合指标排第 8 位，外资企业投资综合指标排第 9 位，但技术转移综合指标排第 23 位，有较大的提升空间。具体来看，辽宁每十万研发人员作者异国科技论文数和实际使用外资金额占 GDP 的比重排名与上年持平，分别排第 8 位和第 9 位；规模以上工业企业平均国外技术引进金额比上年上升 2 位至第 7 位；实际使用外资金额占 GDP 的比重增长率虽然下降 3 位，但排名依旧靠前，排全国第 7 位；高校研发经费内部支出额中来自企业资金的比例较上年上升 1 位至全国第 1 位（表 4-17）。

表 4-17 辽宁优势基础指标（部分）

指　　标	2024 年指标值	2025 年指标值	2024 年排名	2025 年排名	排名变化
每十万研发人员作者异国科技论文数（篇）	101	87	8	8	0
高校研发经费内部支出额中来自企业资金的比例（%）	42.62	43.45	2	1	1
规模以上工业企业平均国外技术引进金额（万元/项）	5.54	7.42	9	7	2
实际使用外资金额占 GDP 的比重（%）	1.43	0.79	9	9	0
实际使用外资金额占 GDP 的比重增长率（%）	59.74	24.78	4	7	-3

辽宁表现落后的维度是创新绩效，其中宏观经济综合指标排第 20 位，产业结构综合指标排第 26 位，产业国际竞争力综合指标排第 24 位，就业综合指标排第 24 位，可持续发展与环保综合指标排第 23 位，说明辽宁高技术产业、战略性新兴产业发展缓慢。

具体来看，辽宁创新绩效指标与上年相比，主要有以下几个基础指标处于劣势。高技术产业新产品销售收入增长率与上年排名相比有较大幅度下滑，从第 9 位下降 19 位至第 28 位；城镇登记失业人员较上年持平，位于全国第 26 位；高技术产品出口额占地区出口总额的比重与废气中主要污染物排放量均上升 1 位至第 26 位；虽然城镇登记失业率与万元地区生产总值能耗（等价值）增长率分别上升 2 位与 4 位，但全国排名依旧在第 28 位与第 26 位；高技术产业新产品销售收入占主营业务收入的比重排名下降 8 位至第 29 位（表 4-18）。

表 4-18 辽宁劣势基础指标（部分）

指　　标	2024 年指标值	2025 年指标值	2024 年排名	2025 年排名	排名变化
高技术产业新产品销售收入占主营业务收入的比重（%）	28.6	10.24	21	29	-8
高技术产业新产品销售收入增长率（%）	28.36	-11.03	9	28	-19
高技术产品出口额占地区出口总额的比重（%）	0.36	0.39	27	26	1
城镇登记失业人员（万人）	48.53	55.89	26	26	0
城镇登记失业率（%）	4.33	3.76	30	28	2
万元地区生产总值能耗（等价值）增长率（%）	-0.1	1.15	30	26	4
废气中主要污染物排放量（万吨）	87.21	96.52	27	26	1

整体来看，辽宁在知识获取方面表现较好，而在创新绩效方面仍显不足。近年来，辽宁致力于打造重大技术创新策源地，以建设具有全国影响力的区域科技创新中心为核心，紧抓未来产业智能、绿色、健康的发展趋势。对人工智能、新能源、新材料、绿色低碳、深海深

地空天和生命健康六大产业进行战略布局，尤其是着力发展医药产业等新兴领域，激发企业发展活力，全方位构建产业发展生态。2025年科学研究与开发经费投入强度创10年新高，高校科技成果转化也取得显著进展。未来，应继续重视科技创新人才的培养与引进，优化科技成果转化机制，深化高校与企业间的协同创新与产教融合，重视数字化对传统产业的升级改造，加快科技成果向现实生产力的转化进程，大力发展战略性新兴产业和高技术产业，为全面振兴注入持续创新动能。

4.7 吉林省

2025年吉林创新能力综合指标排全国第21位，较上年下降1位。经济指标方面，2023年吉林GDP总量为13 531.2亿元，排全国第26位；人均GDP水平（57 739元）排全国第27位；第三产业增加值占GDP的比例为54%，排全国第11位。与经济指标相比，吉林创新能力排名略高。2001—2025年吉林创新能力变化趋势如图4-19所示。

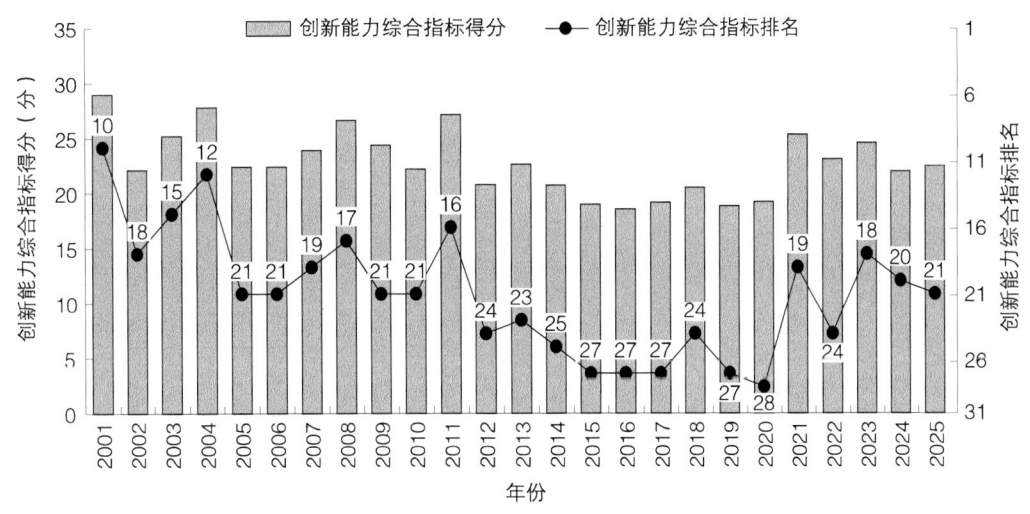

图4-19　2001—2025年吉林创新能力变化趋势

分指标看，2025年吉林知识创造排名上升5位至第15位；知识获取排名下降3位至第24位；企业创新排名较上年下降7位，排第21位；创新环境排第24位，较上年上升2位；创新绩效排第22位，较上年上升3位（表4-19、图4-20）。

表4-19 吉林创新能力综合指标

指标名称	2025年综合指标		2025年分项指标排名		
	指标值	排名	实力	效率	潜力
综合值	22.46	21	22	18	20
1 知识创造综合指标	23.24	15	22	9	25
1.1 研究开发投入综合指标	11.57	27	28	28	21
1.2 专利综合指标	31.06	8	20	3	15
1.3 科研论文综合指标	30.93	13	19	6	30
2 知识获取综合指标	17.46	24	23	11	23
2.1 科技合作综合指标	28.48	19	20	9	30
2.2 技术转移综合指标	15.40	15	20	8	8
2.3 外资企业投资综合指标	10.73	25	24	17	22
3 企业创新综合指标	21.21	21	22	18	18
3.1 企业研究开发投入综合指标	17.06	29	25	27	29
3.2 设计能力综合指标	21.34	10	19	5	14
3.3 技术提升能力综合指标	32.10	8	15	4	5
3.4 新产品销售收入综合指标	16.34	21	23	16	21
4 创新环境综合指标	19.99	24	26	20	14
4.1 创新基础设施综合指标	17.98	27	24	18	26
4.2 市场环境综合指标	16.55	25	24	19	21
4.3 劳动者素质综合指标	25.47	18	25	8	14
4.4 金融环境综合指标	18.42	10	19	18	1
4.5 创业水平综合指标	21.53	22	22	21	23
5 创新绩效综合指标	30.26	22	21	20	14
5.1 宏观经济综合指标	16.66	25	26	27	6
5.2 产业结构综合指标	25.31	19	26	17	14
5.3 产业国际竞争力综合指标	9.38	19	19	15	24
5.4 就业综合指标	38.91	17	20	25	5
5.5 可持续发展与环保综合指标	61.05	19	8	25	19

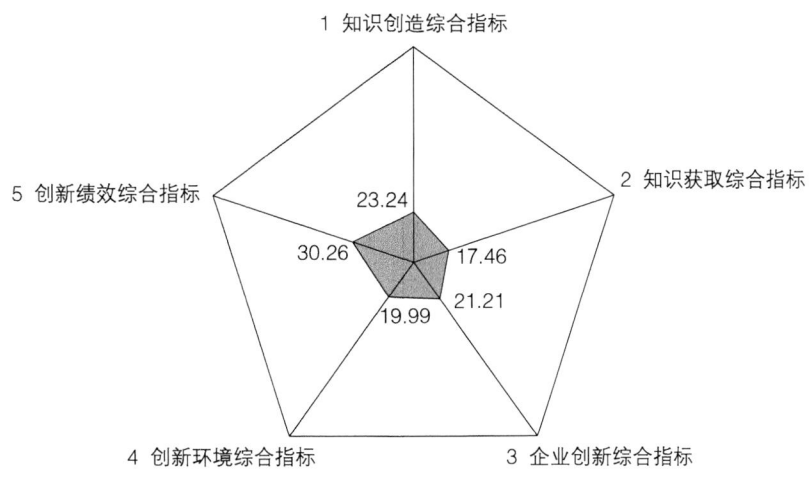

图 4-20　吉林创新能力蛛网图

五个维度中，吉林在知识创造方面表现最好，排第 15 位，高于综合得分排名，且较上年有较大提升。企业创新排第 21 位，与综合得分排名持平，但较上年有明显下降。在知识获取（第 24 位）、创新环境（第 24 位）及创新绩效（第 22 位）方面表现相对较弱，均低于综合得分排名，其中知识获取排名较上年有所下降（图 4-21）。

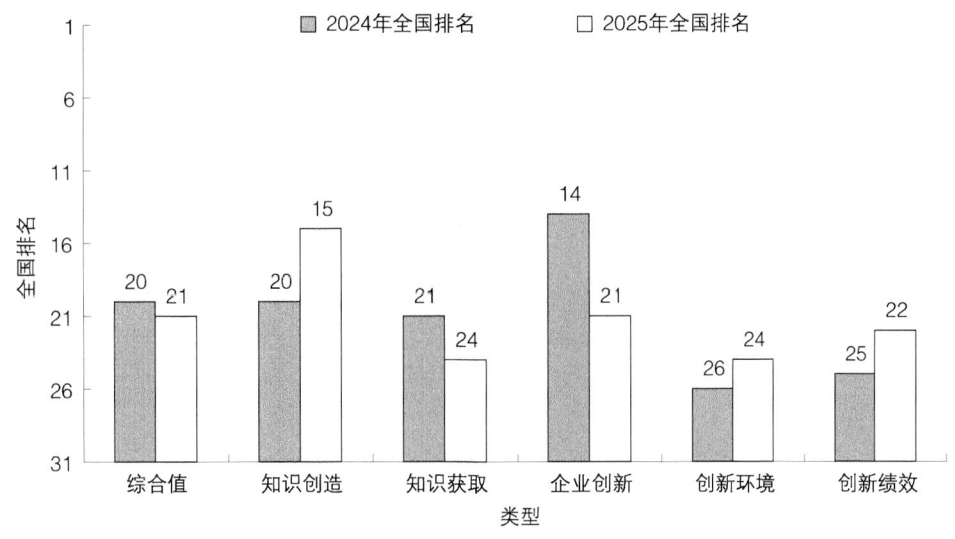

图 4-21　吉林各维度排名与上年对比

表现最好的知识创造方面，专利综合指标排第 8 位，科研论文综合指标排第 13 位。具体来看，每亿元研发经费内部支出产生的发明专利授权数及每十万研发人员平均发表的国际论文数排名均居全国前列。此外，合作申请发明专利数增长率排第 1 位，较上年排名有较大改善。规模以上工业企业平均技术改造经费支出及科创板上市公司市值增长率均表现较好，分别排第 2 位和第 1 位（表 4-20）。

表 4-20 吉林优势基础指标（部分）

指　　标	2024 年指标值	2025 年指标值	2024 年排名	2025 年排名	排名变化
每亿元研发经费内部支出产生的发明专利授权数（件）	34.60	36.20	2	3	-1
每十万研发人员平均发表的国际论文数（篇）	22 027	25 036	4	4	0
合作申请发明专利数增长率（%）	50.35	132.19	23	1	22
规模以上工业企业平均技术改造经费支出（万元/家）	113.80	311.90	11	2	9
科创板上市公司市值增长率（%）	281.91	250.19	1	1	0

表现较落后的知识获取和创新环境方面，外资企业投资综合指标排第 25 位，创新基础设施综合指标排第 27 位，市场环境综合指标排第 25 位。具体来看，规模以上工业企业国外技术引进金额增长率、规模以上工业企业研发经费外部支出增长率、科技服务业从业人员增长率排名均较为靠后，且较上年排名有所下降。财政科技支出排第 28 名，较上年上升 1 位。作者异省科技论文数增长率及有电子商务交易活动的企业数占总企业数的比例均排第 31 位，且排名与上年持平（表 4-21）。

表 4-21 吉林劣势基础指标（部分）

指　　标	2024 年指标值	2025 年指标值	2024 年排名	2025 年排名	排名变化
财政科技支出（亿元）	22.40	38.54	29	28	1
规模以上工业企业国外技术引进金额增长率（%）	-12.52	-24.18	23	28	-5
作者异省科技论文数增长率（%）	-25.59	-4.89	31	31	0
规模以上工业企业研发经费外部支出增长率（%）	26.51	-12.68	7	30	-23
有电子商务交易活动的企业数占总企业数的比例（%）	4.78	7.56	31	31	0
科技服务业从业人员增长率（%）	-6.85	-6.77	29	30	-1

整体来看，吉林在知识创造方面表现较好，然而，知识获取和创新环境等关键环节仍相对薄弱，尤其在外部技术引进、研发协同与市场支撑方面存在明显短板，制约了高效能区域创新生态系统的进一步发展。过去两年，吉林统筹推进科技、人才、产业和营商环境等要素的协同发展。面对"十五五"规划开局的窗口期，应更加注重推动科技与产业的深度融合，提升对企业研发、外部知识引进和科技服务业的系统性支持，打通从科研资源到产业价值的全链条。未来，吉林需要进一步补足基础环节，真正摆脱科研强、转化弱的结构性困境，在全国创新版图中实现更具稳定性和可持续性的位次提升。

4.8 黑龙江省

2025年黑龙江创新能力综合指标排全国第28位，较上年下降5位。经济指标方面，2023年黑龙江GDP总量为15 883.9亿元，排全国第25位；人均GDP水平（51 563元）排全国第30位；第三产业增加值占GDP的比例为50.8%，排全国第22位。与经济指标相比，黑龙江创新能力排名较好。2001—2025年黑龙江创新能力变化趋势如图4-22所示。

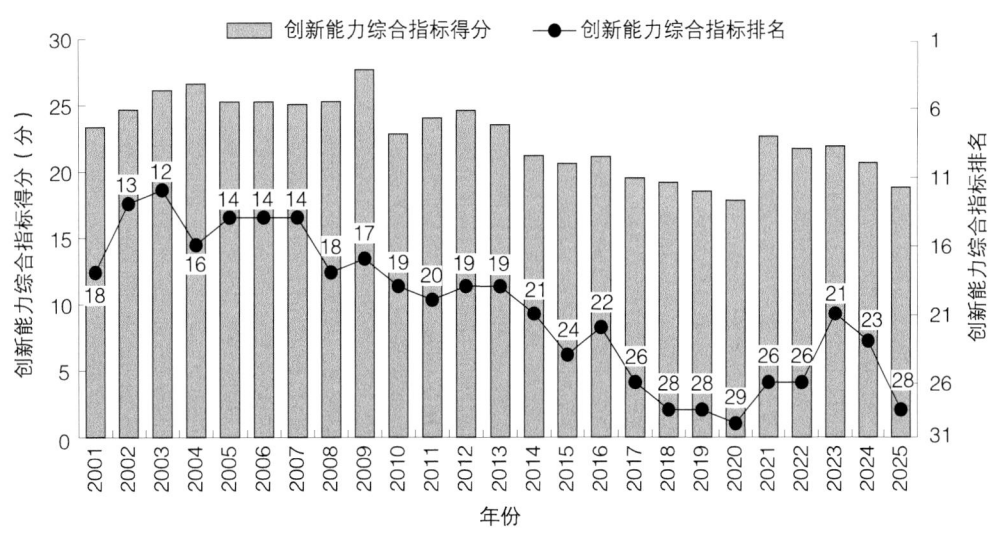

图4-22　2001—2025年黑龙江创新能力变化趋势

分指标看，2025年黑龙江知识创造排第16位，较上年下降4位；知识获取排名较上年上升6位至第20位；企业创新排第29位，较上年下降1位；创新环境排第26位，较上年上升4位；创新绩效排第30位，较上年下降9位（表4-22、图4-23）。

表4-22　黑龙江创新能力综合指标

指标名称	2025年综合指标		2025年分项指标排名		
	指标值	排名	实力	效率	潜力
综合值	18.82	28	23	26	30
1　知识创造综合指标	23.09	16	19	5	31
1.1　研究开发投入综合指标	12.62	25	24	24	20
1.2　专利综合指标	24.92	13	19	2	31
1.3　科研论文综合指标	40.40	5	16	3	29
2　知识获取综合指标	18.70	20	18	18	13

续表

指标名称	2025年综合指标		2025年分项指标排名		
	指标值	排名	实力	效率	潜力
2.1 科技合作综合指标	33.13	17	17	7	23
2.2 技术转移综合指标	19.16	8	23	16	1
2.3 外资企业投资综合指标	7.53	28	27	26	27
3 企业创新综合指标	14.15	29	27	28	25
3.1 企业研究开发投入综合指标	23.38	25	24	24	7
3.2 设计能力综合指标	6.88	29	25	20	29
3.3 技术提升能力综合指标	16.12	25	28	28	4
3.4 新产品销售收入综合指标	9.23	30	26	28	29
4 创新环境综合指标	18.12	26	22	31	17
4.1 创新基础设施综合指标	12.85	31	20	30	30
4.2 市场环境综合指标	23.38	13	23	18	2
4.3 劳动者素质综合指标	23.84	21	23	14	17
4.4 金融环境综合指标	5.87	26	24	26	25
4.5 创业水平综合指标	24.65	20	20	26	5
5 创新绩效综合指标	22.44	30	26	28	30
5.1 宏观经济综合指标	5.02	31	25	30	31
5.2 产业结构综合指标	14.69	30	25	29	22
5.3 产业国际竞争力综合指标	0.26	30	28	29	30
5.4 就业综合指标	40.09	14	14	17	18
5.5 可持续发展与环保综合指标	52.16	24	17	26	23

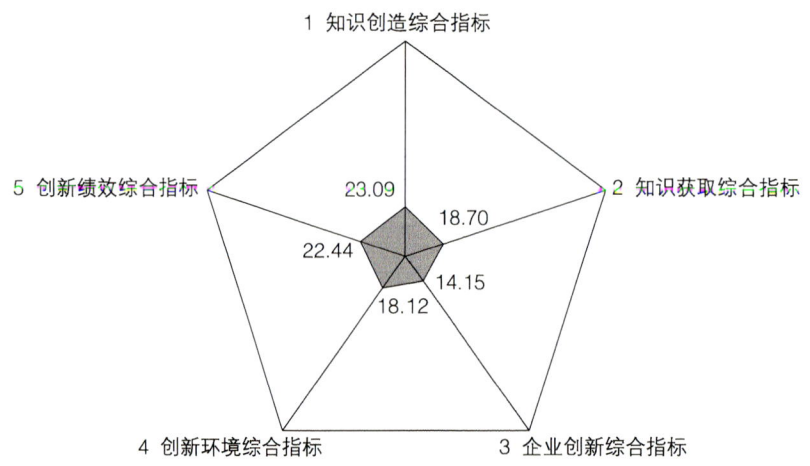

图4-23 黑龙江创新能力蛛网图

五个维度中，黑龙江在知识创造方面表现最好，排第16位，高于综合得分排名，但较上年有所下降。在企业创新和创新绩效方面表现相对较弱，低于综合能力排名，分别排第29位和第30位，其中创新绩效排名较上年有显著下降（图4-24）。

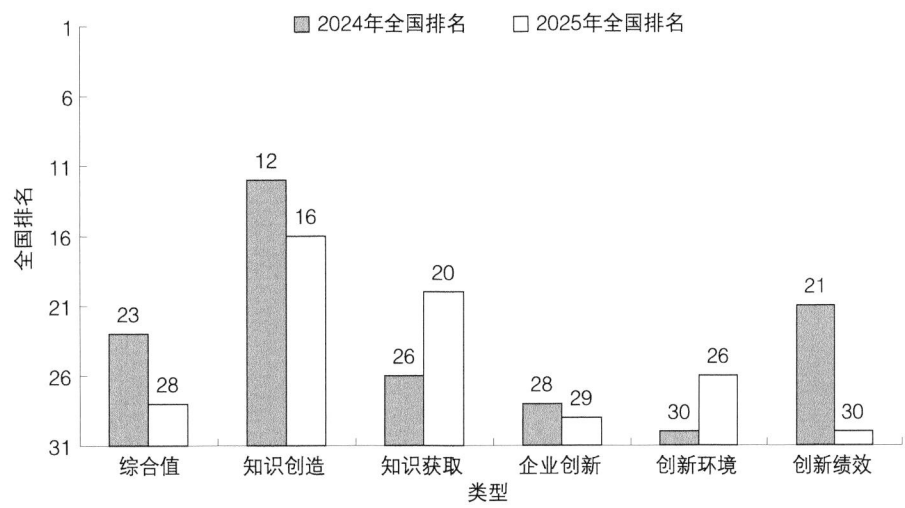

图4-24 黑龙江各维度排名与上年对比

表现最好的知识创造方面，科研论文综合指标排第5位，专利综合指标排第13位。具体来看，每十万研发人员平均发表的国际论文数、合作申请发明专利数增长率及规模以上工业企业国外技术引进金额增长率排名均较为靠前，分别排第1位、第2位、第2位，其中规模以上工业企业国外技术引进金额增长率排名较上年有大幅提升。此外，每亿元研发经费内部支出产生的发明专利申请数及按目的地和货源地划分进出口总额增长率也表现较好，均排第3位，其中按目的地和货源地划分进出口总额增长率排名较上年有较大提升（表4-23）。

表4-23 黑龙江优势基础指标（部分）

指　　标	2024年指标值	2025年指标值	2024年排名	2025年排名	排名变化
每十万研发人员平均发表的国际论文数（篇）	27 939	29 671	1	1	0
每亿元研发经费内部支出产生的发明专利申请数（件）	54	51	3	3	0
合作申请发明专利数增长率（％）	101.87	123.21	1	2	-1
规模以上工业企业国外技术引进金额增长率（％）	-5.60	82.63	19	2	17
按目的地和货源地划分进出口总额增长率（％）	13.97	21.34	19	3	16

表现较落后的企业创新和创新绩效方面，设计能力综合指标排第29位，新产品销售收入综合指标排第30位，宏观经济综合指标排第31位，产业结构综合指标排第30位，产业国际竞争力综合指标排第30位。具体来看，规模以上工业企业新产品销售收入增长率、高技

术产品出口额增长率及地区 GDP 增长率均较上年排名有显著下降，分别排第 29 位、第 30 位、第 31 位。此外，移动互联网人均接入流量、科技企业孵化器增长率及万元地区生产总值能耗（等价值）增长率排名均较为靠后（表 4-24）。

表 4-24 黑龙江劣势基础指标（部分）

指　标	2024 年指标值	2025 年指标值	2024 年排名	2025 年排名	排名变化
规模以上工业企业新产品销售收入增长率（%）	25.29	-8.16	5	29	-24
移动互联网人均接入流量（GB）	123.90	154.50	31	31	0
科技企业孵化器增长率（%）	-2.83	-5.41	31	31	0
高技术产品出口额增长率（%）	75.99	-31.93	3	30	-27
万元地区生产总值能耗（等价值）增长率（%）	-1.20	4.17	25	30	-5
地区 GDP 增长率（%）	2.70	2.60	20	31	-11

整体来看，黑龙江在知识创造方面具有一定基础，尤其是科研论文产出、国际论文发表密度等指标持续领先，但创新成果的产业化转化能力较弱，企业创新活力不足，导致知识创造优势未能有效外溢到产业体系。过去两年，黑龙江在科技成果转化、国际交流、促进新型研发机构等方面持续发力，显示出一定的改善创新环境和外部联通意愿。未来，黑龙江亟须从根本上重塑创新路径。一方面，要推动科研系统与产业系统的深度打通；另一方面，要围绕优势领域打造创新集群，以科技成果带动特色产业集聚。在资源要素趋紧、人才持续流出的背景下，黑龙江需要快速提升科技成果转化效率，加强数字技术提升传统产业竞争力的能力。

4.9　上海市

2025 年上海创新能力综合指标排全国第 5 位，连续 4 年持平。经济指标方面，2023 年上海 GDP 总量为 47 218.7 亿元，排全国第 10 位；人均 GDP 水平（190 321 元）排全国第 2 位；第三产业增加值占 GDP 的比例为 75.2%，排全国第 2 位。与经济指标相比，上海创新能力排名较高，但低于人均经济指标排名。2001—2025 年上海创新能力变化趋势如图 4-25 所示。

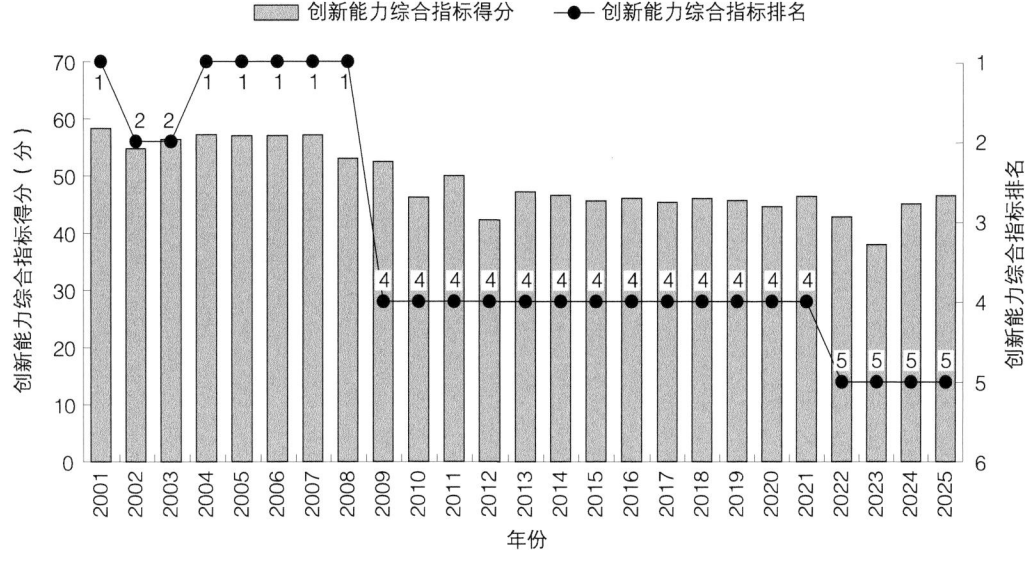

图4-25 2001—2025年上海创新能力变化趋势

分指标看，2025年上海知识创造较上年上升1位，居第4位；知识获取、企业创新和创新环境排名均与上年持平，分别居第1位、第9位和第5位；创新绩效排第5位，相比上年上升1位（表4-25、图4-26）。

表4-25 上海创新能力综合指标

指标名称	2025年综合指标		2025年分项指标排名		
	指标值	排名	实力	效率	潜力
综合值	46.48	5	6	2	17
1 知识创造综合指标	47.94	4	5	2	15
1.1 研究开发投入综合指标	57.13	4	5	2	15
1.2 专利综合指标	40.93	4	5	4	14
1.3 科研论文综合指标	43.58	3	3	8	27
2 知识获取综合指标	62.40	1	3	1	24
2.1 科技合作综合指标	46.47	5	4	10	18
2.2 技术转移综合指标	47.14	1	3	1	29
2.3 外资企业投资综合指标	85.79	1	2	1	17
3 企业创新综合指标	35.63	9	8	5	23
3.1 企业研究开发投入综合指标	46.12	10	11	10	18
3.2 设计能力综合指标	25.21	7	7	3	23
3.3 技术提升能力综合指标	37.24	5	6	3	25
3.4 新产品销售收入综合指标	33.90	11	10	10	18

续表

指标名称	2025年综合指标		2025年分项指标排名		
	指标值	排名	实力	效率	潜力
4 创新环境综合指标	43.65	5	5	2	8
4.1 创新基础设施综合指标	35.79	6	12	13	1
4.2 市场环境综合指标	65.33	1	2	1	16
4.3 劳动者素质综合指标	39.90	7	12	3	10
4.4 金融环境综合指标	44.49	2	3	4	16
4.5 创业水平综合指标	32.76	14	8	14	25
5 创新绩效综合指标	50.52	5	6	2	7
5.1 宏观经济综合指标	57.80	4	10	2	18
5.2 产业结构综合指标	36.99	9	8	10	16
5.3 产业国际竞争力综合指标	10.10	18	11	20	19
5.4 就业综合指标	57.83	3	13	2	1
5.5 可持续发展与环保综合指标	89.89	1	3	2	2

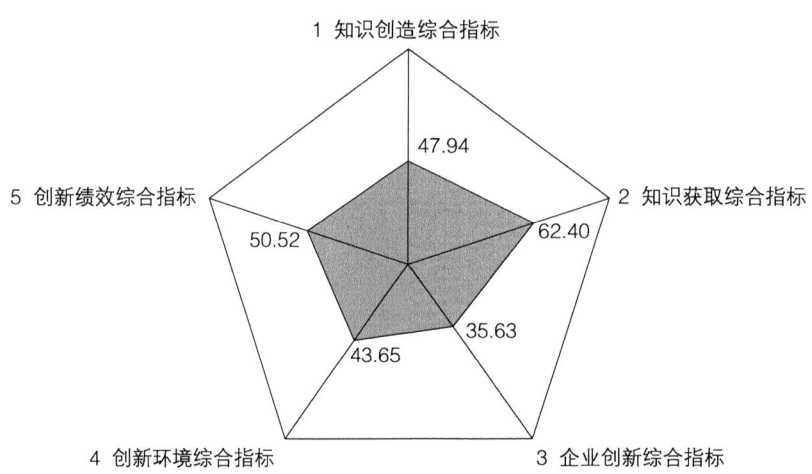

图 4-26 上海创新能力蛛网图

五个维度中，上海在知识获取方面表现最好，排第 1 位；在企业创新方面表现相对较弱，低于综合得分排名，排第 9 位（图 4-27）。

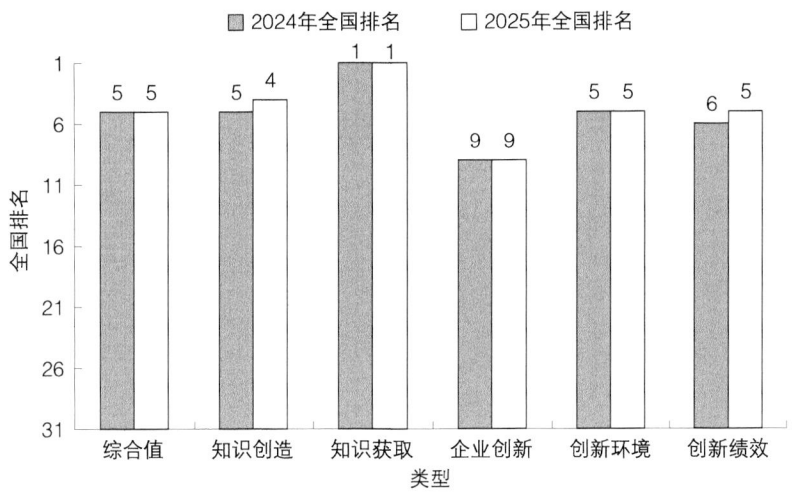

图 4-27　上海各维度排名与上年对比

表现最好的知识获取方面，规模以上工业企业平均国外技术引进金额及实际使用外资金额占 GDP 的比重均排第 1 位，表现较好。此外，上海在科技企业孵化器增长率、科创板上市公司市值及高新技术产业就业人数占总就业人数的比例方面均表现较好，排第 1 位；每万名研发人员发明专利授权数、科技服务业从业人员占第三产业从业人员比重及科技企业孵化器当年获风险投资强度均排第 2 位（表 4-26）。

表 4-26　上海优势基础指标（部分）

指　　标	2024 年指标值	2025 年指标值	2024 年排名	2025 年排名	排名变化
每万名研发人员发明专利授权数（件）	1873	1096	2	2	0
规模以上工业企业平均国外技术引进金额（万元/项）	119.16	88.43	1	1	0
实际使用外资金额占 GDP 的比重（%）	3.61	3.60	2	1	1
科技企业孵化器增长率（%）	5.56	19.56	16	1	15
科创板上市公司市值（亿元）	15995.5	18259.8	1	1	0
科技服务业从业人员占第三产业从业人员比重（%）	4.33	4.28	2	2	0
科技企业孵化器当年获风险投资强度（万元/项）	1872.45	1939.48	2	2	0
高新技术产业就业人数占总就业人数的比例（%）	17.04	28.18	2	1	1

表现较落后的企业创新方面，规模以上工业企业研发活动经费内部支出总额增长率排第 26 位，有电子商务交易活动的企业数增长率指标排第 11 位。国际论文数增长率排全国第 27 位，较上年下降 6 位。合作申请发明专利数增长率排第 31 位，排名与上年持平。科技企业孵化器当年毕业企业数增长率排第 27 位，较上年排名下降 19 位。教育经费支出占 GDP 的比例排第 28 位。平均每个科技企业孵化器当年毕业企业数排第 31 位，较上年下降 2 位。城镇登

记失业人员增长率排第31位，较上年下降30位（表4-27）。

表4-27 上海劣势基础指标（部分）

指 标	2024年指标值	2025年指标值	2024年排名	2025年排名	排名变化
国际论文数增长率（%）	9.27	11.42	21	27	-6
合作申请发明专利数增长率（%）	-3.36	13.71	31	31	0
规模以上工业企业研发活动经费内部支出总额增长率（%）	9.06	8.51	28	26	2
有电子商务交易活动的企业数增长率（%）	9.58	12.49	31	11	20
科技企业孵化器当年毕业企业数增长率（%）	10.67	-6.80	8	27	-19
教育经费支出占GDP的比例（%）	3.53	3.58	28	28	0
平均每个科技企业孵化器当年毕业企业数（家）	2.91	1.70	29	31	-2
城镇登记失业人员增长率（%）	-78.22	195.33	1	31	-30

整体来看，上海在知识获取方面表现突出，稳居全国首位，持续展现其在国际化资源配置、外资技术引进和科技服务等领域的综合优势。近两年，上海持续推动成果转移转化，加快科技服务业高质量发展，促进国内外科技合作，有效增强了技术流通效率和创新要素跨区域配置能力。面向"十五五"，上海要密切跟踪科技和产业发展的前沿动态，做好培育新质生产力、塑造上海发展新动能的整体设计。上海应着力形成面向科技革命和产业变革的制度供给能力，构建与新质生产力发展相适应的新型生产关系，重视科技创业与创新，提升在全球科技治理中的话语权和影响力，加快建成具有全球影响力的科技创新高地。

4.10 江苏省

2025年江苏创新能力综合指标排全国第2位，与上年持平。经济指标方面，2023年江苏GDP总量为128 222.2亿元，排全国第2位；人均GDP水平（150 487元）排全国第3位；第三产业增加值占GDP的比例为51.7%，排全国第20位。与经济指标相比，江苏创新能力排名与之持平，但略高于人均经济指标排名。2001—2025年江苏创新能力变化趋势如图4-28所示。

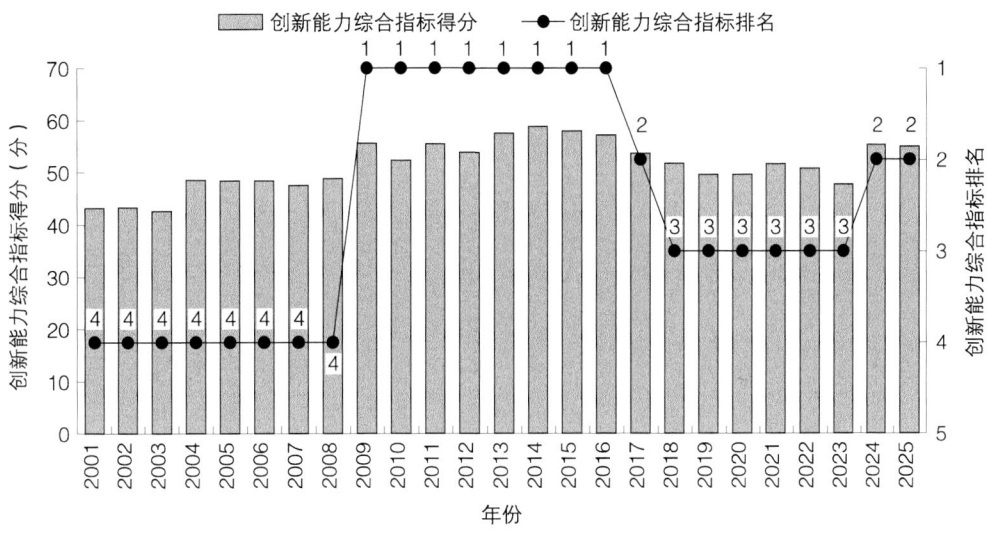

图 4-28　2001—2025 年江苏创新能力变化趋势

分指标看，2025年江苏知识创造、知识获取、企业创新和创新环境排名均与上年持平，分别居第3位、第3位、第2位和第3位；创新绩效排第1位，上升1位（表4-28、图4-29）。

表 4-28　江苏创新能力综合指标

指标名称	2025年综合指标		2025年分项指标排名		
	指标值	排名	实力	效率	潜力
综合值	55.03	2	2	4	13
1　知识创造综合指标	51.03	3	3	10	11
1.1　研究开发投入综合指标	56.58	5	2	7	17
1.2　专利综合指标	51.17	3	3	7	9
1.3　科研论文综合指标	39.66	6	2	24	21
2　知识获取综合指标	52.30	3	1	4	21
2.1　科技合作综合指标	54.39	2	2	15	19
2.2　技术转移综合指标	36.87	4	2	11	9
2.3　外资企业投资综合指标	62.32	2	1	5	21
3　企业创新综合指标	57.15	2	2	9	19
3.1　企业研究开发投入综合指标	81.65	1	2	2	15
3.2　设计能力综合指标	35.66	3	2	9	15
3.3　技术提升能力综合指标	38.93	4	2	23	24
3.4　新产品销售收入综合指标	70.88	4	2	7	17
4　创新环境综合指标	50.13	3	2	9	5

续表

指标名称	2025年综合指标		2025年分项指标排名		
	指标值	排名	实力	效率	潜力
4.1 创新基础设施综合指标	54.71	2	2	19	6
4.2 市场环境综合指标	50.30	5	5	6	4
4.3 劳动者素质综合指标	49.87	2	2	22	4
4.4 金融环境综合指标	35.37	3	2	10	26
4.5 创业水平综合指标	60.41	2	2	11	19
5 创新绩效综合指标	63.53	1	2	2	12
5.1 宏观经济综合指标	73.97	1	2	3	12
5.2 产业结构综合指标	59.80	2	2	8	9
5.3 产业国际竞争力综合指标	62.32	1	2	5	5
5.4 就业综合指标	53.91	5	3	5	19
5.5 可持续发展与环保综合指标	67.64	14	24	3	9

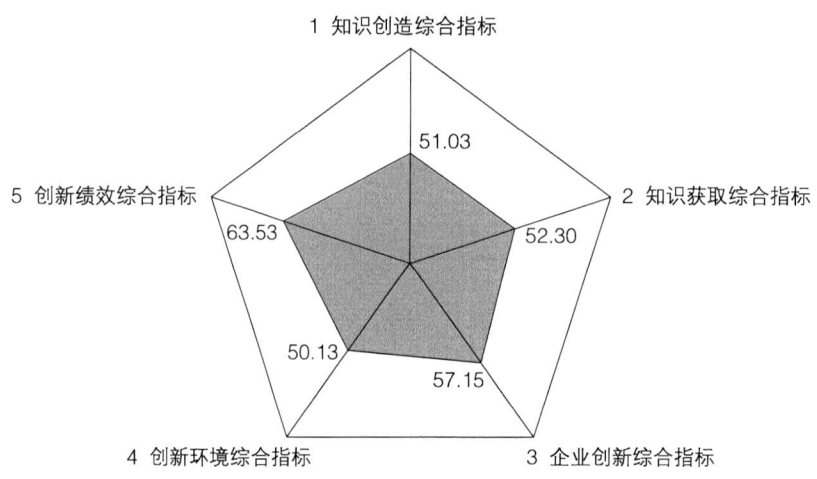

图 4-29 江苏创新能力蛛网图

五个维度中，江苏在创新绩效和企业创新方面表现较好，其中创新绩效排第 1 位，较上年有所提升，且高于综合得分排名。而在知识创造、知识获取及创新环境方面表现相对较弱，低于综合得分排名，排第 3 位（图 4-30）。

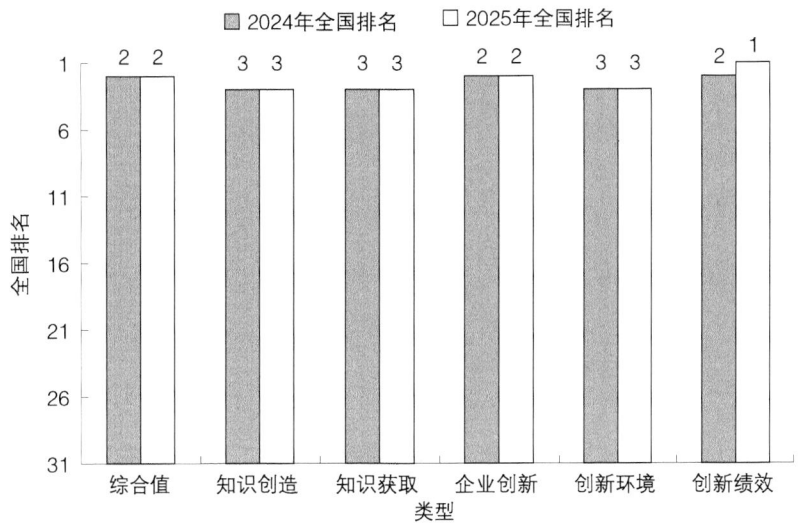

图 4-30　江苏各维度排名与上年对比

表现最好的创新绩效方面的优势基础指标，如第三产业增加值及高技术产业新产品销售收入均排第 2 位。规模以上工业企业有研发活动的企业数、规模以上工业企业国外技术引进金额、实际使用外资金额及科技企业孵化器数量均表现较好，排全国第 1 位，其中规模以上工业企业国外技术引进金额较上年排名有所提升，表明知识获取优势在不断加大（表 4-29）。

表 4-29　江苏优势基础指标（部分）

指　　标	2024 年指标值	2025 年指标值	2024 年排名	2025 年排名	排名变化
研究与试验发展全时人员当量（人年）	824 682.00	899 542.90	2	2	0
发明专利授权数（件）	89 248	107 899	2	2	0
规模以上工业企业国外技术引进金额（万元）	560 401.00	1 107 085.50	3	1	2
实际使用外资金额（亿美元）	305.00	253.40	1	1	0
规模以上工业企业有研发活动的企业数（家）	31 594	27 871	1	1	0
科技企业孵化器数量（个）	1150	1231	1	1	0
第三产业增加值（亿元）	62 027.50	66 236.70	2	2	0
高技术产业新产品销售收入（亿元）	15 241.30	15 719.63	2	2	0

表现相对较弱的知识创造、知识获取及创新环境方面，科研论文综合指标排第 6 位，技术转移综合指标排第 4 位，市场环境综合指标排第 5 位。具体来看，每十万研发人员平均发表的国内论文数及国际论文数增长率均排第 25 位。规模以上工业企业国内技术成交额增长率较上年有明显下降，排第 26 位。合作申请发明专利数增长率排第 29 位，较上年排名有所

下降。科技企业孵化器孵化基金总额增长率排第 25 位，较上年排名有明显下降。教育经费支出占 GDP 的比例排第 31 位，较上年有所下降。电耗总量排第 29 位，与上年持平（表 4-30）。

表 4-30 江苏劣势基础指标（部分）

指　标	2024 年指标值	2025 年指标值	2024 年排名	2025 年排名	排名变化
每十万研发人员平均发表的国内论文数（篇）	6619	3249	27	25	2
国际论文数增长率（%）	9.30	12.97	20	25	-5
规模以上工业企业国内技术成交额增长率（%）	98.16	-27.32	2	26	-24
合作申请发明专利数增长率（%）	31.38	27.09	27	29	-2
科技企业孵化器孵化基金总额增长率（%）	37.69	-4.51	9	25	-16
教育经费支出占 GDP 的比例（%）	3.04	3.03	30	31	-1
电耗总量（亿千瓦时）	7400	7833	29	29	0

近年来，江苏围绕打造具有全球影响力的产业科技创新中心，持续深化科技体制改革，着力推动科技创新与产业创新融合发展，加快构建"基础研究—技术研发—成果转化"全要素贯通的创新生态，推动区域创新能力迈上新台阶。江苏需要抓住数字化智能化的战略机遇，打造更多具有全球竞争力的一流企业，走出一条具有中国特色、富有江苏特点的新质生产力发展之路。

4.11　浙江省

2025 年浙江创新能力综合指标排名与上年持平，均为全国第 4 位。经济指标方面，2023 年浙江 GDP 总量为 82 553.2 亿元，排全国第 4 位；人均 GDP 水平（125 043 元）排全国第 5 位；第三产业增加值占 GDP 的比例为 56%，排全国第 5 位。浙江创新能力排名与经济指标排名相持平，2001—2025 年浙江创新能力变化趋势如图 4-31 所示。

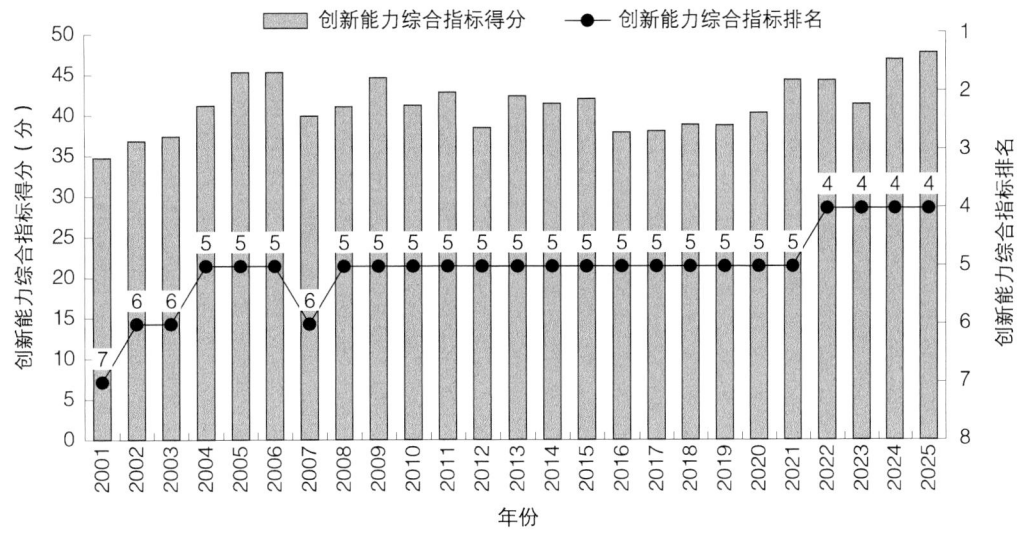

图4-31　2001—2025年浙江创新能力变化趋势

分指标看，2025年浙江知识创造排名较上年下降1位，排全国第5位；在企业创新、创新环境与创新绩效方面排名均与上年持平为全国第4位；知识获取较上年上升1位至第5位；浙江综合值排名不变，仍为全国第4位（表4-31、图4-32）。

表4-31　浙江创新能力综合指标

指标名称		2025年综合指标		2025年分项指标排名		
		指标值	排名	实力	效率	潜力
综合值		47.75	4	3	3	8
1	知识创造综合指标	43.87	5	4	7	22
1.1	研究开发投入综合指标	69.07	1	3	3	6
1.2	专利综合指标	29.74	10	4	14	29
1.3	科研论文综合指标	21.76	22	9	30	12
2	知识获取综合指标	39.79	5	5	6	19
2.1	科技合作综合指标	38.44	12	7	19	10
2.2	技术转移综合指标	15.61	14	6	26	18
2.3	外资企业投资综合指标	58.94	3	4	4	16
3	企业创新综合指标	50.62	4	3	8	10
3.1	企业研究开发投入综合指标	65.85	3	3	3	22
3.2	设计能力综合指标	26.94	6	3	27	8
3.3	技术提升能力综合指标	34.46	6	4	17	27
3.4	新产品销售收入综合指标	79.46	2	4	4	8

续表

指标名称	2025年综合指标		2025年分项指标排名		
	指标值	排名	实力	效率	潜力
4 创新环境综合指标	47.46	4	3	6	2
4.1 创新基础设施综合指标	48.47	4	3	10	5
4.2 市场环境综合指标	55.06	3	4	5	1
4.3 劳动者素质综合指标	43.93	4	4	17	3
4.4 金融环境综合指标	31.76	6	5	6	19
4.5 创业水平综合指标	58.07	3	3	5	9
5 创新绩效综合指标	53.39	4	3	4	11
5.1 宏观经济综合指标	54.17	5	4	5	8
5.2 产业结构综合指标	54.36	4	3	3	8
5.3 产业国际竞争力综合指标	25.44	7	3	11	12
5.4 就业综合指标	60.59	1	2	3	8
5.5 可持续发展与环保综合指标	72.40	8	16	4	10

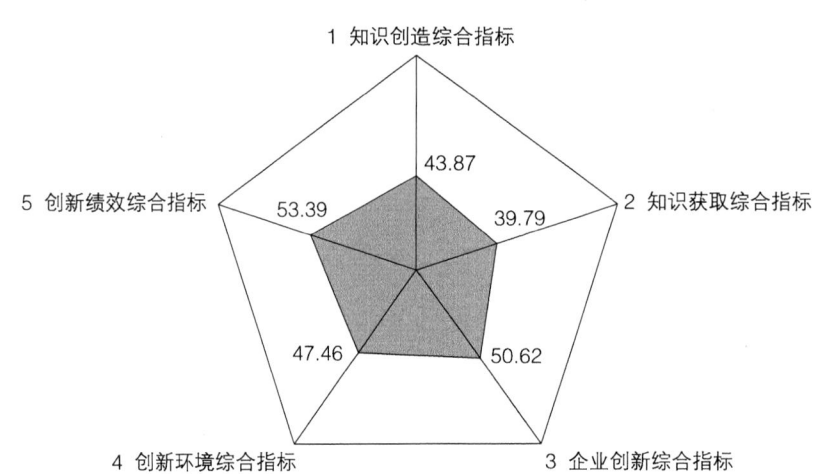

图4-32 浙江创新能力蛛网图

五个维度中，浙江整体表现优异。在企业创新、创新环境与创新绩效这三个方面与综合排名相当，知识获取与知识创造的全国排名比整体水平较低，具有更大的上升空间（图4-33）。

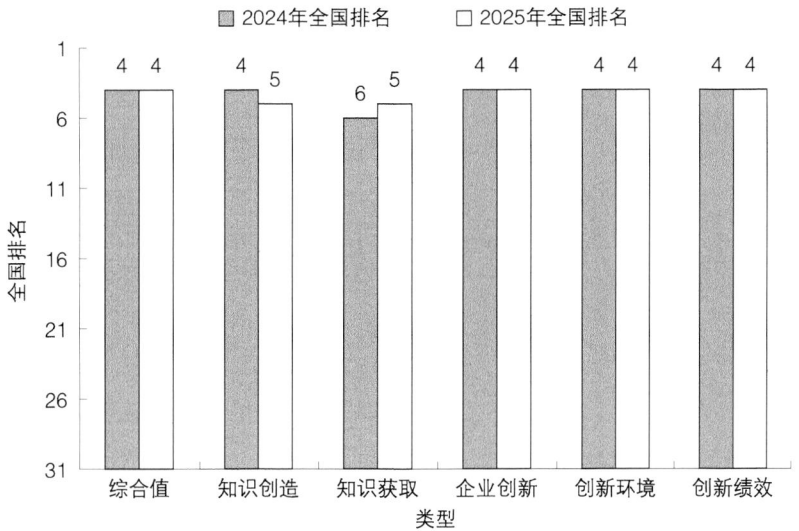

图4-33 浙江各维度排名与上年对比

浙江在企业创新、创新环境与创新绩效这三个方面的排名与上年持平，排全国第4位。知识创造比上年下降1位，排第5位，知识获取比上年上升1位至第5位。就业综合指标排全国第1位，新产品销售收入综合指标排全国第2位，企业研究开发投入综合指标、市场环境综合指标与创业水平综合指标均排全国第3位，创新基础设施综合指标、劳动者素质综合指标与产业结构综合指标均排第4位，宏观经济综合指标、设计能力综合指标、技术提升能力综合指标、金融环境综合指标、产业国际竞争力综合指标、可持续发展与环保综合指标均排全国前10位。

具体来看，浙江在上述三个方面有以下几个优势基础指标：科技企业孵化器孵化基金总额与规模以上工业企业有研发活动的企业数分别维持在全国第1位与第2位，规模以上工业企业就业人员中研发人员比重上升5位至第1位，科技服务业从业人员增长率与高技术产业新产品销售收入占主营业务收入的比重分别上升3位与1位至全国第2位（表4-32）。

表4-32 浙江优势基础指标（部分）

指　　标	2024年指标值	2025年指标值	2024年排名	2025年排名	排名变化
规模以上工业企业就业人员中研发人员比重（%）	8.85	10.80	6	1	5
规模以上工业企业有研发活动的企业数（家）	24 871	20 376	2	2	0
科技服务业从业人员增长率（%）	8.04	8.11	5	2	3
科技企业孵化器孵化基金总额（万元）	6 632 277.6	7 040 187.2	1	1	0
高技术产业新产品销售收入占主营业务收入的比重（%）	55.83	54.28	3	2	1

表现较落后的知识获取方面，外资企业投资综合指标虽然位于第3位，但科技合作综合指标位于全国第12位，技术转移综合指标位于第14位，因此知识获取的综合排名在五个维度中排名最低。

具体来看，浙江知识获取的几项基础指标处于明显劣势。每十万研发人员作者同省异单位科技论文数较上年下降1位排第30位，每十万研发人员作者异省科技论文数与上年持平排第30位，每十万研发人员作者异国科技论文数下降3位至第28位，每万名研发人员合作申请发明专利数下降8位至第26位（表4-33）。

表4-33 浙江劣势基础指标（部分）

指　　标	2024年指标值	2025年指标值	2024年排名	2025年排名	排名变化
每十万研发人员作者同省异单位科技论文数（篇）	516	450	29	30	-1
每十万研发人员作者异省科技论文数（篇）	318	275	30	30	0
每十万研发人员作者异国科技论文数（篇）	31	22	25	28	-3
每万名研发人员合作申请发明专利数（件）	145	139	18	26	-8

整体来看，浙江在企业创新、创新环境和创新绩效方面居全国前列，但在知识获取尤其是科技合作与技术转移方面有所下滑，亟须加强产学研协同与科技成果转化效率。近两年，浙江围绕教育科技人才强省建设主线，深化科技项目组织机制改革，推进重大项目建设，推动融通创新，出台多项政策强化企业科技创新主体地位，打造科技领军企业引领的技术创新范式，提升产业竞争力。未来，浙江应进一步强化研发投入的系统布局，围绕新兴和未来产业发展需求打造高能级科创平台，同时，提升科技资源配置效率，完善科技成果转化体系，推动创新链与产业链深度融合，以科技创新支撑全省经济高质量发展。

4.12　安徽省

2025年安徽创新能力综合指标排全国第8位，较上年下降1位。经济指标方面，2023年安徽GDP总量为47 050.6亿元，排全国第11位；人均GDP水平（76 830元）排全国第13位；第三产业增加值占GDP的比例为52.5%，排全国第15位。与经济指标相比，安徽创新能力排名更高。2001—2025年安徽创新能力变化趋势如图4-34所示。

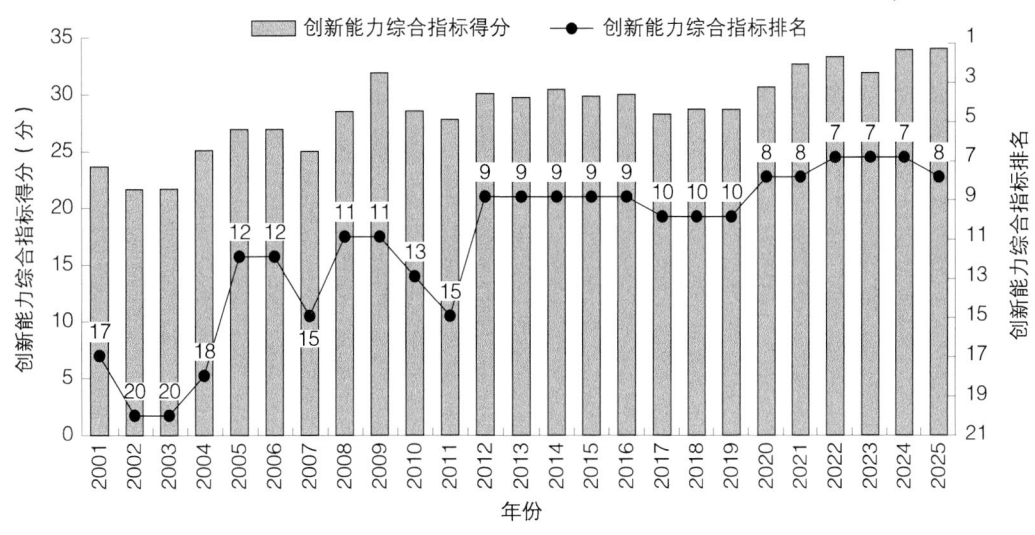

图 4-34　2001—2025 年安徽创新能力变化趋势

分指标看，2025 年安徽知识获取方面水平显著上升，排名较上年提高 5 位至第 17 位，创新绩效排名较上年下降 1 位至第 9 位，知识创造与企业创新方面排名与上年持平，创新环境排名较上年上升 2 位至第 11 位，安徽省综合排名较上年下降 1 位至第 8 位（表 4-34、图 4-35）。

表 4-34　安徽创新能力综合指标

指标名称	2025 年综合指标		2025 年分项指标排名		
	指标值	排名	实力	效率	潜力
综合值	34.05	8	8	8	9
1　知识创造综合指标	34.85	6	7	4	19
1.1　研究开发投入综合指标	52.17	6	6	4	9
1.2　专利综合指标	25.28	12	8	12	26
1.3　科研论文综合指标	19.39	25	13	26	19
2　知识获取综合指标	19.73	17	14	27	7
2.1　科技合作综合指标	27.20	20	13	25	14
2.2　技术转移综合指标	18.30	9	10	14	4
2.3　外资企业投资综合指标	15.18	16	12	14	12
3　企业创新综合指标	41.07	5	5	3	15
3.1　企业研究开发投入综合指标	50.33	7	7	6	20
3.2　设计能力综合指标	23.91	8	5	6	19
3.3　技术提升能力综合指标	29.88	10	5	12	14
3.4　新产品销售收入综合指标	64.09	6	5	3	6
4　创新环境综合指标	28.59	11	10	21	3

续表

指标名称	2025年综合指标		2025年分项指标排名		
	指标值	排名	实力	效率	潜力
4.1 创新基础设施综合指标	28.02	15	9	31	4
4.2 市场环境综合指标	22.95	14	16	17	7
4.3 劳动者素质综合指标	24.92	19	10	30	23
4.4 金融环境综合指标	16.12	12	8	16	8
4.5 创业水平综合指标	50.94	5	7	8	1
5 创新绩效综合指标	42.26	9	8	10	13
5.1 宏观经济综合指标	30.28	12	11	13	12
5.2 产业结构综合指标	40.01	8	10	5	15
5.3 产业国际竞争力综合指标	21.53	11	10	7	22
5.4 就业综合指标	52.87	6	6	6	2
5.5 可持续发展与环保综合指标	66.61	16	19	15	13

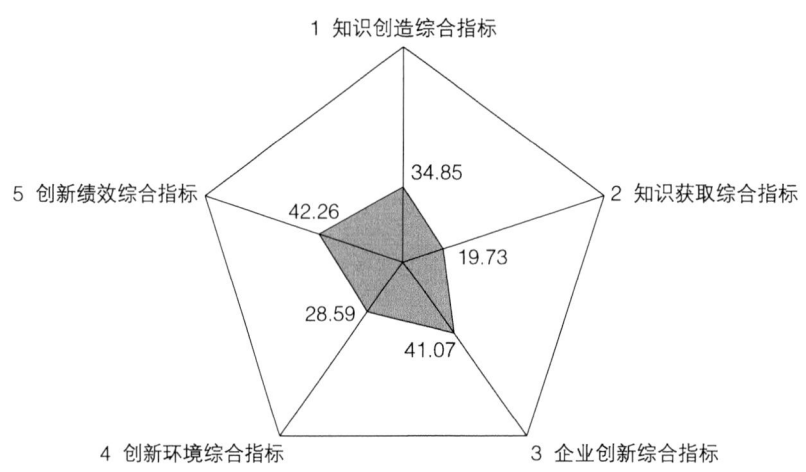

图 4-35 安徽创新能力蛛网图

五个维度中，安徽在企业创新方面表现最好，排第 5 位，与上年持平，且高于综合水平；知识创造略高于综合得分排名，排第 6 位；知识获取排名较综合排名落后 9 位；创新绩效排名落后综合得分排名 1 位；创新环境略低于综合值，位于第 11 位（图 4-36）。

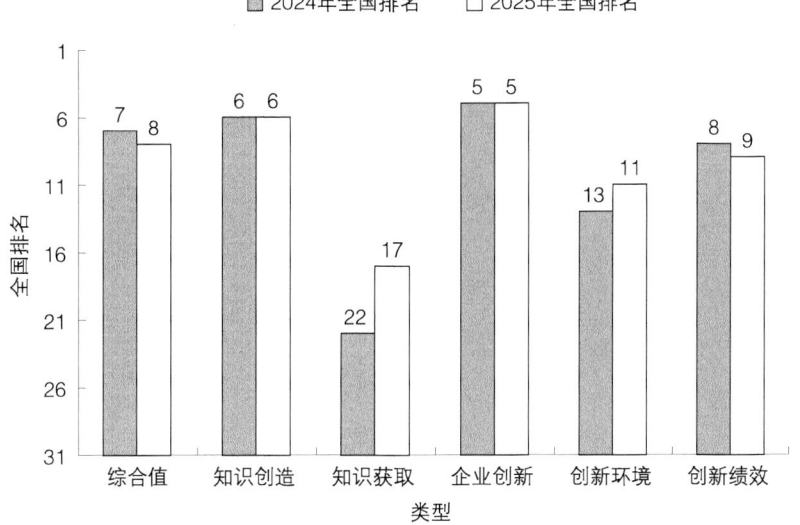

图 4-36　安徽各维度排名与上年对比

安徽表现最好的企业创新方面，新产品销售收入综合指标位于全国第 6 位，企业研究开发投入综合指标位于全国第 7 位，设计能力综合指标位于全国第 8 位，而技术提升能力综合指标排名较低，位于全国第 10 位。具体来看，安徽规模以上工业企业发明专利申请数、规模以上工业企业有效发明专利数与规模以上工业企业新产品销售收入都与上年持平，均位于全国第 5 位；规模以上工业企业研发经费外部支出较上年上升 2 位至第 5 位；虽然规模以上工业企业技术改造经费支出与规模以上工业企业新产品销售收入占营业收入的比重的排名均下降 1 位，但仍分别位于全国第 5 位与第 3 位（表 4-35）。

表 4-35　安徽优势基础指标（部分）

指　标	2024 年指标值	2025 年指标值	2024 年排名	2025 年排名	排名变化
规模以上工业企业发明专利申请数（件）	32 625	34 015	5	5	0
规模以上工业企业有效发明专利数（件）	91 651	101 197	5	5	0
规模以上工业企业研发经费外部支出（万元）	500 703	674 620	7	5	2
规模以上工业企业技术改造经费支出（万元）	3 001 962	2 072 141	4	5	-1
规模以上工业企业新产品销售收入（亿元）	17 580.50	19 592.54	5	5	0
规模以上工业企业新产品销售收入占营业收入的比重（%）	37.49	38.18	2	3	-1

安徽表现相对落后的知识获取方面，虽然其技术转移综合指标排名较靠前，位于全国第 9 位，但科技合作综合指标位于第 20 位，外资企业投资综合指标位于第 16 位，因此知识获取综合指标排名相对靠后。

具体来看，安徽知识获取维度中处于劣势的指标有以下几个：每十万研发人员作者异省科技论文数与上年排名持平，位于第27位；作者异省科技论文数增长率下降10位至第26位；每十万研发人员作者异国科技论文数较上年下降2位至第27位；作者异国科技论文数增长率下降2位至第20位；而高校研发经费内部支出额中来自企业资金增长率则下降8位至第20位；每十万研发人员作者同省异单位科技论文数排名虽然较上年上升了2位，但排名位于第25位，较为落后（表4-36）。

表4-36 安徽劣势基础指标（部分）

指　　标	2024年指标值	2025年指标值	2024年排名	2025年排名	排名变化
每十万研发人员作者同省异单位科技论文数（篇）	690	767	27	25	2
每十万研发人员作者异省科技论文数（篇）	540	500	27	27	0
作者异省科技论文数增长率（%）	1.86	-1.28	16	26	-10
每十万研发人员作者异国科技论文数（篇）	31	25	25	27	-2
作者异国科技论文数增长率（%）	7.86	-4.93	18	20	-2
高校研发经费内部支出额中来自企业资金增长率（%）	-1.26	7.98	12	20	-8

近年来，安徽依托国家实验室、高校和科研院所，高水平建设国家实验室和合肥综合性国家科学中心，有效发挥高能级科创平台作用，支持科技成果高效转化，在若干前沿技术领域实现原创突破，有力地推动了科技创新和产业转型升级。未来，安徽应当构建支持全面创新体制机制，完善金融支持科技创新的政策和机制，推动创新链产业链资金链人才链深度融合，进一步扩大国际科技交流合作，构建更加开放与包容的创新生态体系，推进三大科创引领高地建设。

4.13 福建省

2025年福建创新能力综合指标排全国第15位，与上年持平。经济指标方面，2023年福建GDP总量为54 355.1亿元，排全国第8位；人均GDP水平（129 865元）排全国第4位；第三产业增加值占GDP的比例为50%，排全国第24位。福建的经济指标排名领先于创新能力排名。2001—2025年福建创新能力变化趋势如图4-37所示。

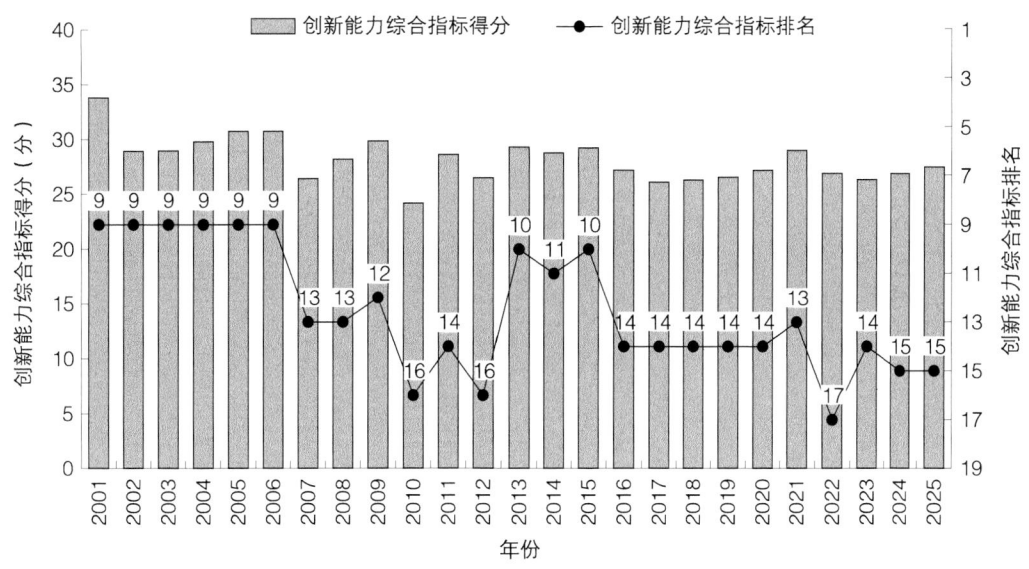

图 4-37 2001—2025 年福建创新能力变化趋势

分指标看，2025 年福建知识创造排第 29 位，较上年下降 4 位；知识获取排第 14 位，与上年持平；企业创新排第 11 位，较上年上升 2 位；创新环境排第 16 位，下降 1 位；创新绩效排第 8 位，下降 1 位（表 4-37、图 4-38）。

表 4-37 福建创新能力综合指标

指标名称	2025 年综合指标		2025 年分项指标排名		
	指标值	排名	实力	效率	潜力
综合值	27.48	15	12	17	18
1 知识创造综合指标	14.69	29	13	31	29
1.1 研究开发投入综合指标	20.25	17	13	18	23
1.2 专利综合指标	10.21	31	14	31	27
1.3 科研论文综合指标	12.55	29	18	29	22
2 知识获取综合指标	20.82	14	10	22	15
2.1 科技合作综合指标	22.08	27	18	27	24
2.2 技术转移综合指标	21.82	7	8	18	2
2.3 外资企业投资综合指标	19.14	11	8	9	26
3 企业创新综合指标	30.15	11	9	13	13
3.1 企业研究开发投入综合指标	48.88	9	6	12	9
3.2 设计能力综合指标	21.23	11	9	18	11
3.3 技术提升能力综合指标	22.81	17	9	22	13
3.4 新产品销售收入综合指标	22.79	16	12	15	15

续表

指标名称	2025年综合指标		2025年分项指标排名		
	指标值	排名	实力	效率	潜力
4 创新环境综合指标	23.85	16	14	22	15
4.1 创新基础设施综合指标	23.32	20	13	23	13
4.2 市场环境综合指标	28.51	9	8	9	18
4.3 劳动者素质综合指标	23.17	24	16	31	19
4.4 金融环境综合指标	13.40	18	14	13	9
4.5 创业水平综合指标	30.84	16	14	22	8
5 创新绩效综合指标	43.29	8	7	7	20
5.1 宏观经济综合指标	42.62	7	8	4	23
5.2 产业结构综合指标	29.07	15	12	19	21
5.3 产业国际竞争力综合指标	19.39	14	6	10	13
5.4 就业综合指标	48.54	10	10	10	3
5.5 可持续发展与环保综合指标	76.85	5	7	6	11

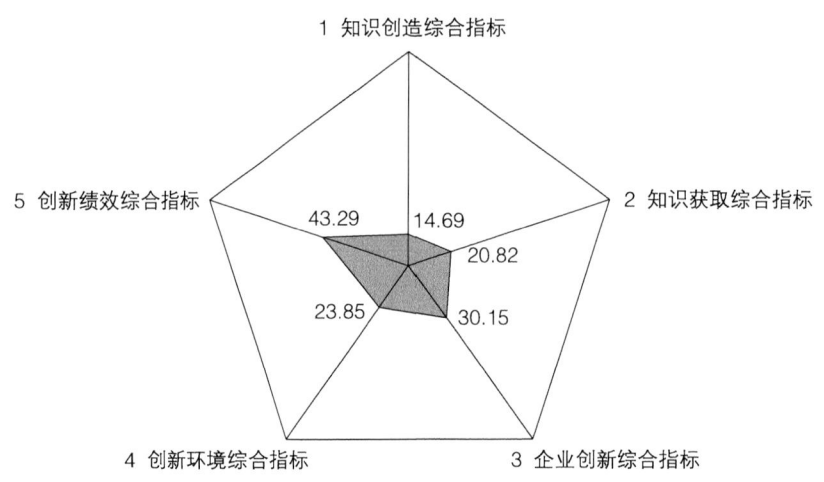

图4-38 福建创新能力蛛网图

五个维度中，福建在创新绩效方面表现最好，2025年该指标排第8位，明显高于创新能力综合指标排名。知识创造指标排名较为落后，2025年该指标排第29位，较上年下降4位。企业创新指标排名略高于创新能力综合指标排名，知识获取和创新环境指标排名与创新能力综合指标排名基本持平（图4-39）。

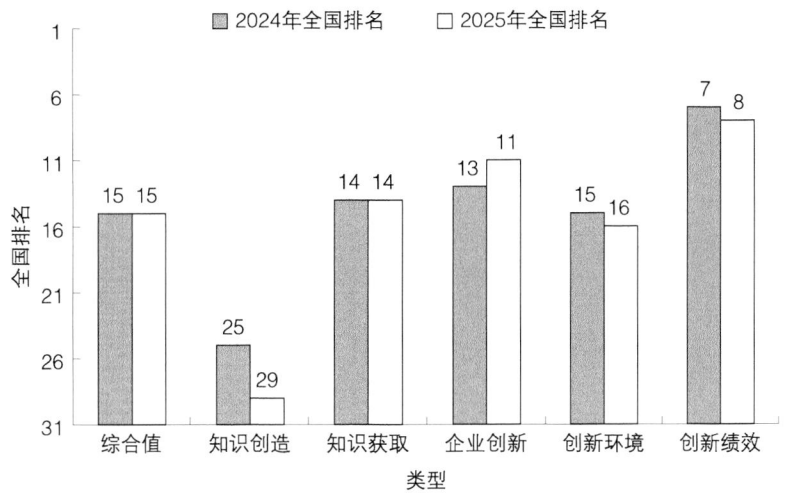

图 4-39 福建各维度排名与上年对比

福建创新绩效指标排名较上年略有下降，但依旧是五个维度中表现最好的。其中，宏观经济综合指标排第 7 位，产业结构综合指标排第 15 位，产业国际竞争力综合指标排第 14 位，就业综合指标排第 10 位，可持续发展与环保综合指标排第 5 位。具体来看，福建在创新绩效方面的优势基础指标如下：人均 GDP 水平排第 4 位，与上年保持一致；高技术产品出口额排第 6 位，与上年持平；万元地区生产总值能耗（等价值）排第 8 位，比上年提升 2 位（表 4-38）。

表 4-38 福建优势基础指标（部分）

指　　标	2024 年指标值	2025 年指标值	2024 年排名	2025 年排名	排名变化
人均 GDP 水平（元）	126 829	129 865	4	4	0
高技术产品出口额（百万美元）	15 297.20	13 921.22	6	6	0
万元地区生产总值能耗（等价值）（吨标准煤）	0.42	0.31	8	6	2

知识创造指标表现落后，而且较上年下降 4 位，降幅较大。其中，研究开发投入综合指标排第 17 位，专利综合指标排第 31 位，科研论文综合指标排第 29 位。福建在知识创造方面的劣势基础指标如下：每万名研发人员发明专利申请受理数、每亿元研发经费内部支出产生的发明专利申请数排名均位于第 31 位，较上年无提升；每万名研发人员发明专利授权数排第 30 位，较上年下降 7 位（表 4-39）。

表 4-39 福建劣势基础指标（部分）

指　　标	2024 年指标值	2025 年指标值	2024 年排名	2025 年排名	排名变化
每万名研发人员发明专利申请受理数（件）	321	275	31	31	0
每亿元研发经费内部支出产生的发明专利申请数（件）	11	9	31	31	0
每万名研发人员发明专利授权数（件）	430	463	23	30	-7

整体来看，福建创新能力综合水平处于国内中等水平，创新绩效方面表现较好，知识创造水平有待提升。福建当前正在大力推进科技创新和产业创新融合，重点支持新一代信息技术、新材料、新能源、生物医药等战略性新兴产业，强化企业创新主体地位。同时，推动创新平台建设，如省重点实验室、新型研发机构等，促进产学研深度融合。在区域协作创新方面，福建推动厦门金砖国家新工业革命伙伴关系创新基地建设，持续深化与京津冀、长三角、粤港澳大湾区等科技合作，积极探索区域协作创新新模式。

4.14　江西省

2025 年江西创新能力综合指标排全国第 18 位，较上年下降 2 位。经济指标方面，2023 年，江西 GDP 总量为 32 200.1 亿元，排全国第 15 位；人均 GDP 水平（71 216 元）排全国第 21 位；第三产业增加值占 GDP 的比例为 49.8%，排全国第 25 位。与经济指标相比，江西创新能力排名较低。2001—2025 年江西创新能力变化趋势如图 4-40 所示。

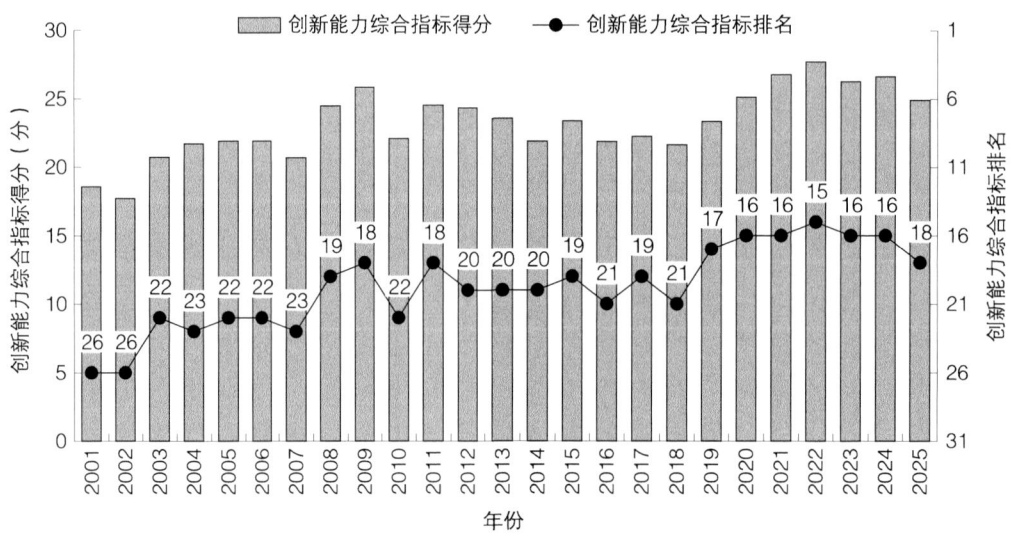

图 4-40　2001—2025 年江西创新能力变化趋势

分指标看，2025年江西知识创造排第19位，下降4位；知识获取排第29位，与上年持平；企业创新排第12位，下降1位；创新环境排第20位，下降6位；创新绩效排第13位，上升2位（表4-40、图4-41）。

表4-40 江西创新能力综合指标

指标名称	2025年综合指标		2025年分项指标排名		
	指标值	排名	实力	效率	潜力
综合值	24.89	18	16	14	24
1 知识创造综合指标	20.04	19	16	19	24
1.1 研究开发投入综合指标	31.13	12	12	9	19
1.2 专利综合指标	13.46	29	18	28	22
1.3 科研论文综合指标	10.99	31	24	28	26
2 知识获取综合指标	11.65	29	20	31	27
2.1 科技合作综合指标	17.51	31	23	31	26
2.2 技术转移综合指标	8.33	26	22	30	14
2.3 外资企业投资综合指标	9.75	27	16	18	28
3 企业创新综合指标	29.43	12	13	11	9
3.1 企业研究开发投入综合指标	33.21	15	13	15	25
3.2 设计能力综合指标	16.34	19	15	29	12
3.3 技术提升能力综合指标	22.16	18	11	24	8
3.4 新产品销售收入综合指标	50.66	7	8	6	5
4 创新环境综合指标	22.08	20	16	16	25
4.1 创新基础设施综合指标	20.23	24	17	27	17
4.2 市场环境综合指标	20.69	16	19	20	14
4.3 劳动者素质综合指标	26.36	15	15	20	20
4.4 金融环境综合指标	15.07	14	13	8	11
4.5 创业水平综合指标	28.02	18	17	13	28
5 创新绩效综合指标	36.29	13	13	14	29
5.1 宏观经济综合指标	19.42	22	15	21	28
5.2 产业结构综合指标	29.01	16	13	11	29
5.3 产业国际竞争力综合指标	28.86	6	9	4	10
5.4 就业综合指标	33.90	26	24	18	31
5.5 可持续发展与环保综合指标	70.26	10	10	17	12

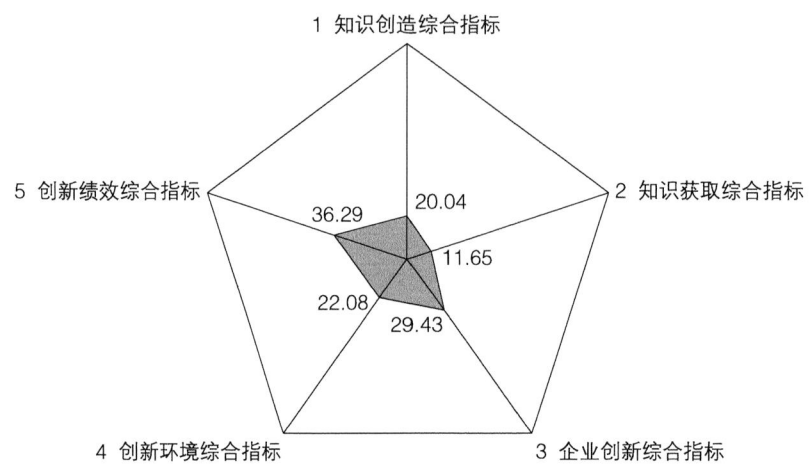

图 4-41 江西创新能力蛛网图

五个维度中,江西在企业创新方面表现最好,2025年排第12位,明显领先于创新能力综合指标排名。在知识获取方面表现较弱,低于综合排名较多位次。创新环境和知识创造排名较上年均有较大幅下降,分别下降6位和4位(图4-42)。

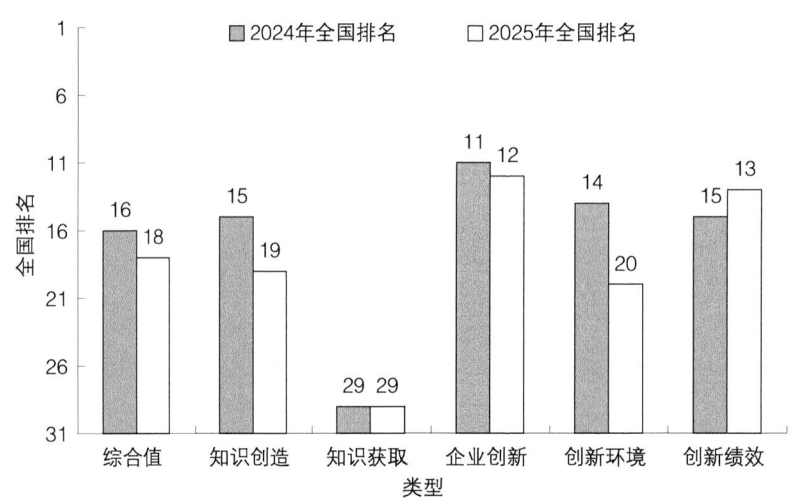

图 4-42 江西各维度排名与上年对比

表现良好的企业创新方面,企业研究开发投入综合指标排第15位,设计能力综合指标排第19位,技术提升能力综合指标排第18位,新产品销售收入综合指标排第7位。具体来看,江西在企业创新方面有以下优势基础指标:规模以上工业企业新产品销售收入占营业收入的比重排第6位,较上年上升1位;规模以上工业企业研发人员数排第12位,较上年上升1位(表4-41)。

表 4-41　江西优势基础指标（部分）

指　标	2024年指标值	2025年指标值	2024年排名	2025年排名	排名变化
规模以上工业企业新产品销售收入占营业收入的比重（%）	29.14	29.68	7	6	1
规模以上工业企业研发人员数（万人）	140 158	162 045	13	12	1

知识获取指标与上年持平，排第 29 位，较为落后。其中，科技合作综合指标排第 31 位，技术转移综合指标排第 26 位，外资企业投资综合指标排第 27 位。具体而言，江西主要在以下基础指标方面处于劣势：每十万研发人员作者异国科技论文数排第 29 位，较上年下降 4 位；每万名研发人员合作申请发明专利数排第 29 位；规模以上工业企业平均国外技术引进金额排第 24 位，较上年下降 7 位，降幅较大（表 4-42）。

表 4-42　江西劣势基础指标（部分）

指　标	2024年指标值	2025年指标值	2024年排名	2025年排名	排名变化
每十万研发人员作者异国科技论文数（篇）	31	20	25	29	-4
每万名研发人员合作申请发明专利数（件）	76	93	31	29	2
规模以上工业企业平均国外技术引进金额（万元/项）	1.21	0.22	17	24	-7

整体来看，江西创新能力综合水平处于国内中等偏下水平，创新绩效有所改善，知识获取水平亟待提升，创新环境方面下降明显，需要进一步关注。江西当前聚焦有色金属、电子信息、装备制造、新能源、中医药等优势产业，强化关键技术攻关和成果转化，着力打造中部地区重要创新高地。未来，在区域创新协作方面，江西可以通过深化与长江经济带、中部省份的科技合作，承接产业转移与创新资源外溢。省内以南昌为核心，联动赣州、九江等城市打造区域创新增长极，并推动赣闽粤、湘赣边等合作示范区建设，促进科技资源共享与产业协同。

4.15　山东省

2025 年山东创新能力综合指标排全国第 6 位，与上年保持一致。经济指标方面，2023 年山东 GDP 总量为 92 068.7 亿元，排全国第 3 位；人均 GDP 水平（90 771 元）排全国第 11 位；第三产业增加值占 GDP 的比例为 53.8%，排全国第 12 位。与经济指标相比，山东创新能力同样较为领先。2001—2025 年山东创新能力变化趋势如图 4-43 所示。

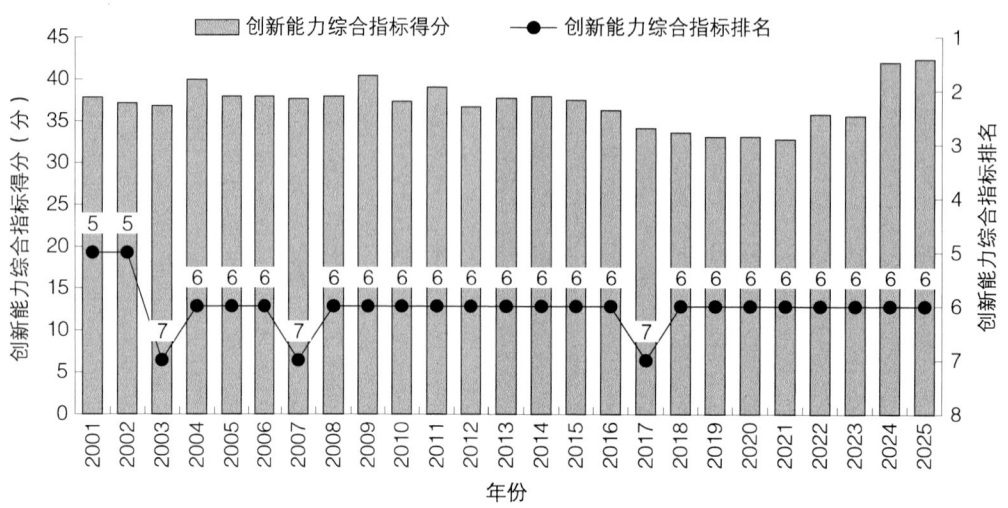

图 4-43 2001—2025 年山东创新能力变化趋势

分指标看，2025 年山东知识创造排第 9 位，与上年保持一致；知识获取排第 6 位，比上年下降 1 位；企业创新排第 3 位，与上年保持一致；创新环境排第 6 位，与上年保持一致；创新绩效排第 6 位，比上年下降 1 位（表 4-43、图 4-44）。

表 4-43 山东创新能力综合指标

指标名称	2025 年综合指标		2025 年分项指标排名		
	指标值	排名	实力	效率	潜力
综合值	42.39	6	4	7	4
1 知识创造综合指标	31.27	9	6	22	10
1.1 研究开发投入综合指标	31.91	11	7	14	12
1.2 专利综合指标	33.76	6	6	16	11
1.3 科研论文综合指标	25.02	17	7	27	15
2 知识获取综合指标	39.28	6	6	5	14
2.1 科技合作综合指标	48.55	3	6	14	1
2.2 技术转移综合指标	17.00	12	5	15	23
2.3 外资企业投资综合指标	49.03	6	5	6	24
3 企业创新综合指标	56.09	3	4	4	1
3.1 企业研究开发投入综合指标	63.16	4	4	8	6
3.2 设计能力综合指标	29.11	4	4	16	2
3.3 技术提升能力综合指标	45.70	3	3	6	3
3.4 新产品销售收入综合指标	96.33	1	3	1	1
4 创新环境综合指标	34.44	6	6	11	10

续表

指标名称	2025年综合指标		2025年分项指标排名		
	指标值	排名	实力	效率	潜力
4.1 创新基础设施综合指标	33.56	11	4	15	14
4.2 市场环境综合指标	28.69	8	6	7	19
4.3 劳动者素质综合指标	46.84	3	3	27	2
4.4 金融环境综合指标	15.37	13	6	11	22
4.5 创业水平综合指标	47.75	7	4	10	6
5 创新绩效综合指标	45.87	6	4	8	9
5.1 宏观经济综合指标	48.03	6	3	11	8
5.2 产业结构综合指标	58.48	3	4	1	3
5.3 产业国际竞争力综合指标	22.43	9	5	12	11
5.4 就业综合指标	51.18	7	4	8	10
5.5 可持续发展与环保综合指标	49.21	25	31	14	25

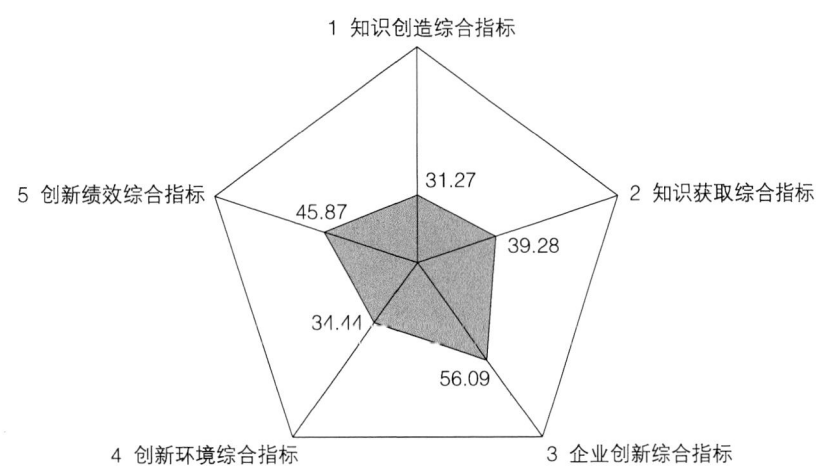

图4-44 山东创新能力蛛网图

五个维度中，山东在各个方面表现均较为突出，其中排名最为领先的是企业创新，近两年均保持在第3位。知识创造排第9位，排名略低于其他指标。知识获取、创新环境和创新绩效排名与创新能力综合指标排名一致（图4-45）。

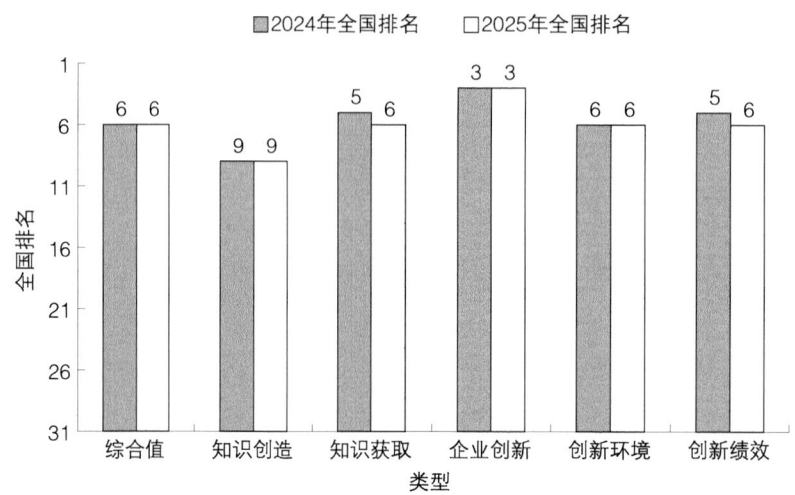

图 4-45　山东各维度排名与上年对比

表现良好的企业创新方面,企业研究开发投入综合指标排第 4 位,设计能力综合指标排第 4 位,技术提升能力综合指标排第 3 位,新产品销售收入综合指标排第 1 位。具体来看,山东在企业创新方面的优势基础指标如下:规模以上工业企业新产品销售收入占营业收入的比重排第 1 位,较上年提升 2 位;有电子商务交易活动的企业数占总企业数的比例排第 2 位,较上年提升 1 位;规模以上工业企业研发活动经费内部支出总额排第 3 位,较上年提升 1 位(表 4-44)。

表 4-44　山东优势基础指标(部分)

指　　标	2024 年指标值	2025 年指标值	2024 年排名	2025 年排名	排名变化
规模以上工业企业新产品销售收入占营业收入的比重(%)	34.71	40.74	3	1	2
有电子商务交易活动的企业数占总企业数的比例(%)	12.82	19.06	3	2	1
规模以上工业企业研发活动经费内部支出总额(亿元)	1728.70	1869.34	4	3	1

表现相对落后的知识创造方面,研究开发投入综合指标排第 11 位,专利综合指标排第 6 位,科研论文综合指标排第 17 位。具体而言,山东主要在以下基础指标处于劣势:每十万研发人员平均发表的国内论文数排第 28 位,与上年持平;每十万研发人员平均发表的国际论文数排第 24 位,较上年下降 3 位;财政科技支出占 GDP 的比例排第 20 位,较上年下降 1 位;每亿元研发经费内部支出产生的发明专利申请数排第 20 位,较上年上升 1 位(表 4-45)。

表4-45 山东劣势基础指标（部分）

指　标	2024年指标值	2025年指标值	2024年排名	2025年排名	排名变化
每十万研发人员平均发表的国内论文数（篇）	5452	2531	28	28	0
每十万研发人员平均发表的国际论文数（篇）	6429	7763	21	24	−3
财政科技支出占GDP的比例（%）	0.36	0.35	19	20	−1
每亿元研发经费内部支出产生的发明专利申请数（件）	24	22	21	20	1

整体来看，山东创新能力综合水平处于国内前列，企业创新维度表现亮眼，知识创造还有进一步提升空间。知识获取、创新环境和创新绩效三个维度表现较为均衡。山东当前科技创新政策重点聚焦新旧动能转换，围绕高端装备制造、新一代信息技术、生物医药、新能源新材料、海洋经济等优势产业，强化核心技术攻关，推动"十强产业"高质量发展。政策突出企业创新主体地位，通过税收减免、专项补贴等方式激励企业加大研发投入，并加快建设山东半岛国家自主创新示范区、济南科创城等重大创新平台，促进产学研深度融合。

未来，在区域创新方面，山东可以积极融入京津冀协同发展以及黄河流域生态保护和高质量发展战略，深化与沿黄省份的科技合作，共建黄河流域科技创新联盟。省内以济南、青岛为双核，联动烟台、潍坊等城市打造胶东经济圈科技创新走廊，推动创新资源跨区域流动。同时，依托地方经贸合作示范区，加强国际科技合作，吸引全球高端创新要素集聚。

4.16　河南省

2025年河南创新能力综合指标排全国第12位，较上年上升1位。经济指标方面，2023年河南GDP总量为59 132.4亿元，排全国第6位；人均GDP水平（60 073元）排全国第25位；第三产业增加值占GDP的比例为53.4%，排全国第13位。与经济指标相比，河南创新能力排名较低。2001—2025年河南创新能力变化趋势如图4-46所示。

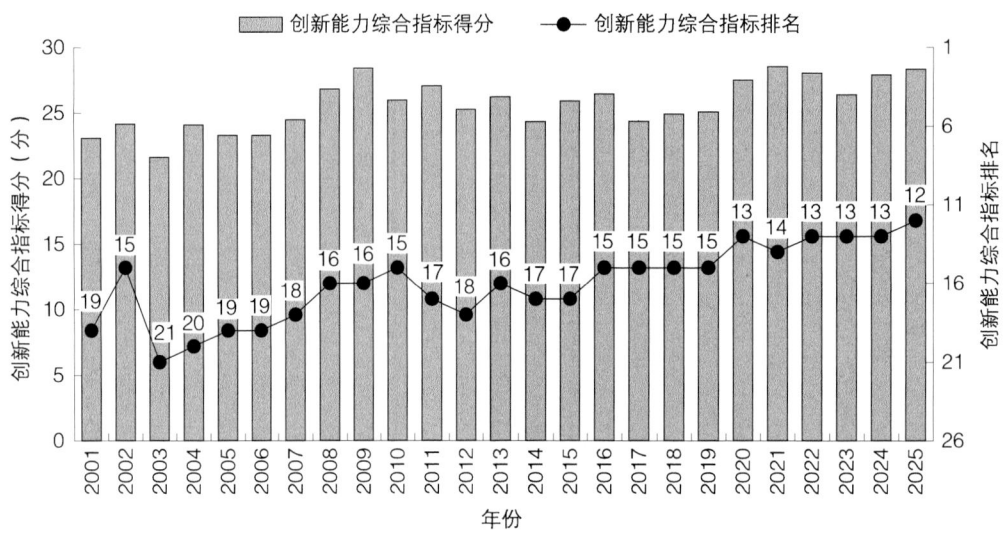

图4-46　2001—2025年河南创新能力变化趋势

分指标看，2025年河南知识创造排第12位，较上年上升2位；知识获取排第16位，较上年下降1位；企业创新排第14位，较上年下降2位；创新环境排第13位，较上年上升3位；创新绩效排第12位，较上年下降2位（表4-46、图4-47）。

表4-46　河南创新能力综合指标

指标名称	2025年综合指标		2025年分项指标排名		
	指标值	排名	实力	效率	潜力
综合值	28.33	12	11	15	19
1　知识创造综合指标	27.41	12	10	16	9
1.1　研究开发投入综合指标	41.09	7	8	10	7
1.2　专利综合指标	14.44	27	12	30	24
1.3　科研论文综合指标	25.97	16	11	22	7
2　知识获取综合指标	20.05	16	16	21	6
2.1　科技合作综合指标	42.94	7	12	11	2
2.2　技术转移综合指标	10.81	21	12	29	12
2.3　外资企业投资综合指标	9.82	26	22	27	18
3　企业创新综合指标	27.43	14	10	14	22
3.1　企业研究开发投入综合指标	49.89	8	8	11	16
3.2　设计能力综合指标	12.16	25	12	31	21
3.3　技术提升能力综合指标	15.49	26	13	31	19
3.4　新产品销售收入综合指标	28.59	13	11	13	23

续表

指标名称		2025年综合指标		2025年分项指标排名		
		指标值	排名	实力	效率	潜力
4	创新环境综合指标	26.52	13	9	25	11
4.1	创新基础设施综合指标	32.81	12	6	22	8
4.2	市场环境综合指标	20.98	15	15	22	15
4.3	劳动者素质综合指标	36.53	10	5	28	16
4.4	金融环境综合指标	8.23	24	17	25	15
4.5	创业水平综合指标	34.05	13	12	16	12
5	创新绩效综合指标	38.60	12	9	12	27
5.1	宏观经济综合指标	24.58	16	6	25	28
5.2	产业结构综合指标	32.70	11	5	13	27
5.3	产业国际竞争力综合指标	42.06	3	4	1	17
5.4	就业综合指标	35.39	22	29	21	14
5.5	可持续发展与环保综合指标	58.28	21	25	16	26

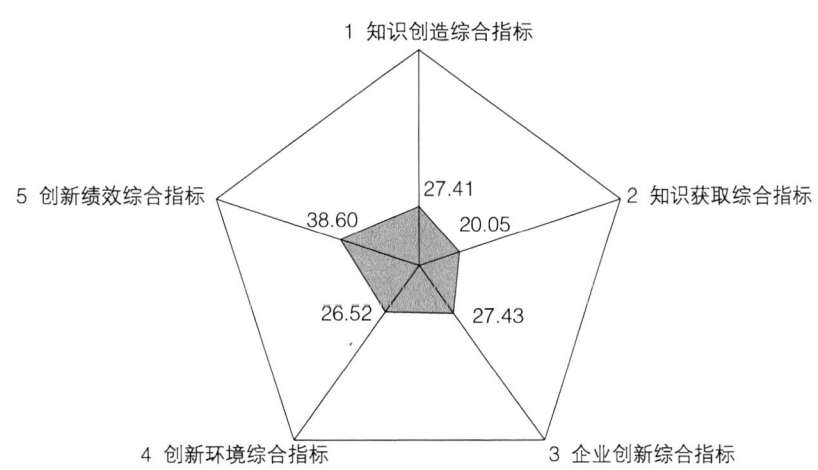

图4-47 河南创新能力蛛网图

五个维度中，河南在创新绩效方面相对领先，较上年下降2位。知识创造、创新环境较上年度均有一定幅度提升。知识获取和企业创新排名相对落后，其中知识获取排名低于其他四个指标，且该指标排名较上年有所下降（图4-48）。

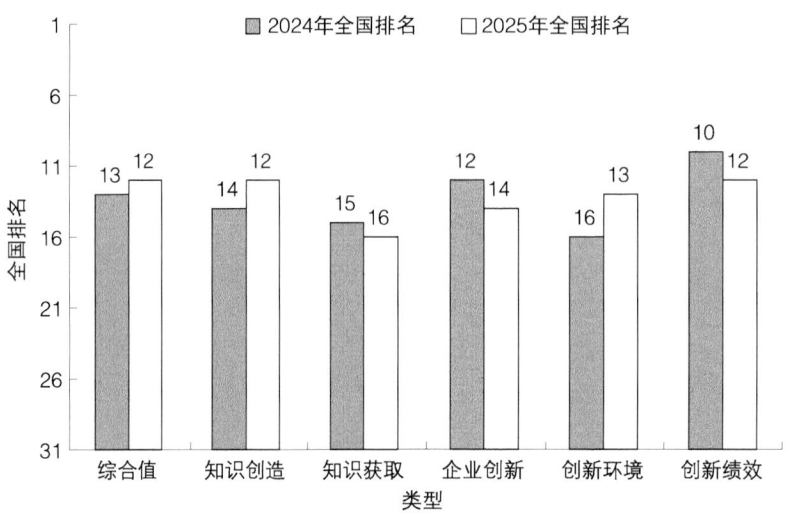

图 4-48 河南各维度排名与上年对比

表现相对良好的知识创造方面，研究开发投入综合指标排第 7 位，专利综合指标排第 27 位，科研论文综合指标排第 16 位。具体来看，河南在知识创造方面有以下优势指标：财政科技支出占 GDP 的比例排第 6 位，较上年提升 3 位；国内论文数排第 9 位，较上年提升 1 位（表 4-47）。

表 4-47 河南优势基础指标（部分）

指　标	2024 年指标值	2025 年指标值	2024 年排名	2025 年排名	排名变化
财政科技支出占 GDP 的比例（%）	0.67	0.79	9	6	3
国内论文数（篇）	37 946	18 764	10	9	1

表现相对落后的知识获取方面，科技合作综合指标排第 7 位，技术转移综合指标排第 21 位，外资企业投资综合指标排第 26 位。具体而言，河南主要在以下基础指标处于劣势：每万名研发人员合作申请发明专利数排第 28 位，较上年下降 2 位；实际使用外资金额占 GDP 的比重排第 27 位，较上年下降 4 位；规模以上工业企业平均国外技术引进金额排第 23 位，与上年持平；每十万研发人员作者异省科技论文数排第 22 位，较上年下降 1 位（表 4-48）。

表 4-48 河南劣势基础指标（部分）

指　标	2024 年指标值	2025 年指标值	2024 年排名	2025 年排名	排名变化
每万名研发人员合作申请发明专利数（件）	103	122	26	28	-2
实际使用外资金额占 GDP 的比重（%）	0.20	0.09	23	27	-4

续表

指　标	2024年指标值	2025年指标值	2024年排名	2025年排名	排名变化
规模以上工业企业平均国外技术引进金额（万元/项）	0.27	0.32	23	23	0
每十万研发人员作者异省科技论文数（篇）	849	837	21	22	-1

整体来看，河南创新能力综合水平位于国内中等偏上水平，得益于政府对科技创新的高度重视，知识创造、创新环境方面有所提升。但知识获取、企业创新和创新绩效方面略有下降。河南当前科技创新政策重点聚焦制造业高质量发展和农业科技创新，围绕装备制造、电子信息、新材料、生物医药、现代农业等优势产业，强化关键技术攻关和成果转化。加快建设郑洛新国家自主创新示范区、中原科技城等核心载体，打造区域创新高地。未来，在区域创新方面，河南可以深度融入黄河流域生态保护和高质量发展战略，建设黄河实验室等协同创新平台，推动沿黄省份科技资源共享。

4.17　湖北省

2025年湖北创新能力综合指标排全国第7位，比上年提升1位。经济指标方面，2023年湖北GDP总量为55 803.6亿元，排全国第7位；人均GDP水平（95 538元）排全国第9位；第三产业增加值占GDP的比例为54.7%，排全国第7位。与经济指标相比，湖北创新能力排名与之一致。2001—2025年湖北创新能力变化趋势如图4-49所示。

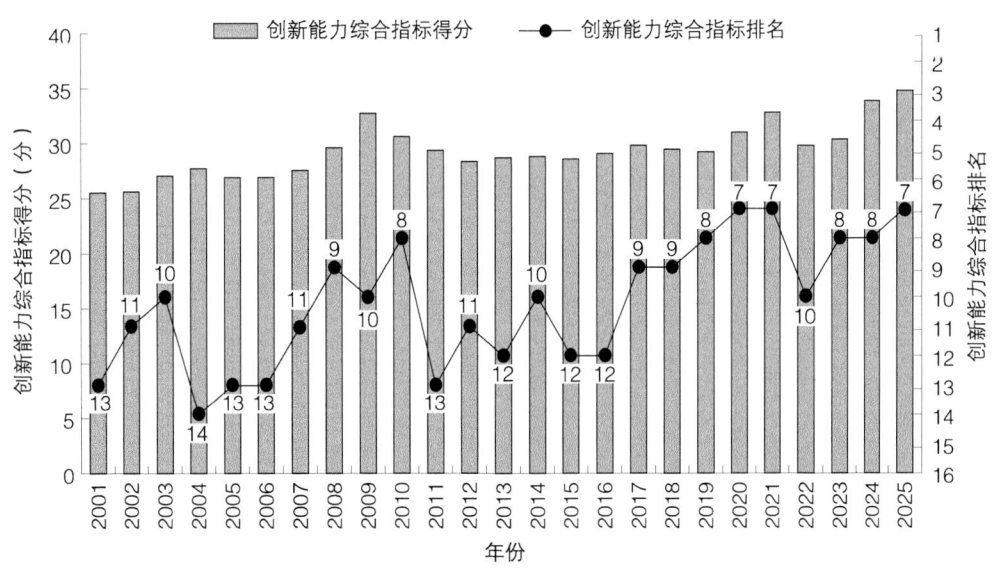

图4-49　2001—2025年湖北创新能力变化趋势

分指标看，2025年湖北知识创造排全国第11位，较上年下降4位；知识获取排全国第9位，较上年上升2位；企业创新排全国第8位，较上年下降2位；创新环境排全国第7位，较上年上升1位；创新绩效排全国第11位，与上年持平（表4-49、图4-50）。

表4-49 湖北创新能力综合指标

指标名称	2025年综合指标		2025年分项指标排名		
	指标值	排名	实力	效率	潜力
综合值	34.80	7	7	10	5
1 知识创造综合指标	29.81	11	8	13	27
1.1 研究开发投入综合指标	38.82	9	9	8	10
1.2 专利综合指标	19.31	21	9	18	28
1.3 科研论文综合指标	32.80	11	6	13	25
2 知识获取综合指标	26.01	9	7	17	10
2.1 科技合作综合指标	44.77	6	5	16	11
2.2 技术转移综合指标	18.17	10	7	10	13
2.3 外资企业投资综合指标	17.82	13	11	13	10
3 企业创新综合指标	39.79	8	6	7	8
3.1 企业研究开发投入综合指标	52.25	6	9	4	10
3.2 设计能力综合指标	27.83	5	6	7	5
3.3 技术提升能力综合指标	32.06	9	6	11	6
3.4 新产品销售收入综合指标	46.78	8	7	5	16
4 创新环境综合指标	32.79	7	8	17	1
4.1 创新基础设施综合指标	34.83	8	7	28	3
4.2 市场环境综合指标	31.41	7	10	21	5
4.3 劳动者素质综合指标	31.46	12	9	29	9
4.4 金融环境综合指标	14.03	17	11	22	5
4.5 创业水平综合指标	52.22	4	5	7	2
5 创新绩效综合指标	41.43	11	12	13	6
5.1 宏观经济综合指标	38.40	8	7	9	8
5.2 产业结构综合指标	42.96	7	7	7	6
5.3 产业国际竞争力综合指标	11.30	15	15	13	20
5.4 就业综合指标	45.22	12	12	12	6
5.5 可持续发展与环保综合指标	69.29	11	20	11	6

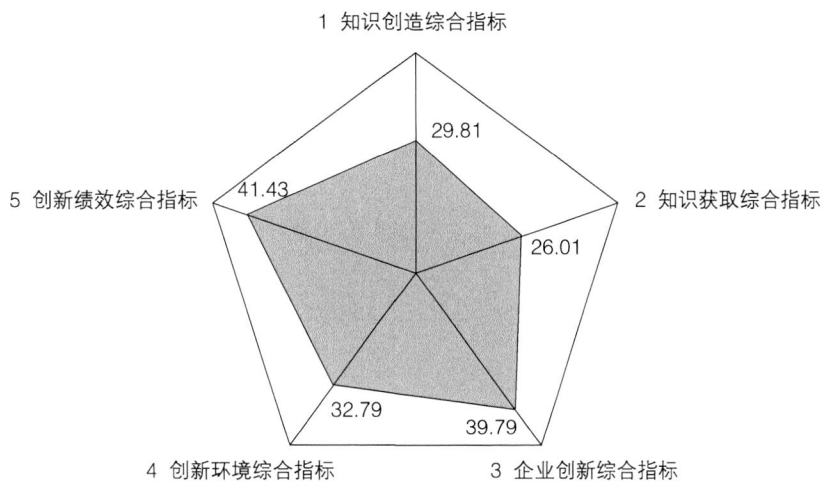

图 4-50　湖北创新能力蛛网图

五个维度中,湖北在创新环境方面表现最好,与综合值排名持平,排第 7 位。知识创造排名较上年有较大幅度下降,排第 11 位。创新绩效排名与上年持平,均排第 11 位。知识获取和企业创新排名均低于综合指标排名,分别排第 9 位和第 8 位(图 4-51)。

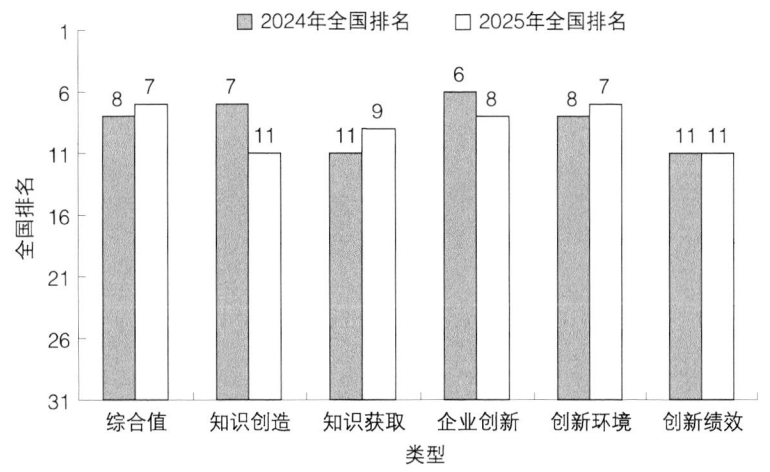

图 4-51　湖北各维度排名与上年对比

湖北在创新环境方面表现最好,创新基础设施综合指标排第 8 位,市场环境综合指标排第 7 位,劳动者素质综合指标排第 12 位,金融环境综合指标排第 17 位,创业水平综合指标排第 4 位。具体来看,湖北在创新环境方面有以下几个优势基础指标:科技企业孵化器当年毕业企业数增长率排名较上年上升 5 位,排第 2 位;科技企业孵化器当年获风险投资额增长率排名较上年上升 18 位,排第 7 位;每百亿 GDP 所拥有的高新技术企业数排名与上年持平,排第 7 位;平均每个科技企业孵化器创业导师人数排名较上年上升 2 位,排第 13 位(表 4-50)。

表 4-50 湖北优势基础指标（部分）

指　　标	2024年指标值	2025年指标值	2024年排名	2025年排名	排名变化
科技企业孵化器当年毕业企业数增长率（%）	11.21	16.38	7	2	5
科技企业孵化器当年获风险投资额增长率（%）	-9.21	37.88	25	7	18
每百亿GDP所拥有的高新技术企业数（家）	37	45	7	7	0
平均每个科技企业孵化器创业导师人数（人）	14	14	15	13	2

湖北在创新绩效方面表现相对落后，宏观经济综合指标排第8位，产业结构指标排第7位，产业国际竞争力综合指标排第15位，就业综合指标排第12位，可持续发展与环保综合指标排第11位。具体来看，湖北主要有以下基础指标处于劣势：废气中主要污染物排放量增长率排第24位，较上年下降15位；城镇登记失业人员排第23位，较上年上升4位；电耗总量增长率排第23位，较上年下降5位；高技术产品出口额增长率排第20位，较上年下降10位；每亿元GDP废水中主要污染物排放量排第18位，较上年下降3位（表4-51）。

表 4-51 湖北劣势基础指标（部分）

指标名称	2024年指标值	2025年指标值	2024年排名	2025年排名	排名变化
废气中主要污染物排放量增长率（%）	-27.36	6.84	9	24	-15
城镇登记失业人员（万人）	51.2	42.72	27	23	4
电耗总量增长率（%）	6.41	8.20	18	23	-5
高技术产品出口额增长率（%）	23.80	-5.07	10	20	-10
每亿元GDP废水中主要污染物排放量（吨）	43.07	37.8	15	18	-3

整体来看，湖北创新环境方面表现良好，创新绩效方面表现相对落后，虽然在知识获取和创新环境方面能力有所提升，但横向看综合指标值与前一名差距较大。近些年，湖北加大对光谷科技创新大走廊建设的投入力度，高新企业数量、科技创新平台和技术合同成交额取得显著提升。未来，湖北在推进武汉科创中心建设的同时，应强化全链条的攻关能力，特别是要继续挖掘武汉等地科教资源的产出潜力，提升知识创造能力。提升创新基础设施、劳动者队伍对企业创新和产业发展的供给能力，同时，拓展开放合作，提升技术引进和利用能力，注重产业向新、向绿发展。

4.18 湖南省

2025年湖南创新能力综合指标排全国第9位，与上年持平。经济指标方面，2023年湖南

GDP总量为50 012.9亿元，排全国第9位；人均GDP水平（75 938元）排全国第14位；第三产业增加值占GDP的比例为53.1%，排全国第14位。与经济指标相比，湖南创新能力排名较高。2001—2025年湖南创新能力变化趋势如图4-52所示。

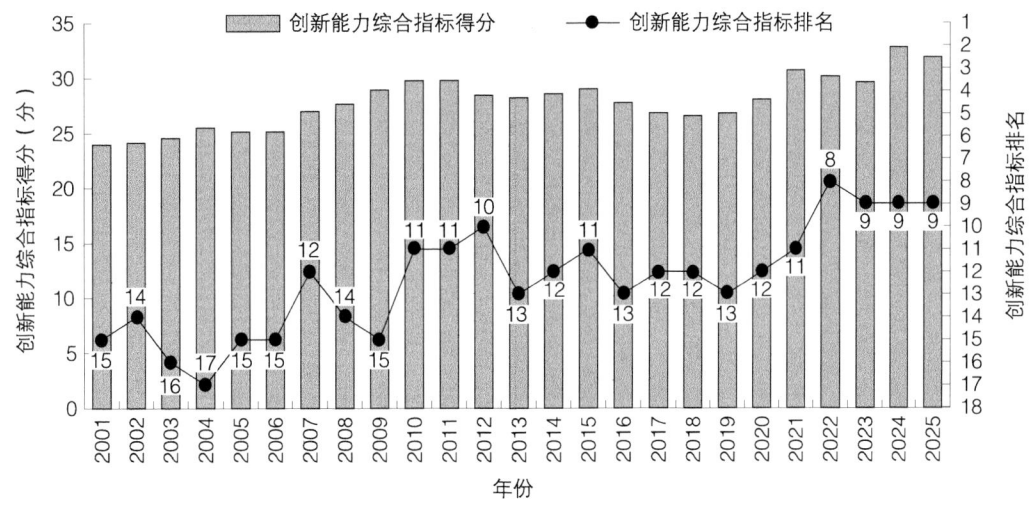

图4-52　2001—2025年湖南创新能力变化趋势

分指标看，2025年湖南知识创造排全国第17位，较上年下降6位；知识获取排全国第18位，较上年下降8位；企业创新排全国第7位，较上年上升1位；创新环境排全国第10位，较上年上升2位；创新绩效排全国第10位，较上年下降1位（表4-52、图4-53）。

表4-52　湖南创新能力综合指标

指标名称	2025年综合指标		2025年分项指标排名		
	指标值	排名	实力	效率	潜力
综合值	31.89	9	9	9	12
1　知识创造综合指标	22.29	17	11	21	28
1.1　研究开发投入综合指标	35.70	10	10	11	8
1.2　专利综合指标	10.56	30	11	29	30
1.3　科研论文综合指标	18.94	26	12	23	28
2　知识获取综合指标	19.65	18	13	26	12
2.1　科技合作综合指标	39.54	11	10	18	5
2.2　技术转移综合指标	6.85	31	17	31	27
2.3　外资企业投资综合指标	14.32	18	15	23	9
3　企业创新综合指标	40.23	7	7	2	12
3.1　企业研究开发投入综合指标	62.87	5	5	1	4
3.2　设计能力综合指标	12.46	24	11	28	24

续表

指标名称		2025年综合指标		2025年分项指标排名		
		指标值	排名	实力	效率	潜力
3.3	技术提升能力综合指标	23.79	15	10	18	17
3.4	新产品销售收入综合指标	64.39	5	6	2	3
4	创新环境综合指标	28.65	10	12	15	6
4.1	创新基础设施综合指标	30.27	13	10	16	7
4.2	市场环境综合指标	16.95	24	11	28	24
4.3	劳动者素质综合指标	37.75	8	8	25	1
4.4	金融环境综合指标	14.25	16	9	12	10
4.5	创业水平综合指标	44.05	10	10	4	15
5	创新绩效综合指标	41.91	10	10	9	18
5.1	宏观经济综合指标	27.46	14	9	14	22
5.2	产业结构综合指标	44.53	6	11	4	7
5.3	产业国际竞争力综合指标	20.77	13	12	8	14
5.4	就业综合指标	48.82	9	8	9	11
5.5	可持续发展与环保综合指标	67.96	13	18	13	15

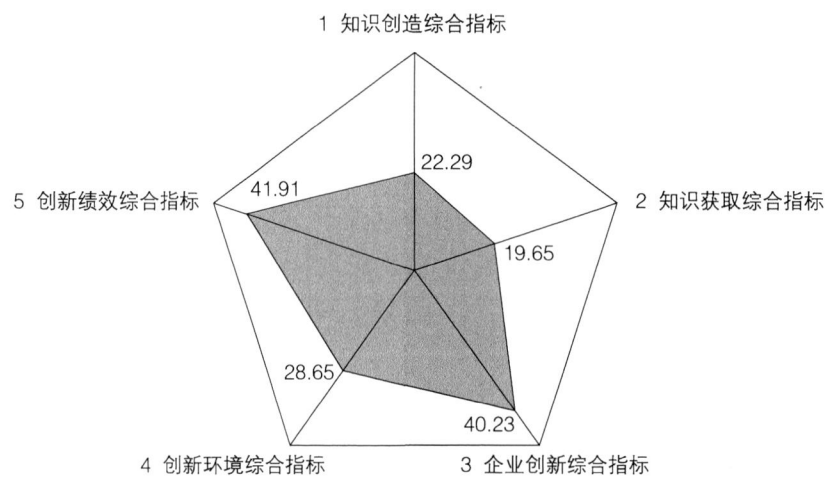

图4-53 湖南创新能力蛛网图

五个维度中,湖南在企业创新方面表现最好,排名高于综合值排名,排第7位,较上年提高1位。知识创造和知识获取排名较上年有较大幅度下降,分别排第17位和第18位,分别较上年下降6位和8位。创新环境和创新绩效排名低于综合指标排名,均排第10位(图4-54)。

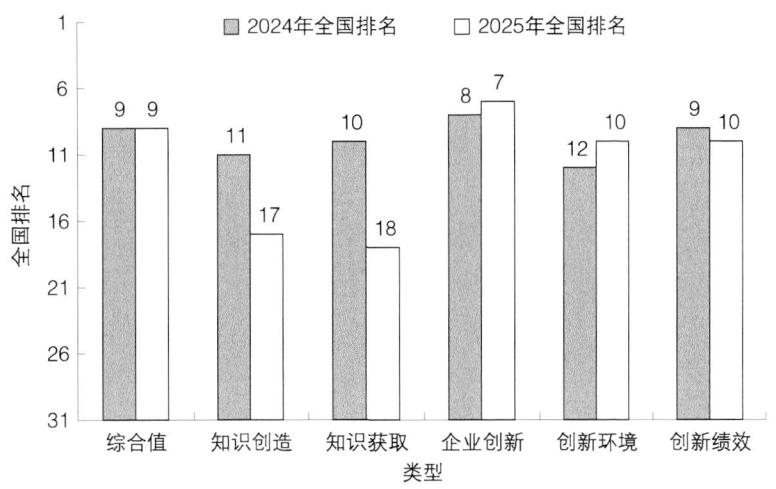

图 4-54　湖南各维度排名与上年对比

湖南在企业创新方面表现最好，企业研究开发投入综合指标排第 5 位，设计能力综合指标排第 24 位，技术提升能力综合指标排第 15 位，新产品销售收入综合指标排第 5 位。具体来看，湖南在企业创新方面有以下几个优势基础指标：规模以上工业企业研发活动经费内部支出总额占销售收入的比例排名与上年持平，排第 1 位；规模以上工业企业中有研发活动的企业占总企业数的比例排名与上年持平，排第 1 位；规模以上工业企业新产品销售收入占营业收入的比重排名较上年上升 2 位，排第 2 位；规模以上工业企业研发人员数排名较上年上升 3 位，排第 5 位（表 4-53）。

表 4-53　湖南优势基础指标（部分）

指　　标	2024 年指标值	2025 年指标值	2024 年排名	2025 年排名	排名变化
规模以上工业企业研发活动经费内部支出总额占销售收入的比例（%）	2.16	2.37	1	1	0
规模以上工业企业中有研发活动的企业占总企业数的比例（%）	52.55	44.90	1	1	0
规模以上工业企业新产品销售收入占营业收入的比重（%）	34.64	39.26	4	2	2
规模以上工业企业研发人员数（万人）	245 315	283 412	8	5	3

湖南在知识获取方面表现相对落后，科技合作综合指标排第 11 位，技术转移综合指标排第 31 位，外资企业投资综合指标排第 18 位。具体来看，湖南主要有以下基础指标处于劣势：每万名研发人员合作申请发明专利数排第 31 位，较上年下降 1 位；每十万研发人员作者同省异单位科技论文数排第 27 位，较上年下降 3 位；规模以上工业企业国外技术引进金额增

长率排第 25 位，较上年上升 1 位；规模以上工业企业平均国内技术成交额排第 24 位，较上年下降 1 位（表 4-54）。

表 4-54　湖南劣势基础指标（部分）

指　　标	2024 年指标值	2025 年指标值	2024 年排名	2025 年排名	排名变化
每万名研发人员合作申请发明专利数（件）	80	80	30	31	-1
每十万研发人员作者同省异单位科技论文数（篇）	768	748	24	27	-3
规模以上工业企业国外技术引进金额增长率（%）	-23.93	-18.94	26	25	1
规模以上工业企业平均国内技术成交额（万元/项）	2.1	1.7	23	24	-1

整体来看，湖南企业创新方面表现良好，知识创造和知识获取方面差距较大。近些年，湖南强化对科技创新资源的宏观统筹协同，连续五年实施十大技术攻关项目，加快攻克关键技术，布局了 36 家科技成果转化中试基地，打造成果孵化服务体系，出台了《关于支持湘江科学城建设的若干措施》，聚全省之力打造国内一流科学城。开展科技保险试点，推动设立金芙蓉科创引导子基金投资早期的硬科技项目，深度融入"一带一路"倡议也促进了跨境贸易的快速发展。拥有自己的特色，如以科技赋能文化产业创新工程推进文化大数据中心建设等。未来，湖南还需进一步加大对科学研究和技术攻关的投入力度，不断优化创新环境，不断深化体制机制改革，促进科技成果转化，进一步提升创新的效率和能力。

4.19　广东省

2025 年广东创新能力综合指标排全国第 1 位，与上年持平。经济指标方面，2023 年广东 GDP 总量为 135 673.2 亿元，排全国第 1 位；人均 GDP 水平（106 985 元）排全国第 7 位；第三产业增加值占 GDP 的比例为 55.8%，排全国第 6 位。与经济指标相比，广东创新能力排名与之持平。2001—2025 年广东创新能力变化趋势如图 4-55 所示。

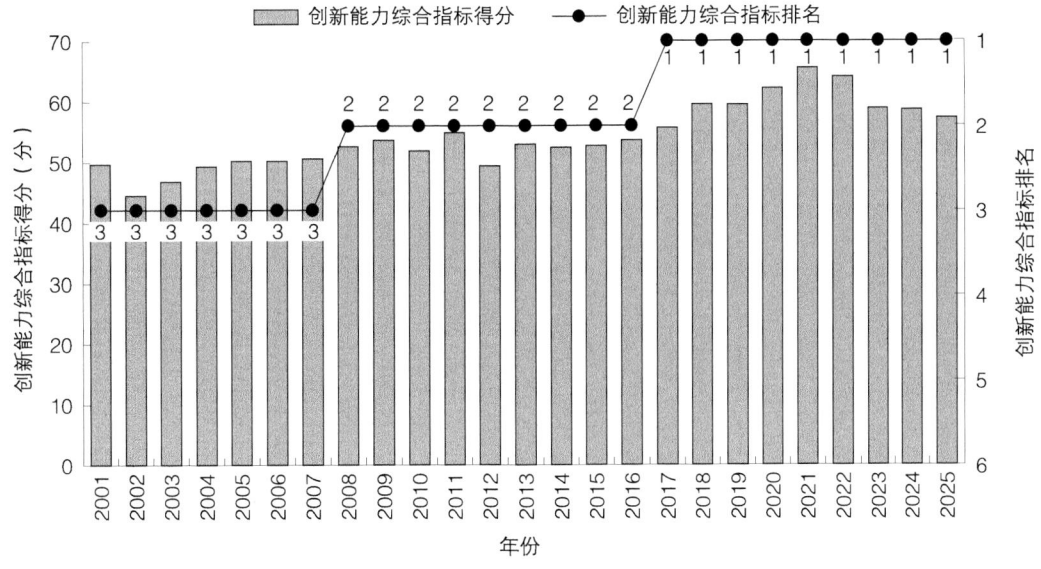

图 4-55　2001—2025 年广东创新能力变化趋势

分指标看，2025 年广东知识创造排全国第 2 位，与上年持平；知识获取排全国第 4 位，与上年持平；企业创新排全国第 1 位，与上年持平；创新环境排全国第 1 位，与上年持平；创新绩效排全国第 2 位，较上年下降 1 位（表 4-55、图 4-56）。

表 4-55　广东创新能力综合指标

指标名称	2025 年综合指标		2025 年分项指标排名		
	指标值	排名	实力	效率	潜力
综合值	57.31	1	1	5	27
1　知识创造综合指标	52.14	2	1	11	23
1.1　研究开发投入综合指标	66.18	2	1	5	25
1.2　专利综合指标	51.92	2	2	10	20
1.3　科研论文综合指标	24.49	19	4	31	20
2　知识获取综合指标	45.87	4	2	8	29
2.1　科技合作综合指标	35.12	15	3	28	28
2.2　技术转移综合指标	43.74	2	1	6	28
2.3　外资企业投资综合指标	55.52	4	3	7	25
3　企业创新综合指标	68.11	1	1	6	17
3.1　企业研究开发投入综合指标	75.98	2	1	9	21
3.2　设计能力综合指标	62.16	1	1	2	16
3.3　技术提升能力综合指标	59.37	1	1	8	21
3.4　新产品销售收入综合指标	73.97	3	1	8	13

续表

指标名称	2025年综合指标		2025年分项指标排名		
	指标值	排名	实力	效率	潜力
4 创新环境综合指标	52.87	1	1	4	27
4.1 创新基础设施综合指标	56.59	1	1	9	21
4.2 市场环境综合指标	50.42	4	1	4	26
4.3 劳动者素质综合指标	55.52	1	1	16	22
4.4 金融环境综合指标	35.02	4	4	9	18
4.5 创业水平综合指标	66.79	1	1	6	24
5 创新绩效综合指标	61.80	2	1	5	22
5.1 宏观经济综合指标	61.89	2	1	7	21
5.2 产业结构综合指标	68.77	1	1	6	20
5.3 产业国际竞争力综合指标	58.99	2	1	6	16
5.4 就业综合指标	56.47	4	1	4	27
5.5 可持续发展与环保综合指标	62.89	18	27	8	5

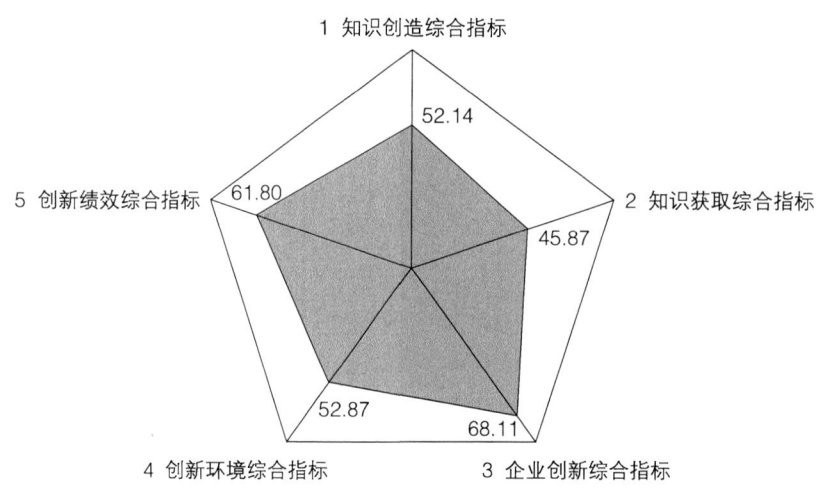

图4-56 广东创新能力蛛网图

五个维度中,广东在各方面的表现均较为突出,其中,企业创新和创新环境排名连续两年排第1位,与综合值排名持平。知识创造和知识获取排名与上年持平,分别排第2位和第4位,均低于综合指标排名。创新绩效排名较上年下降1位,排第2位,低于综合指标排名(图4-57)。

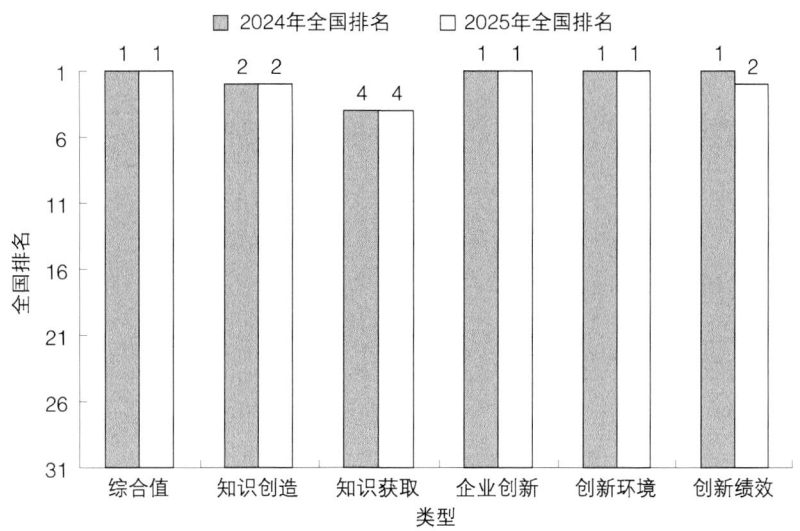

图 4-57　广东各维度排名与上年对比

广东在企业创新方面表现最好，企业研究开发投入综合指标排第 2 位，设计能力综合指标排第 1 位，技术提升能力综合指标排第 1 位，新产品销售收入综合指标排第 3 位。具体来看，广东在企业创新方面有以下几个优势基础指标：每万家规模以上工业企业平均有效发明专利数排名与上年持平，排第 3 位；规模以上工业企业每万名研发人员平均发明专利申请数排名与上年持平，排第 4 位；规模以上工业企业研发活动经费内部支出总额占销售收入的比例排名较上年下降 1 位，排第 5 位；规模以上工业企业平均研发经费外部支出排名与上年持平，排第 5 位（表 4-56）。

表 4-56　广东优势基础指标（部分）

指　标	2024 年指标值	2025 年指标值	2024 年排名	2025 年排名	排名变化
每万家规模以上工业企业平均有效发明专利数（件）	80 986	91 909	3	3	0
规模以上工业企业每万名研发人员平均发明专利申请数（件）	1452	1405	4	4	0
规模以上工业企业研发活动经费内部支出总额占销售收入的比例（%）	1.76	1.85	4	5	−1
规模以上工业企业平均研发经费外部支出（万元/家）	59.55	62.14	5	5	0

广东在知识获取方面表现相对落后，科技合作综合指标排第 15 位，技术转移综合指标排第 2 位，外资企业投资综合指标排第 4 位。具体来看，广东主要有以下基础指标处于劣势：每十万研发人员作者异省科技论文数排第 31 位，与上年持平；每十万研发人员作者同省异单位科技论文数排第 31 位，较上年下降 1 位；合作申请发明专利数增长率排第 28 位，与上

年持平；规模以上工业企业国外技术引进金额增长率排第 27 位，较上年下降 9 位；高校研发经费内部支出额中来自企业资金增长率排第 26 位，较上年上升 4 位（表 4-57）。

表 4-57　广东劣势基础指标（部分）

指　标	2024 年指标值	2025 年指标值	2024 年排名	2025 年排名	排名变化
每十万研发人员作者异省科技论文数（篇）	310	254	31	31	0
每十万研发人员作者同省异单位科技论文数（篇）	506	428	30	31	-1
合作申请发明专利数增长率（%）	21.07	31.02	28	28	0
规模以上工业企业国外技术引进金额增长率（%）	-4.10	-22.06	18	27	-9
高校研发经费内部支出额中来自企业资金增长率（%）	-26.11	3.15	30	26	4

近些年，广东立足粤港澳大湾区国际科技创新中心的战略定位，持续发力打造高能级科技创新载体和平台。围绕全过程创新链，不断完善科研体系布局，加大在前端基础研究的投入力度，夯实支撑经济持续高质量增长的科技基础。未来，广东还需持续蓄力基础研究，挖掘科学产出潜力，更大力度推动与科教资源丰厚区域的科学技术合作，构建支持全面创新的体制机制，特别是注重人才、金融支撑科技创新的体制机制建设，探索更加优质、更加灵活的人才服务体系，吸引更多战略科技人才来粤工作和生活，为区域创新和经济发展注入源源不断的动力，培养更多的有全球竞争力的企业。

4.20　广西壮族自治区

2025 年广西创新能力综合指标排全国第 26 位，与上年相比下降 4 位。经济指标方面，2023 年广西 GDP 总量为 27 202.4 亿元，排全国第 19 位；人均 GDP 水平（54 005 元）排全国第 29 位；第三产业增加值占 GDP 的比例为 50.8%，排全国第 22 位。与经济指标相比，广西创新能力排名较低。2001—2025 年广西创新能力变化趋势如图 4-58 所示。

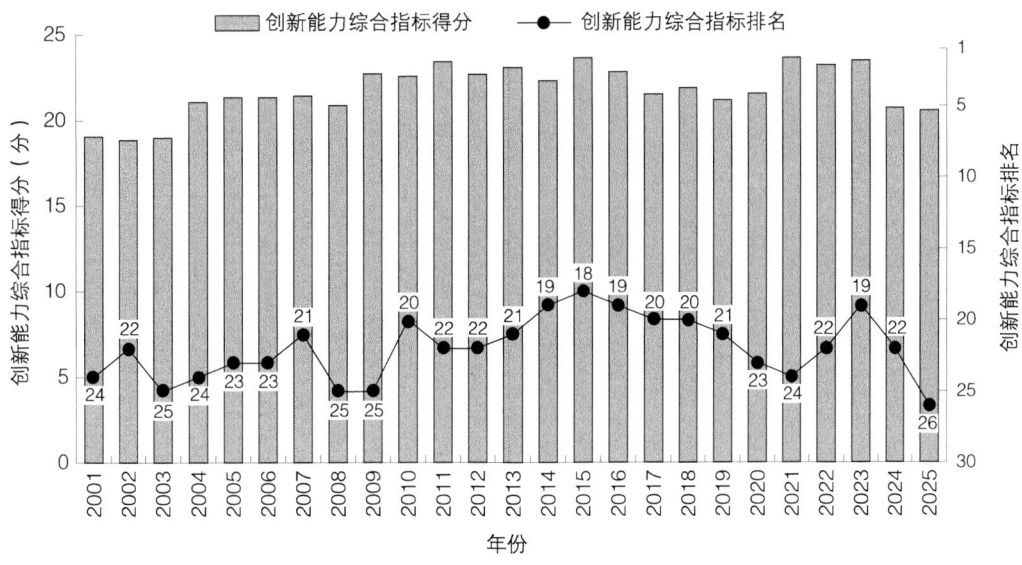

图 4-58　2001—2025 年广西创新能力变化趋势

分指标看，2025 年广西知识创造排全国第 23 位，较上年下降 4 位；知识获取排全国第 30 位，较上年下降 2 位；企业创新排全国第 22 位，较上年上升 8 位；创新环境排全国第 23 位，较上年下降 1 位；创新绩效排全国第 24 位，较上年下降 6 位（表 4-58、图 4-59）。

表 4-58　广西创新能力综合指标

指标名称	2025 年综合指标		2025 年分项指标排名		
	指标值	排名	实力	效率	潜力
综合值	20.56	26	19	30	15
1　知识创造综合指标	19.44	23	20	18	14
1.1　研究开发投入综合指标	16.33	22	18	20	16
1.2　专利综合指标	20.00	19	21	11	25
1.3　科研论文综合指标	24.55	18	22	18	3
2　知识获取综合指标	11.33	30	25	30	26
2.1　科技合作综合指标	22.12	26	24	24	15
2.2　技术转移综合指标	11.43	18	21	24	11
2.3　外资企业投资综合指标	3.17	30	30	30	29
3　企业创新综合指标	20.89	22	19	26	5
3.1　企业研究开发投入综合指标	20.86	28	21	26	17
3.2　设计能力综合指标	22.30	9	20	24	1
3.3　技术提升能力综合指标	19.57	20	16	20	10
3.4　新产品销售收入综合指标	20.14	18	20	17	14

续表

指标名称	2025年综合指标		2025年分项指标排名		
	指标值	排名	实力	效率	潜力
4　创新环境综合指标	20.38	23	19	26	13
4.1　创新基础设施综合指标	21.50	22	16	25	19
4.2　市场环境综合指标	20.23	17	20	10	8
4.3　劳动者素质综合指标	32.46	11	14	15	6
4.4　金融环境综合指标	9.33	23	20	21	13
4.5　创业水平综合指标	18.40	28	19	28	21
5　创新绩效综合指标	28.11	24	19	23	25
5.1　宏观经济综合指标	13.40	28	19	29	28
5.2　产业结构综合指标	17.04	27	20	26	25
5.3　产业国际竞争力综合指标	5.15	27	18	24	27
5.4　就业综合指标	39.68	16	16	14	22
5.5　可持续发展与环保综合指标	65.27	17	14	19	14

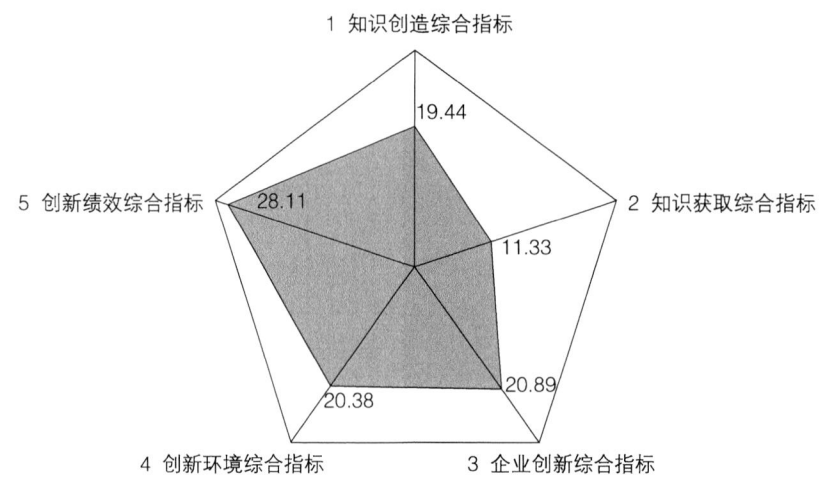

图 4-59　广西创新能力蛛网图

五个维度中，广西在企业创新方面表现最好，排名高于综合值排名，排第 22 位，较上年提高 8 位。创新绩效排名较上年有较大幅度下降，排第 24 位。知识创造和创新环境排名高于综合指标排名，均排第 23 位。知识获取排名比较靠后，较上年下降 2 位，排第 30 位（图 4-60）。

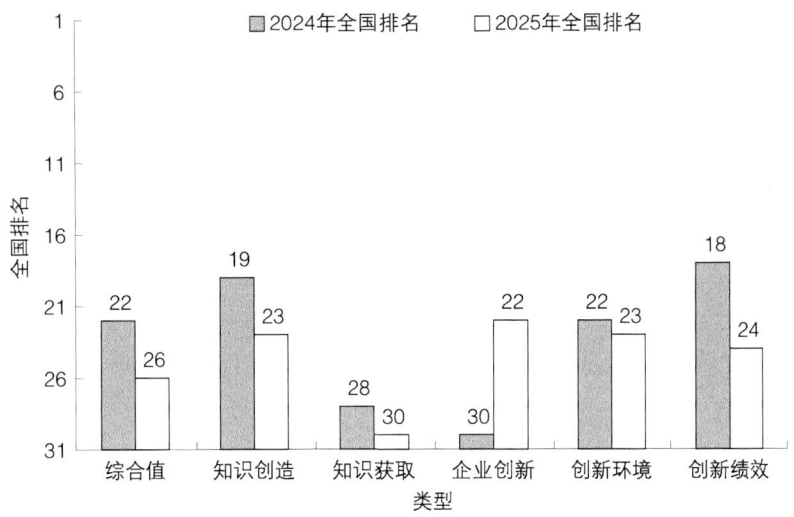

图 4-60　广西各维度排名与上年对比

广西在企业创新方面表现最好，企业研究开发投入综合指标排第 28 位，设计能力综合指标排第 9 位，技术提升能力综合指标排第 20 位，新产品销售收入综合指标排第 18 位。具体来看，广西在企业创新方面有以下几个优势基础指标：规模以上工业企业有效发明专利增长率排名较上年上升 30 位，排第 1 位；规模以上工业企业发明专利申请增长率排名较上年上升 29 位，排第 2 位；规模以上工业企业有研发活动的企业数量增长率排名较上年下降 4 位，排第 5 位；规模以上工业企业研发经费外部支出增长率排名较上年上升 9 位，排第 7 位；规模以上工业企业平均技术改造经费支出排名较上年下降 4 位，排第 11 位（表 4-59）。

表 4-59　广西优势基础指标（部分）

指　　标	2024 年指标值	2025 年指标值	2024 年排名	2025 年排名	排名变化
规模以上工业企业有效发明专利增长率（％）	－5.06	26.04	31	1	30
规模以上工业企业发明专利申请增长率（％）	－1.80	26.64	31	2	29
规模以上工业企业有研发活动的企业数量增长率（％）	41.32	16.96	1	5	－4
规模以上工业企业研发经费外部支出增长率（％）	12.88	20.71	16	7	9
规模以上工业企业平均技术改造经费支出（万元/家）	129.1	83.5	7	11	－4

广西在知识获取方面表现相对落后，科技合作综合指标排第 26 位，技术转移综合指标排第 18 位，外资企业投资综合指标排第 30 位。具体来看，广西主要有以下基础指标处于劣势：作者同省异单位科技论文数增长率排第 30 位，较上年下降 11 位；实际使用外资金额占 GDP 的比重排第 30 位，较上年下降 14 位；实际使用外资金额占 GDP 的比重增长率排第 29 位，较上年下降 16 位；每万名研发人员合作申请发明专利数排第 25 位，较上年上升 2 位；

规模以上工业企业平均国外技术引进金额排第 25 位，较上年上升 1 位（表 4-60）。

表 4-60 广西劣势基础指标（部分）

指　　标	2024 年指标值	2025 年指标值	2024 年排名	2025 年排名	排名变化
作者同省异单位科技论文数增长率（%）	1.00	-1.09	19	30	-11
实际使用外资金额占 GDP 的比重（%）	0.35	0	16	30	-14
实际使用外资金额占 GDP 的比重增长率（%）	25.68	-16.21	13	29	-16
每万名研发人员合作申请发明专利数（件）	100	141	27	25	2
规模以上工业企业平均国外技术引进金额（万元/项）	0.07	0.11	26	25	1

整体来看，广西企业创新方面表现良好，知识获取方面表现相对落后。近些年，广西组建自治区实验室、综合领域类技术创新中心等科技创新平台，启动实施产业链创新科技重大专项、重大科技成果转化项目等，面向东盟的科技创新合作区和产教集聚示范区建设初具规模。作为中国—东盟开放合作的重要门户，广西在对外经贸合作和科技合作中的能力和潜力还远未释放，对外资企业的吸引和利用能力较低，科技合作交流成效还不明显，创新基础设施的利用效率还较低。未来，广西还需持续加强与科教资源丰厚区域的知识合作和人才交流，鼓励企业加大研究开发投入，优化创业软环境和外商投资环境建设，完善吸引和利用外资企业的工作机制和服务体系。

4.21 海南省

2025 年海南创新能力综合指标排全国第 16 位，较上年上升 1 位。经济指标方面，2023 年海南 GDP 总量为 7551.2 亿元，排全国第 28 位；人均 GDP 水平（72958 元）排全国第 17 位；第三产业增加值占 GDP 的比例为 60.9%，排全国第 4 位。与经济指标相比，海南创新能力排名较高。2001—2025 年海南创新能力变化趋势如图 4-61 所示。

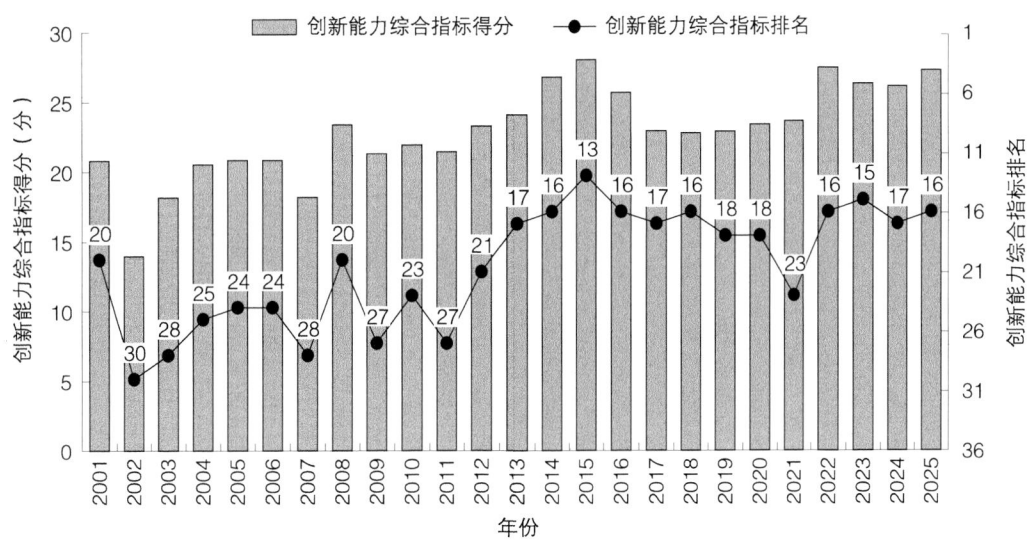

图 4-61 2001—2025 年海南创新能力变化趋势

分指标看，2025 年海南知识创造排全国第 8 位，与上年持平；知识获取排全国第 23 位，较上年上升 7 位；企业创新排全国第 15 位，与上年持平；创新环境排全国第 17 位，较上年下降 7 位；创新绩效排全国第 15 位，较上年上升 5 位（表 4-61、图 4-62）。

表 4-61 海南创新能力综合指标

指标名称	2025 年综合指标		2025 年分项指标排名		
	指标值	排名	实力	效率	潜力
综合值	27.26	16	28	13	1
1　知识创造综合指标	34.50	8	28	6	1
1.1　研究开发投入综合指标	38.87	8	25	6	1
1.2　专利综合指标	29.73	11	27	6	2
1.3　科研论文综合指标	35.30	9	28	11	1
2　知识获取综合指标	17.68	23	28	20	5
2.1　科技合作综合指标	18.73	29	28	30	16
2.2　技术转移综合指标	22.50	6	25	5	3
2.3　外资企业投资综合指标	13.27	21	18	16	14
3　企业创新综合指标	26.85	15	29	12	3
3.1　企业研究开发投入综合指标	30.54	19	29	22	2
3.2　设计能力综合指标	19.61	13	29	14	3
3.3　技术提升能力综合指标	48.87	2	29	1	1
3.4　新产品销售收入综合指标	10.16	28	29	26	26

续表

指标名称	2025年综合指标		2025年分项指标排名		
	指标值	排名	实力	效率	潜力
4　创新环境综合指标	23.38	17	28	5	19
4.1　创新基础设施综合指标	23.16	21	29	7	15
4.2　市场环境综合指标	18.43	22	21	11	22
4.3　劳动者素质综合指标	22.96	25	28	9	12
4.4　金融环境综合指标	34.28	5	23	2	3
4.5　创业水平综合指标	18.10	29	28	15	30
5　创新绩效综合指标	34.39	15	17	19	3
5.1　宏观经济综合指标	27.26	15	28	17	1
5.2　产业结构综合指标	24.75	20	28	20	5
5.3　产业国际竞争力综合指标	8.30	20	27	28	4
5.4　就业综合指标	34.16	25	15	30	29
5.5　可持续发展与环保综合指标	77.47	4	2	10	29

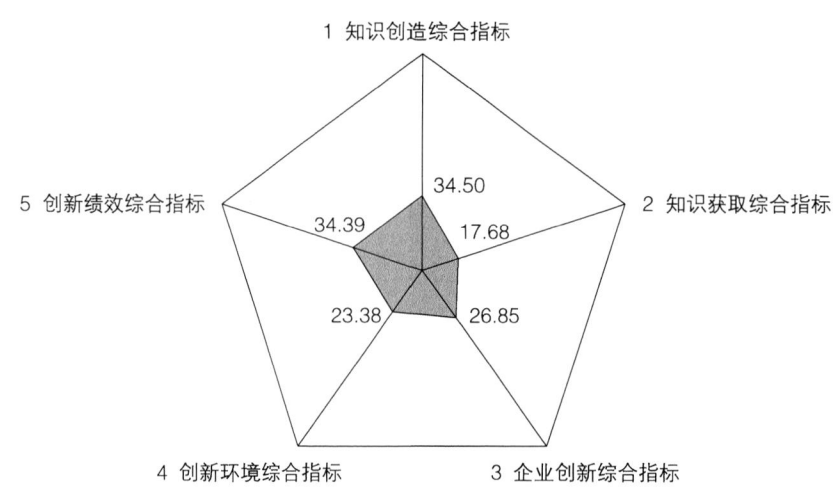

图 4-62　海南创新能力蛛网图

　　五个维度中，海南在知识创造方面表现最好，高于综合值排名，排第 8 位，与上年持平。但在知识获取和创新环境方面表现相对较弱，均低于综合值排名，分别排第 23 位和第 17 位。

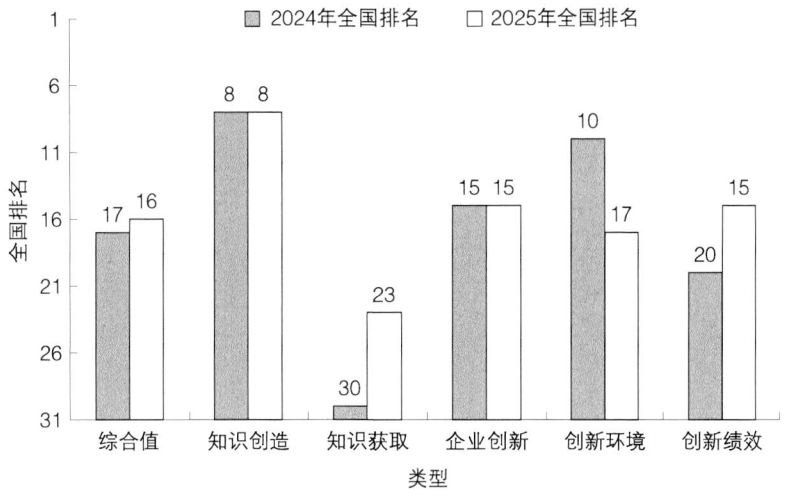

图 4-63　海南各维度排名与上年对比

在知识创造方面，海南的研究开发投入综合指标排第 8 位，科研论文综合指标排第 9 位，专利综合指标排第 11 位。具体来看，海南在知识创造方面有以下几个优势基础指标：研究与试验发展全时人员当量增长率排名与上年持平，排第 1 位；发明专利授权数增长率排名较上年上升 1 位，排第 1 位；国际论文数增长率排名与上年持平，排第 2 位（表 4-62）。

表 4-62　海南优势基础指标（部分）

指　标	2024 年指标值	2025 年指标值	2024 年排名	2025 年排名	排名变化
研究与试验发展全时人员当量增长率（%）	25.87	35.94	1	1	0
发明专利授权数增长率（%）	45.43	47.38	2	1	1
国际论文数增长率（%）	26.78	31.73	2	2	0

海南在知识获取方面表现相对落后，科技合作综合指标排第 29 位，外资企业投资综合指标排第 21 位。具体来看，海南主要有以下基础指标处于劣势：作者异省科技论文数增长率排第 29 位，较上年下降 14 位；高校研发经费内部支出额中来自企业的资金排第 29 位，较上年下降 1 位；合作申请发明专利数排第 29 位，与上年持平；作者同省异单位科技论文数排第 28 位，与上年持平（表 4-63）。

表 4-63　海南劣势基础指标（部分）

指　标	2024 年指标值	2025 年指标值	2024 年排名	2025 年排名	排名变化
高校研发经费内部支出额中来自企业资金的比例（%）	6.67	6.32	29	30	-1
作者异省科技论文数增长率（%）	2.13	-2.51	15	29	-14

续表

指标	2024年指标值	2025年指标值	2024年排名	2025年排名	排名变化
高校研发经费内部支出额中来自企业的资金（万元）	8000.0	11 786.3	28	29	-1
合作申请发明专利数（件）	492	739	29	29	0
作者同省异单位科技论文数（篇）	795	782	28	28	0

整体来看，海南综合创新能力有所提升，特别是知识创造表现最好，知识获取和创新绩效水平均有所提升。近年来，海南主要围绕创新平台建设、政策支持、成果转化、开放合作等领域实施了一系列举措，逐步形成系统化推进体系，进一步提升了整体创新实力。科技创新活力与潜力不断释放，研究与试验发展全时人员当量增长率实现连年高速增长，发明专利授权数增长率实现全国第一。科技创新基础差、人才少、成果缺的状况正逐步改变。未来，海南应强化创新链、产业链、资金链、人才链融合发展，引导各类优质创新资源要素集聚，继续加快推进海南自由贸易港高质量发展，加快打造新质生产力重要实践地。

4.22 重庆市

2025年重庆创新能力综合指标排全国第10位，与上年相比上升4位。经济指标方面，2023年重庆GDP总量为30 145.8亿元，排全国第17位；人均GDP水平（94 147元）排全国第10位；第三产业增加值占GDP的比例为54.3%，排全国第9位。与经济指标相比，重庆创新能力排名较高。2001—2025年重庆创新能力变化趋势如图4-64所示。

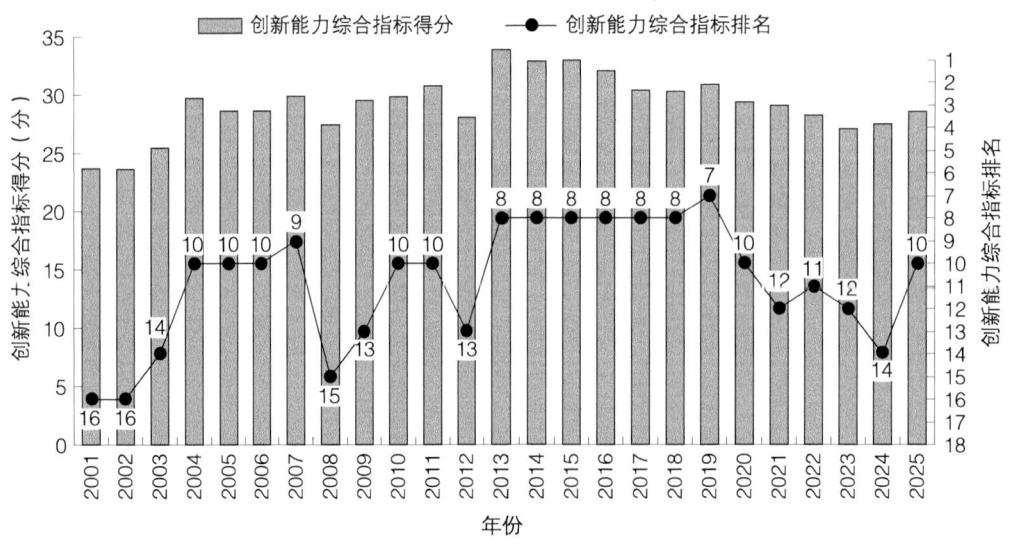

图4-64 2001—2025年重庆创新能力变化趋势

分指标看，2025年重庆知识创造排全国第21位，较上年下降4位；知识获取排全国第21位，较上年下降5位；企业创新排全国第10位，与上年持平；创新环境排全国第15位，较上年上升2位；创新绩效排全国第7位，较上年上升5位（表4-64、图4-65）。

表4-64 重庆创新能力综合指标

指标名称	2025年综合指标		2025年分项指标排名		
	指标值	排名	实力	效率	潜力
综合值	28.56	10	15	11	11
1 知识创造综合指标	19.70	21	17	23	16
1.1 研究开发投入综合指标	18.19	18	16	19	18
1.2 专利综合指标	20.72	17	13	21	17
1.3 科研论文综合指标	20.71	24	17	19	23
2 知识获取综合指标	18.30	21	15	12	28
2.1 科技合作综合指标	34.75	16	14	12	17
2.2 技术转移综合指标	16.55	13	9	7	15
2.3 外资企业投资综合指标	7.28	29	19	20	30
3 企业创新综合指标	32.36	10	15	10	14
3.1 企业研究开发投入综合指标	44.10	12	14	5	23
3.2 设计能力综合指标	20.48	12	14	10	9
3.3 技术提升能力综合指标	24.24	14	17	7	12
3.4 新产品销售收入综合指标	40.67	9	13	9	11
4 创新环境综合指标	24.05	15	17	18	4
4.1 创新基础设施综合指标	34.63	10	15	12	2
4.2 市场环境综合指标	19.12	20	14	15	25
4.3 劳动者素质综合指标	19.13	29	21	23	29
4.4 金融环境综合指标	17.99	11	16	20	2
4.5 创业水平综合指标	29.40	17	18	19	7
5 创新绩效综合指标	43.80	7	11	6	8
5.1 宏观经济综合指标	30.62	11	17	10	7
5.2 产业结构综合指标	29.19	14	15	16	12
5.3 产业国际竞争力综合指标	34.29	4	7	3	9
5.4 就业综合指标	37.68	19	22	16	25
5.5 可持续发展与环保综合指标	87.20	2	5	7	1

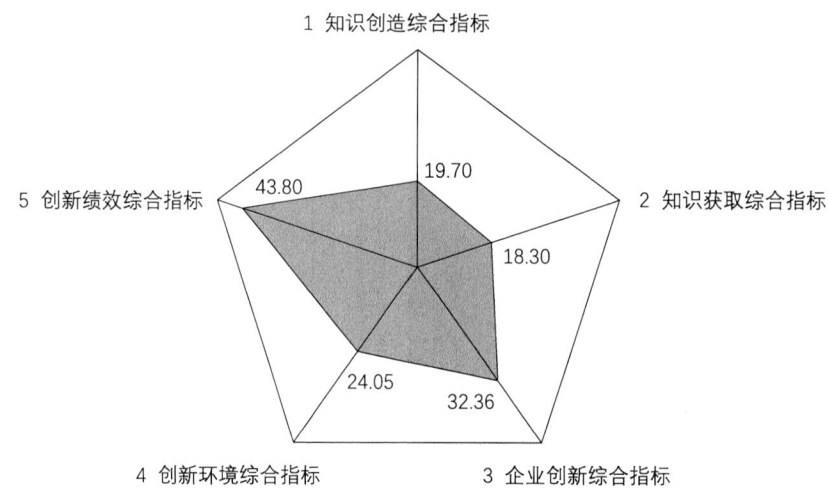

图 4-65　重庆创新能力蛛网图

五个维度中，重庆在创新绩效方面表现最好，排名高于综合值排名，排第 7 位，较上年提高 5 位。知识创造和知识获取排名较上年有较大幅度下降，排第 21 位。企业创新排名与综合值排名持平，排第 10 位。创新环境排名低于综合值排名，排第 15 位，较上年上升 2 位（图 4-66）。

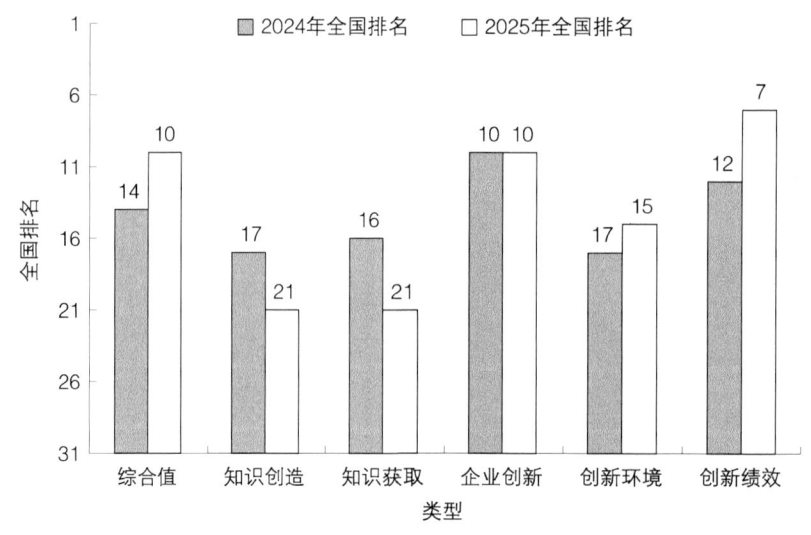

图 4-66　重庆各维度排名与上年对比

重庆在创新绩效方面表现最好，宏观经济综合指标排第 11 位，产业结构综合指标排第 14 位，产业国际竞争力综合指标排第 4 位，就业综合指标排第 19 位，可持续发展与环保综合指标排第 2 位。具体来看，重庆在创新绩效方面有以下几个优势基础指标：万元地区生产总值能耗（等价值）增长率排名较上年上升 6 位，排第 1 位；废气中主要污染物排放量增长率排名较上年上升 3 位，排第 2 位；高技术产品出口额占地区出口总额的比重排名与上年持平，排第 3 位；每万元 GDP 电耗总量排名与上年持平，排第 4 位（表 4-65）。

表 4-65　重庆优势基础指标（部分）

指　标	2024 年指标值	2025 年指标值	2024 年排名	2025 年排名	排名变化
万元地区生产总值能耗（等价值）增长率（%）	-3.50	-18.02	7	1	6
废气中主要污染物排放量增长率（%）	-28.86	-4.09	5	2	3
高技术产品出口额占地区出口总额的比重（%）	14.33	14.59	3	3	0
每万元 GDP 电耗总量（千瓦时）	482	482	4	4	0

重庆在知识获取方面表现相对落后，科技合作综合指标排第 16 位，技术转移综合指标排第 13 位，外资企业投资综合指标排第 29 位。具体来看，重庆主要有以下基础指标处于劣势：作者同省异单位科技论文数增长率排第 31 位，较上年下降 5 位；实际使用外资金额占 GDP 的比重增长率排第 30 位，较上年下降 2 位；每十万研发人员作者同省异单位科技论文数排第 23 位，与上年持平；每万名研发人员合作申请发明专利数排第 20 位，较上年下降 4 位（表 4-66）。

表 4-66　重庆劣势基础指标（部分）

指　标	2024 年指标值	2025 年指标值	2024 年排名	2025 年排名	排名变化
作者同省异单位科技论文数增长率（%）	-15.30	-1.45	26	31	-5
实际使用外资金额占 GDP 的比重增长率（%）	-5.15	-17.95	28	30	-2
每十万研发人员作者同省异单位科技论文数（篇）	946	837	23	23	0
每万名研发人员合作申请发明专利数（件）	150	155	16	20	-4

整体来看，重庆创新绩效方面表现良好，但知识获取方面表现相对落后。近些年，重庆注重打造科技创新平台载体，持续吸引创新创业团队，西部科学城建设已经汇聚了一批高水平创新要素，正在建设全国高校区域技术转移转化中心。重庆地处"一带一路"和长江经济带的联结点上，是中西部首个获批开展跨境贸易高水平开放试点的城市，这为重庆改善当前处于弱势的外资企业投资合作指标、市场环境综合指标、劳动者素质综合指标等提供了难得的历史机遇。未来，重庆还需优化营商环境，注重吸引和利用内外资企业，提升科技人才队伍对产业创新的支撑能力，加强本地高校和科研院所的研究能力，主动对接外省市优质科技资源，强化人才激励和保障，吸引更多外市高科技人才赴渝工作。深化成渝地区协同创新，发展重点区域科技合作。

4.23 四川省

2025 年四川创新能力综合指标排全国第 13 位，较上年下降 1 位。经济指标方面，2023 年四川 GDP 总量为 60 132.9 亿元，排全国第 5 位；人均 GDP 水平（71 835 元）排全国第 20 位；第三产业增加值占 GDP 的比例为 54.5%，排全国第 8 位。与经济指标相比，四川创新能力排名略低。2001—2025 年四川创新能力变化趋势如图 4-67 所示。

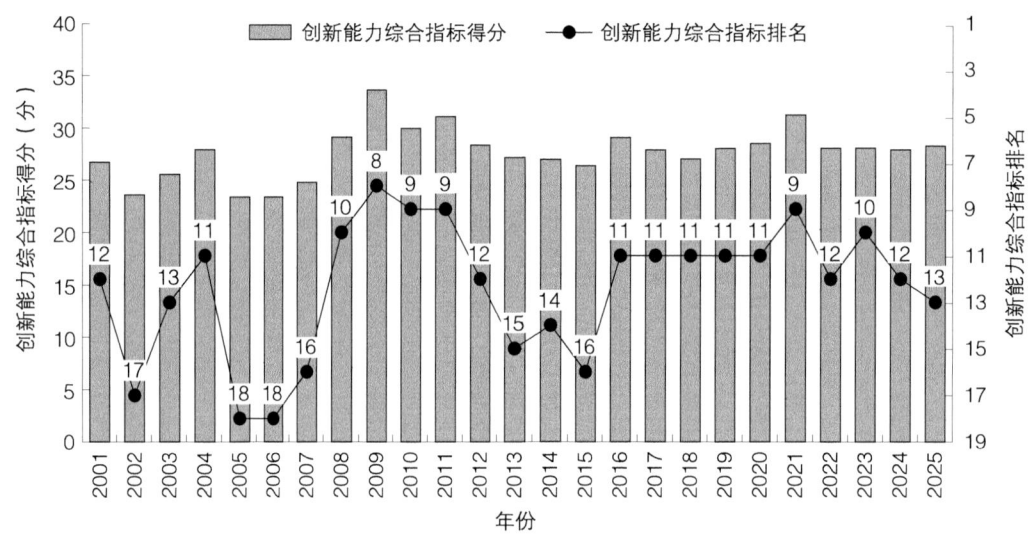

图 4-67　2001—2025 年四川创新能力变化趋势

分指标看，2025 年四川知识创造排第 10 位，较上年上升 3 位；知识获取排第 13 位，较上年下降 1 位；企业创新排第 17 位，较上年下降 1 位；创新环境排第 8 位，较上年下降 1 位；创新绩效排第 16 位，较上年上升 1 位（表 4-67、图 4-68）。

表 4-67　四川创新能力综合指标

指标名称	2025 年综合指标		2025 年分项指标排名		
	指标值	排名	实力	效率	潜力
综合值	28.27	13	10	16	15
1　知识创造综合指标	30.00	10	9	14	7
1.1　研究开发投入综合指标	25.01	14	11	17	11
1.2　专利综合指标	34.16	5	7	9	4
1.3　科研论文综合指标	31.67	12	8	12	24
2　知识获取综合指标	22.28	13	8	15	22

续表

指标名称		2025年综合指标		2025年分项指标排名		
		指标值	排名	实力	效率	潜力
2.1	科技合作综合指标	40.87	9	8	8	22
2.2	技术转移综合指标	8.83	25	13	27	26
2.3	外资企业投资综合指标	18.43	12	9	11	13
3	企业创新综合指标	23.87	17	11	20	24
3.1	企业研究开发投入综合指标	32.88	16	12	20	27
3.2	设计能力综合指标	17.99	18	10	12	17
3.3	技术提升能力综合指标	24.36	13	8	16	18
3.4	新产品销售收入综合指标	18.68	19	14	19	22
4	创新环境综合指标	30.62	8	7	10	7
4.1	创新基础设施综合指标	35.13	7	8	4	22
4.2	市场环境综合指标	24.58	12	9	14	11
4.3	劳动者素质综合指标	39.92	6	6	26	5
4.4	金融环境综合指标	14.47	15	10	17	6
4.5	创业水平综合指标	39.00	11	9	12	10
5	创新绩效综合指标	34.03	16	15	18	15
5.1	宏观经济综合指标	33.47	10	5	20	8
5.2	产业结构综合指标	28.78	17	9	22	10
5.3	产业国际竞争力综合指标	7.52	23	16	19	23
5.4	就业综合指标	31.40	30	30	23	17
5.5	可持续发展与环保综合指标	68.98	12	22	12	8

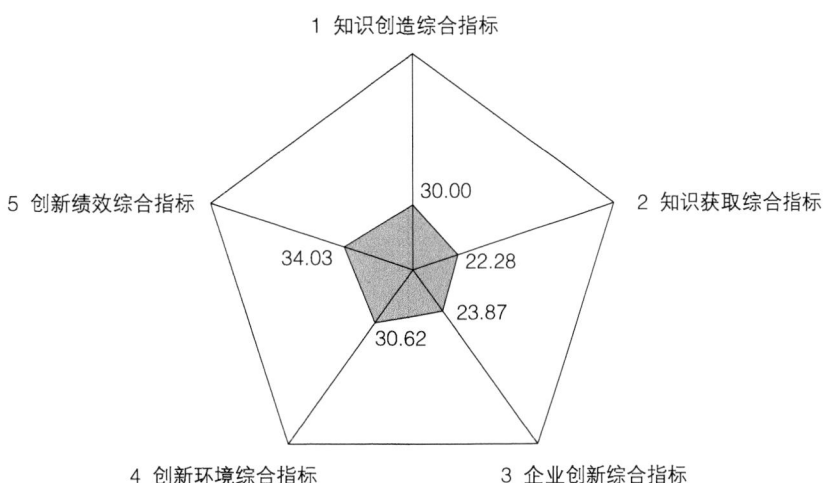

图 4-68　四川创新能力蛛网图

五个维度中,四川在创新环境方面表现最好,高于综合值排名,排第8位。企业创新、创新绩效排名分别落后综合值排名4位和3位,属于短板。值得注意的是,2025年四川在知识创造和创新绩效方面排名均有所提升,分别较上年上升了3位和1位;在知识获取、企业创新和创新环境方面表现均有下滑,均较上年下降了1位(图4-69)。

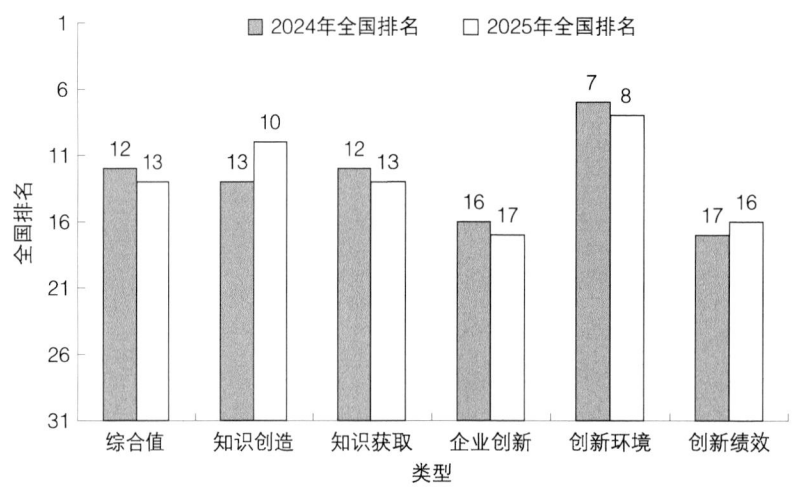

图4-69　四川各维度排名与上年对比

在创新环境方面,劳动者素质综合指标排第6位,创新基础设施综合指标排第7位,创业水平综合指标排第11位,市场环境综合指标排第12位。具体来看,四川在创新环境方面有以下几个优势基础指标:科技服务业从业人员增长率排名与上年持平,排第1位;平均每个科技企业孵化器创业导师人数排名与上年持平,排第4位;科技服务业从业人员数排名与上年持平,排第5位;教育经费支出排名与上年持平,排第6位(表4-68)。

表4-68　四川优势基础指标(部分)

指　　标	2024年指标值	2025年指标值	2024年排名	2025年排名	排名变化
科技服务业从业人员增长率(%)	17.51	11.07	1	1	0
平均每个科技企业孵化器创业导师人数(人)	24	24	4	4	0
科技服务业从业人员数(万人)	24.47	27.98	5	5	0
教育经费支出(亿元)	2591.26	2829.45	6	6	0

四川在企业创新方面表现相对落后,新产品销售收入综合指标排第19位,设计能力综合指标排第18位,企业研究开发投入综合指标排第16位。具体来看,四川主要有以下基础指标处于劣势:规模以上工业企业研发活动经费内部支出总额增长率排第21位,与上年持平;规模以上工业企业有研发活动的企业数量增长率排第28位,较上年下降2位;规模以上工业企业研发人员增长率排第25位,较上年下降13位;规模以上工业企业新产品销售收入

增长率排第 22 位，较上年下降 8 位；有电子商务交易活动的企业数增长率排第 21 位，较上年上升 4 位（表 4-69）。

表 4-69 四川劣势基础指标（部分）

指　标	2024 年指标值	2025 年指标值	2024 年排名	2025 年排名	排名变化
规模以上工业企业研发活动经费内部支出总额增长率（%）	10.98	10.18	21	21	0
规模以上工业企业有研发活动的企业数量增长率（%）	-0.51	-0.85	26	28	-2
规模以上工业企业研发人员增长率（%）	13.35	-0.57	12	25	-13
规模以上工业企业新产品销售收入增长率（%）	17.60	-3.66	14	22	-8
有电子商务交易活动的企业数增长率（%）	-1.95	17.50	25	21	4

近年来，四川主动服务和融入国家重大战略，不断强化科技创新策源功能，矢量光场等国家大科学装置加快建设，重大科技基础设施集群加速成形，大力推动成渝（兴隆湖）综合性科学中心、西部（成都）科学城集聚高端创新资源。加快科技成果转化和产业化，推广"线上科创通+线下科创岛"等服务模式，新型航空发动机涡轮叶片、新一代智慧机场运行控制系统等 22 个重大成果在川转化。未来，四川应抓住国家战略腹地建设机遇，更大力度地推动成渝综合性科学中心、成渝中线科创走廊等共建，加快推进一批重大科技力量、产业项目和基础设施布局落地，以科技创新引领新质生产力发展，努力成为带动西部高质量发展的重要增长极和动力源。

4.24 贵州省

2025 年贵州创新能力综合指标排全国第 27 位，与上年相比下降 2 位。经济指标方面，2023 年贵州 GDP 总量为 20 913.3 亿元，排全国第 22 位；人均 GDP 水平（54 172 元）排全国第 28 位；第三产业增加值占 GDP 的比例为 51.2%，排全国第 21 位。与经济指标相比，贵州创新能力排名较低。2001—2025 年贵州创新能力变化趋势如图 4-70 所示。

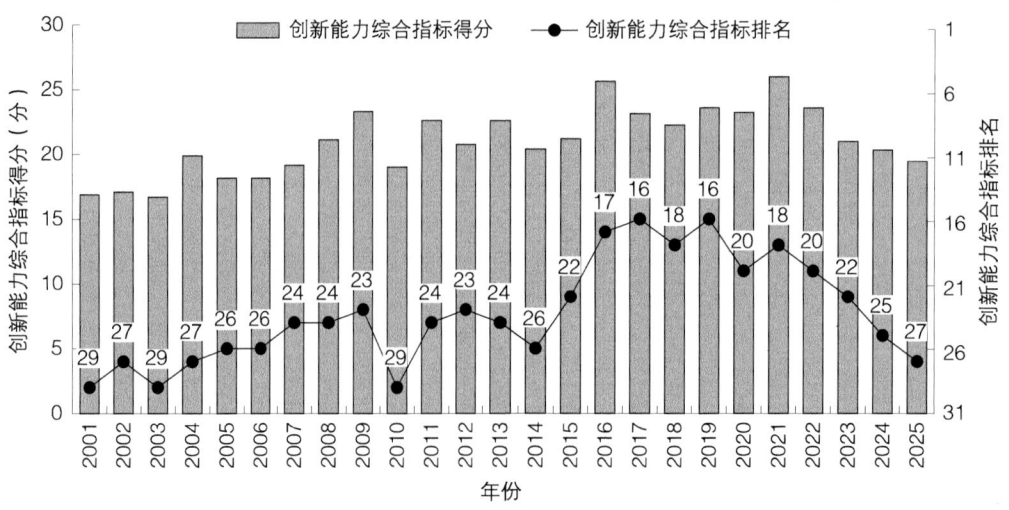

图 4-70　2001—2025 年贵州创新能力变化趋势

分指标看，2025 年贵州知识创造排全国第 26 位，较上年下降 3 位；知识获取排全国第 28 位，较上年下降 4 位；企业创新排全国第 27 位，较上年下降 5 位；创新环境排全国第 27 位，较上年下降 2 位；创新绩效排全国第 20 位，较上年上升 8 位（表 4-70、图 4-71）。

表 4-70　贵州创新能力综合指标

指标名称	2025 年综合指标		2025 年分项指标排名		
	指标值	排名	实力	效率	潜力
综合值	19.47	27	24	25	25
1　知识创造综合指标	18.69	26	24	20	12
1.1　研究开发投入综合指标	9.25	28	21	21	30
1.2　专利综合指标	22.47	14	24	13	10
1.3　科研论文综合指标	29.99	14	26	16	2
2　知识获取综合指标	14.21	28	26	29	16
2.1　科技合作综合指标	18.99	28	25	22	29
2.2　技术转移综合指标	10.87	20	27	25	10
2.3　外资企业投资综合指标	13.14	22	25	25	7
3　企业创新综合指标	15.43	27	25	22	30
3.1　企业研究开发投入综合指标	26.41	24	23	16	30
3.2　设计能力综合指标	5.54	31	24	25	30
3.3　技术提升能力综合指标	16.99	23	26	21	11
3.4　新产品销售收入综合指标	12.21	26	25	23	28
4　创新环境综合指标	17.43	27	23	28	28

续表

指标名称	2025年综合指标		2025年分项指标排名		
	指标值	排名	实力	效率	潜力
4.1 创新基础设施综合指标	16.77	28	21	21	31
4.2 市场环境综合指标	18.45	21	27	31	10
4.3 劳动者素质综合指标	22.28	28	20	11	27
4.4 金融环境综合指标	9.92	21	22	15	17
4.5 创业水平综合指标	19.71	26	27	23	22
5 创新绩效综合指标	31.60	20	22	25	2
5.1 宏观经济综合指标	13.88	26	22	28	20
5.2 产业结构综合指标	18.44	25	23	24	18
5.3 产业国际竞争力综合指标	23.45	8	23	17	2
5.4 就业综合指标	35.22	23	25	26	20
5.5 可持续发展与环保综合指标	67.02	15	13	24	4

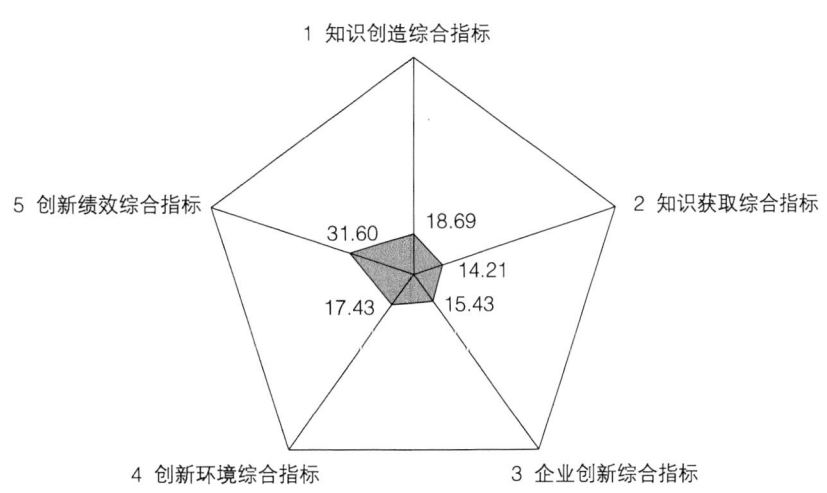

图 4-71 贵州创新能力蛛网图

五个维度中，贵州在创新绩效方面表现最好，排名高于综合值排名，排第 20 位，较上年提高 8 位。在知识获取方面表现相对较弱，排名落后于综合值排名（图 4-72）。

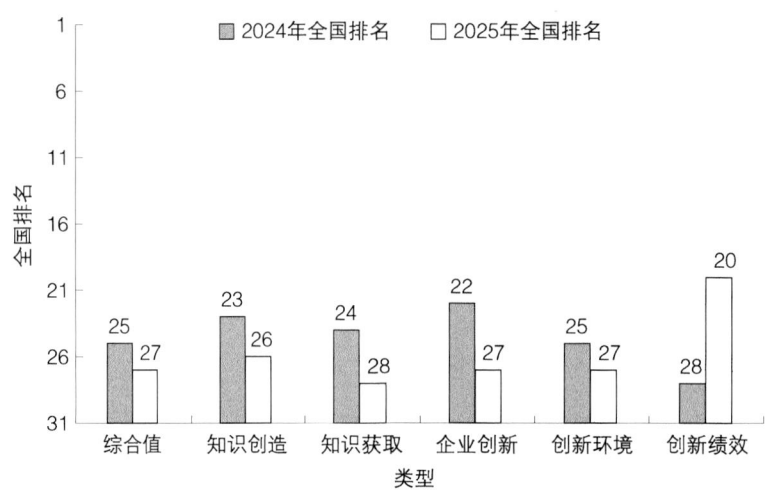

图 4-72　贵州各维度排名与上年对比

在创新绩效方面，贵州的产业国际竞争力综合指标排第 8 位，可持续发展与环保综合指标排第 15 位。具体来看，贵州在创新绩效方面有以下几个优势基础指标：高技术产品出口额增长率排名较上年上升 3 位，排第 2 位；电耗总量增长率排名较上年上升 2 位，排第 2 位；万元地区生产总值能耗（等价值）增长率排名较上年上升 18 位，排第 4 位（表 4-71）。

表 4-71　贵州优势基础指标（部分）

指　标	2024 年指标值	2025 年指标值	2024 年排名	2025 年排名	排名变化
高技术产品出口额增长率（%）	43.62	82.27	5	2	3
电耗总量增长率（%）	0.13	4.06	4	2	2
万元地区生产总值能耗（等价值）增长率（%）	-1.90	-13.69	22	4	18

贵州在知识获取方面表现相对落后，科技合作综合指标排第 28 位，外资企业投资综合指标排第 22 位，技术转移综合指标排第 20 位。具体来看，贵州主要有以下基础指标处于劣势：作者异省科技论文数增长率排第 30 位，较上年下降 3 位；作者同省异单位科技论文数增长率排第 27 位，较上年下降 16 位；规模以上工业企业国内技术成交额排第 27 位，较上年下降 1 位；规模以上工业企业平均国内技术成交额排第 27 位，与上年持平（表 4-72）。

表 4-72　贵州劣势基础指标（部分）

指　标	2024 年指标值	2025 年指标值	2024 年排名	2025 年排名	排名变化
作者异省科技论文数增长率（%）	0.37	-3.38	27	30	-3
作者同省异单位科技论文数增长率（%）	2.49	-0.20	11	27	-16

续表

指　标	2024年指标值	2025年指标值	2024年排名	2025年排名	排名变化
规模以上工业企业国内技术成交额（万元）	6550.0	5442.8	26	27	−1
规模以上工业企业平均国内技术成交额（万元/项）	1.2	1.1	27	27	0

近年来，贵州高度重视科技创新，不断优化科技创新平台体系，加大规模以上工业企业培育力度，运用数字技术、绿色技术改造提升传统产业，培育壮大新兴产业，统筹培育壮大新动能和巩固提升旧动能，因地制宜发展新质生产力。未来，贵州要继续围绕建设特色科技强省目标，持续增加科技创新资源的供给，加大企业创新主体的建设，提升企业的创新能力，推动创新链产业链资金链人才链"四链"深度融合。

4.25　云南省

2025年云南创新能力排全国第22位，较上年提升4位，扭转连续下降态势。经济指标方面，2023年云南GDP总量为30 021.1亿元，排全国第18位；人均GDP水平（64 107元）排全国第23位；第三产业增加值占GDP的比例为51.8%，排全国第18位。与经济指标相比，云南创新能力排名相对偏低。2001—2025年云南创新能力变化趋势如图4-73所示。

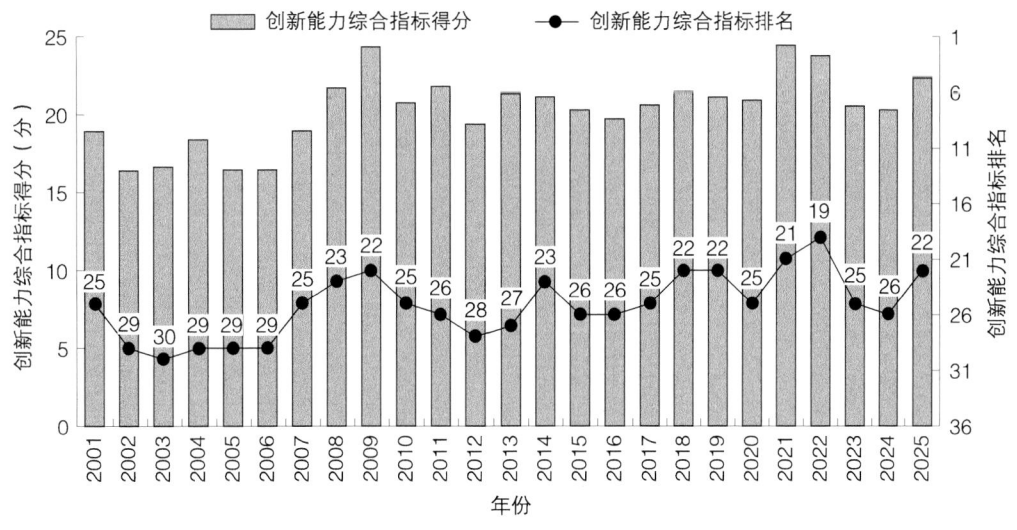

图4-73　2001—2025年云南创新能力变化趋势

分指标看，2025年云南知识创造排第30位，较上年下降3位；知识获取排第25位，较上年上升2位；企业创新排第18位，较上年提升7位，是云南创新能力总体排名提高的主要原因；创新环境排第 21 位，与上年持平；创新绩效排第 21 位，较上年提升 1 位（表 4-73、图 4-74）。

表 4-73 云南创新能力综合指标

指标名称	2025 年综合指标		2025 年分项指标排名		
	指标值	排名	实力	效率	潜力
综合值	22.33	22	20	22	10
1　知识创造综合指标	13.92	30	23	28	18
1.1　研究开发投入综合指标	7.40	30	22	31	27
1.2　专利综合指标	16.54	25	23	24	12
1.3　科研论文综合指标	21.73	23	23	17	14
2　知识获取综合指标	16.63	25	22	25	9
2.1　科技合作综合指标	25.69	21	22	23	7
2.2　技术转移综合指标	15.37	16	18	12	7
2.3　外资企业投资综合指标	10.79	24	20	23	20
3　企业创新综合指标	23.79	18	21	19	7
3.1　企业研究开发投入综合指标	32.25	18	20	18	13
3.2　设计能力综合指标	18.35	17	21	15	10
3.3　技术提升能力综合指标	18.72	22	21	14	26
3.4　新产品销售收入综合指标	24.31	15	22	21	4
4　创新环境综合指标	21.97	21	20	13	22
4.1　创新基础设施综合指标	40.44	5	18	2	28
4.2　市场环境综合指标	13.95	27	22	25	27
4.3　劳动者素质综合指标	27.27	14	18	24	13
4.4　金融环境综合指标	6.72	25	28	29	12
4.5　创业水平综合指标	21.45	23	23	25	17
5　创新绩效综合指标	31.53	21	20	22	10
5.1　宏观经济综合指标	17.77	24	18	23	24
5.2　产业结构综合指标	27.37	18	17	23	4
5.3　产业国际竞争力综合指标	4.14	29	25	27	25
5.4　就业综合指标	33.89	27	27	27	15
5.5　可持续发展与环保综合指标	74.48	6	11	18	3

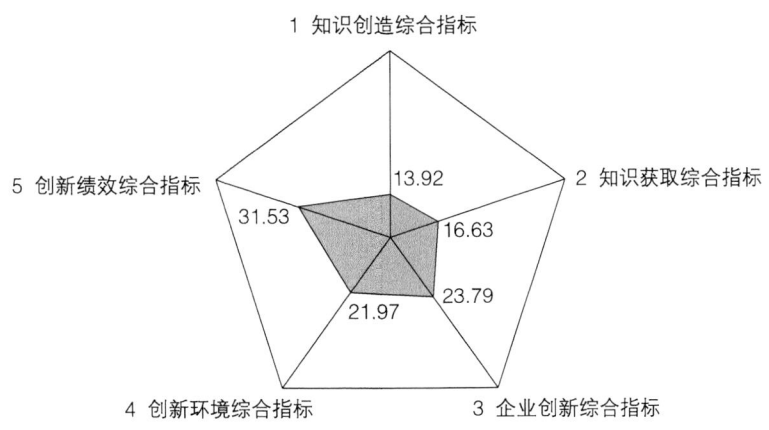

图 4-74　云南创新能力蛛网图

五个维度中，云南在企业创新维度的表现较为突出，排第 18 位，较上年提升 7 位。但是在知识创造维度则较为落后，排第 30 位，较上年下降 3 位（图 4-75）。

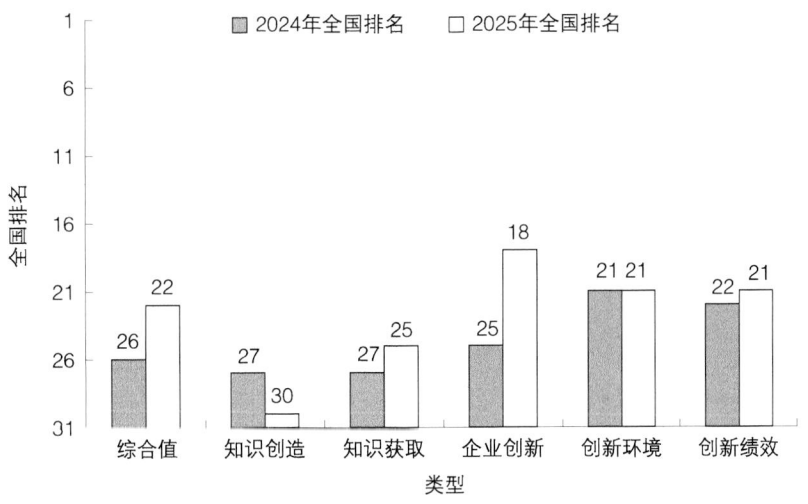

图 4-75　云南各维度排名与上年对比

在企业创新方面，2025 年云南企业研究开发投入综合指标排第 18 位，设计能力综合指标排第 17 位，技术提升能力综合指标排第 22 位，新产品销售收入综合指标排第 15 位。从基础指标看，云南的优势指标主要包括：有电子商务交易活动的企业数增长率排第 8 位，较上年提高 18 位；规模以上工业企业研发人员增长率排第 13 位，较上年提高 15 位；规模以上工业企业发明专利申请增长率排第 8 位，较上年提高 15 位；规模以上工业企业有效发明专利增长率排第 13 位，较上年提高 13 位；规模以上工业企业新产品销售收入占营业收入的比重排第 21 位，较上年提高 7 位（表 4-74）。

表 4-74 云南优势基础指标（部分）

指　　标	2024年指标值	2025年指标值	2024年排名	2025年排名	排名变化
有电子商务交易活动的企业数增长率（％）	-2.52	8.00	26	8	18
规模以上工业企业研发人员增长率（％）	-0.17	9.86	28	13	15
规模以上工业企业发明专利申请增长率（％）	9.79	20.96	23	8	15
规模以上工业企业有效发明专利增长率（％）	12.42	14.84	26	13	13
规模以上工业企业新产品销售收入占营业收入的比重（％）	8.30	11.17	28	21	7

在知识创造方面，2025年云南研究开发投入综合指标排第30位，较上年下降2位；专利综合指标排第25位，较上年下降4位；科研论文综合指标排第23位，较上年下降6位。从基础指标看，云南财政科技支出增长率排第29位，较上年下降12位；每万名研发人员发明专利申请受理数排名下降5位；发明专利申请受理数（不含企业）增长率排名下降22位；每亿元研发经费内部支出产生的发明专利申请数排名下降7位。在论文产出方面，云南国内论文数增长率排第27位，较上年下降19位（表4-75）。

表 4-75 云南劣势基础指标（部分）

指　　标	2024年指标值	2025年指标值	2024年排名	2025年排名	排名变化
财政科技支出增长率（％）	3.55	-1.8	17	29	-12
每万名研发人员发明专利申请受理数（件）	817	597	16	21	-5
发明专利申请受理数（不含企业）增长率（％）	10.68	-5.14	4	26	-22
每亿元研发经费内部支出产生的发明专利申请数（件）	27	21	15	22	-7
国内论文数增长率（％）	9.24	-20.78	8	27	-19

整体来看，云南区域创新能力较上年有所提升，但在知识创造和知识获取方面仍存在较大进步空间，尤其是要克服人才匮乏短板。下一步，云南需高度重视企业创新主体的建设，持续加大科技人才投入力度，挖掘本地高校研究潜力，推动高校和科研机构加强合作。此外，云南还需面向东盟扩大开放力度，在开放中加大科技合作力度，吸引更多国外人才落户云南，带动更多本地科研发展。

4.26 西藏自治区

2025年西藏创新能力综合指标排全国第31位，与上年持平。经济指标方面，2023年西藏GDP总量为2392.7亿元，排全国第31位；人均GDP水平（65 642元）排全国第22位；第三产业增加值占GDP的比例为54.1%，排全国第10位。与经济指标相比，西藏创新能力排名与经济指标排名持平。2001—2025年（2014年数据缺失）西藏创新能力变化趋势如图4-76所示。

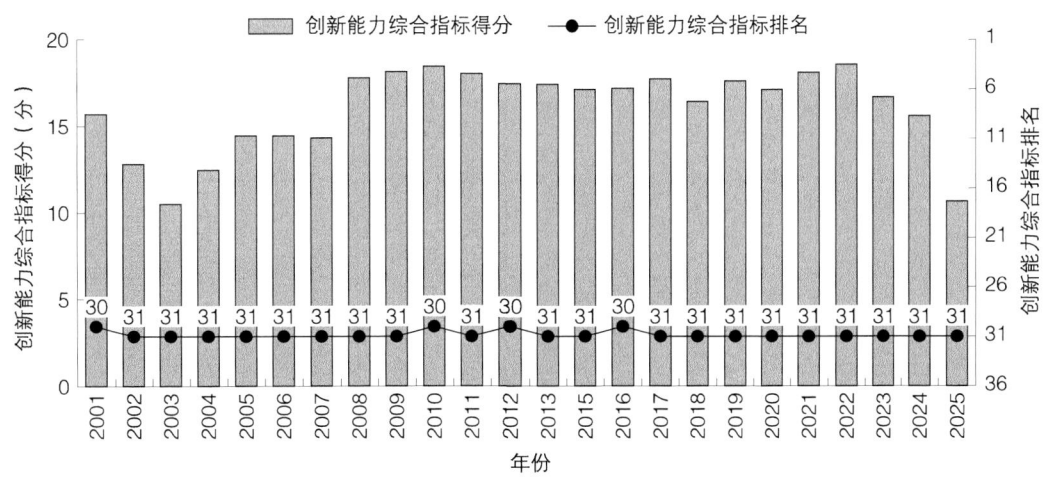

图4-76　2001—2025年西藏创新能力变化趋势

分指标看，2025年西藏知识创造排名较上年下降7位，排第31位；知识获取和企业创新排名均与上年持平，排第31位；创新环境排名较上年下降7位，排第31位；创新绩效排名较上年下降1位，排第31位（表4-76、图4-77）。

表4-76　西藏创新能力综合指标

指标名称	2025年综合指标		2025年分项指标排名		
	指标值	排名	实力	效率	潜力
综合值	10.64	31	31	31	31
1　知识创造综合指标	12.06	31	31	24	30
1.1　研究开发投入综合指标	6.27	31	31	26	29
1.2　专利综合指标	17.91	23	31	15	21
1.3　科研论文综合指标	11.90	30	31	15	31
2　知识获取综合指标	9.68	31	31	28	31
2.1　科技合作综合指标	24.17	23	31	21	4

续表

指标名称	2025年综合指标		2025年分项指标排名		
	指标值	排名	实力	效率	潜力
2.2 技术转移综合指标	8.10	29	31	9	31
2.3 外资企业投资综合指标	0.00	31	30	30	31
3 企业创新综合指标	5.93	31	31	31	31
3.1 企业研究开发投入综合指标	2.09	31	31	31	31
3.2 设计能力综合指标	7.99	28	31	11	28
3.3 技术提升能力综合指标	4.78	31	31	27	31
3.4 新产品销售收入综合指标	9.75	29	31	31	9
4 创新环境综合指标	9.32	31	31	24	31
4.1 创新基础设施综合指标	13.32	30	31	20	27
4.2 市场环境综合指标	5.18	31	31	29	31
4.3 劳动者素质综合指标	22.30	27	31	2	31
4.4 金融环境综合指标	0.46	31	31	31	31
4.5 创业水平综合指标	5.34	31	31	31	31
5 创新绩效综合指标	17.82	31	31	26	31
5.1 宏观经济综合指标	9.67	30	31	22	25
5.2 产业结构综合指标	6.56	31	31	31	31
5.3 产业国际竞争力综合指标	0.00	31	29	30	31
5.4 就业综合指标	32.76	28	31	13	28
5.5 可持续发展与环保综合指标	40.10	30	30	23	31

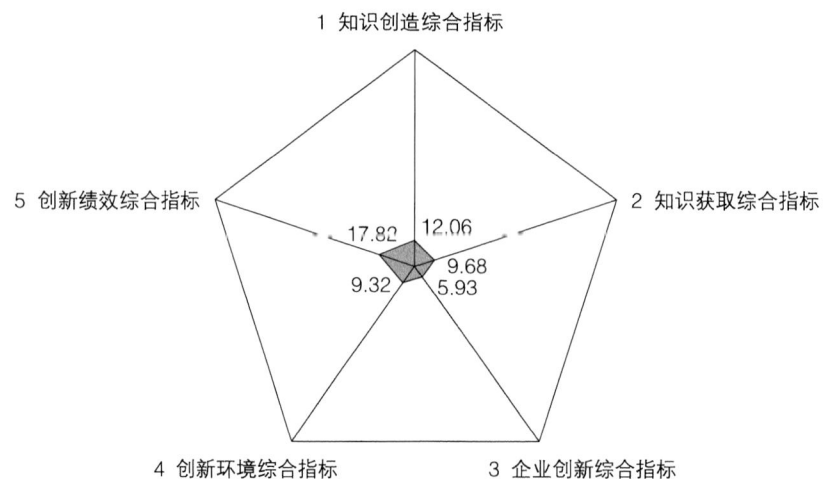

图 4-77 西藏创新能力蛛网图

五个维度中，西藏在各方面的表现均需改善，与综合值排名持平，排第31位。其中，知识创造和创新环境的排名均较上年从第24位下降至第31位。创新绩效排名也较上年下降1位，排第31位（图4-78）。

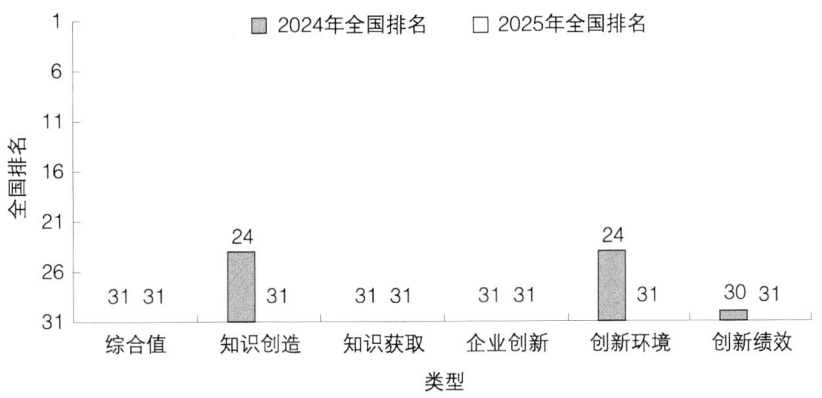

图4-78　西藏各维度排名与上年对比

西藏在知识创造、知识获取和创新环境方面表现相对较好。其中，专利综合指标和科技合作综合指标均排第23位，劳动者素质综合指标排第27位，就业综合指标排第28位。具体来看，每亿元研发经费内部支出产生的发明专利申请数排名较上年上升4位，排第1位；每十万研发人员作者异省科技论文数排名与上年持平，排第1位；教育经费支出占GDP的比例排名与上年持平，排第1位（表4-77）。

表4-77　西藏优势基础指标（部分）

指　　标	2024年指标值	2025年指标值	2024年排名	2025年排名	排名变化
每亿元研发经费内部支出产生的发明专利申请数（件）	9.11	81	5	1	4
每十万研发人员作者异省科技论文数（篇）	4772	5052	1	1	0
教育经费支出占GDP的比例（%）	15.64	15.23	1	1	0

西藏在企业创新方面表现较差，企业研究开发投入综合指标和技术提升能力综合指标均排第31位，新产品销售收入综合指标排第29位。具体来看，西藏主要有以下基础指标处于劣势：规模以上工业企业研发活动经费内部支出总额、规模以上工业企业有效发明专利数、规模以上工业企业研发经费外部支出增长率、规模以上工业企业平均技术改造经费支出、规模以上工业企业新产品销售收入占营业收入的比重等均与上年持平，排第31位（表4-78）。

表 4-78　西藏劣势基础指标（部分）

指　　标	2024 年指标值	2025 年指标值	2024 年排名	2025 年排名	排名变化
规模以上工业企业研发活动经费内部支出总额（亿元）	1.70	1.15	31	31	0
规模以上工业企业有效发明专利数（件）	314	265	31	31	0
规模以上工业企业研发经费外部支出增长率（%）	-19.84	-17.46	31	31	0
规模以上工业企业平均技术改造经费支出（万元/家）	12.1	8.3	31	31	0
规模以上工业企业新产品销售收入占营业收入的比重（%）	1.67	2.60	31	31	0

整体来看，西藏创新环境有所改善，近年来启动建设了科技创新园，为全区的众创空间和孵化器建设、加速科技成果产出等创造了条件，对培育新兴产业和促进高新技术产业高质量发展具有重要作用。同时，西藏更加注重对本地教育的投入力度，旨在弥补劳动力不足的短板。未来，西藏需因地制宜地发展壮大特色产业，充分将企业能力与本地基础特色结合，塑造差异化的竞争优势。

4.27　陕西省

2025 年陕西创新能力综合指标排全国第 14 位，较上年下降 4 位。经济指标方面，2023 年陕西 GDP 总量为 33 786.1 亿元，排全国第 14 位；人均 GDP 水平（85 448 元）排全国第 12 位；第三产业增加值占 GDP 的比例为 44.6%，排全国第 29 位。与经济指标相比，陕西创新能力排名与之持平。2001—2025 年陕西创新能力变化趋势如图 4-79 所示。

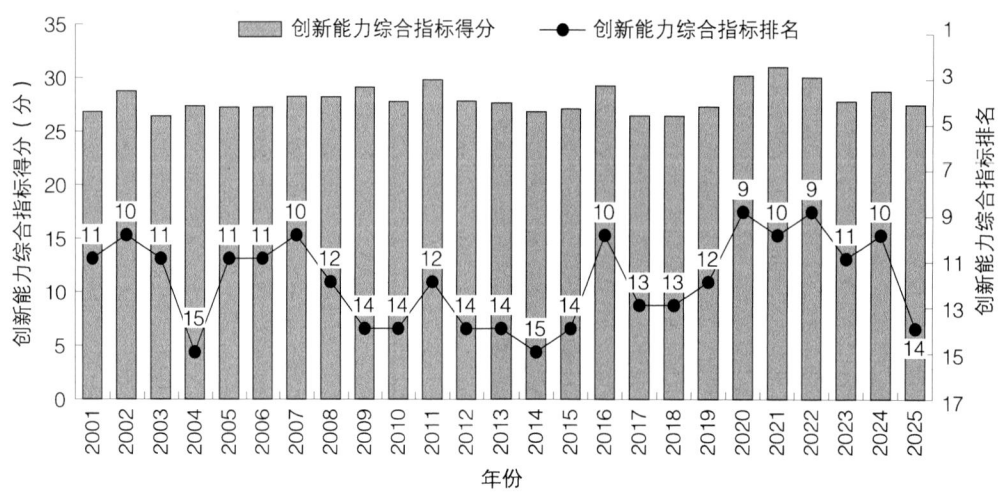

图 4-79　2001—2025 年陕西创新能力变化趋势

分指标看，2025年陕西知识创造排名较上年上升3位，排第7位；知识获取排名与上年持平，排全国第8位；企业创新排名较上年下降5位，排第25位；创新环境排名较上年下降1位，排第12位；创新绩效排名较上年下降2位，排第18位（表4-79、图4-80）。

表4-79 陕西创新能力综合指标

指标名称	2025年综合指标		2025年分项指标排名		
	指标值	排名	实力	效率	潜力
综合值	27.53	14	14	12	21
1　知识创造综合指标	34.77	7	12	3	5
1.1　研究开发投入综合指标	27.54	13	15	16	3
1.2　专利综合指标	32.13	7	10	5	18
1.3　科研论文综合指标	54.53	2	5	1	18
2　知识获取综合指标	26.68	8	12	9	3
2.1　科技合作综合指标	47.95	4	9	3	12
2.2　技术转移综合指标	11.19	19	15	17	20
2.3　外资企业投资综合指标	22.34	10	14	14	2
3　企业创新综合指标	18.73	25	17	21	28
3.1　企业研究开发投入综合指标	34.27	14	17	17	8
3.2　设计能力综合指标	6.41	30	18	21	31
3.3　技术提升能力综合指标	19.48	21	18	13	28
3.4　新产品销售收入综合指标	13.16	23	19	22	30
4　创新环境综合指标	28.13	12	13	7	20
4.1　创新基础设施综合指标	26.29	17	14	8	24
4.2　市场环境综合指标	19.40	19	18	16	17
4.3　劳动者素质综合指标	24.82	20	13	13	26
4.4　金融环境综合指标	19.51	8	7	5	21
4.5　创业水平综合指标	50.63	6	11	3	3
5　创新绩效综合指标	33.00	18	14	16	26
5.1　宏观经济综合指标	24.21	17	14	12	26
5.2　产业结构综合指标	16.58	28	16	25	30
5.3　产业国际竞争力综合指标	4.51	28	21	22	28
5.4　就业综合指标	47.89	11	9	11	4
5.5　可持续发展与环保综合指标	71.80	9	6	9	24

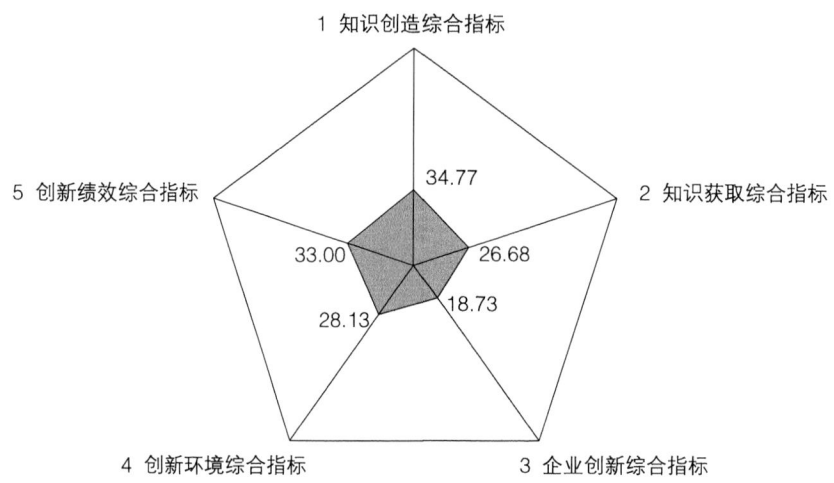

图4-80 陕西创新能力蛛网图

五个维度中,陕西在知识创造方面表现最好,排名高于综合值排名,排第7位,较上年提高3位;在企业创新方面表现最差,排第25位,较上年下降5位;知识获取方面与上年持平,排第8位;创新环境和创新绩效排名均有所下滑,分别排第12位和第18位(图4-81)。

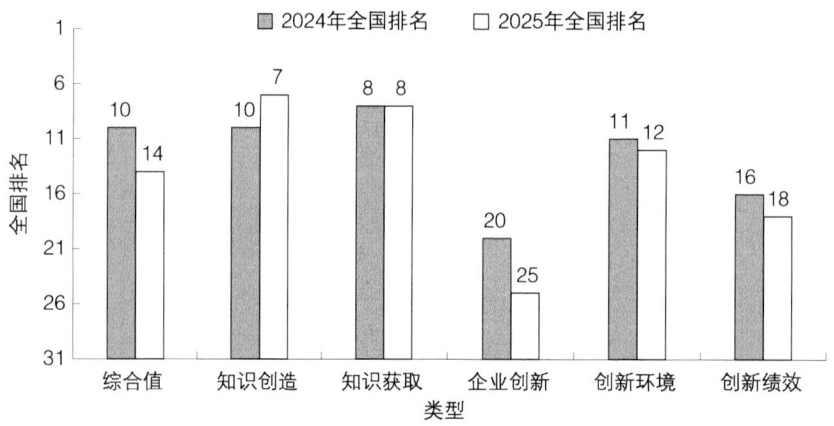

图4-81 陕西各维度排名与上年对比

陕西在知识创造和知识获取方面表现均较好,科研论文综合指标排第2位,科技合作综合指标排第4位,研究开发投入综合指标排第13位。具体来看,财政科技支出增长率排名较上年上升1位,排第2位;每十万研发人员平均发表的国际论文数排名与上年持平,排第2位;每十万研发人员作者异国科技论文数排名较上年上升2位,排第2位;实际使用外资金额占GDP的比重增长率排名与上年持平,排第2位(表4-80)。

表4-80 陕西优势基础指标（部分）

指 标	2024年指标值	2025年指标值	2024年排名	2025年排名	排名变化
财政科技支出增长率（%）	20.62	34.85	3	2	1
每十万研发人员平均发表的国际论文数（篇）	25 392	28 713	2	2	0
每十万研发人员作者异国科技论文数（篇）	136	126	4	2	2
实际使用外资金额占GDP的比重增长率（%）	84.09	56.29	2	2	0

陕西在企业创新方面表现相对较差，设计能力综合指标排第30位，新产品销售收入综合指标排第23位，技术提升能力综合指标排第21位。具体来看，陕西主要有以下基础指标处于劣势：有电子商务交易活动的企业数增长率排第27位，与上年持平；规模以上工业企业技术改造经费支出排第24位，较上年下降1位；规模以上工业企业有效发明专利增长率排第29位，较上年下降7位；规模以上工业企业新产品销售收入占营业收入的比重排第22位，与上年持平；规模以上工业企业平均技术改造经费支出排第20位，较上年上升2位（表4-81）。

表4-81 陕西劣势基础指标（部分）

指 标	2024年指标值	2025年指标值	2024年排名	2025年排名	排名变化
有电子商务交易活动的企业数增长率（%）	-2.91	12.07	27	27	0
规模以上工业企业技术改造经费支出（万元）	480 543.0	427 339.3	23	24	-1
规模以上工业企业有效发明专利增长率（%）	14.21	-4.04	22	29	-7
规模以上工业企业新产品销售收入占营业收入的比重（%）	11.93	10.48	22	22	0
规模以上工业企业平均技术改造经费支出（万元/家）	61.80	53.00	22	20	2

近两年，陕西聚焦西安区域科技创新中心建设，深化实施"三项改革"、职务科技成果资产单列管理、先使用后付费等改革举措，加快推动先进阿秒激光设施等国家重大科技设施平台建设，加快传统产业提质升级，积极布局低空经济、氢能等未来产业，加快构建现代化产业体系。未来，陕西需进一步加快创新要素融合，大幅度提升科技成果转化效率，培育更多的高技术企业，强化高质量教育支撑，充分利用本地丰厚的科教优势和人才存量，锻长板、补短板，提升企业创新能力，发挥好西部科技创新港引领带动作用。

4.28 甘肃省

2025年甘肃创新能力综合指标排第23位，较上年提升5位，进步明显。经济指标方面，2023年甘肃GDP总量为11 863.8亿元，全国排第27位；人均GDP水平（47 867元）排第31位；第三产业增加值占GDP的比例为51.8%，排全国第18位。与经济指标相比，甘肃创新能力排名偏低。2001—2025年甘肃创新能力变化趋势如图4-82所示。

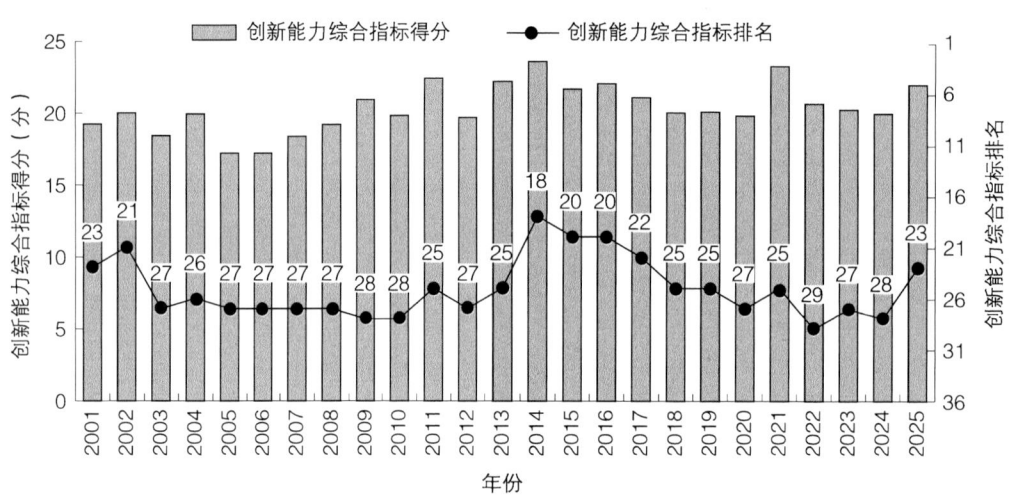

图4-82　2001—2025年甘肃创新能力变化趋势

分指标看，2025年甘肃知识创造排名较上年提高3位，排第14位；知识获取排名较上年提高4位，排第15位；企业创新排名较上年提高8位，排第16位；创新环境排名较上年提高1位，排第30位；创新绩效排名较上年下降1位，排第25位（表4-82、图4-83）。

表4-82　甘肃创新能力综合指标

指标名称	2025年综合指标		2025年分项指标排名		
	指标值	排名	实力	效率	潜力
综合值	21.97	23	25	21	7
1　知识创造综合指标	26.00	14	25	12	4
1.1　研究开发投入综合指标	22.36	15	26	15	4
1.2　专利综合指标	21.26	15	25	17	6
1.3　科研论文综合指标	42.74	4	20	4	9
2　知识获取综合指标	20.48	15	24	10	4
2.1　科技合作综合指标	39.79	10	21	1	13

续表

指标名称	2025年综合指标		2025年分项指标排名		
	指标值	排名	实力	效率	潜力
2.2 技术转移综合指标	13.58	17	26	19	6
2.3 外资企业投资综合指标	11.18	23	28	28	8
3 企业创新综合指标	24.24	16	26	23	2
3.1 企业研究开发投入综合指标	28.52	22	26	23	3
3.2 设计能力综合指标	18.60	15	27	22	4
3.3 技术提升能力综合指标	21.98	19	24	9	23
3.4 新产品销售收入综合指标	28.56	14	24	18	2
4 创新环境综合指标	13.45	30	27	29	29
4.1 创新基础设施综合指标	15.33	29	23	26	29
4.2 市场环境综合指标	8.27	30	29	24	30
4.3 劳动者素质综合指标	19.09	30	26	7	28
4.4 金融环境综合指标	4.03	28	26	28	28
4.5 创业水平综合指标	20.53	24	24	27	16
5 创新绩效综合指标	27.86	25	24	27	16
5.1 宏观经济综合指标	13.86	27	27	31	5
5.2 产业结构综合指标	24.47	21	27	18	13
5.3 产业国际竞争力综合指标	6.72	25	24	16	29
5.4 就业综合指标	37.18	20	19	28	7
5.5 可持续发展与环保综合指标	57.08	22	12	27	17

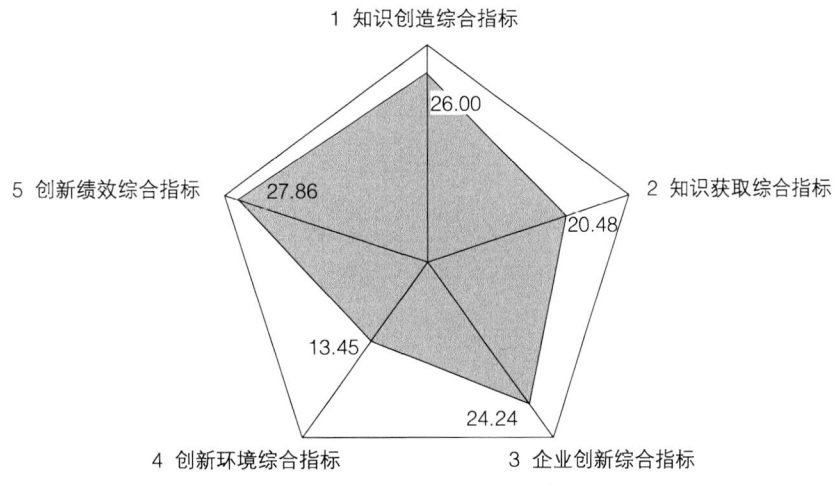

图4-83 甘肃创新能力蛛网图

五个维度中，甘肃在知识创造、知识获取、企业创新三个方面表现均有明显改善，分别较上年提高3位、4位和8位。在创新环境方面表现最差，排全国第30位，也是甘肃的短板（图4-84）。

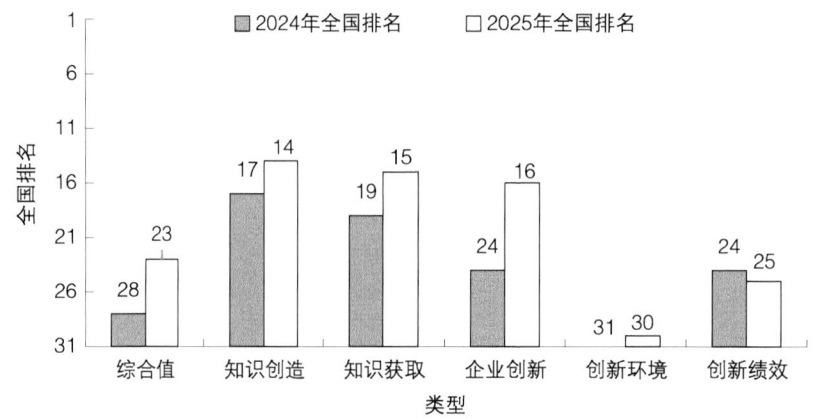

图4-84　甘肃各维度排名与上年对比

甘肃表现最好的是知识创造维度，研究开发投入综合指标排第15位，专利综合指标排第15位，科研论文综合指标表现最好，排第4位。具体来看，每万名研发人员发明专利申请受理数排第17位，每亿元研发经费内部支出产生的发明专利申请数排第10位，每十万研发人员平均发表的国内论文数排第2位，每十万研发人员平均发表的国际论文数排第5位（表4-83）。

表4-83　甘肃优势基础指标（部分）

指　　标	2024年指标值	2025年指标值	2024年排名	2025年排名	排名变化
每万名研发人员发明专利申请受理数（件）	909	538	10	17	-7
每亿元研发经费内部支出产生的发明专利申请数（件）	36	31	8	10	-2
每十万研发人员平均发表的国内论文数（篇）	25 497	13 170	3	2	1
每十万研发人员平均发表的国际论文数（篇）	21 582	23 624	5	5	0

在创新环境方面，甘肃创新基础设施综合指标排第29位，创业水平综合指标表现最好，排第24位，市场环境综合指标排第30位，劳动者素质综合指标排第30位，金融环境综合指标排第28位。具体来看，平均每个科技企业孵化器创业导师人数排名提高了3位，位列第22位；按目的地和货源地划分进出口总额排第28位；居民人均消费支出排第30位；6岁及6岁以上人口中大专以上学历人口数（抽样数）排第27位；平均每个科技企业孵化器当年毕业企业数排第26位（表4-84）。

表4-84 甘肃劣势基础指标（部分）

指　标	2024年指标值	2025年指标值	2024年排名	2025年排名	排名变化
平均每个科技企业孵化器创业导师人数（人）	11	12	25	22	3
按目的地和货源地划分进出口总额（亿美元）	96.7	80.5	28	28	0
居民人均消费支出（元）	17 489.39	19 012.60	29	30	1
6岁及6岁以上人口中大专以上学历人口数（抽样数）（人）	3894	3832	27	27	0
平均每个科技企业孵化器当年毕业企业数（家）	2.48	3.48	30	26	4

总体上看，甘肃在知识创造维度表现相对突出，但创新环境仍显薄弱，在创新基础设施、市场环境、劳动者素质、金融环境等基础指标上排名靠后，反映出市场活力、人才储备、资金支持和基础支撑存在明显短板。为打造高效能区域创新体系，甘肃需将知识优势转为产业优势，着力打通"产学研"链条，提升研发成果本地转化率和产业化效能，同时加大力度改善创新环境，加强人才引育，完善科技金融服务体系，打造知识、技术与资本高效协同的创新生态。

4.29 青海省

2025年青海创新能力综合指标排名位列全国第30位，较上年下降1位。经济指标方面，2023年青海GDP总量为3799.1亿元，排全国第30位；人均GDP水平（63 903元）排全国第24位；第三产业增加值占GDP的比例为47.4%，排全国第26位。与经济指标相比，青海创新能力排名略低。2001—2025年青海创新能力变化趋势如图4-85所示。

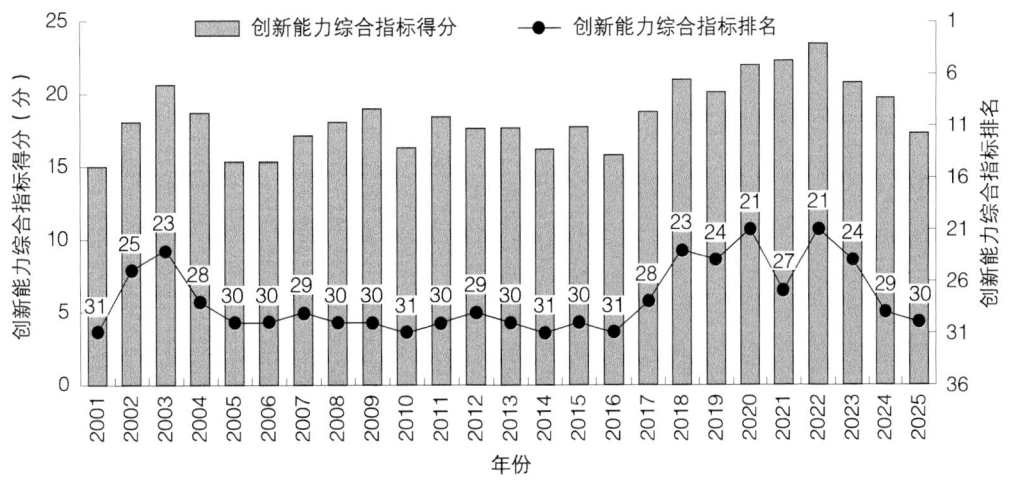

图4-85　2001—2025年青海创新能力变化趋势

分指标看，2025年青海知识创造排名升至第27位，较上年提高4位；知识获取排名较上年下降2位，降至第22位；企业创新排名较上年下降7位，降至第30位，降幅明显；创新环境、创新绩效均排第28位，分别较上年下降5位和2位（表4-85、图4-86）。

表4-85 青海创新能力综合指标

指标名称	2025年综合指标		2025年分项指标排名		
	指标值	排名	实力	效率	潜力
综合值	17.26	30	30	24	28
1 知识创造综合指标	17.01	27	30	15	17
1.1 研究开发投入综合指标	9.00	29	30	30	24
1.2 专利综合指标	15.09	26	30	22	23
1.3 科研论文综合指标	36.86	7	30	5	5
2 知识获取综合指标	17.85	22	30	14	8
2.1 科技合作综合指标	22.45	25	30	17	25
2.2 技术转移综合指标	18.05	11	29	4	17
2.3 外资企业投资综合指标	14.25	19	29	29	4
3 企业创新综合指标	11.27	30	30	27	29
3.1 企业研究开发投入综合指标	12.69	30	30	30	26
3.2 设计能力综合指标	14.66	21	30	4	27
3.3 技术提升能力综合指标	12.83	30	30	19	29
3.4 新产品销售收入综合指标	2.51	31	30	29	31
4 创新环境综合指标	15.32	28	30	12	30
4.1 创新基础设施综合指标	34.75	9	30	3	20
4.2 市场环境综合指标	11.67	28	30	26	12
4.3 劳动者素质综合指标	14.96	31	30	5	30
4.4 金融环境综合指标	3.34	29	30	24	30
4.5 创业水平综合指标	11.89	30	30	30	27
5 创新绩效综合指标	26.94	28	25	31	5
5.1 宏观经济综合指标	12.46	29	30	24	15
5.2 产业结构综合指标	15.58	29	30	28	19
5.3 产业国际竞争力综合指标	21.23	12	29	25	1
5.4 就业综合指标	41.01	13	11	15	21
5.5 可持续发展与环保综合指标	44.44	28	9	31	30

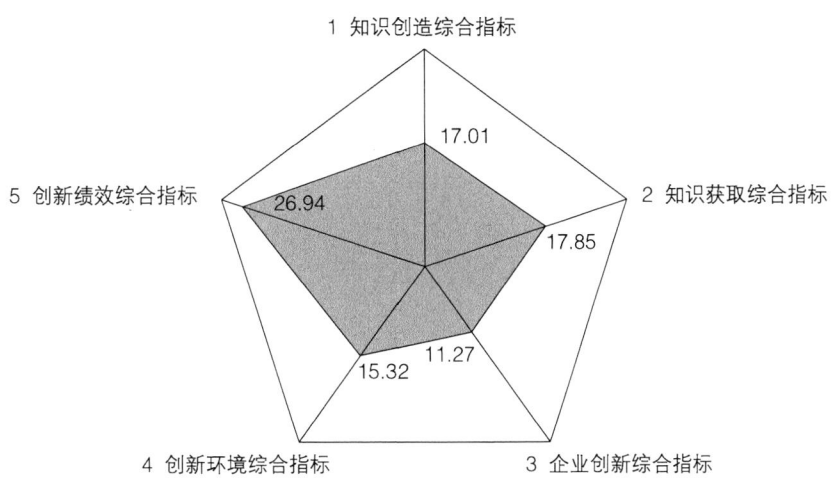

图 4-86　青海创新能力蛛网图

五个维度中，青海在知识获取方面表现最好，高于综合值水平，排第 22 位，较上年下降 2 位。青海企业创新表现较差，原因在于缺少大企业和创新型企业，对产业发展、经济增长的带动作用不足（图 4-87）。

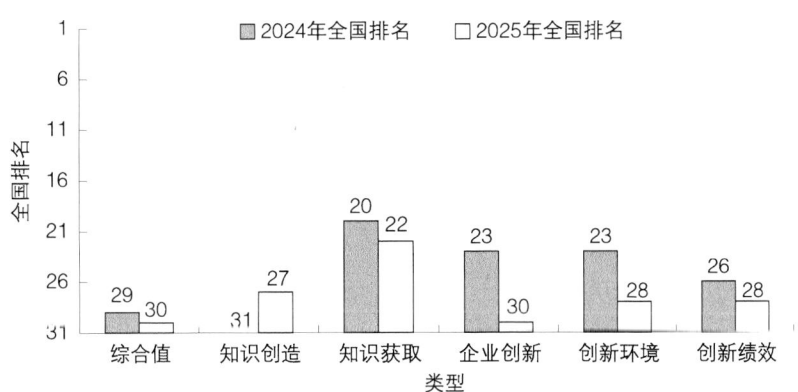

图 4-87　青海各维度排名与上年对比

青海表现最好的是知识获取维度，其中，科技合作综合指标排第 25 位；技术转移综合指标表现最好，排第 11 位；外资企业投资综合指标排第 19 位。从基础指标看，青海科技合作产出和技术合作的效率指标稳定靠前，如每十万研发人员作者同省异单位科技论文数连续两年稳定排第 1 位，每十万研发人员作者异省科技论文数和每万名研发人员合作申请发明专利数两个指标排名连续两年均稳定在第 2 位（表 4-86）。

表 4-86 青海优势基础指标（部分）

指 标	2024年指标值	2025年指标值	2024年排名	2025年排名	排名变化
每十万研发人员作者同省异单位科技论文数（篇）	4291	4354	1	1	0
每十万研发人员作者异省科技论文数（篇）	3913	3573	2	2	0
每万名研发人员合作申请发明专利数（件）	580	686	2	2	0

青海表现落后的指标是企业创新维度，其中，企业研究开发投入综合指标排第 30 位，设计能力综合指标排第 21 位，技术提升能力综合指标排第 30 位，新产品销售收入综合指标排第 31 位。具体来看，青海在企业创新方面的技术、投入和产出的总体水平靠后，四项关键指标连续两年均位列全国第 30 位，如规模以上工业企业研发人员数、规模以上工业企业研发活动经费内部支出总额、规模以上工业企业有效发明专利数、规模以上工业企业研发经费外部支出排名整体靠后（表 4-87）。

表 4-87 青海劣势基础指标（部分）

指 标	2024年指标值	2025年指标值	2024年排名	2025年排名	排名变化
规模以上工业企业研发人员数（万人）	3957	4368	30	30	0
规模以上工业企业研发活动经费内部支出总额（亿元）	14.92	15.18	30	30	0
规模以上工业企业有效发明专利数（件）	1740	1352	30	30	0
规模以上工业企业研发经费外部支出（万元）	12 246	13 630	30	30	0
规模以上工业企业新产品销售收入（亿元）	375.18	205.60	29	30	-1

总体上看，青海创新能力整体偏弱，尤其是企业创新的短板明显，但青海科技合作的效率指标表现抢眼。下一步，青海亟须结合本地资源优势，吸引大企业将部分生产环节落户本地，嵌入更广泛的科技创新和产业创新网络，在产业培育过程中提升企业创新能力。同时，要加强创新基础设施建设，通过柔性引才等方式为加强创新人才队伍建设、为企业发展营造良好的创新环境。

4.30 宁夏回族自治区

2025 年宁夏创新能力综合指标排全国第 29 位，较上年提升 1 位。经济指标方面，2023 年宁夏 GDP 总量为 5315 亿元，排全国第 29 位；人均 GDP（72 957 元）排全国第 18 位；第三产业增加值占 GDP 的比例为 45.1%，排全国第 28 位。与经济指标相比，宁夏创新能力排名相对靠后。2001—2025年宁夏创新能力变化趋势如图4-88所示。

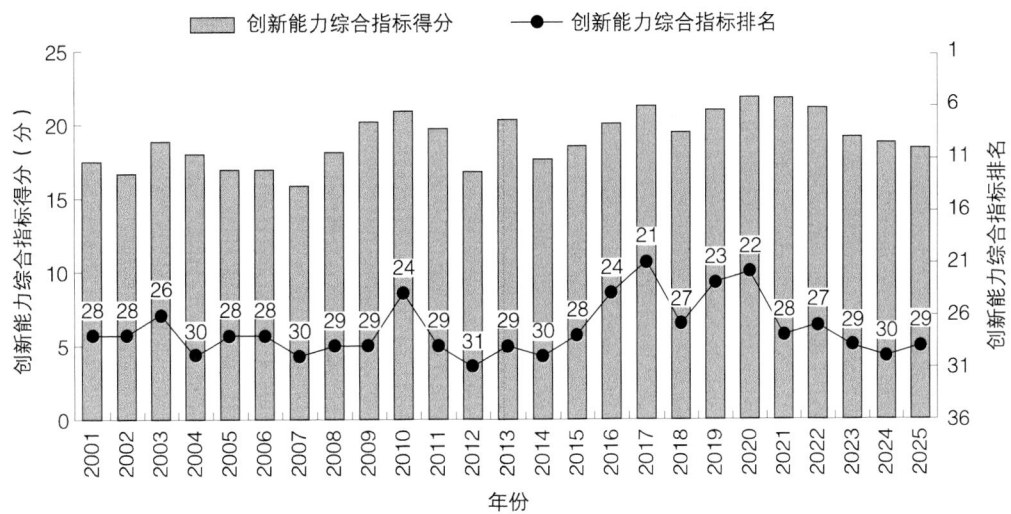

图4-88 2001—2025年宁夏创新能力变化趋势

分指标看，2025年宁夏知识创造排第28位，较上年上升1位；知识获取排第27位，较上年下降2位；企业创新排第20位，较上年上升7位；创新环境排第29位，较上年下降1位；创新绩效排第29位，较上年下降3位（表4-88、图4-89）。

表4-88 宁夏创新能力综合指标

指标名称	2025年综合指标		2025年分项指标排名		
	指标值	排名	实力	效率	潜力
综合值	18.36	29	29	28	22
1 知识创造综合指标	15.05	28	29	26	20
1.1 研究开发投入综合指标	14.45	24	29	13	28
1.2 专利综合指标	13.83	28	29	25	16
1.3 科研论文综合指标	18.67	27	29	20	6
2 知识获取综合指标	14.51	27	29	23	18
2.1 科技合作综合指标	17.65	30	29	29	21
2.2 技术转移综合指标	9.29	24	30	22	16
2.3 外资企业投资综合指标	16.06	15	26	10	11
3 企业创新综合指标	21.22	20	28	16	20
3.1 企业研究开发投入综合指标	29.05	21	28	19	19
3.2 设计能力综合指标	14.17	22	28	13	18
3.3 技术提升能力综合指标	28.66	11	27	5	7
3.4 新产品销售收入综合指标	12.61	24	28	24	24

续表

指标名称	2025年综合指标		2025年分项指标排名		
	指标值	排名	实力	效率	潜力
4　创新环境综合指标	14.79	29	29	30	21
4.1　创新基础设施综合指标	18.44	26	28	17	12
4.2　市场环境综合指标	10.73	29	28	30	29
4.3　劳动者素质综合指标	23.20	23	29	6	11
4.4　金融环境综合指标	3.18	30	29	30	29
4.5　创业水平综合指标	18.41	27	29	29	11
5　创新绩效综合指标	24.63	29	28	30	21
5.1　宏观经济综合指标	19.06	23	29	17	4
5.2　产业结构综合指标	20.88	23	29	14	28
5.3　产业国际竞争力综合指标	8.29	21	26	18	8
5.4　就业综合指标	26.88	31	18	31	24
5.5　可持续发展与环保综合指标	48.07	27	15	30	20

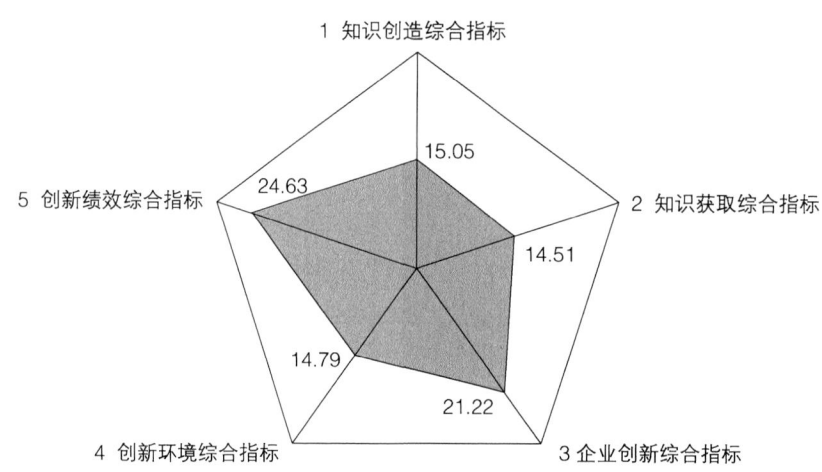

图4-89　宁夏创新能力蛛网图

五个维度中，宁夏在企业创新方面大幅提升，排第20位，明显高于综合水平，较上年提升7位。知识创造较上年上升1位，知识获取、创新环境和创新绩效三个维度排名均有所下降（图4-90）。

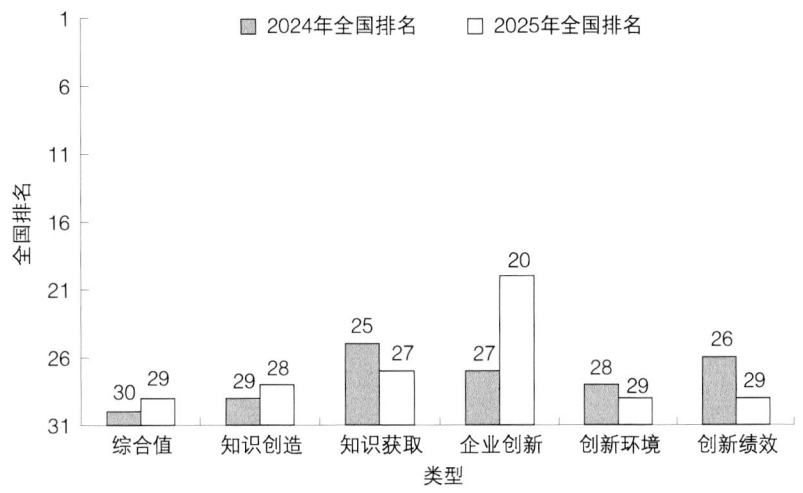

图 4-90　宁夏各维度排名与上年对比

在企业创新方面，2025年宁夏企业创新综合指标排第20位，企业研究开发投入综合指标排第21位，设计能力综合指标排第22位，技术提升能力综合指标排第11位，新产品销售收入综合指标排第24位。具体来看，宁夏在企业创新方面的排名提升主要源自创新投入与产出。其中，规模以上工业企业研发活动经费内部支出总额增长率上升2位；规模以上工业企业有研发活动的企业数量增长率提升9位，位于第9位；每万家规模以上工业企业平均有效发明专利数提升4位，位于第13位；规模以上工业企业有效发明专利增长率提升24位，位于第6位；规模以上工业企业平均研发经费外部支出上升17位，排第10位；规模以上工业企业研发经费外部支出增长率上升28位，排第2位（表4-89）。

表4-89　宁夏优势基础指标（部分）

指　　标	2024年指标值	2025年指标值	2024年排名	2025年排名	排名变化
规模以上工业企业研发活动经费内部支出总额增长率（%）	2.86	6.83	30	28	2
规模以上工业企业有研发活动的企业数量增长率（%）	9.39	8.01	18	9	9
每万家规模以上工业企业平均有效发明专利数（件）	27182	35300	17	13	4
规模以上工业企业有效发明专利增长率（%）	10.11	19.58	30	6	24
规模以上工业企业平均研发经费外部支出（万元/家）	12.04	31.14	27	10	17
规模以上工业企业研发经费外部支出增长率（%）	-13.54	31.65	30	2	28

在知识创造方面，2025年宁夏研究开发投入综合指标位于第24位，专利综合指标排第28位，科研论文综合指标排第27位。在创新产出方面，每亿元研发经费内部支出产生的发明专利授权数上升2位，每万名研发人员发明专利授权数与上年持平，位于全国第28位。在

论文产出方面，2025年宁夏国际论文数和国内论文数排名均位于第29位（表4-90）。

表4-90 宁夏劣势基础指标（部分）

指　　标	2024年指标值	2025年指标值	2024年排名	2025年排名	排名变化
每亿元研发经费内部支出产生的发明专利授权数（件）	15.2	17.8	26	24	2
每万名研发人员发明专利授权数（件）	389	465	28	28	0
国际论文数（篇）	1689	2546	29	29	0
国内论文数（篇）	4745	2339	28	29	-1

总体来看，2025年宁夏在企业创新方面进步明显，得益于潜力指标表现亮眼，但其他四个维度仍处于落后地位。下一步，宁夏需巩固并扩大企业创新优势，持续优化创新激励政策，引导企业加大研发投入、深化产学研合作，促进创新成果高效转化与产业化。同时，亟须弥补知识创造和技术合作短板，增加政府科技投入力度，培育壮大技术交易市场，强化高校、科研院所及企业联动，为本地企业创新提供源源不断的动力。

4.31 新疆维吾尔自治区

2025年新疆创新能力综合指标排第25位，较上年提升2位。经济指标方面，2023年新疆GDP总量为19 125.9亿元，排全国第23位；人均GDP水平（73 774元）排第16位；第三产业增加值占GDP的比例为45.3%，排第27位。与经济指标相比，新疆创新能力排名与之基本持平。2001—2025年新疆创新能力变化趋势如图4-91所示。

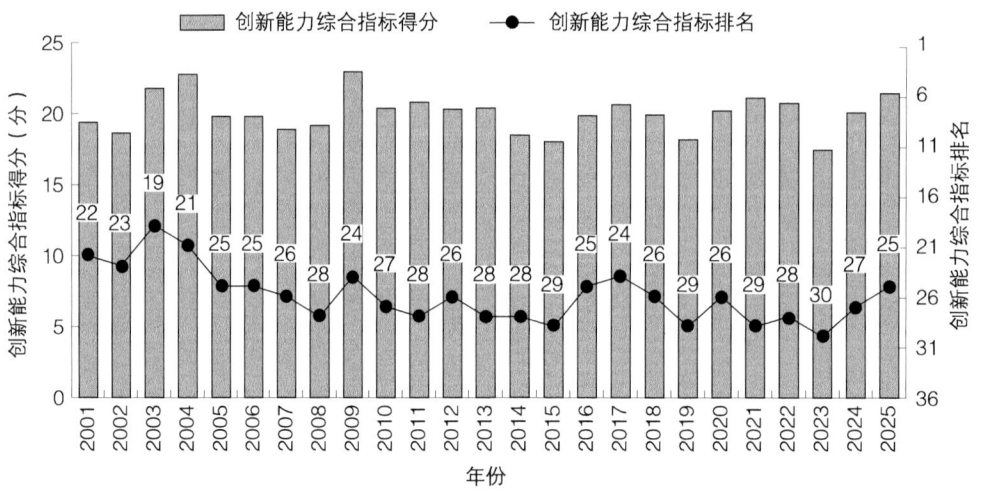

图4-91 2001—2025年新疆创新能力变化趋势

2025年新疆分指标排名部分有所提升。其中，知识创造排第22位，较上年下降1位；知识获取排第26位，较上年下降3位；企业创新排第24位，较上年上升2位；创新环境排第18位，较上年上升2位；创新绩效排第27位，较上年上升4位（表4-91、图4-92）。

表4-91 新疆创新能力综合指标

指标名称	2025年综合指标		2025年分项指标排名		
	指标值	排名	实力	效率	潜力
综合值	21.44	25	27	29	3
1　知识创造综合指标	19.66	22	27	27	3
1.1　研究开发投入综合指标	17.25	21	27	25	5
1.2　专利综合指标	17.85	24	28	23	5
1.3　科研论文综合指标	28.10	15	25	10	8
2　知识获取综合指标	15.74	26	26	24	11
2.1　科技合作综合指标	24.97	22	26	20	9
2.2　技术转移综合指标	8.21	27	28	21	25
2.3　外资企业投资综合指标	14.46	17	23	20	6
3　企业创新综合指标	19.40	24	24	29	4
3.1　企业研究开发投入综合指标	26.64	23	27	29	1
3.2　设计能力综合指标	12.83	23	26	19	20
3.3　技术提升能力综合指标	25.54	12	20	15	2
3.4　新产品销售收入综合指标	12.25	25	27	30	10
4　创新环境综合指标	23.36	18	25	8	18
4.1　创新基础设施综合指标	26.71	16	25	6	16
4.2　市场环境综合指标	17.74	23	26	13	9
4.3　劳动者素质综合指标	22.70	26	22	10	24
4.4　金融环境综合指标	18.66	9	18	3	27
4.5　创业水平综合指标	31.01	15	25	17	4
5　创新绩效综合指标	27.18	27	29	29	4
5.1　宏观经济综合指标	24.00	18	23	16	3
5.2　产业结构综合指标	23.36	22	24	30	2
5.3　产业国际竞争力综合指标	5.40	26	29	30	7
5.4　就业综合指标	39.72	15	17	19	12
5.5　可持续发展与环保综合指标	43.43	29	26	28	21

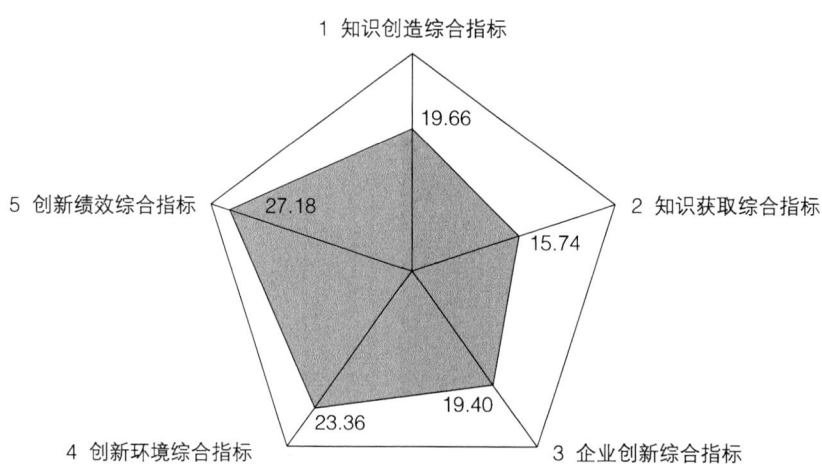

图 4-92 新疆创新能力蛛网图

五个维度中，新疆知识创造、企业创新、创新环境三个维度表现均优于综合值排名，尤其是创新环境方面表现最好，排第 18 位，较上年提升 2 位；在知识获取、创新绩效等方面表现相对较弱，排名落后于综合值排名（图 4-93）。

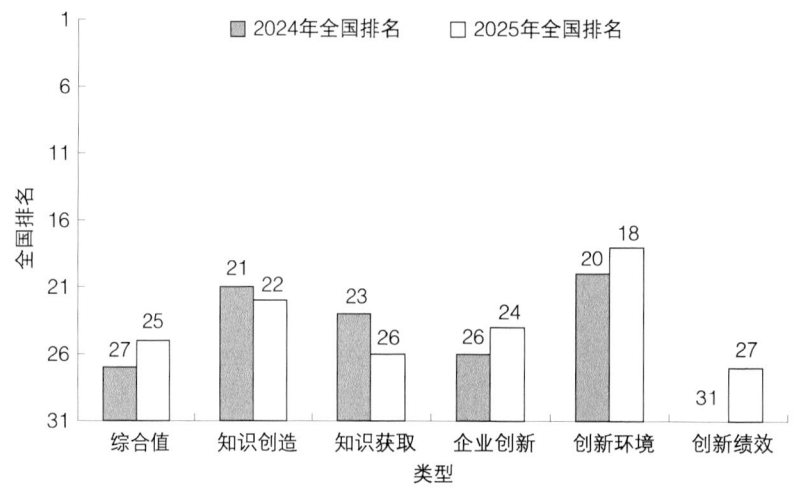

图 4-93 新疆各维度排名与上年对比

在创新环境方面，2025 年新疆创新基础设施综合指标位于第 16 位，市场环境综合指标排第 23 位，劳动者素质综合指标排第 26 位，金融环境综合指标排第 9 位，创业水平综合指标排第 15 位。从基础指标看，新疆高新技术企业数增长率排名较上年提升 13 位，排全国第 2 位，这与新疆实施高企倍增行动紧密相关，反映出新疆对科技型企业培育的高度重视；按目的地和货源地划分进出口总额增长率提升 10 位，居全国首位；平均每个科技企业孵化器当年毕业企业数排名上升 9 位，位于第 3 位。此外，科技企业孵化器增长率和科技企业孵化器当年毕业企业数增长率排名也在快速提升（表 4-92）。

表 4-92 新疆优势基础指标（部分）

指 标	2024年指标值	2025年指标值	2024年排名	2025年排名	排名变化
高新技术企业数增长率（%）	25.28	37.55	15	2	13
按目的地和货源地划分进出口总额增长率（%）	17.34	26.33	11	1	10
平均每个科技企业孵化器当年毕业企业数（家）	6.05	6.82	12	3	9
科技企业孵化器增长率（%）	3.32	5.99	18	11	7
科技企业孵化器当年毕业企业数增长率（%）	6.75	12.11	11	6	5

在知识获取方面，新疆部分指标排名有所下降。其中，每十万研发人员作者异国科技论文数排名下降8位，排第18位；作者异国科技论文数增长率下降4位，排第27位；每万名研发人员合作申请发明专利数下降7位，排第12位；合作申请发明专利数增长率下降9位，排第18位；规模以上工业企业国内技术成交额增长率下降18位，排第25位；规模以上工业企业国外技术引进金额增长率下降18位，排第20位（表4-93）。

表 4-93 新疆劣势基础指标（部分）

指 标	2024年指标值	2025年指标值	2024年排名	2025年排名	排名变化
每十万研发人员作者异国科技论文数（篇）	82	44	10	18	-8
作者异国科技论文数增长率（%）	1.96	-17.04	31	27	-4
每万名研发人员合作申请发明专利数（件）	228	188	5	12	-7
合作申请发明专利数增长率（%）	68.42	57.75	9	18	-9
规模以上工业企业国内技术成交额增长率（%）	44.33	-25.88	7	25	-18
规模以上工业企业国外技术引进金额增长率（%）	92.25	-10.65	2	20	-18

近年来，新疆深入实施创新驱动发展战略，推动多项科技指标显著提升，区域创新能力排名连续提升，成为西部地区创新转型的示范。下一步，新疆还需强化区域科技创新中心建设，持续打造高能级创新平台，加大科技型企业梯次培育力度，推动企业加快构建研发机构，支持企业牵头承担或参与重大科技攻关任务，提升企业自主创新能力。同时，深化国际科技合作与交流，依托区位优势打造中亚交流合作平台，吸引更多企业到新疆投资发展，走出一条具有新疆特色的科技强区之路，为欠发达地区依靠创新驱动实现高质量发展打造样板示范。

中国区域创新能力评价报告2025

第三篇

附　录

附录 A

区域创新能力评价指标含义和数据来源

大类	代码	指标名称	指标含义	数据来源
知识创造	11101	研究与试验发展全时人员当量（人年）	衡量一个地区的科技人力投入情况	中国科技统计年鉴
	11102	每万人平均研究与试验发展全时人员当量（人年）	研究与试验发展全时人员当量与常住人口之比	根据数据计算
	11103	研究与试验发展全时人员当量增长率（%）	同上年相比的增长情况	根据数据计算
	11201	财政科技支出（亿元）	衡量地方财政的科技支出情况	中国科技统计年鉴
	11202	财政科技支出占GDP的比例（%）	地方财政科技支出与地区生产总值之比	根据数据计算
	11203	财政科技支出增长率（%）	同上年相比的增长情况	根据数据计算
	12101	发明专利申请受理数（不含企业）（件）	衡量一个地区的高校和科研院所的技术研发水平	中国科技统计年鉴
	12102	每万名研发人员发明专利申请受理数（件）	发明专利申请受理数与研发人员数之比	根据数据计算
	12103	发明专利申请受理数（不含企业）增长率（%）	同上年相比的增长情况	根据数据计算
	12104	每亿元研发经费内部支出产生的发明专利申请数（件）	发明专利申请受理数与研发经费投入之比	根据数据计算
	12201	发明专利授权数（件）	衡量一个地区的高校和科研院所的技术研发水平	中国科技统计年鉴
	12202	每万名研发人员发明专利授权数（件）	发明专利授权数与研发人员数之比	根据数据计算

续表

大类	代码	指标名称	指标含义	数据来源
知识创造	12203	发明专利授权数增长率（%）	同上年相比的增长情况	根据数据计算
	12204	每亿元研发经费内部支出产生的发明专利授权数（件）	发明专利授权数与研发经费投入之比	根据数据计算
	13101	国内论文数（篇）	衡量一个地区在国内期刊发表论文的水平	中国科技论文统计报告
	13102	每十万研发人员平均发表的国内论文数（篇）	国内论文数与研发人员数之比	根据数据计算
	13103	国内论文数增长率（%）	同上年相比的增长情况	根据数据计算
	13201	国际论文数（篇）	衡量一个地区在国际期刊发表论文的水平	中国科技论文统计报告
	13202	每十万研发人员平均发表的国际论文数（篇）	国际论文数与研发人员数之比	根据数据计算
	13203	国际论文数增长率（%）	同上年相比的增长情况	根据数据计算
知识获取	21111	作者同省异单位科技论文数（篇）	衡量地区内部不同单位之间的知识合作水平	中国科技论文统计报告
	21112	每十万研发人员作者同省异单位科技论文数（篇）	作者同省异单位科技论文数与研发人员数之比	根据数据计算
	21113	作者同省异单位科技论文数增长率（%）	同上年相比的增长情况	根据数据计算
	21121	作者异省合作科技论文数（篇）	衡量不同地区之间的知识合作水平	中国科技论文统计报告
	21122	每十万研发人员作者异省科技论文数（篇）	作者异省科技论文数与研发人员数之比	根据数据计算
	21123	作者异省科技论文数增长率（%）	同上年相比的增长情况	根据数据计算
	21131	作者异国合作科技论文数（篇）	衡量一个地区与国际机构的知识合作水平	中国科技论文统计报告
	21132	每十万研发人员作者异国科技论文数（篇）	作者异国科技论文数与研发人员数之比	根据数据计算
	21133	作者异国科技论文数增长率（%）	同上年相比的增长情况	根据数据计算
	21201	高校研发经费内部支出额中来自企业的资金（万元）	衡量企业与高校的合作情况	中国科技统计年鉴
	21202	高校研发经费内部支出额中来自企业资金的比例（%）	来自企业的资金与研发经费内部支出额之比	根据数据计算

续表

大类	代码	指标名称	指标含义	数据来源
知识获取	21203	高校研发经费内部支出额中来自企业资金增长率（%）	同上年相比的增长情况	根据数据计算
	22101	合作申请发明专利数（件）	衡量一个地区与其他区域的发明专利合作情况	incoPat 数据库
	22102	每万名研发人员合作申请发明专利数（件）	合作申请发明专利数与研发人员数之比	根据数据计算
	22103	合作申请发明专利数增长率（%）	同上年相比的增长情况	根据数据计算
	22201	规模以上工业企业国内技术成交额（万元）	衡量一个地区的企业从国内获取技术的情况	中国科技统计年鉴
	22202	规模以上工业企业平均国内技术成交额（万元/项）	国内技术成交额与交易项目数之比	根据数据计算
	22203	规模以上工业企业国内技术成交额增长率（%）	同上年相比的增长情况	根据数据计算
	22301	规模以上工业企业国外技术引进金额（万元）	衡量一个地区的企业从国外获取技术的情况	中国科技统计年鉴
	22302	规模以上工业企业平均国外技术引进金额（万元/项）	国外技术引进合同金额与引进项目数之比	根据数据计算
	22303	规模以上工业企业国外技术引进金额增长率（%）	同上年相比的增长情况	根据数据计算
	23001	实际使用外资金额（亿美元）	衡量利用外资的情况	中国外资统计公报
	23002	实际使用外资金额占 GDP 的比重（%）	实际使用外资金额与 GDP 之比	根据数据计算
	23003	实际使用外资金额占 GDP 的比重增长率（%）	同上年相比的增长情况	根据数据计算
企业创新	31101	规模以上工业企业研发人员数（万人）	衡量企业研发人员投入能力	中国科技统计年鉴
	31102	规模以上工业企业就业人员中研发人员比重（%）	企业研发人员数量与企业员工总数之比	根据数据计算
	31103	规模以上工业企业研发人员增长率（%）	同上年相比的增长情况	根据数据计算
	31201	规模以上工业企业研发活动经费内部支出总额（亿元）	衡量企业研发经费投入能力	中国科技统计年鉴

续表

大类	代码	指标名称	指标含义	数据来源
企业创新	31202	规模以上工业企业研发活动经费内部支出总额占销售收入的比例（%）	企业研发经费投入与销售收入之比	根据数据计算
	31203	规模以上工业企业研发活动经费内部支出总额增长率（%）	同上年相比的增长情况	根据数据计算
	31301	规模以上工业企业有研发活动的企业数（家）	衡量企业的真实研发情况	中国科技统计年鉴
	31302	规模以上工业企业中有研发活动的企业占总企业数的比例（%）	有研发活动的企业数与全部企业数之比	根据数据计算
	31303	规模以上工业企业有研发活动的企业数量增长率（%）	同上年相比的增长情况	根据数据计算
	32101	规模以上工业企业发明专利申请数（件）	衡量企业的研发产出能力	中国科技统计年鉴
	32102	规模以上工业企业每万名研发人员平均发明专利申请数（件）	企业发明专利申请数与研发人员数之比	根据数据计算
	32103	规模以上工业企业发明专利申请增长率（%）	同上年相比的增长情况	根据数据计算
	32201	规模以上工业企业有效发明专利数（件）	衡量企业的核心技术水平	中国科技统计年鉴
	32202	每万家规模以上工业企业平均有效发明专利数（件）	企业有效发明专利数与全部企业数之比	根据数据计算
	32203	规模以上工业企业有效发明专利增长率（%）	同上年相比的增长情况	根据数据计算
	33101	规模以上工业企业研发经费外部支出（万元）	衡量企业与外单位之间的研发合作情况	中国科技统计年鉴
	33102	规模以上工业企业平均研发经费外部支出（万元/家）	企业研发经费外部支出额与全部企业数之比	根据数据计算
	33103	规模以上工业企业研发经费外部支出增长率（%）	同上年相比的增长情况	根据数据计算
	33201	规模以上工业企业技术改造经费支出（万元）	衡量企业的技术提升能力	中国科技统计年鉴
	33202	规模以上工业企业平均技术改造经费支出（万元/家）	企业技术改造经费支出额与全部企业数之比	根据数据计算
	33203	规模以上工业企业技术改造经费支出增长率（%）	同上年相比的增长情况	根据数据计算

续表

大类	代码	指标名称	指标含义	数据来源
企业创新	33301	有电子商务交易活动的企业数（家）	衡量企业应用现代信息技术的能力	中国统计年鉴
	33302	有电子商务交易活动的企业数占总企业数的比例（%）	有电子商务交易活动的企业数与全部企业数之比	根据数据计算
	33303	有电子商务交易活动的企业数增长率（%）	同上年相比的增长情况	根据数据计算
	34001	规模以上工业企业新产品销售收入（亿元）	衡量企业的新产品开发能力	中国科技统计年鉴
	34002	规模以上工业企业新产品销售收入占营业收入的比重（%）	企业新产品销售收入与营业收入总额之比	根据数据计算
	34003	规模以上工业企业新产品销售收入增长率（%）	同上年相比的增长情况	根据数据计算
创新环境	41111	移动电话用户数（万户）	衡量通信基础设施条件	中国统计年鉴
	41112	移动电话普及率（部/百人）	衡量通信基础设施条件	中国统计年鉴
	41113	移动电话用户数增长率（%）	同上年相比的增长情况	根据数据计算
	41121	移动互联网接入流量（万GB）	衡量信息基础设施条件	中国统计年鉴
	41122	移动互联网人均接入流量（GB）	衡量信息基础设施条件	中国统计年鉴
	41123	移动互联网接入流量增长率（%）	同上年相比的增长情况	根据数据计算
	41211	科技企业孵化器数量（个）	衡量一个地区的创业孵化基础设施情况	中国火炬统计年鉴
	41212	平均每个科技企业孵化器创业导师人数（人）	孵化器创业导师人数与孵化器数量之比	根据数据计算
	41213	科技企业孵化器增长率（%）	同上年相比的增长情况	根据数据计算
	42101	按目的地和货源地划分进出口总额（亿美元）	衡量一个地区的市场开放程度	中国统计年鉴
	42102	按目的地和货源地划分进出口总额占GDP比重（%）	进出口总额与地区生产总值之比	根据数据计算
	42103	按目的地和货源地划分进出口总额增长率（%）	同上年相比的增长情况	根据数据计算
	42201	科技服务业从业人员数（万人）	衡量一个地区的科技服务水平	中国统计年鉴
	42202	科技服务业从业人员占第三产业从业人员比重（%）	科技服务业与第三产业从业人员数之比	根据数据计算
	42203	科技服务业从业人员增长率（%）	同上年相比的增长情况	根据数据计算

续表

大类	代码	指标名称	指标含义	数据来源
	42301	居民人均消费支出（元）	衡量一个地区的市场环境	中国统计年鉴
	42303	居民人均消费支出增长率（%）	同上年相比的增长情况	根据数据计算
	43101	教育经费支出（亿元）	衡量一个地区对人才培养的重视程度	中国统计年鉴
	43102	教育经费支出占GDP的比例（%）	教育经费投入与地区生产总值之比	根据数据计算
	43103	教育经费支出增长率（%）	同上年相比的增长情况	根据数据计算
	43201	6岁及6岁以上人口中大专以上学历人口数（抽样数）（人）	衡量一个地区的劳动者素质	中国统计年鉴
	43202	6岁及6岁以上人口中大专以上学历人口所占的比例（%）	大专以上学历人口数与抽样人口数之比	根据数据计算
	43203	6岁及6岁以上人口中大专以上学历人口增长率（%）	同上年相比的增长情况	根据数据计算
	44111	科创板上市公司市值（亿元）	衡量初创企业融资环境	中国科技统计年鉴
创新环境	44112	科创板上市公司平均市值（亿元）	科创板上市公司总市值与上市公司数量之比	根据数据计算
	44113	科创板上市公司市值增长率（%）	同上年相比的增长情况	根据数据计算
	44211	科技企业孵化器当年获风险投资额（万元）	衡量一个地区科技企业孵化器的融资能力	中国火炬统计年鉴
	44212	科技企业孵化器当年获风险投资强度（万元/项）	获得风险投资总额与投资项目数之比	根据数据计算
	44213	科技企业孵化器当年获风险投资额增长率（%）	同上年相比的增长情况	根据数据计算
	44221	科技企业孵化器孵化基金总额（万元）	衡量一个地区科技企业孵化器的融资能力	中国火炬统计年鉴
	44222	平均每个科技企业孵化器孵化基金额（万元）	孵化基金总额与科技企业孵化器数之比	根据数据计算
	44223	科技企业孵化器孵化基金总额增长率（%）	同上年相比的增长情况	根据数据计算
	45101	高新技术企业数（家）	衡量一个地区高新技术产业创业水平	中国火炬统计年鉴
	45102	每百亿GDP所拥有的高新技术企业数（家）	高新技术企业数与GDP之比	根据数据计算

续表

大类	代码	指标名称	指标含义	数据来源
创新环境	45103	高技术企业数增长率（%）	同上年相比的增长情况	根据数据计算
	45201	科技企业孵化器当年毕业企业数（家）	衡量一个地区科技企业孵化器的孵化能力	中国火炬统计年鉴
	45202	平均每个科技企业孵化器当年毕业企业数（家）	当年毕业企业总数与孵化器总数之比	根据数据计算
	45203	科技企业孵化器当年毕业企业数增长率（%）	同上年相比的增长情况	根据数据计算
创新绩效	51001	地区GDP（亿元）	衡量一个地区的经济发展水平	中国统计年鉴
	51002	人均GDP水平（元）	衡量一个地区的经济发展水平	根据数据计算
	51003	地区GDP增长率（%）	同上年相比的增长情况	根据数据计算
	52101	第三产业增加值（亿元）	衡量一个地区的产业结构	中国统计年鉴
	52102	第三产业增加值占GDP的比例（%）	第三产业增加值与地区GDP之比	根据数据计算
	52103	第三产业增加值增长率（%）	同上年相比的增长情况	根据数据计算
	52201	高技术产业新产品销售收入（亿元）	衡量一个地区的高技术产业发展情况	中国高技术产业统计年鉴
	52202	高技术产业新产品销售收入占主营业务收入的比重（%）	高技术产业新产品销售收入与主营业务收入之比	根据数据计算
	52203	高技术产业新产品销售收入增长率（%）	同上年相比的增长情况	根据数据计算
	53001	高技术产品出口额（百万美元）	衡量一个地区高技术产业的国际竞争力	中国统计年鉴
	53002	高技术产品出口额占地区出口总额的比重（%）	高技术产品出口额与出口总额之比	根据数据计算
	53003	高技术产品出口额增长率（%）	同上年相比的增长情况	根据数据计算
	54101	城镇登记失业人员（万人）	衡量一个地区的就业水平	中国统计年鉴
	54102	城镇登记失业率（%）	衡量一个地区的就业水平	中国统计年鉴
	54103	城镇登记失业人员增长率（%）	同上年相比的增长情况	根据数据计算
	54201	高新技术产业就业人数（人）	衡量一个地区高新技术产业吸纳就业的能力	中国高技术产业统计年鉴
	54202	高新技术产业就业人数占总就业人数的比例（%）	高新技术产业就业人数与全部就业人数之比	根据数据计算
	54203	高新技术产业就业人数增长率（%）	同上年相比的增长情况	根据数据计算
	55101	万元地区生产总值能耗（等价值）（吨标准煤）	衡量一个地区的能耗水平和可持续发展能力	中国统计年鉴

续表

大类	代码	指标名称	指标含义	数据来源
创新绩效	55103	万元地区生产总值能耗（等价值）增长率（%）	同上年相比的增长情况	根据数据计算
	55201	电耗总量（亿千瓦时）	衡量一个地区的电耗水平和可持续发展能力	中国统计年鉴
	55202	每万元GDP电耗总量（千瓦时）	电耗总量与地区生产总值之比	根据数据计算
	55203	电耗总量增长率（%）	同去年相比的增长情况	根据数据计算
	55301	废水中主要污染物排放量（万吨）	衡量一个地区工业污水排放量和可持续发展能力	中国统计年鉴
	55302	每亿元GDP废水中主要污染物排放量（吨）	工业污水排放总量与地区生产总值之比	根据数据计算
	55303	废水中主要污染物排放量增长率（%）	同上年相比的增长情况	根据数据计算
	55401	废气中主要污染物排放量（万吨）	衡量一个地区的废气排放量和可持续发展能力	中国统计年鉴
	55402	每亿元GDP废气中主要污染物排放量（吨）	废气中主要污染物排放量与地区生产总值之比	根据数据计算
	55403	废气中主要污染物排放量增长率（%）	同上年相比的增长情况	根据数据计算

附录 B
区域创新能力分地区基本指标

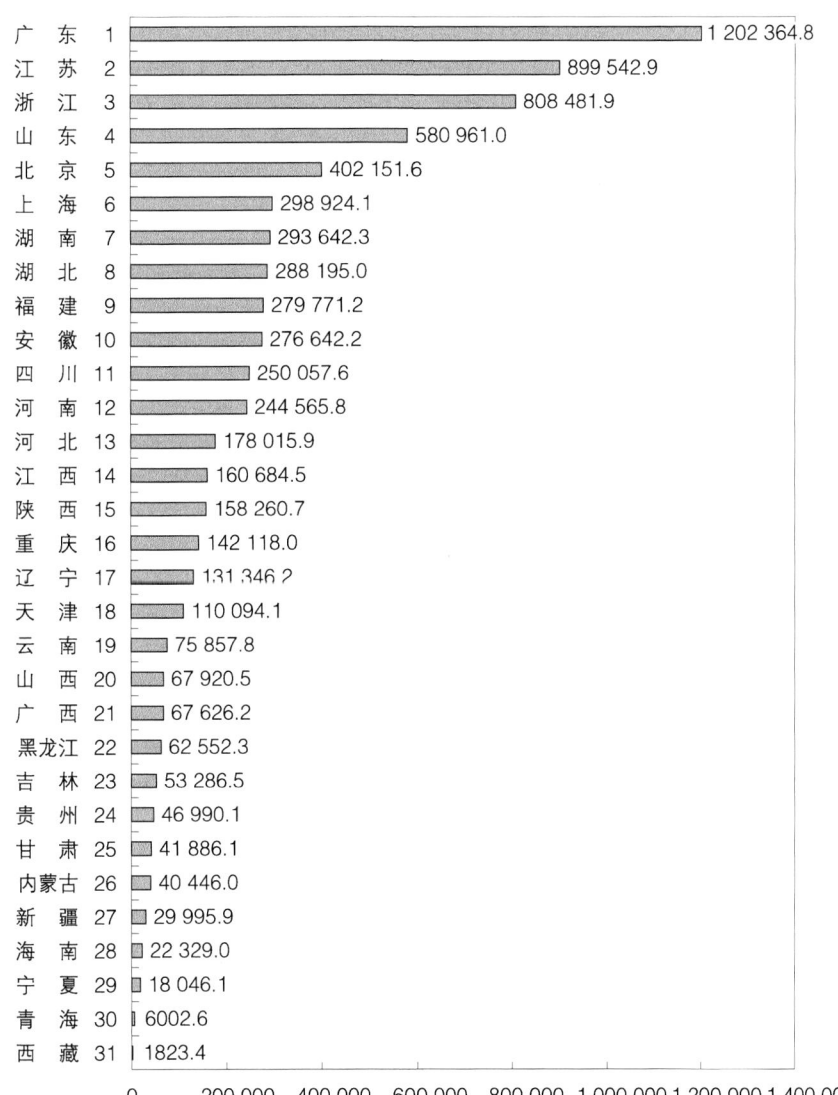

图 B-1　11101 研究与试验发展全时人员当量（人年）

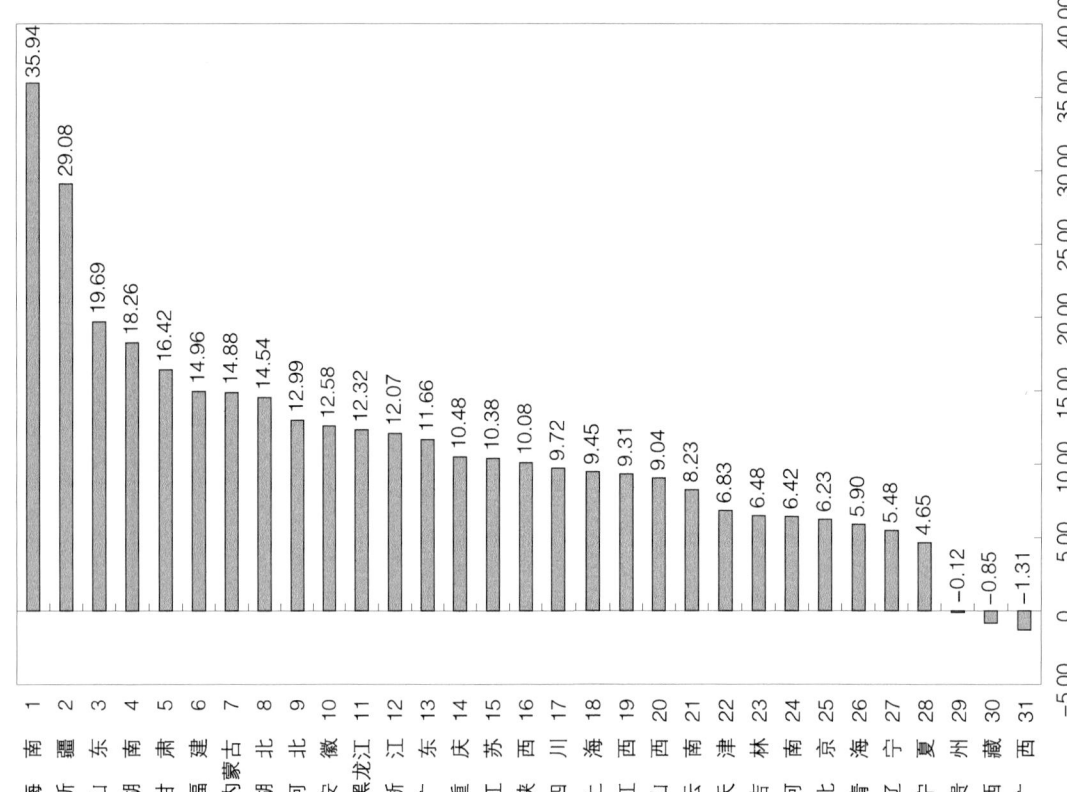

图 B-3 11103 研究与试验发展全时人员当量增长率（%）

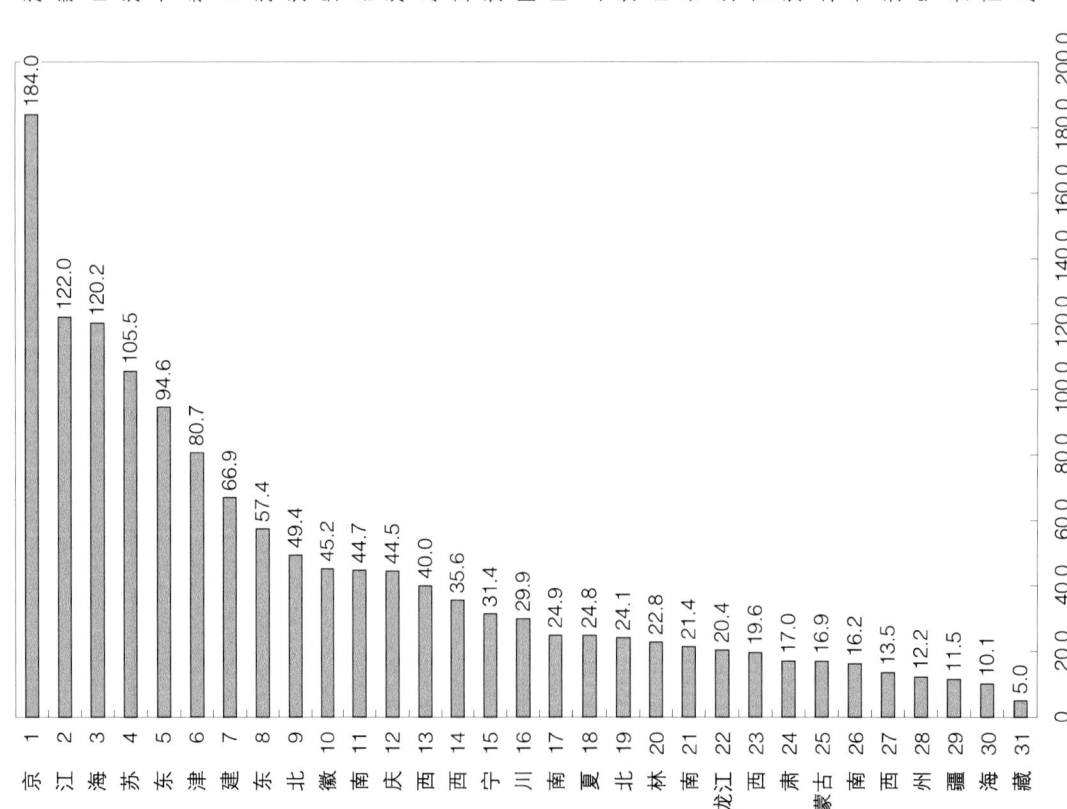

图 B-2 11102 每万人平均研究与试验发展全时人员当量（人年）

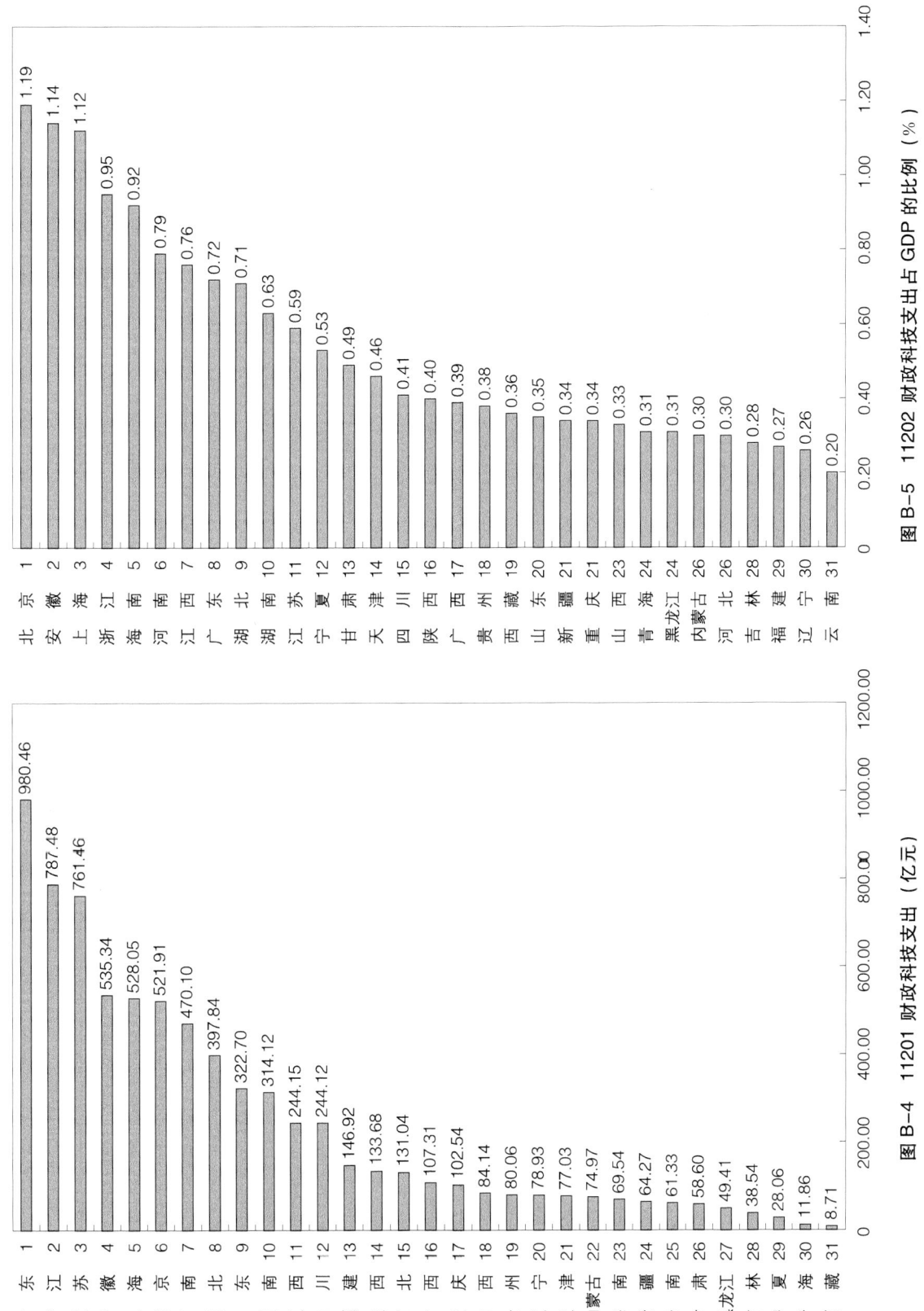

图 B-4　11201 财政科技支出（亿元）

图 B-5　11202 财政科技支出占 GDP 的比例（%）

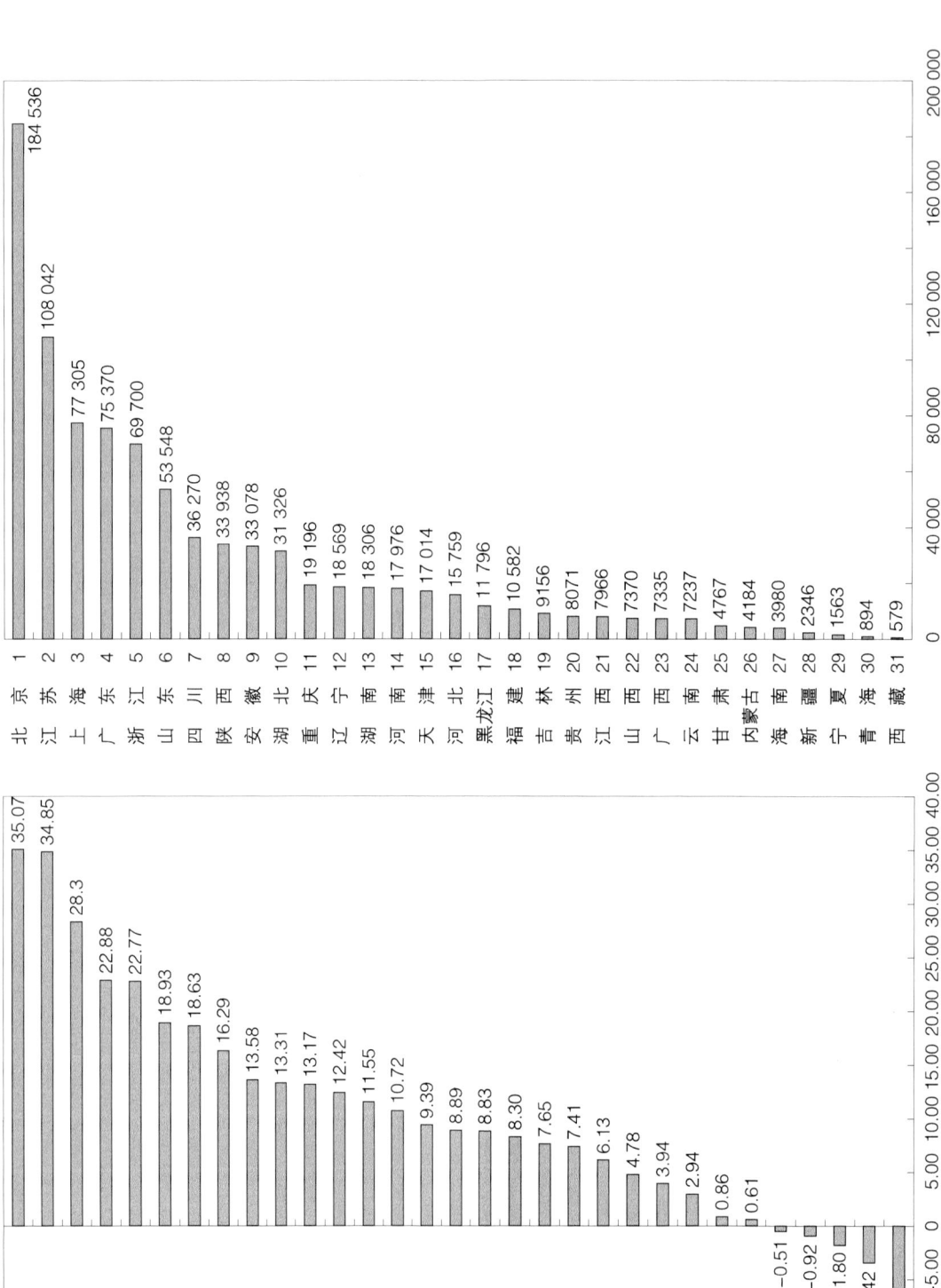

图 B-6 11203 财政科技支出增长率（%）

图 B-7 12101 发明专利申请受理数（不含企业）（件）

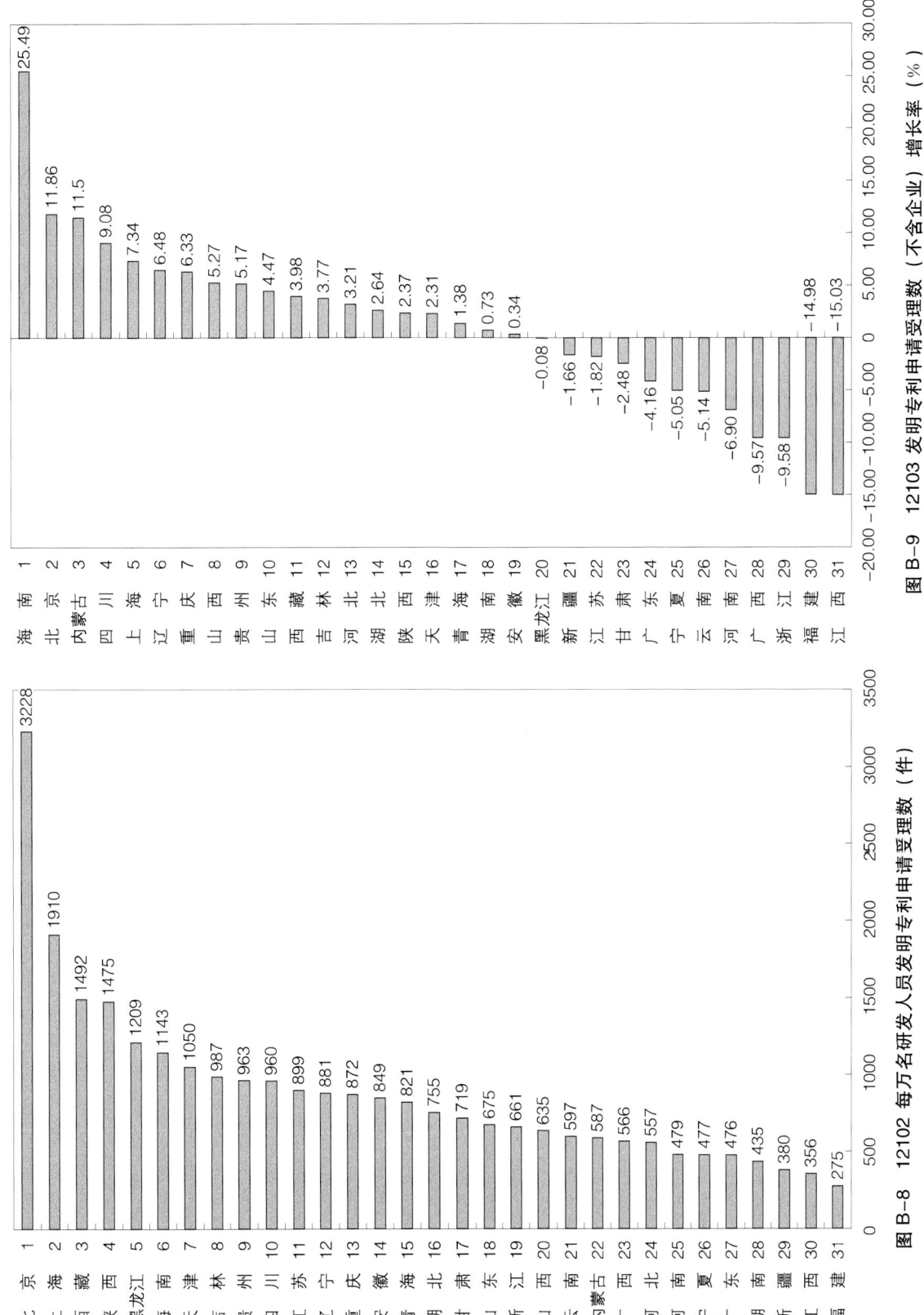

图 B-8　12102 每万名研发人员发明专利申请受理数（件）

图 B-9　12103 发明专利申请受理数（不含企业）增长率（%）

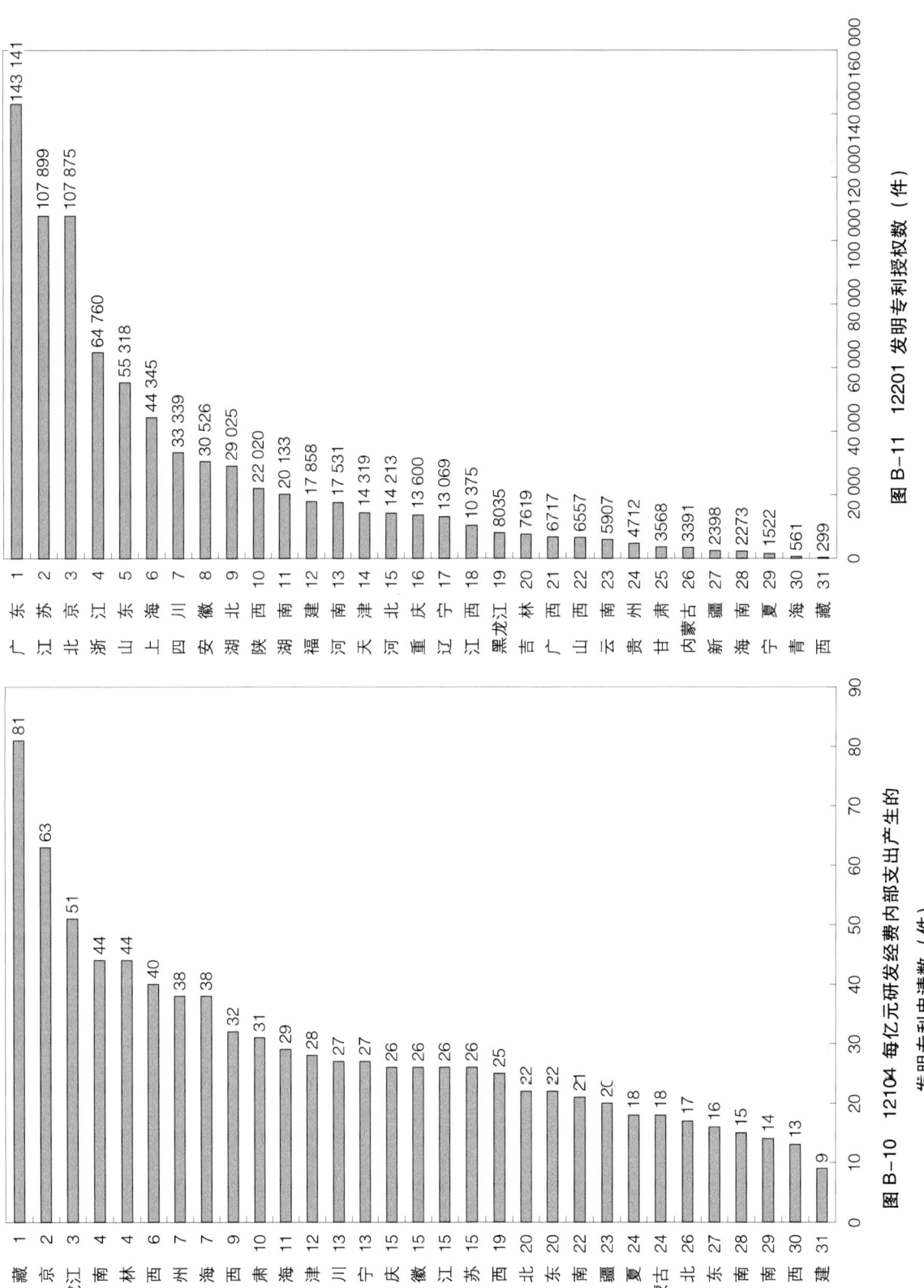

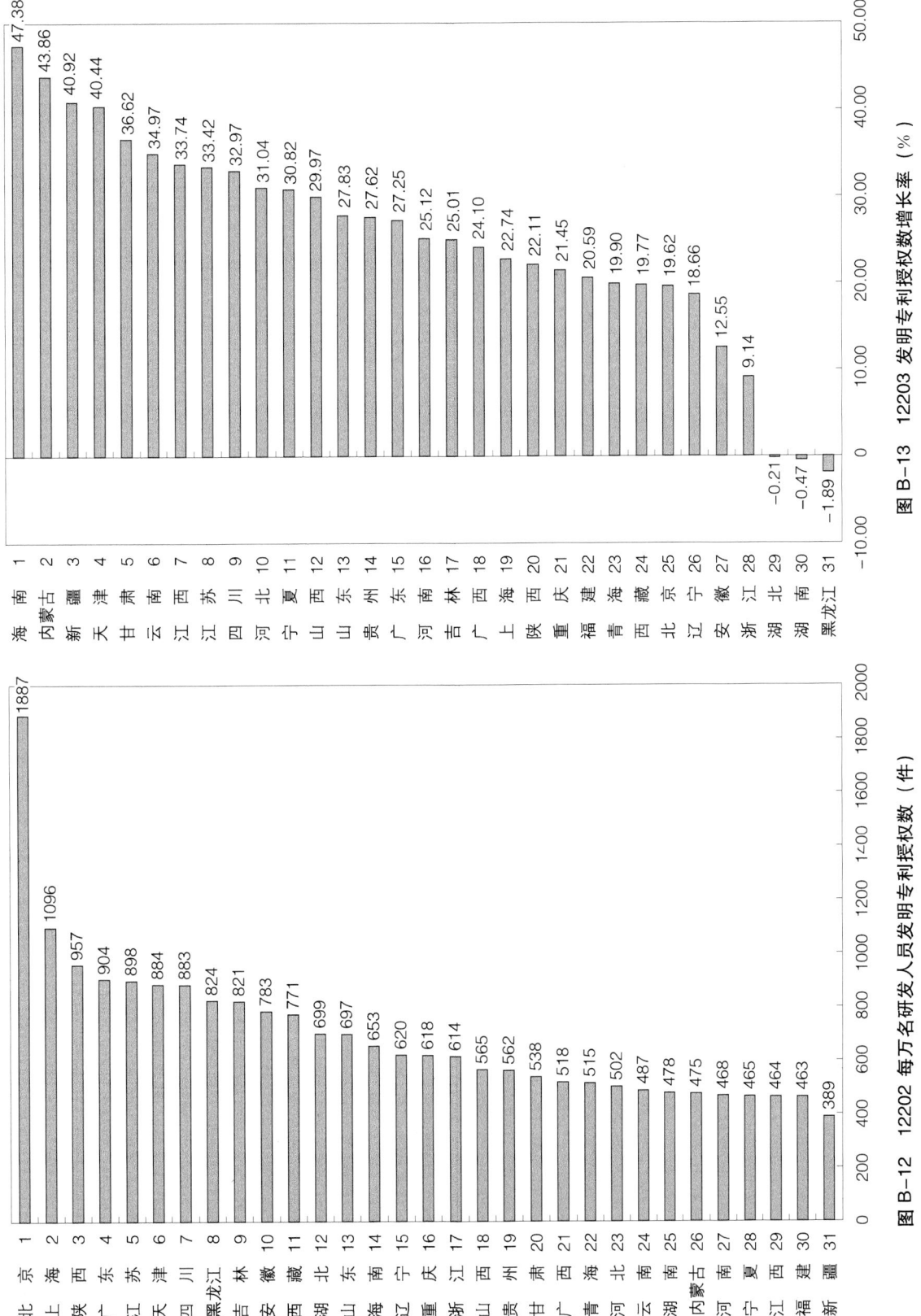

图 B-12 12202 每万名研发人员发明专利授权数（件）

图 B-13 12203 发明专利授权数增长率（%）

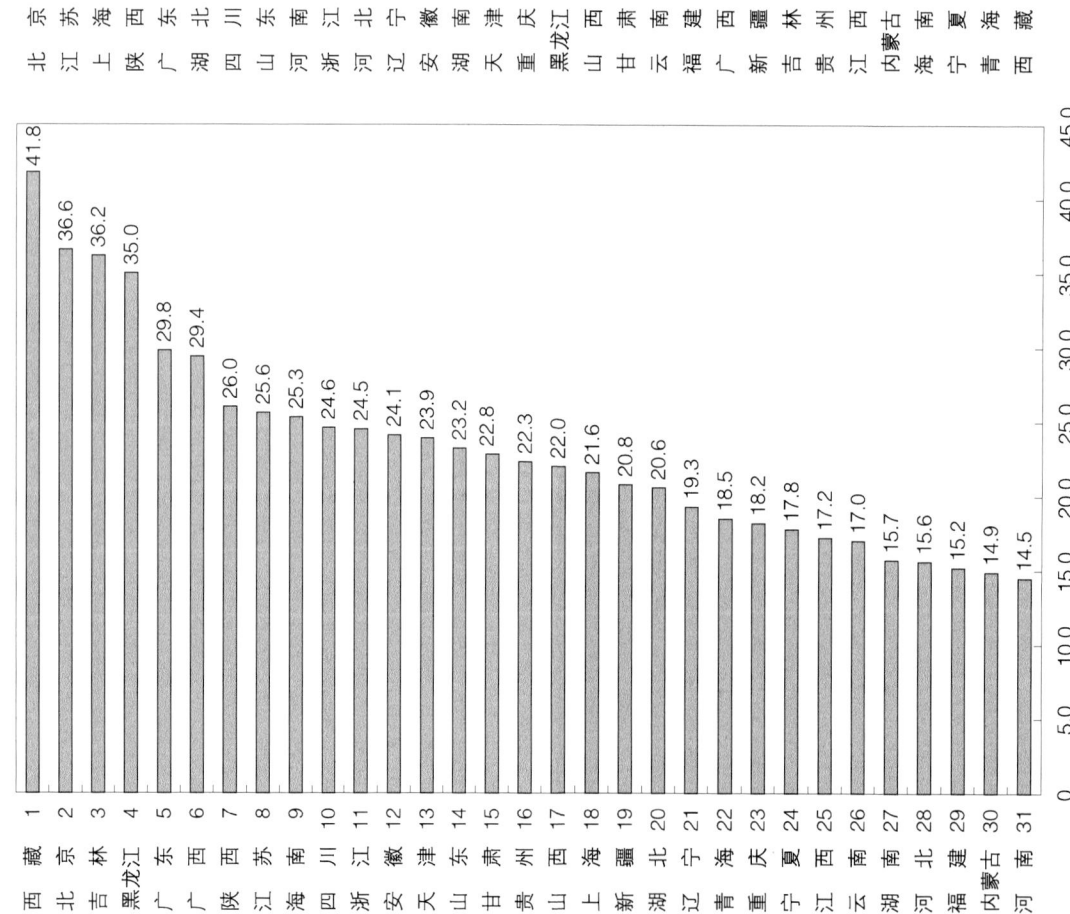

图 B-14 12204 每亿元研发经费内部支出产生的发明专利授权数（件）

图 B-15 13101 国内论文数（篇）

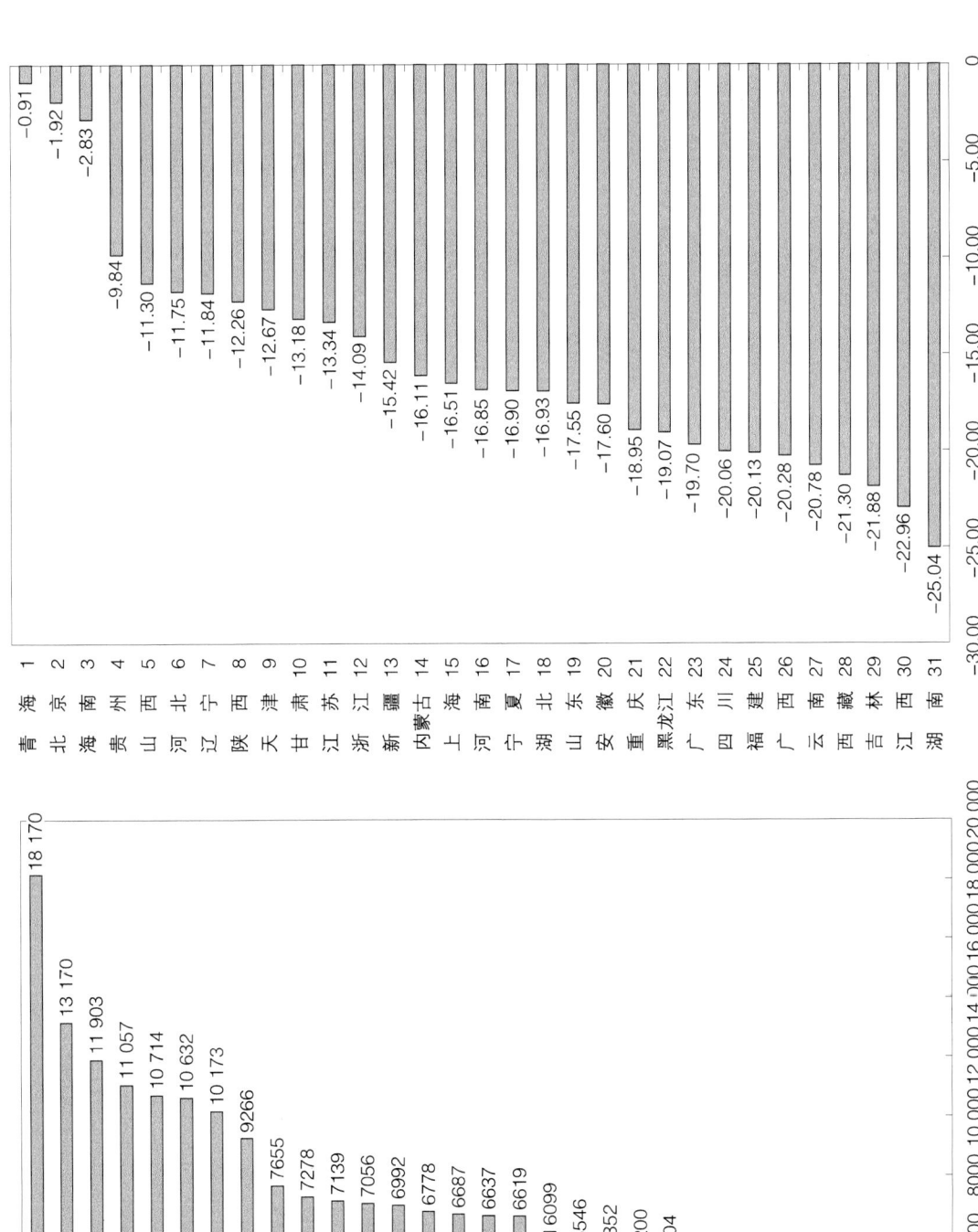

图 B-16 13102 每十万研发人员平均发表的国内论文数（篇）

图 B-17 13103 国内论文数量增长率（%）

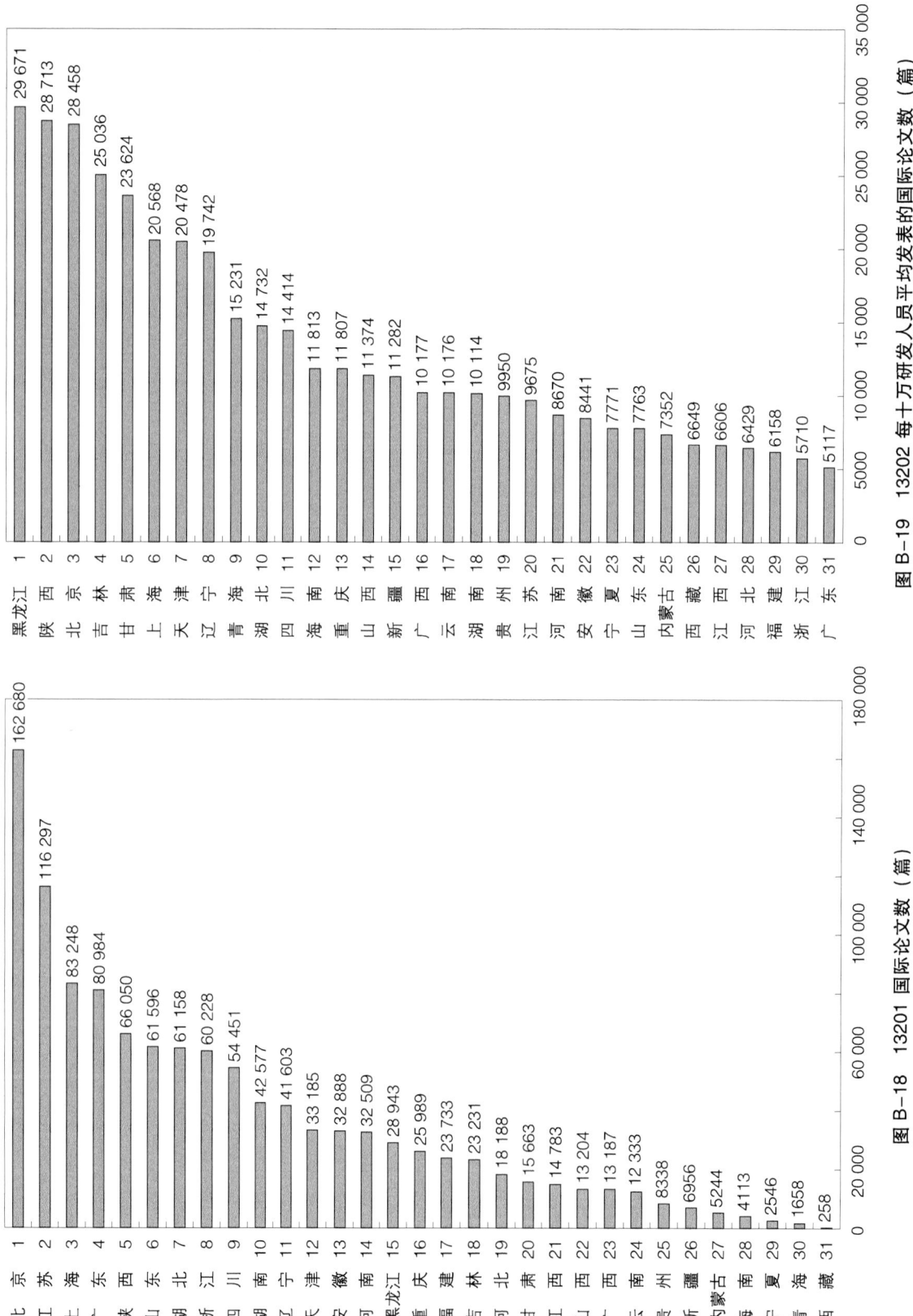

图 B-18 13201 国际论文数（篇）

图 B-19 13202 每十万研发人员平均发表的国际论文数（篇）

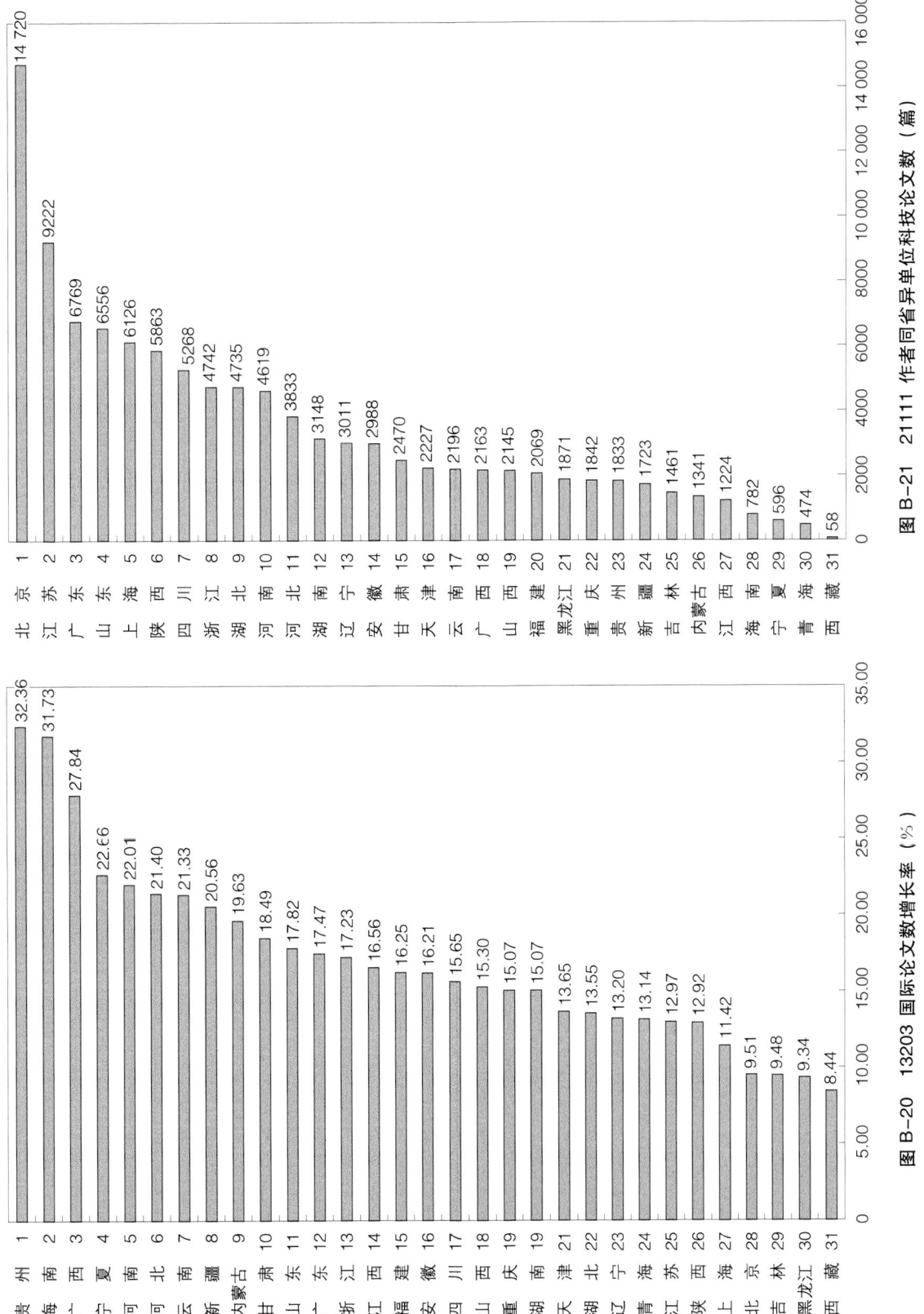

图 B-20 13203 国际论文数增长率（%）

图 B-21 21111 作者同省异单位科技论文数（篇）

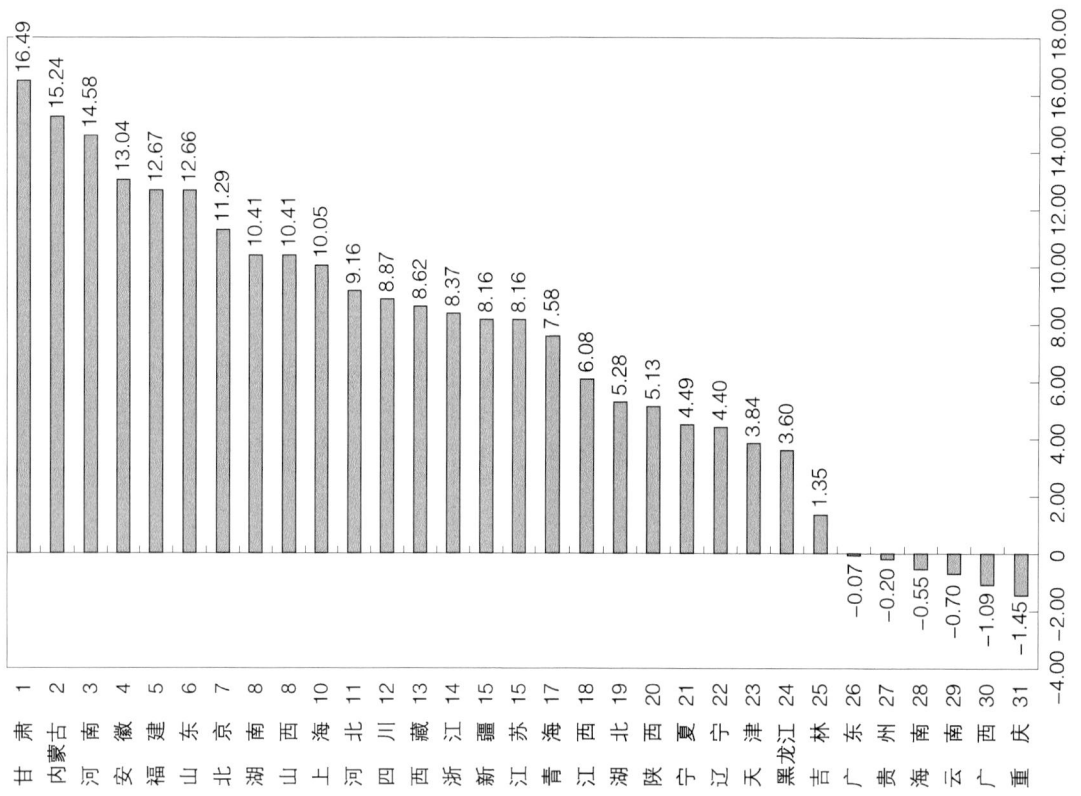

图 B-23 21113 作者同省异单位科技论文数增长率（%）

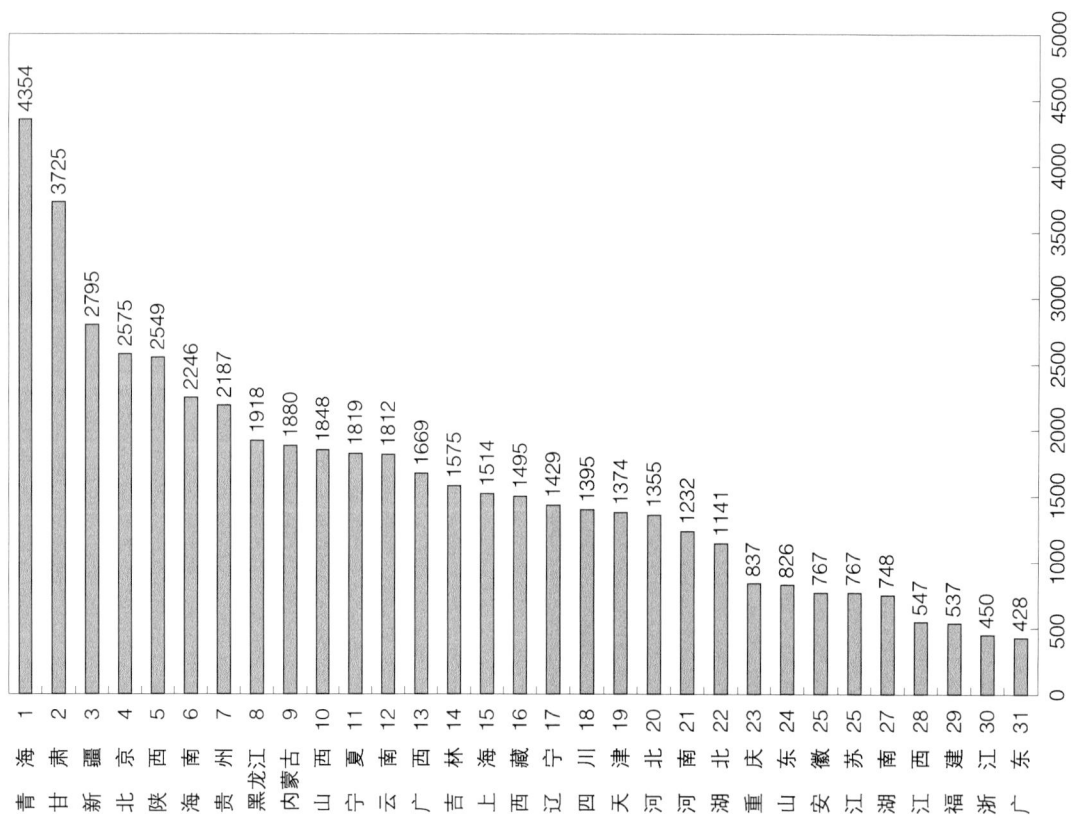

图 B-22 21112 每十万研发人员作者同省异单位科技论文数（篇）

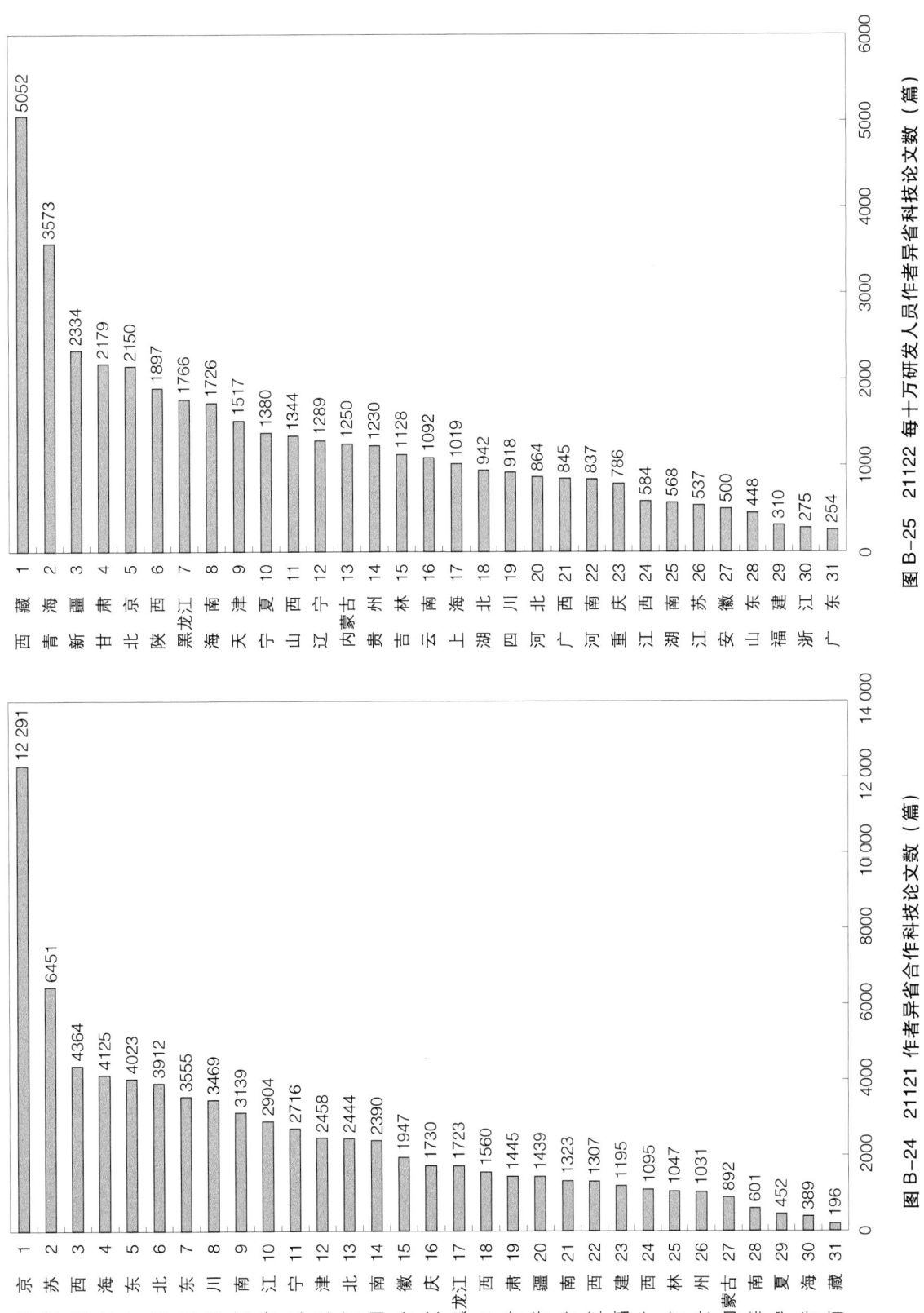

图 B-24　21121 作者异省合作科技论文数（篇）

图 B-25　21122 每十万研发人员作者异省科技论文数（篇）

中国区域创新能力评价报告 2025

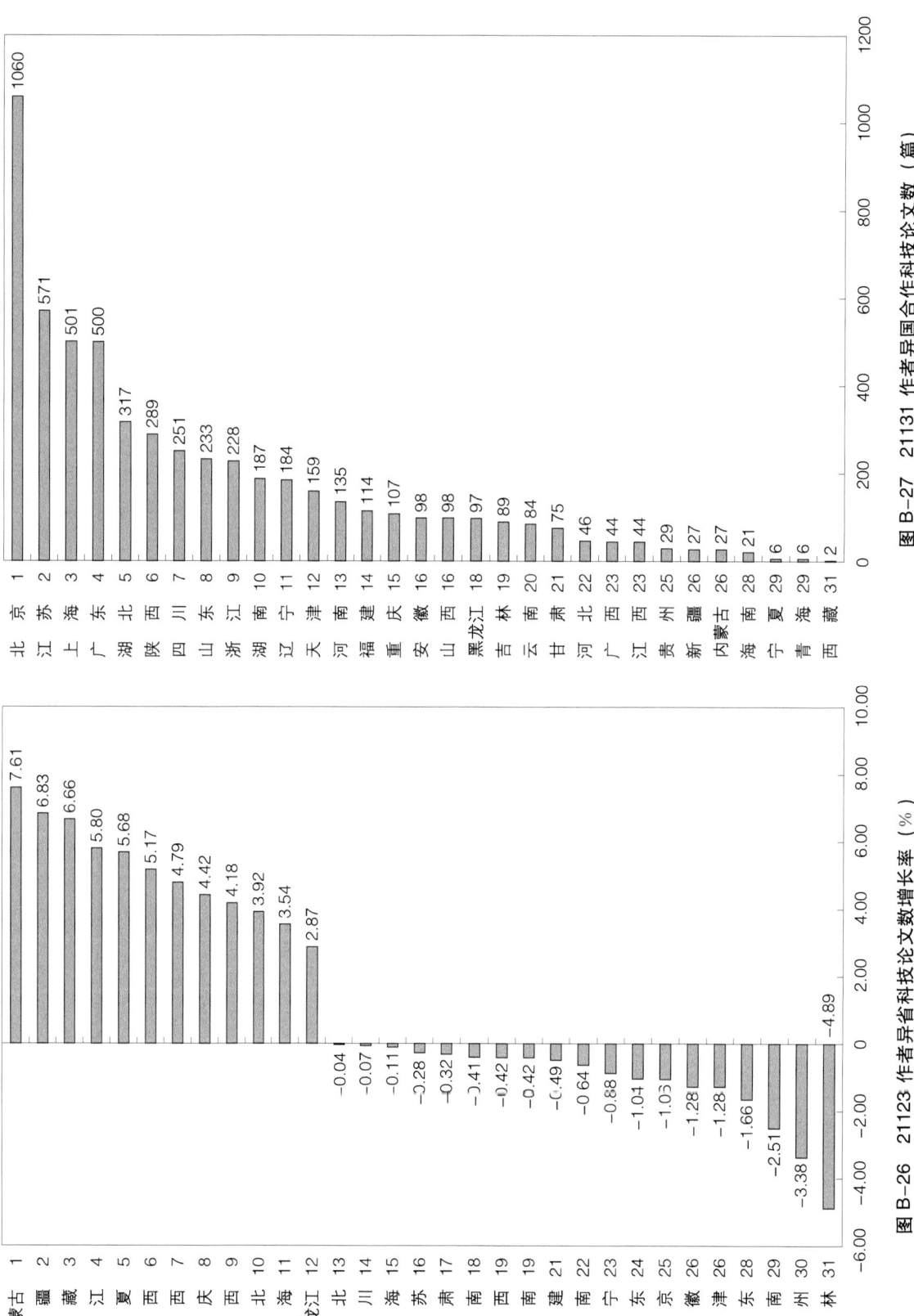

图 B-26 21123 作者异省科技论文数增长率（%）

图 B-27 21131 作者异国合作科技论文数（篇）

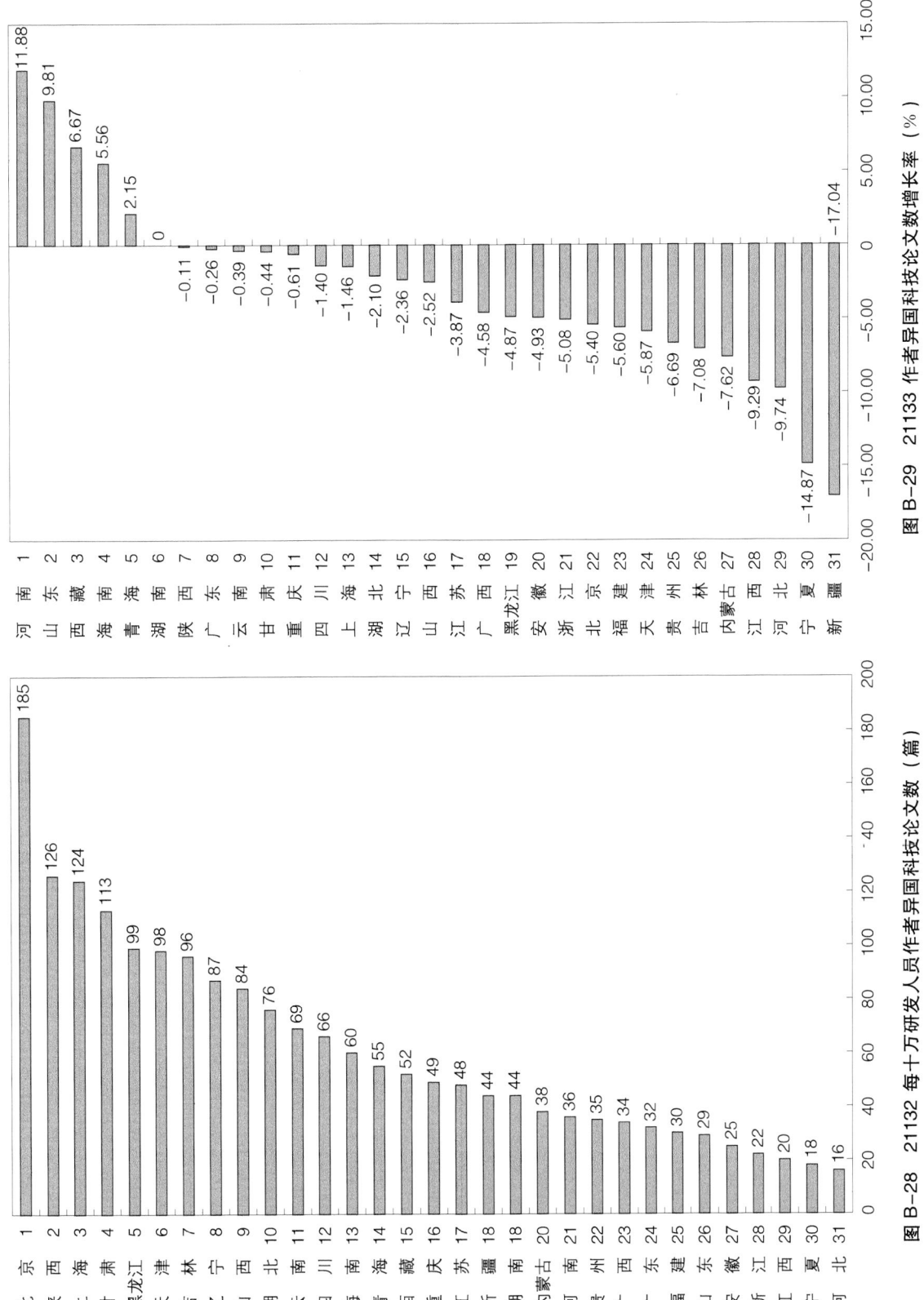

图 B-28 21132 每十万研发人员作者国外科技论文数（篇）

图 B-29 21133 作者国外科技论文数增长率（%）

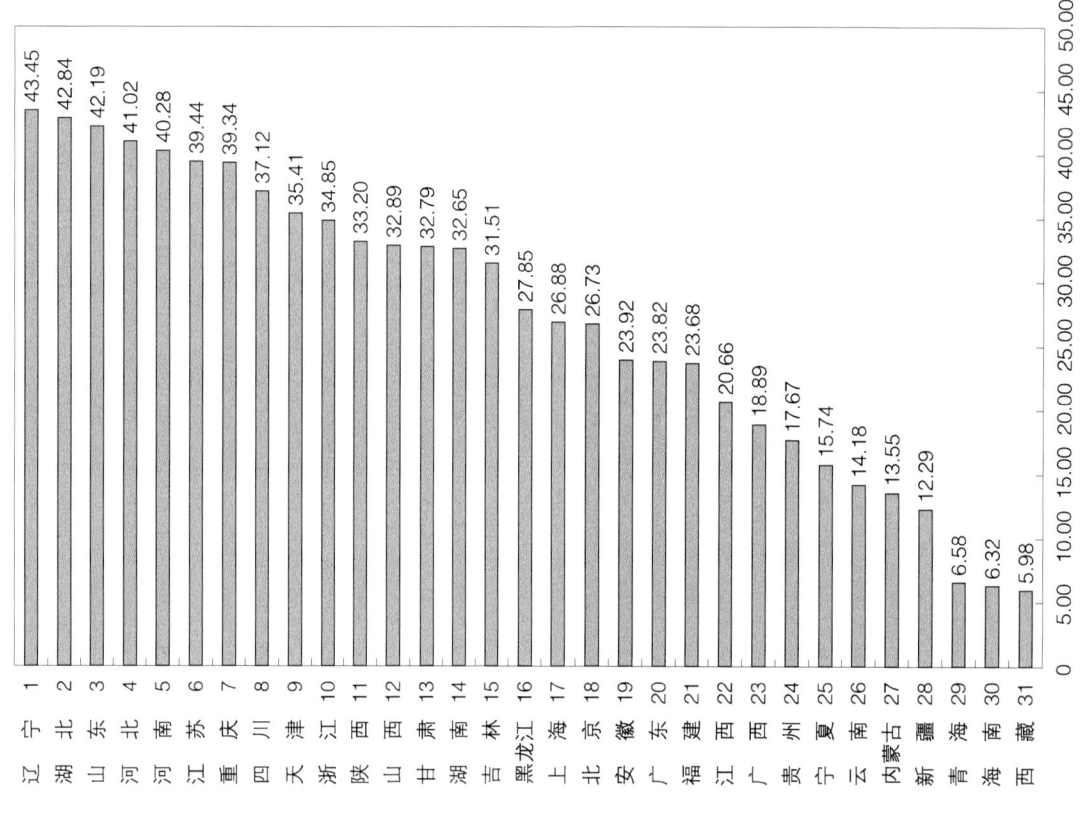

图 B-31 21202 高校研发经费内部支出额中来自企业资金的比例（%）

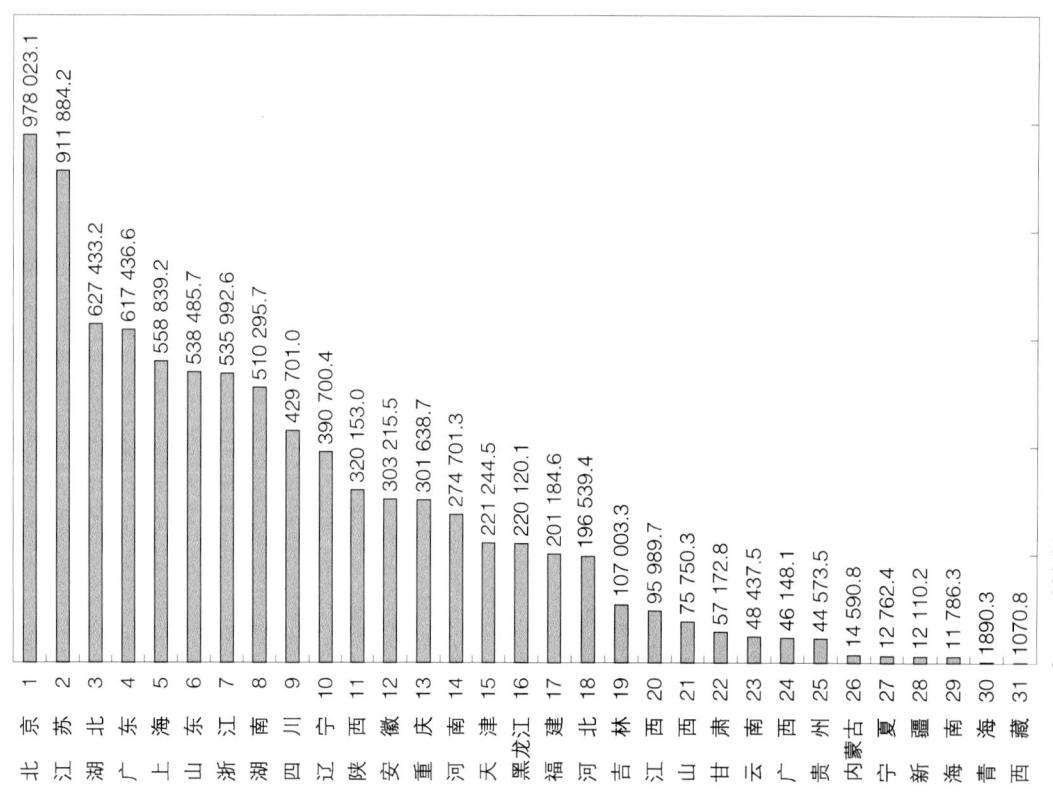

图 B-30 21201 高校研发经费内部支出额中来自企业的资金（万元）

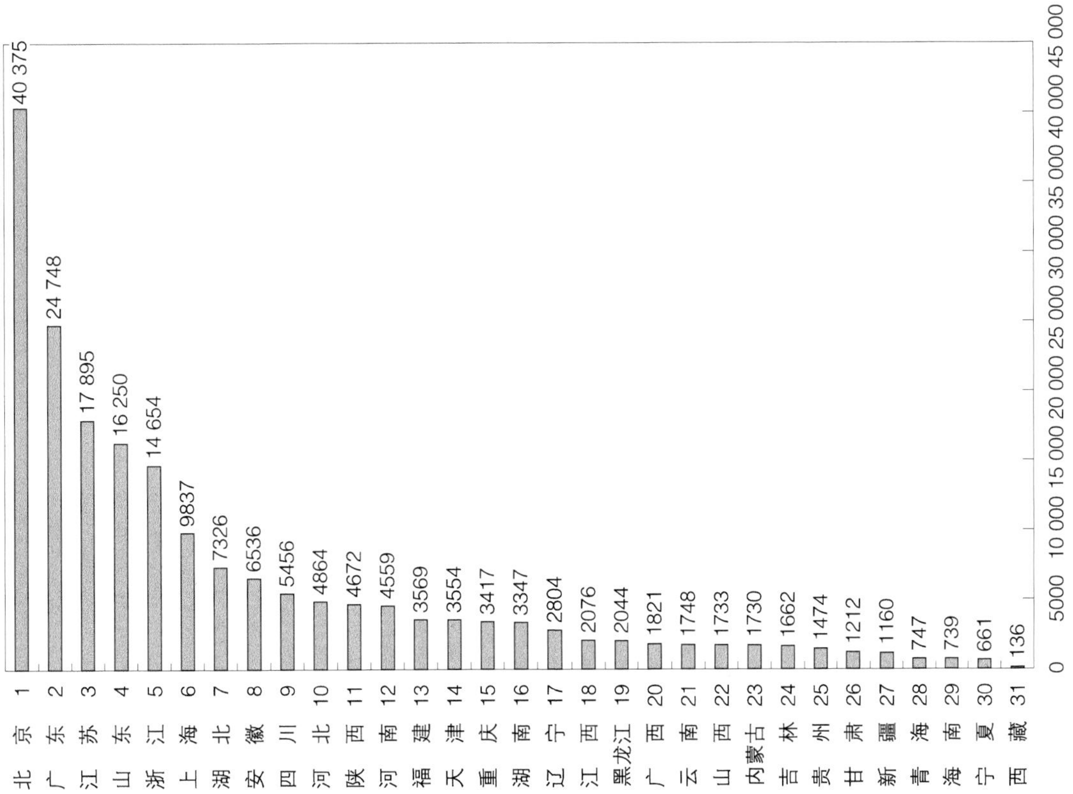

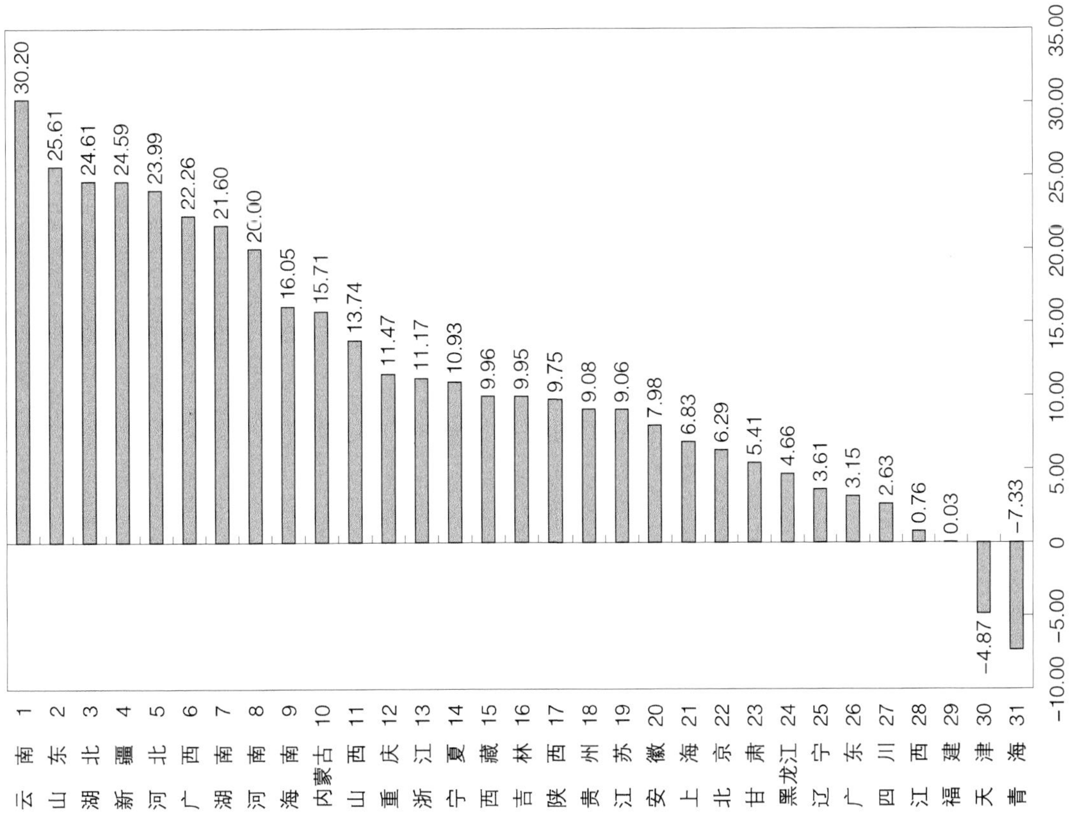

图 B-32　21203 高校研发经费内部支出额中来自企业资金增长率（%）

图 B-33　22101 合作申请发明专利数（件）

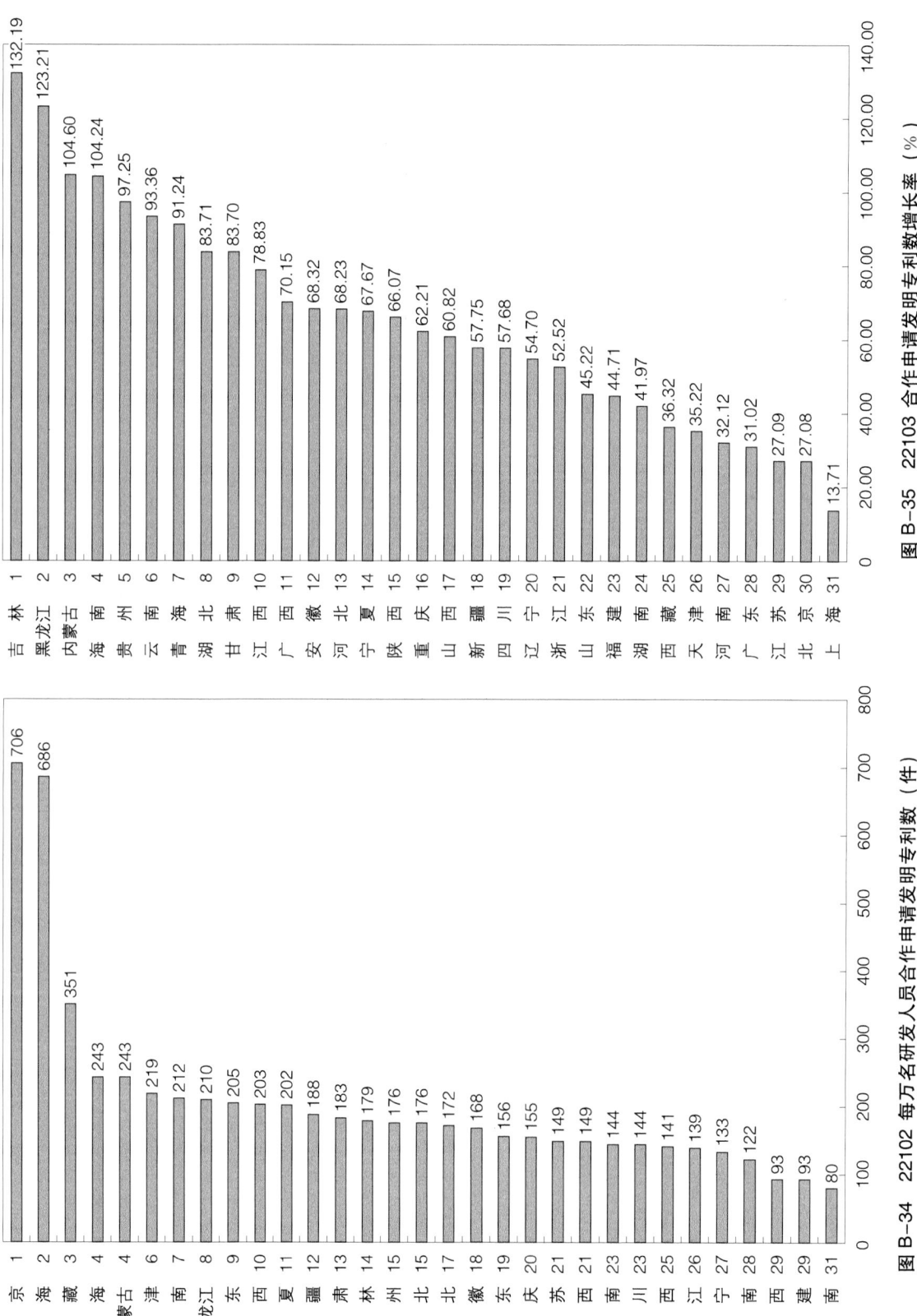

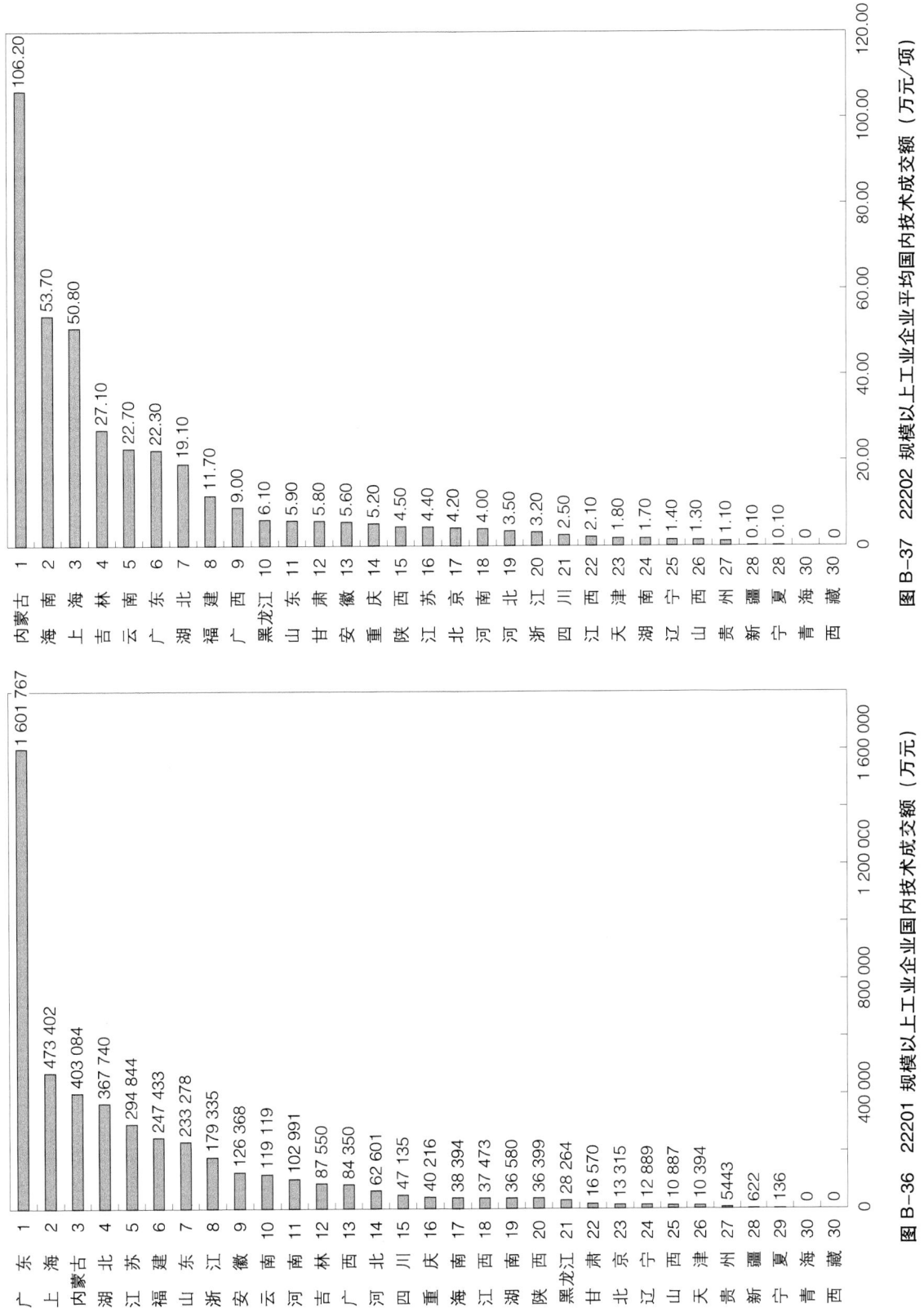

图 B-36 22201 规模以上工业企业国内技术成交额（万元）

图 B-37 22202 规模以上工业企业平均国内技术成交额（万元/项）

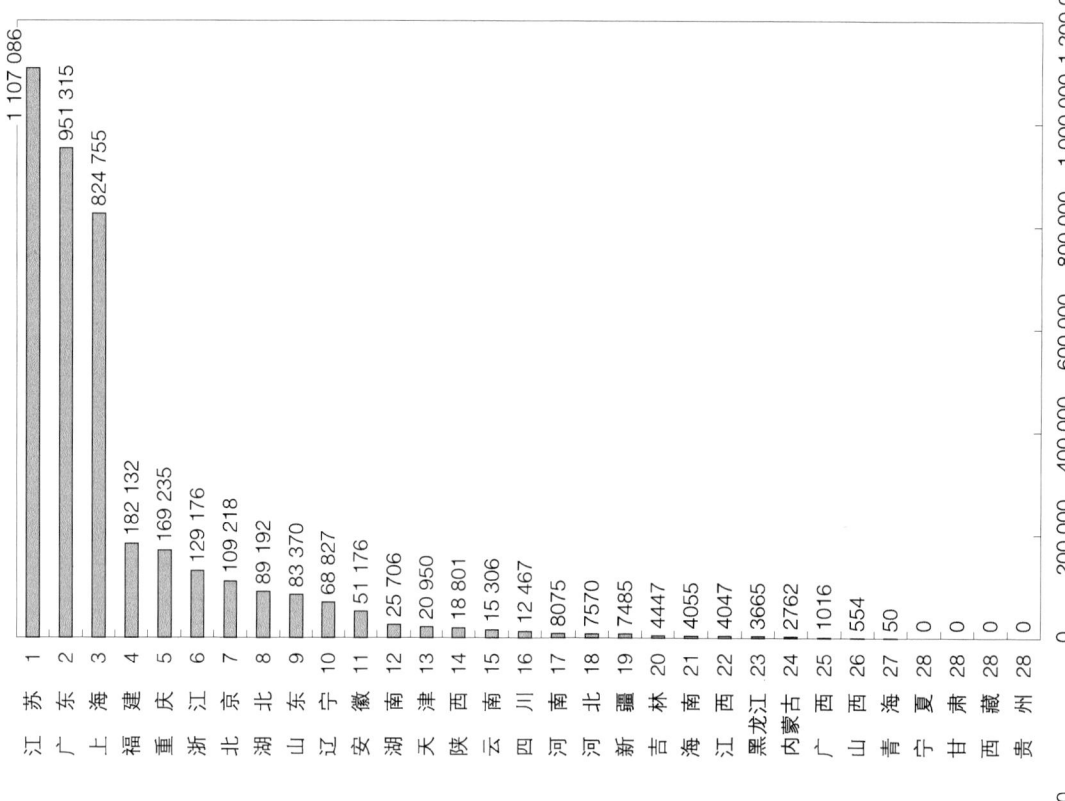

图 B-39　22301 规模以上工业企业国外技术引进金额（万元）

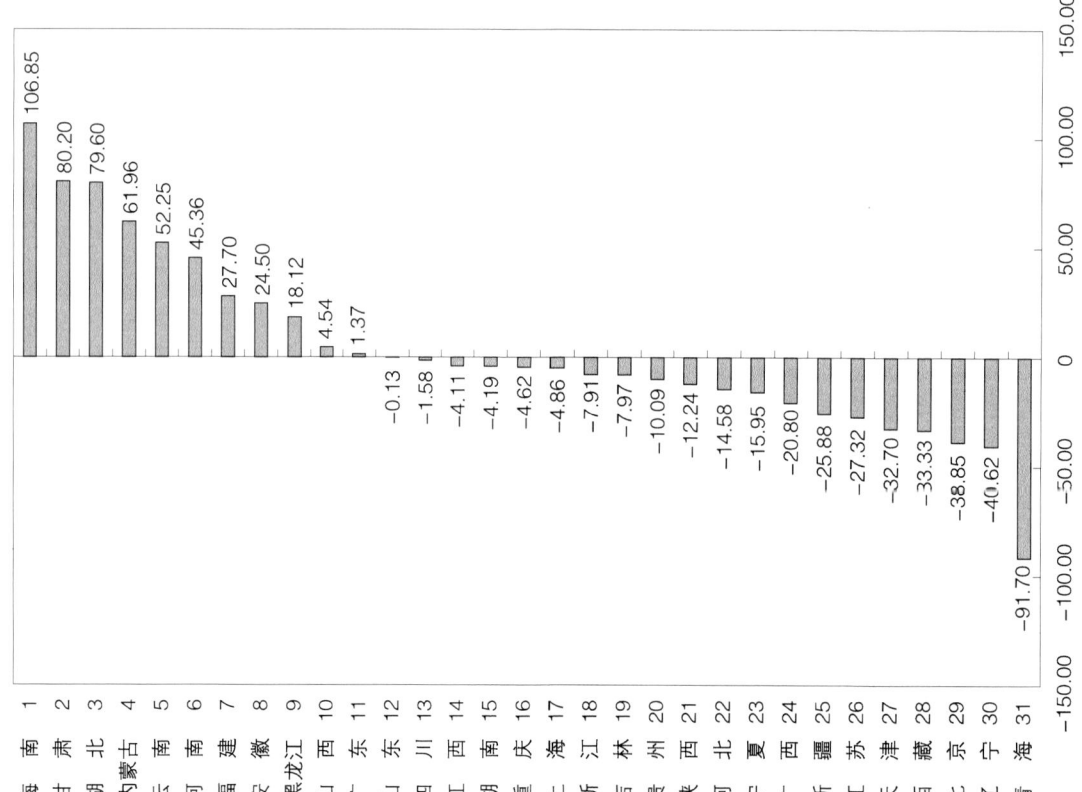

图 B-38　22203 规模以上工业企业国内技术成交额增长率（%）

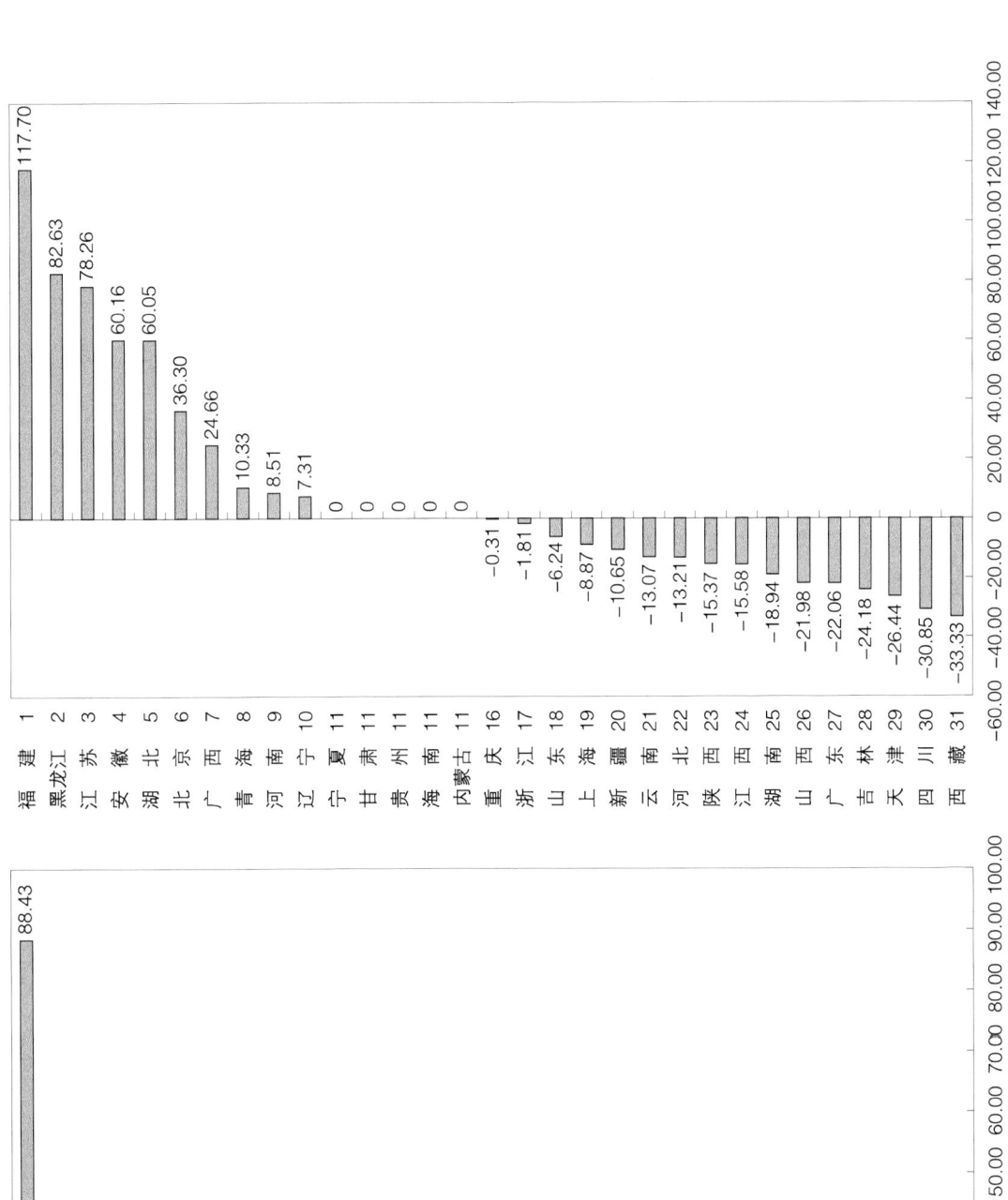

图 B-40　22302 规模以上工业企业平均国外技术引进金额（万元/项）

图 B-41　22303 规模以上工业企业国外技术引进金额增长率（%）

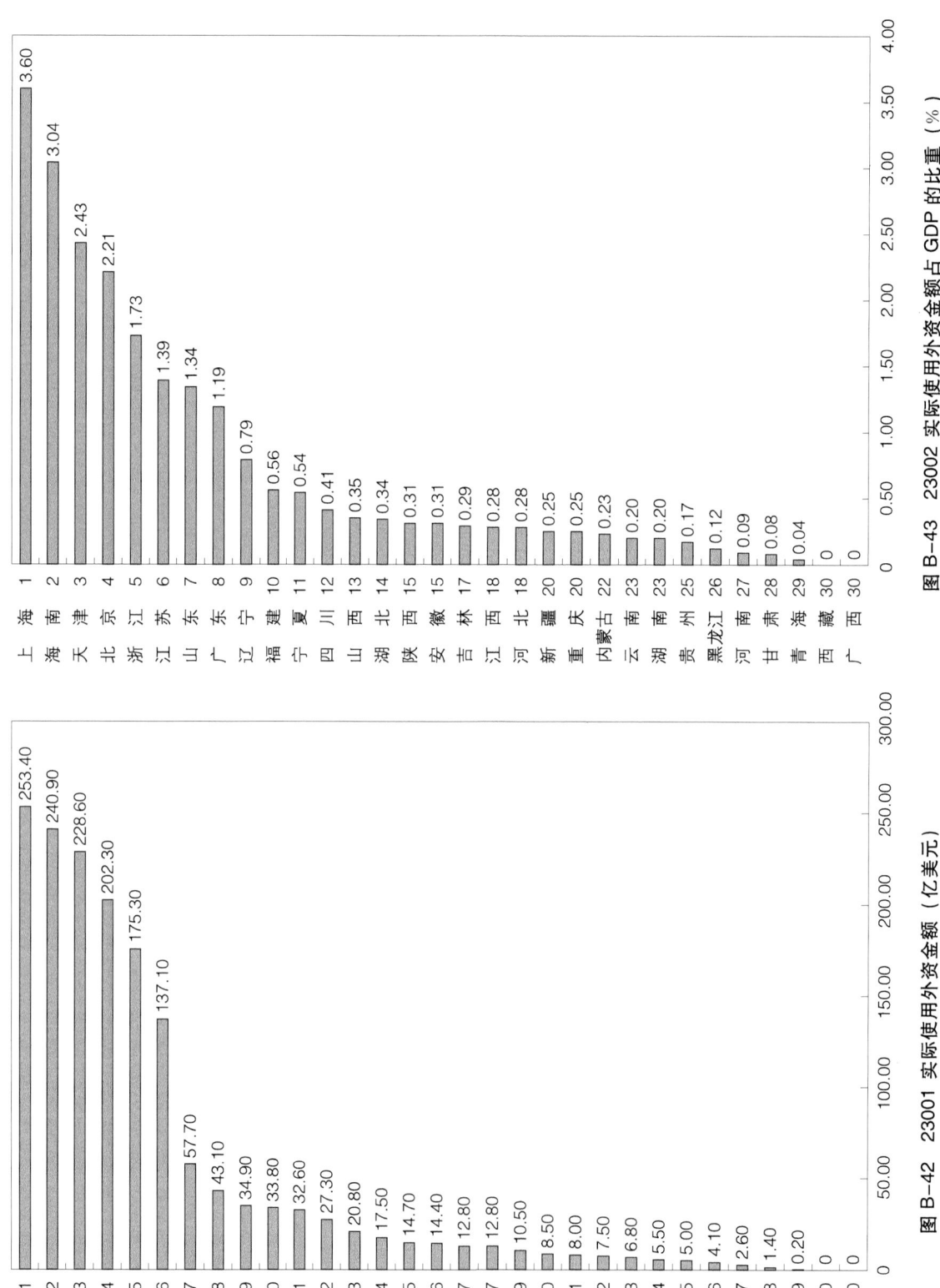

图 B-42　23001 实际使用外资金额（亿美元）

图 B-43　23002 实际使用外资金额占 GDP 的比重（%）

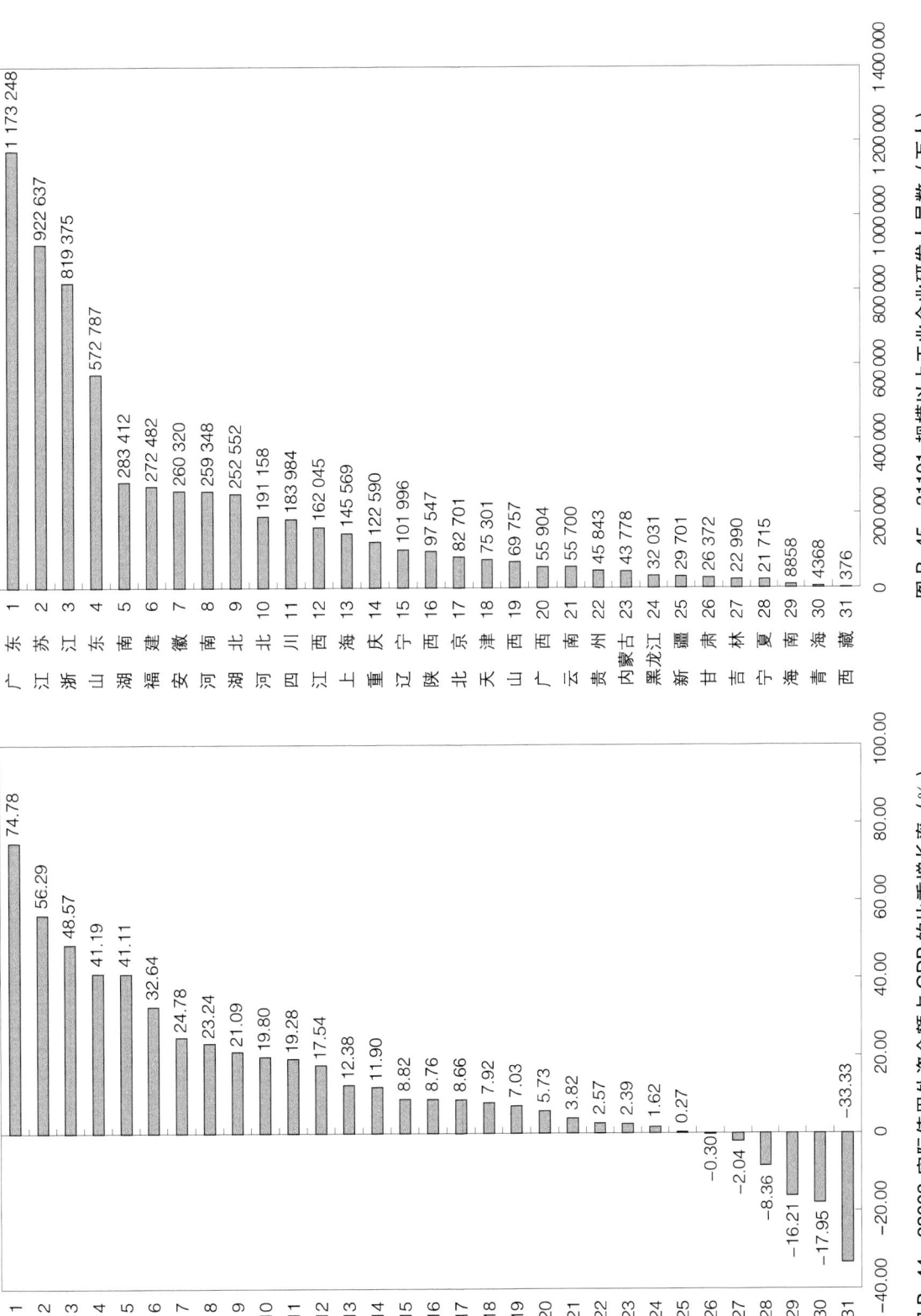

图 B-44 23003 实际使用外资金额占 GDP 的比重增长率（%）

图 B-45 31101 规模以上工业企业研发人员数（万人）

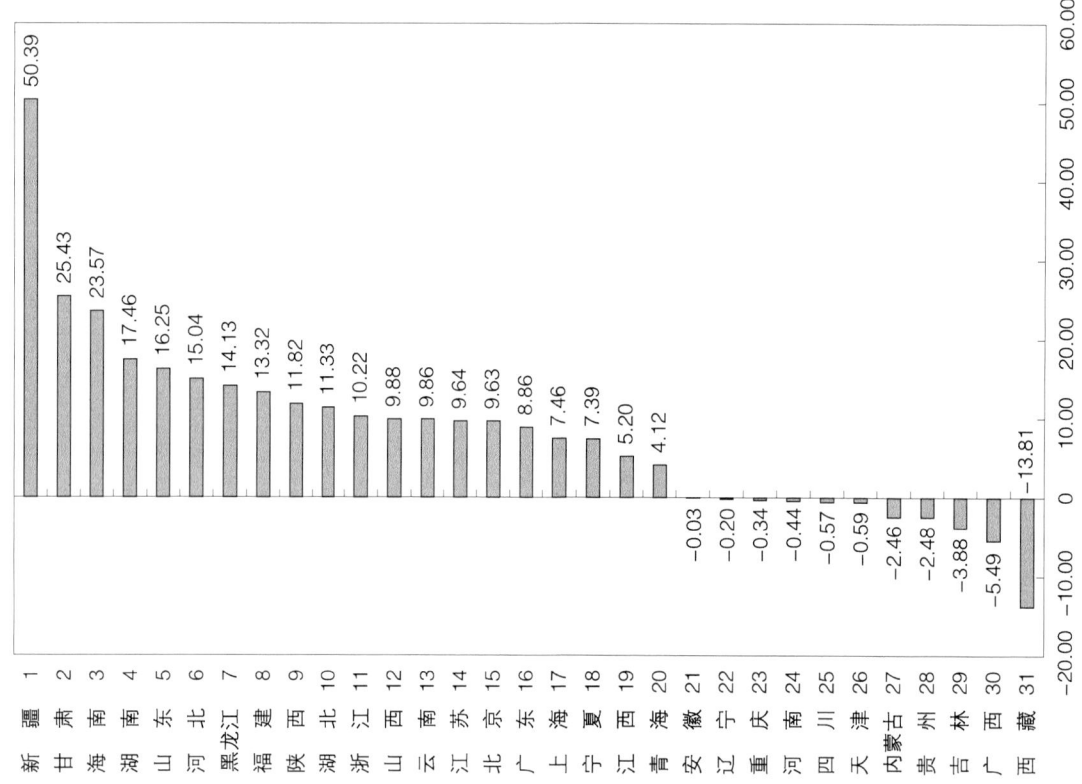

图 B-47 31103 规模以上工业企业研发人员增长率（%）

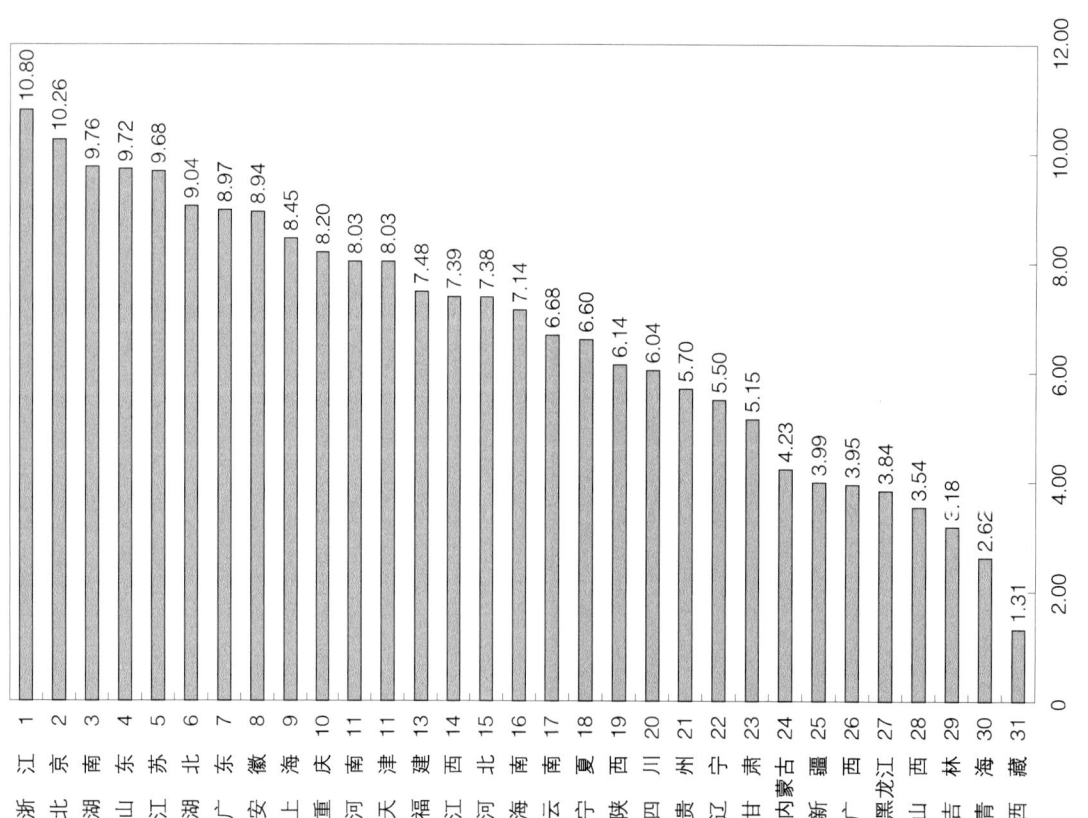

图 B-46 31102 规模以上工业企业就业人员中研发人员比重（%）

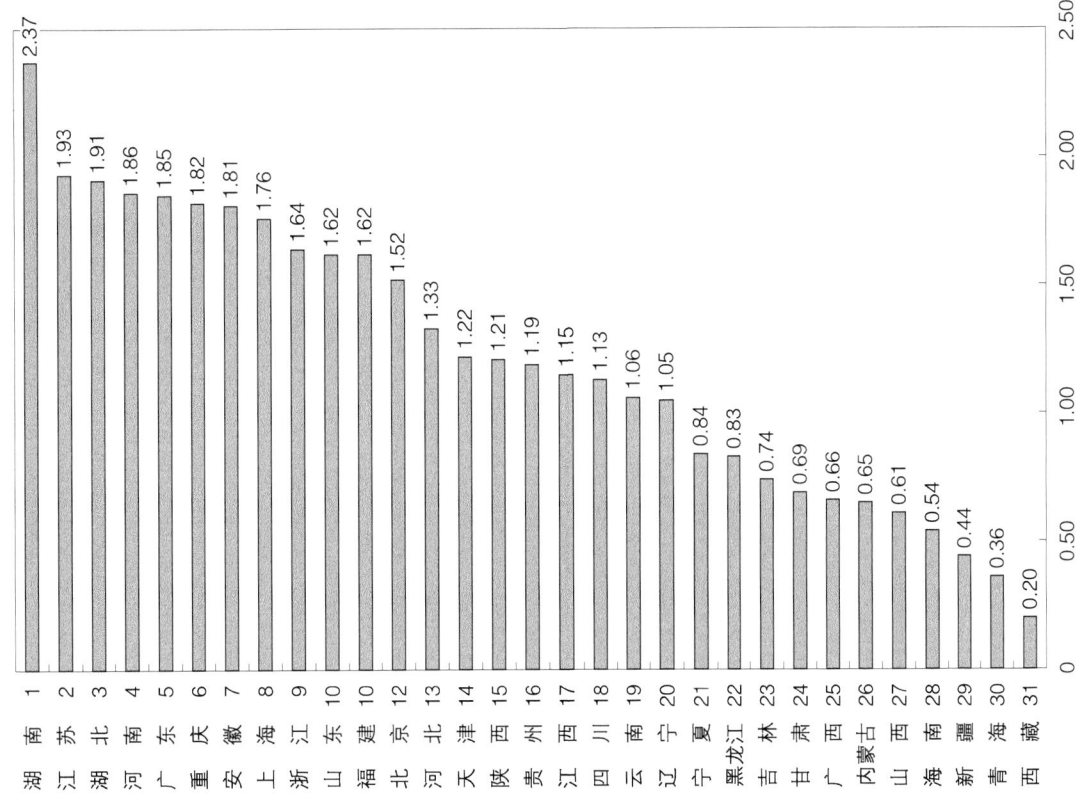

图 B-49 31202 规模以上工业企业研发活动经费内部支出总额占销售收入的比例（%）

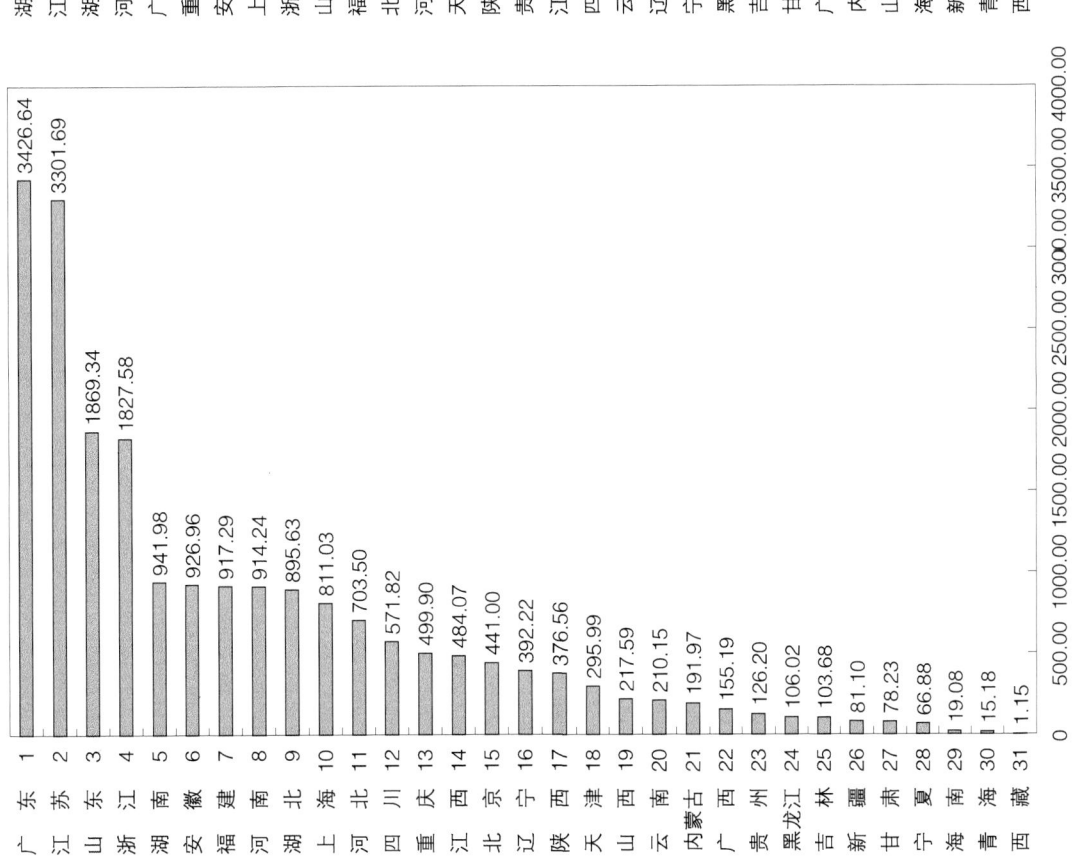

图 B-48 31201 规模以上工业企业研发活动经费内部支出总额（亿元）

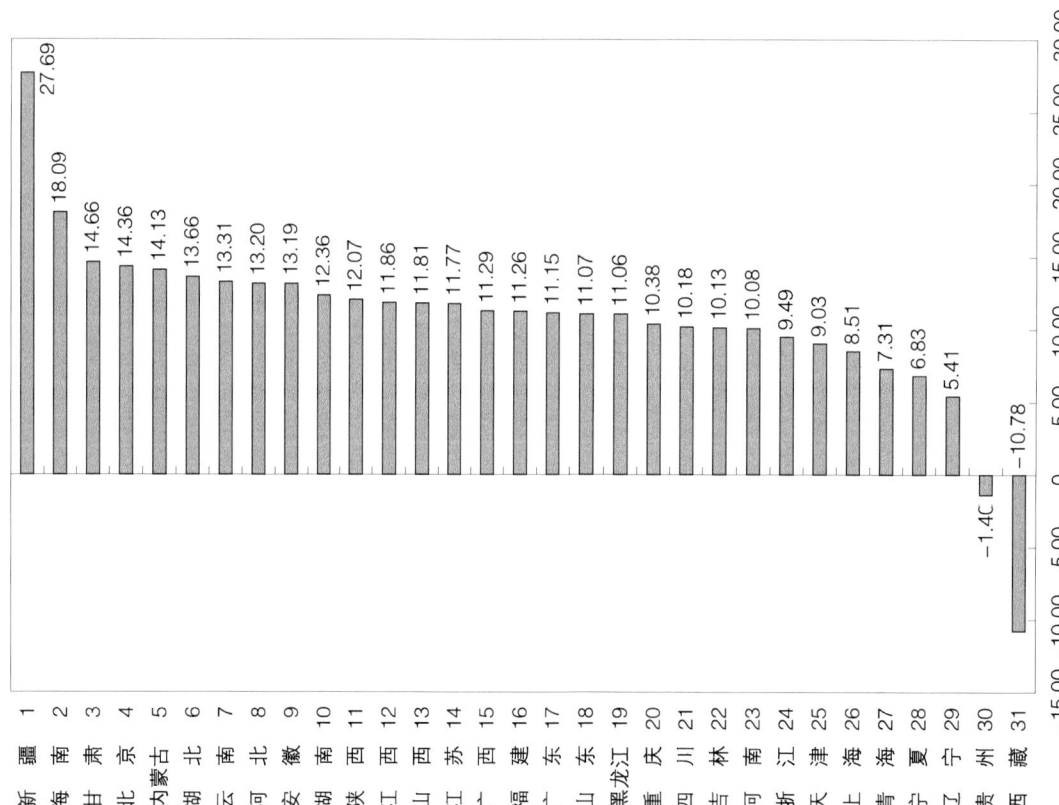

图 B-50 31203 规模以上工业企业研发活动经费内部支出总额增长率（%）

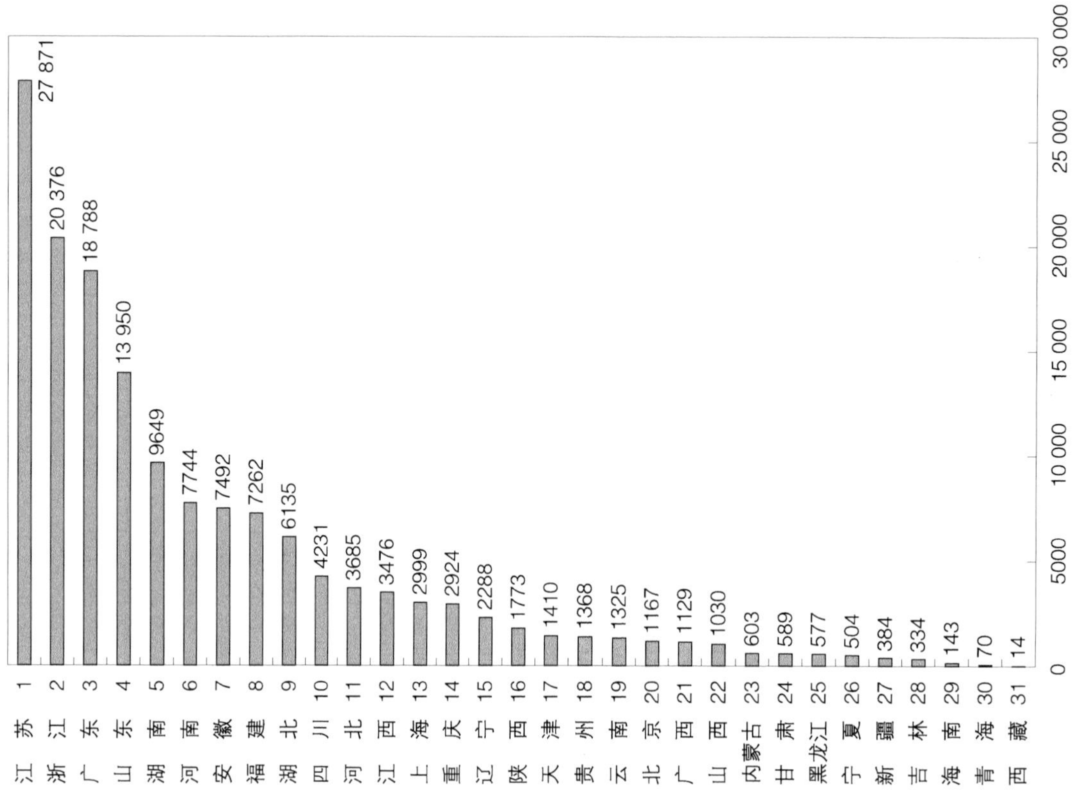

图 B-51 31301 规模以上工业企业有研发活动的企业数（家）

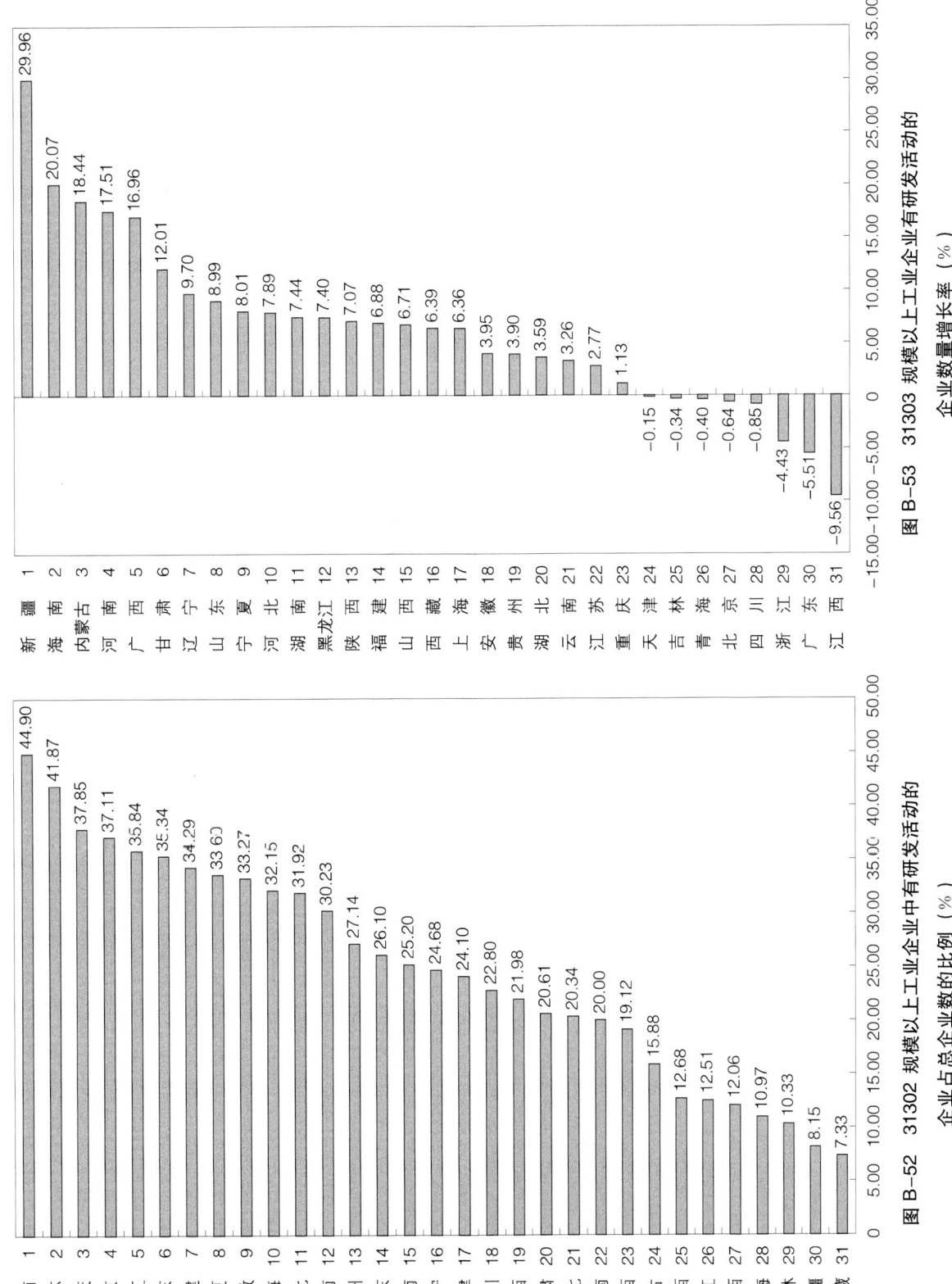

图 B-52　31302　规模以上工业企业中有研发活动的企业占总企业数的比例（%）

图 B-53　31303　规模以上工业企业有研发活动的企业数量增长率（%）

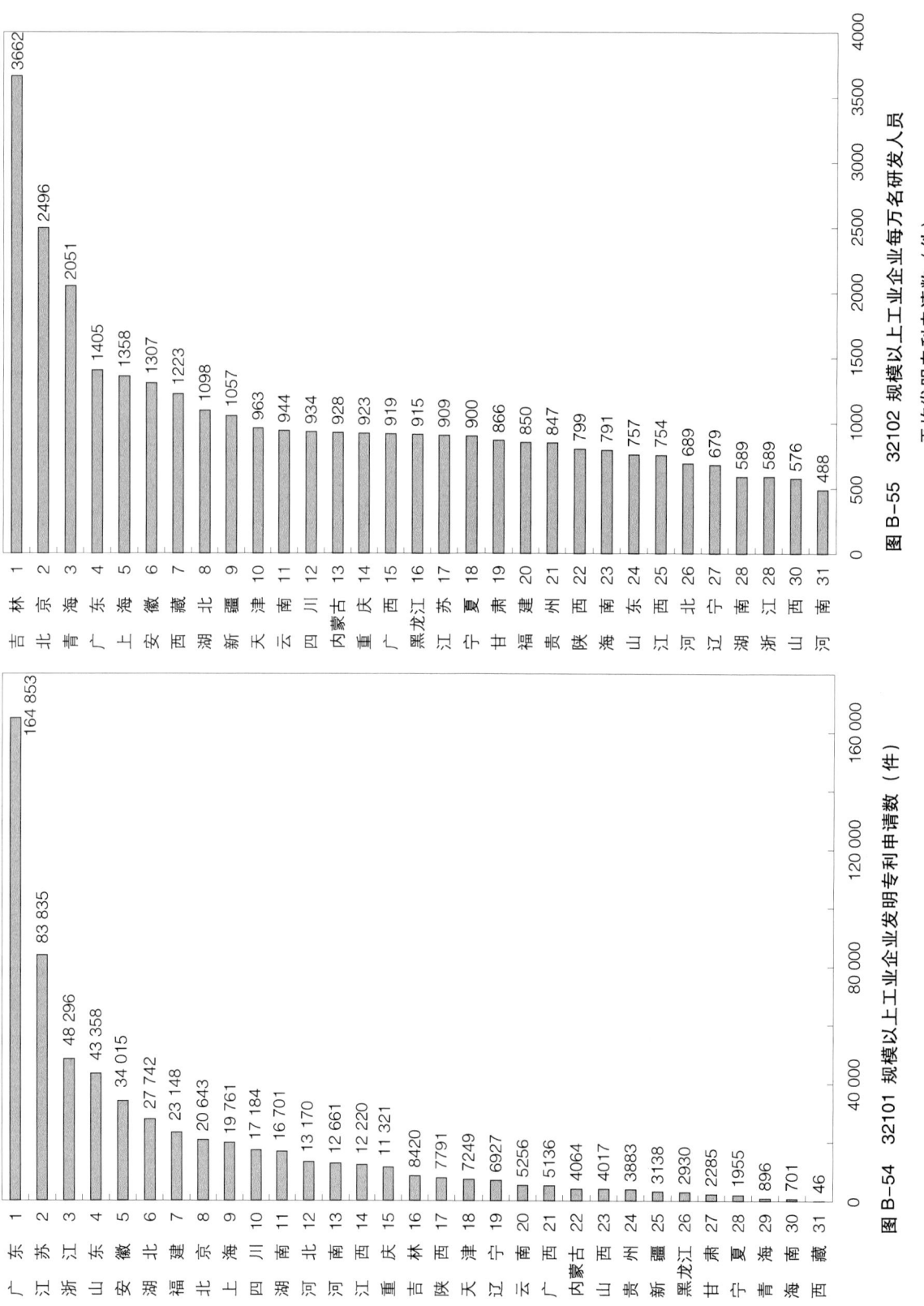

图 B-54　32101 规模以上工业企业发明专利申请数（件）

图 B-55　32102 规模以上工业企业每万名研发人员平均发明专利申请数（件）

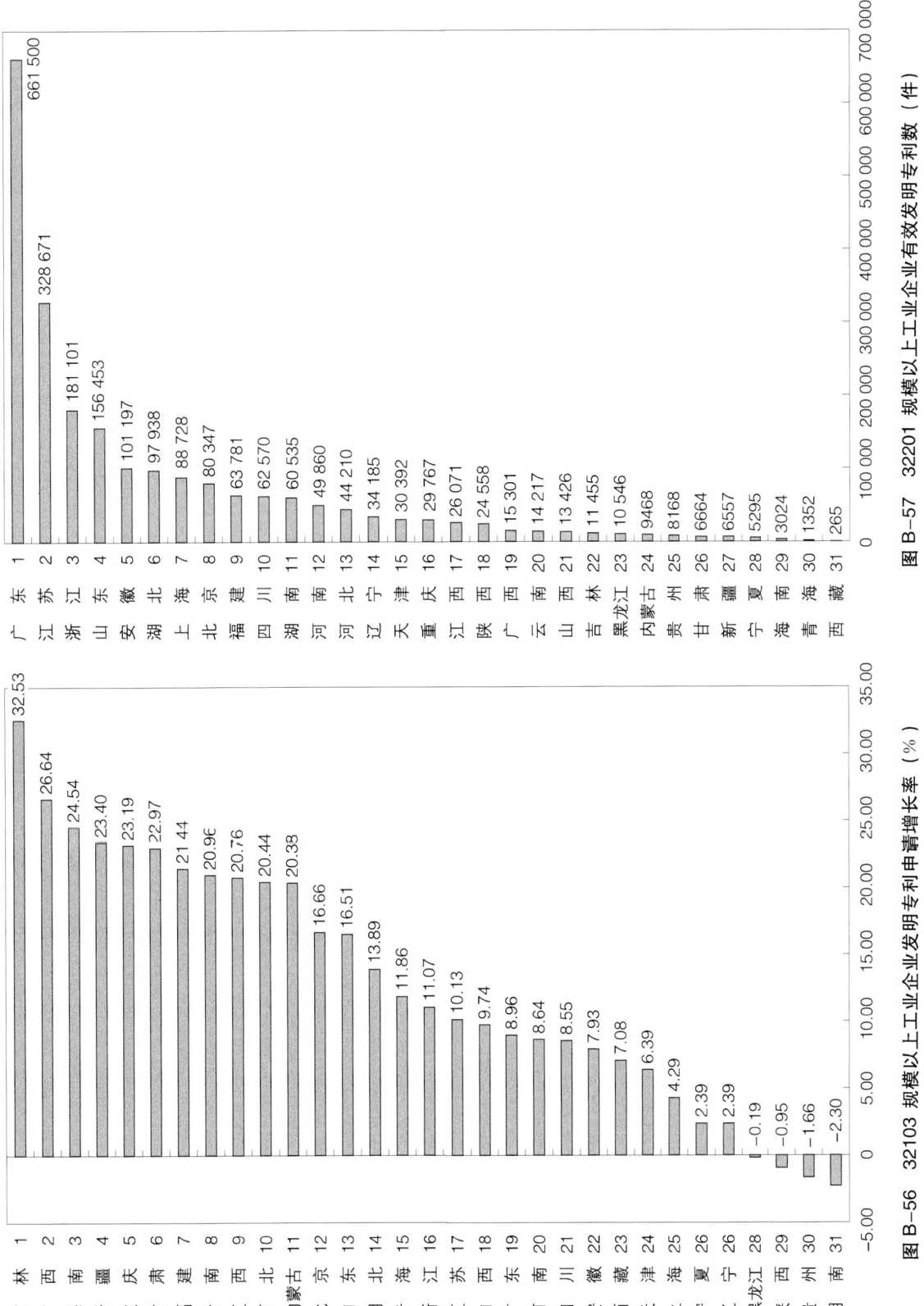

图 B-56　32103 规模以上工业企业发明专利申请增长率（%）

图 B-57　32201 规模以上工业企业有效发明专利数（件）

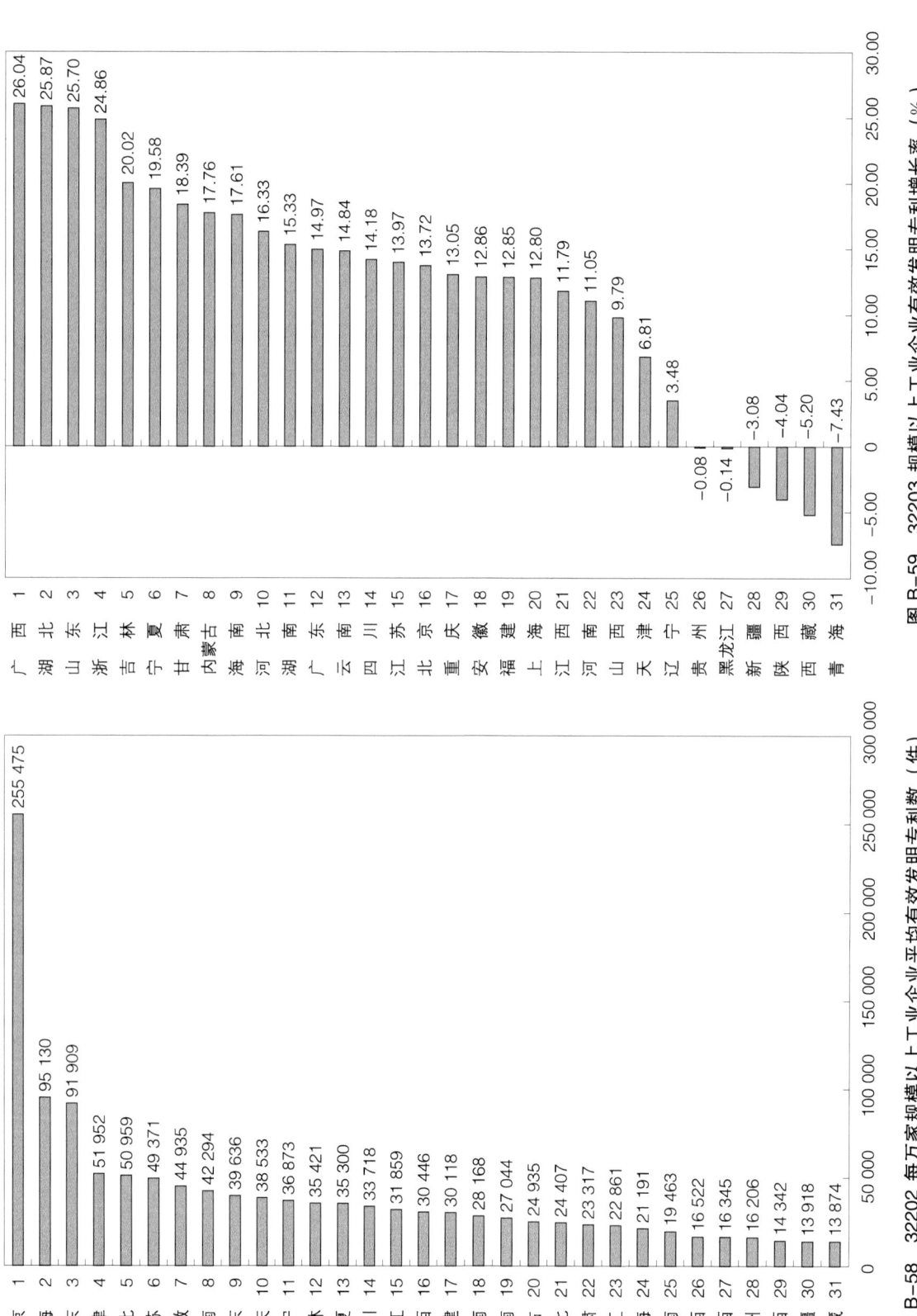

图 B-58　32202 每万家规模以上工业企业平均有效发明专利数（件）

图 B-59　32203 规模以上工业企业有效发明专利增长率（%）

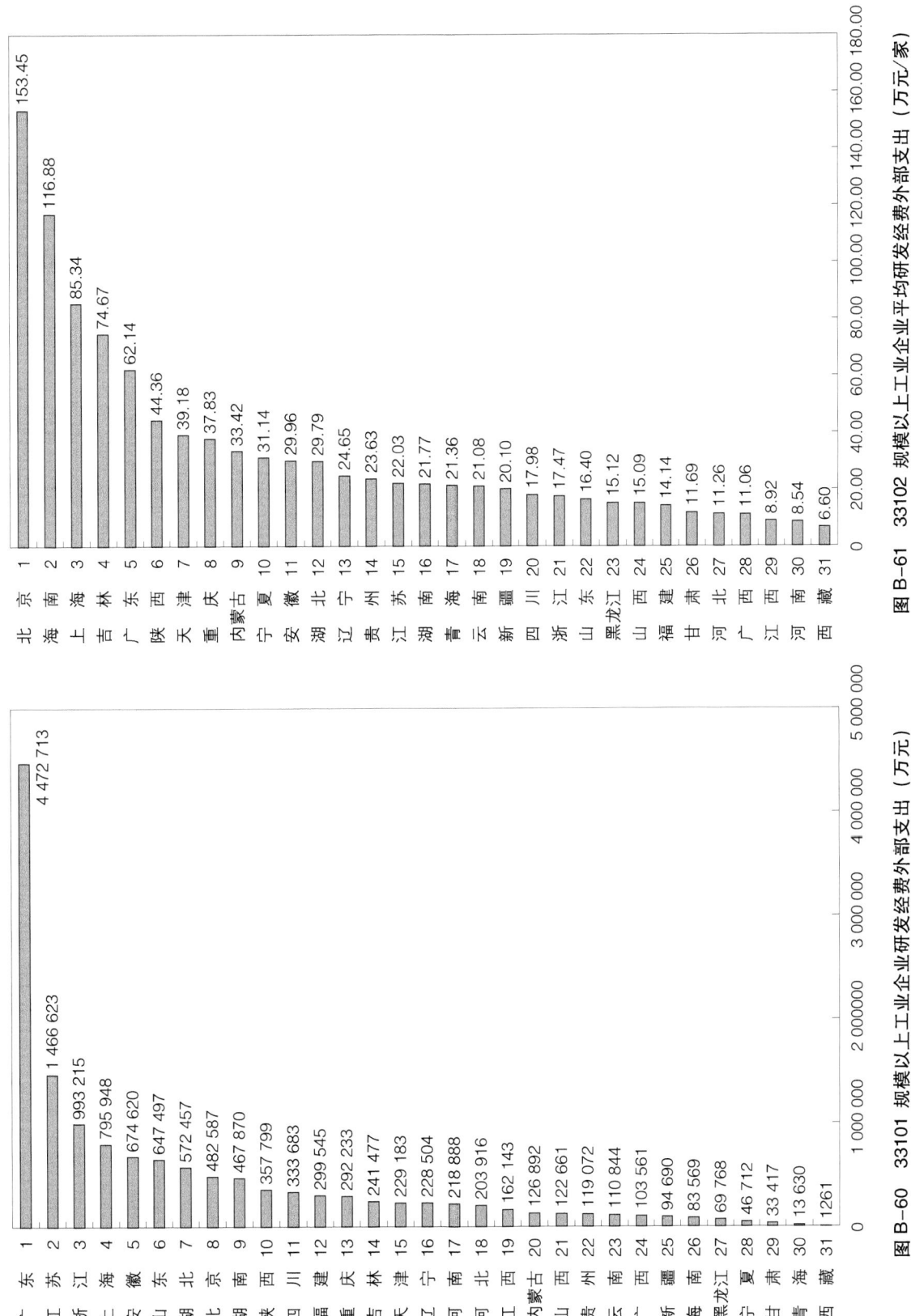

图 B-60　33101　规模以上工业企业研发经费外部支出（万元）　　　图 B-61　33102　规模以上工业企业平均研发经费外部支出（万元/家）

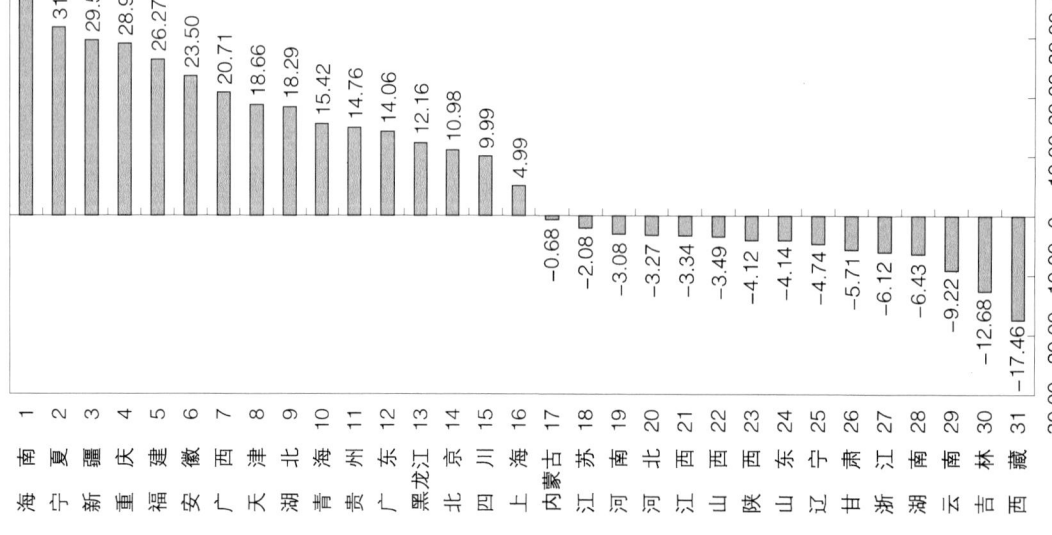

图 B-62　33103 规模以上工业企业研发经费外部支出增长率（％）

图 B-63　33201 规模以上工业企业技术改造经费支出（万元）

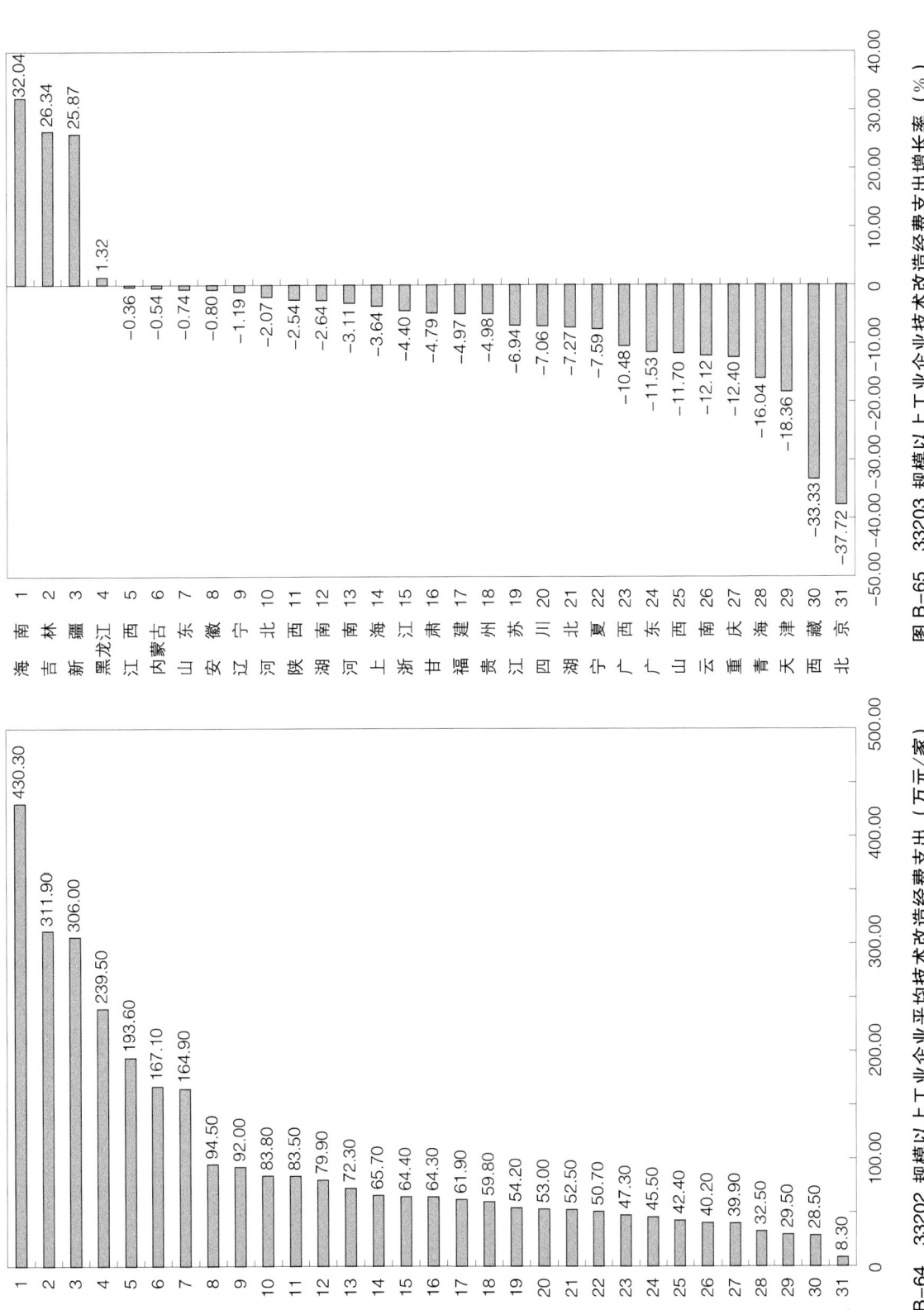

图 B-64　33202 规模以上工业企业平均技术改造经费支出（万元/家）　　图 B-65　33203 规模以上工业企业技术改造经费支出增长率（%）

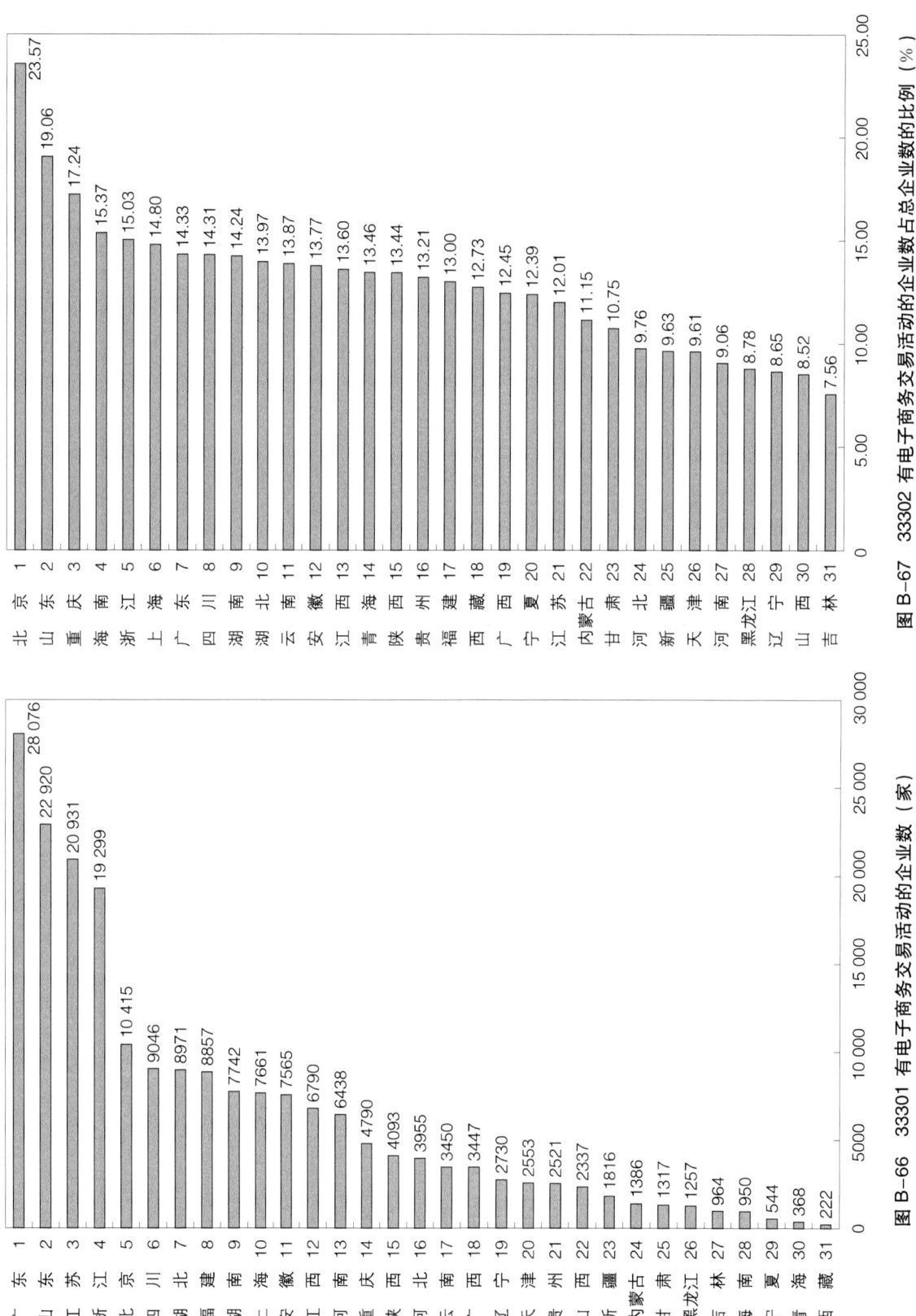

图 B-66　33301 有电子商务交易活动的企业数（家）

图 B-67　33302 有电子商务交易活动的企业数占总企业数的比例（%）

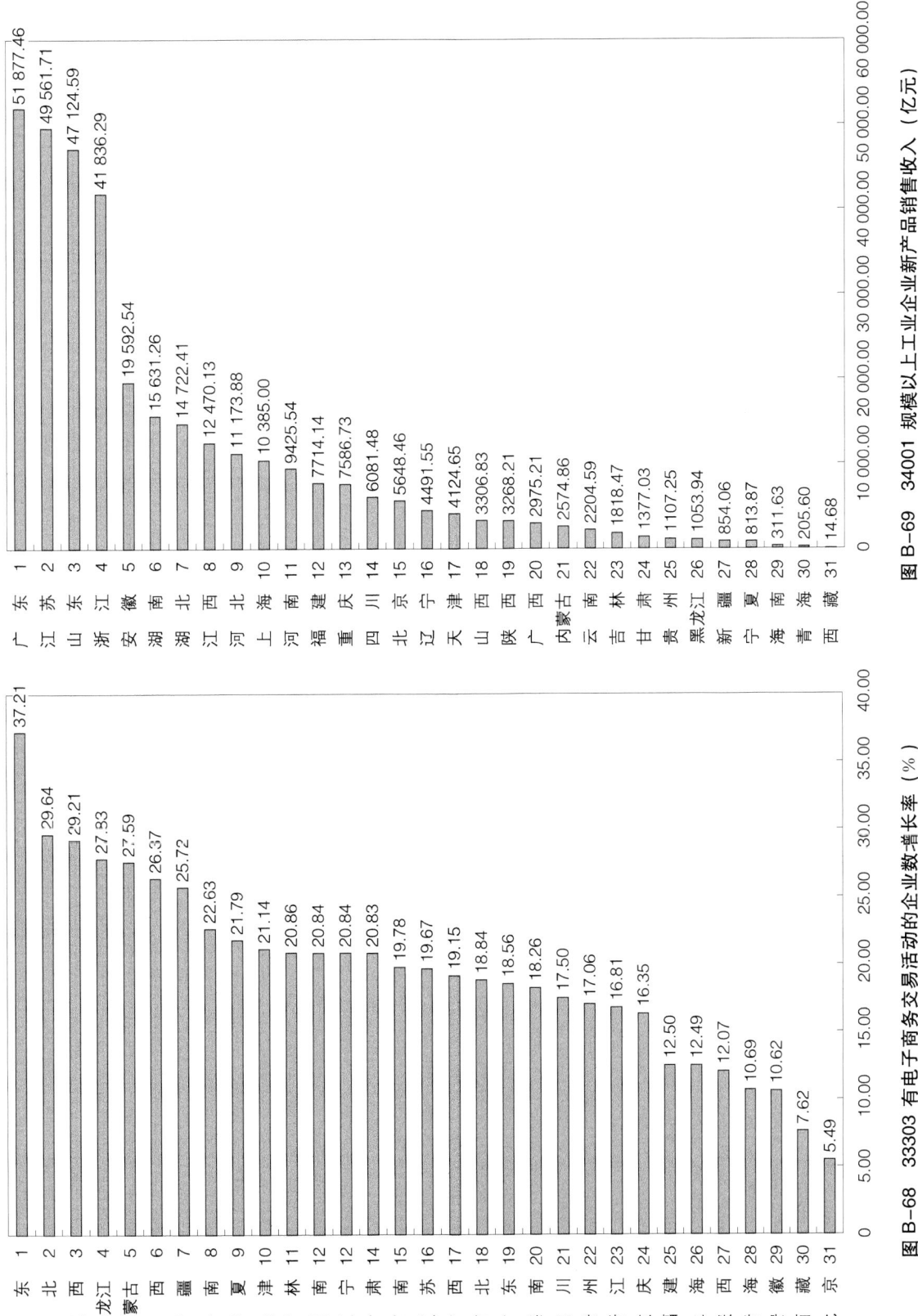

图 B-68 33303 有电子商务交易活动的企业数增长率（%）

图 B-69 34001 规模以上工业企业新产品销售收入（亿元）

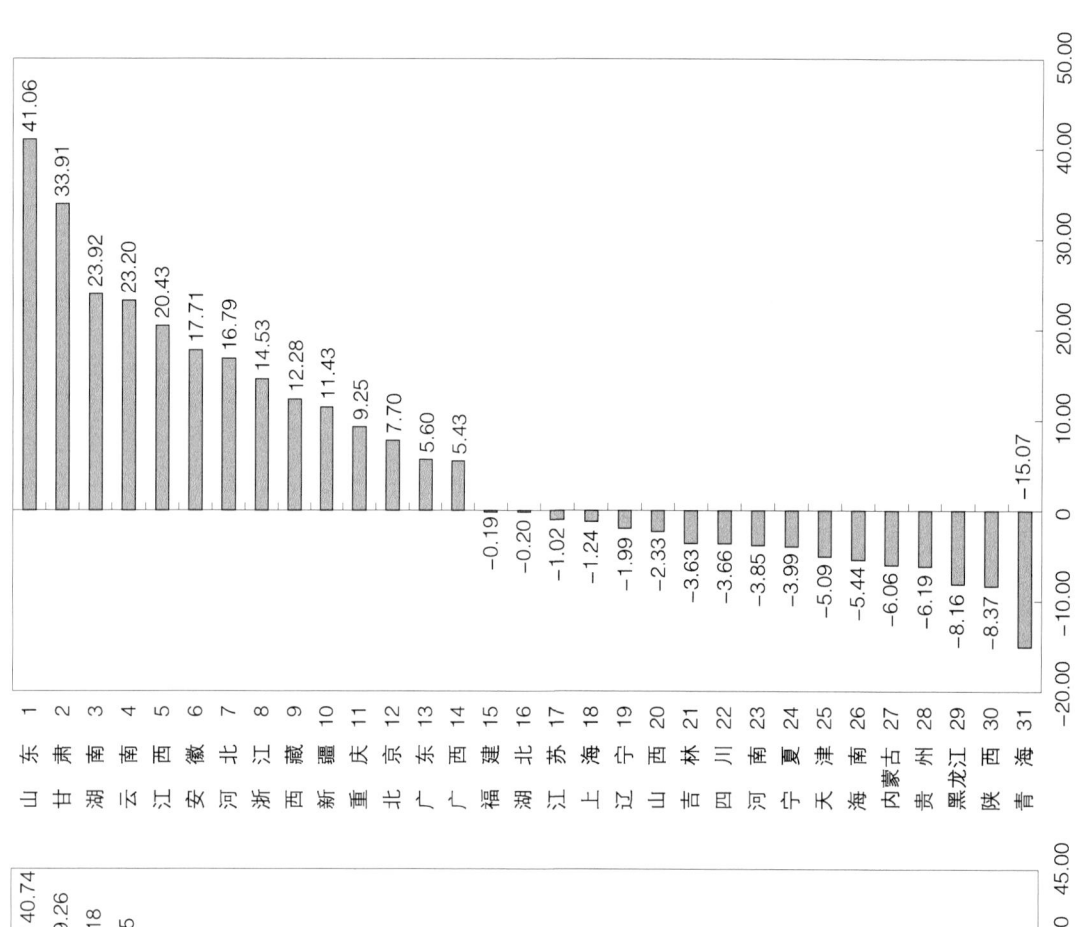

图 B-71　34003 规模以上工业企业新产品销售收入增长率（%）

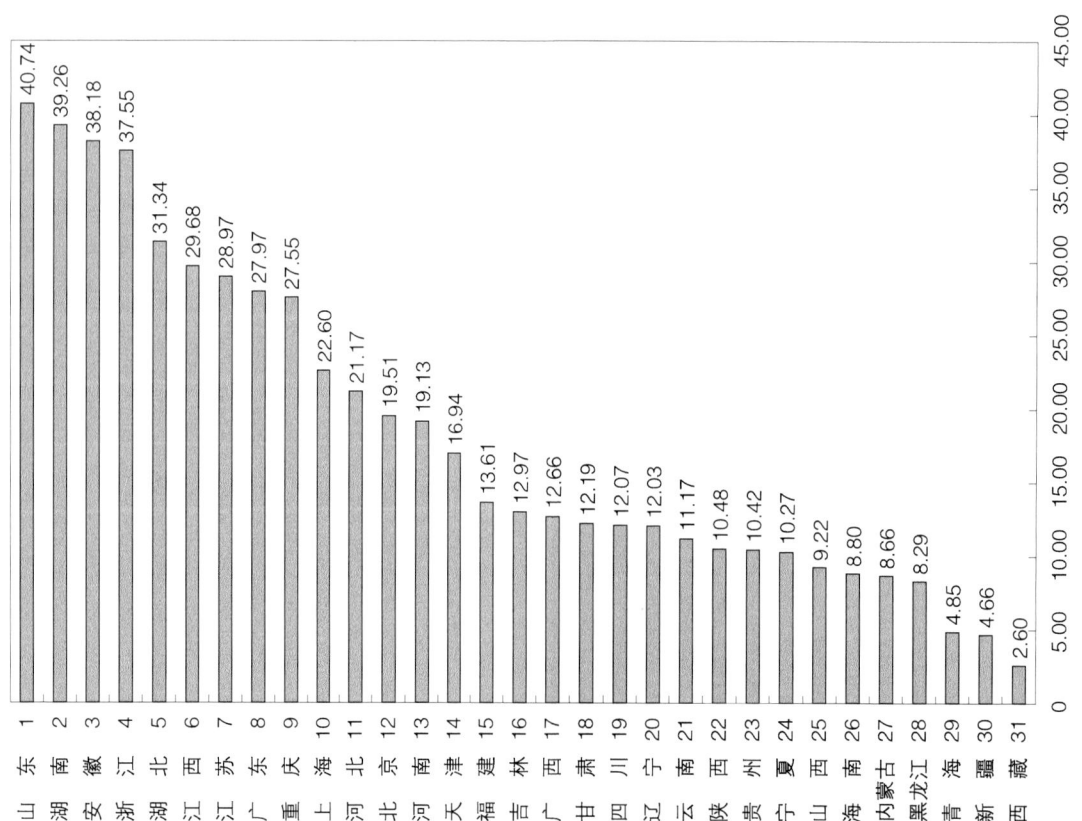

图 B-70　34002 规模以上工业企业新产品销售收入占营业收入的比重（%）

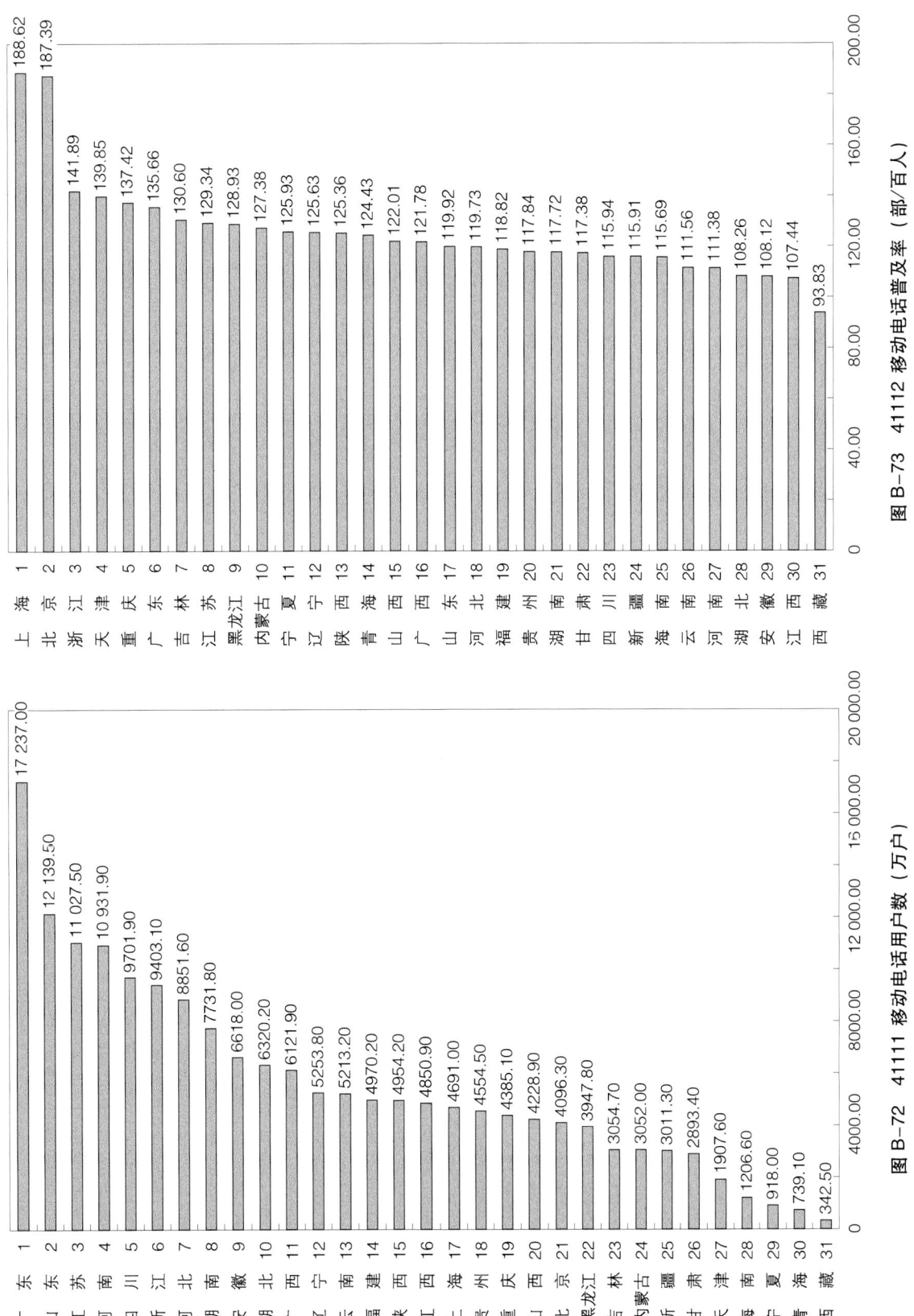

图 B-73 41112 移动电话普及率（部/百人）

图 B-72 41111 移动电话用户数（万户）

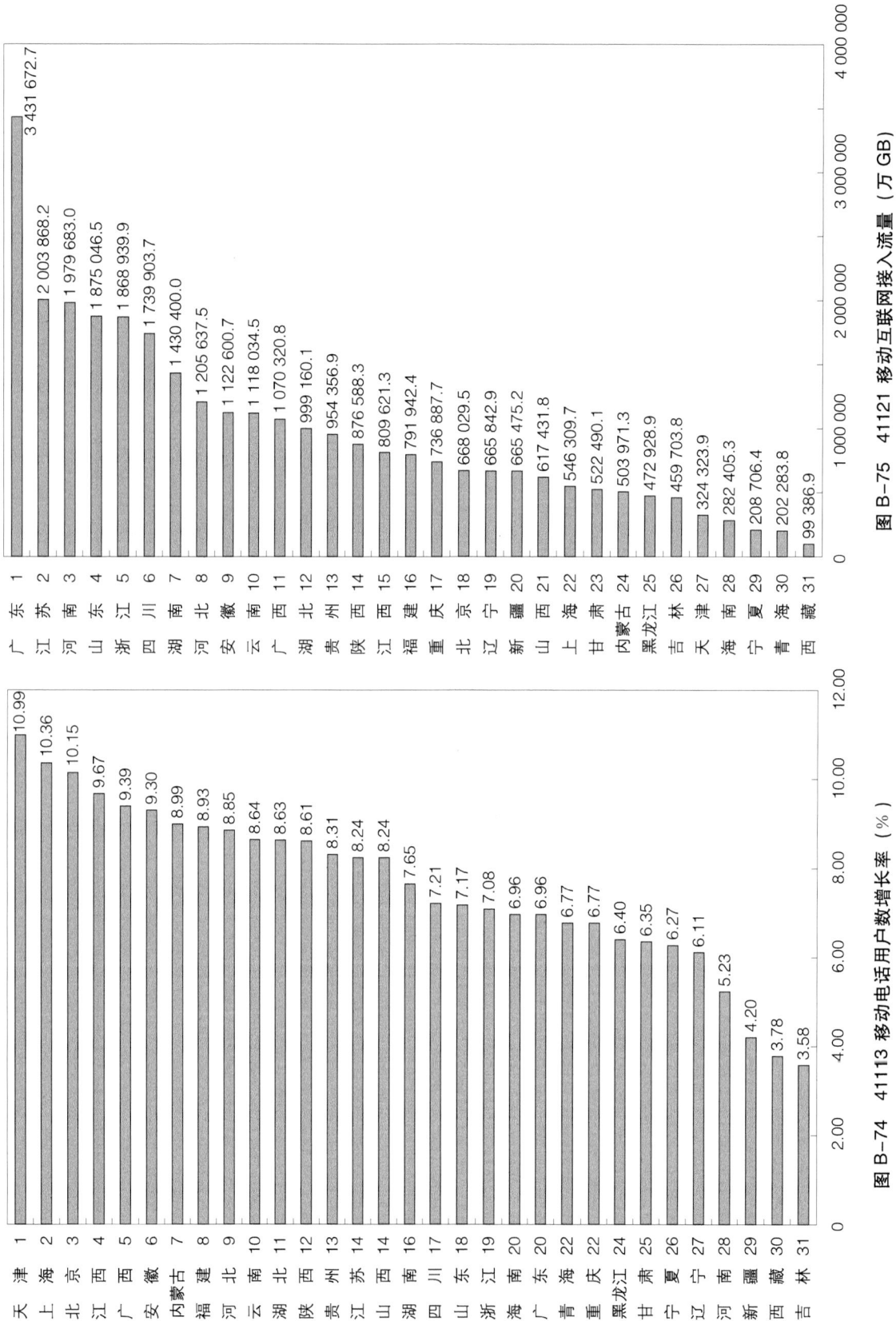

图 B-74 41113 移动电话用户数增长率（%）

图 B-75 41121 移动互联网接入流量（万 GB）

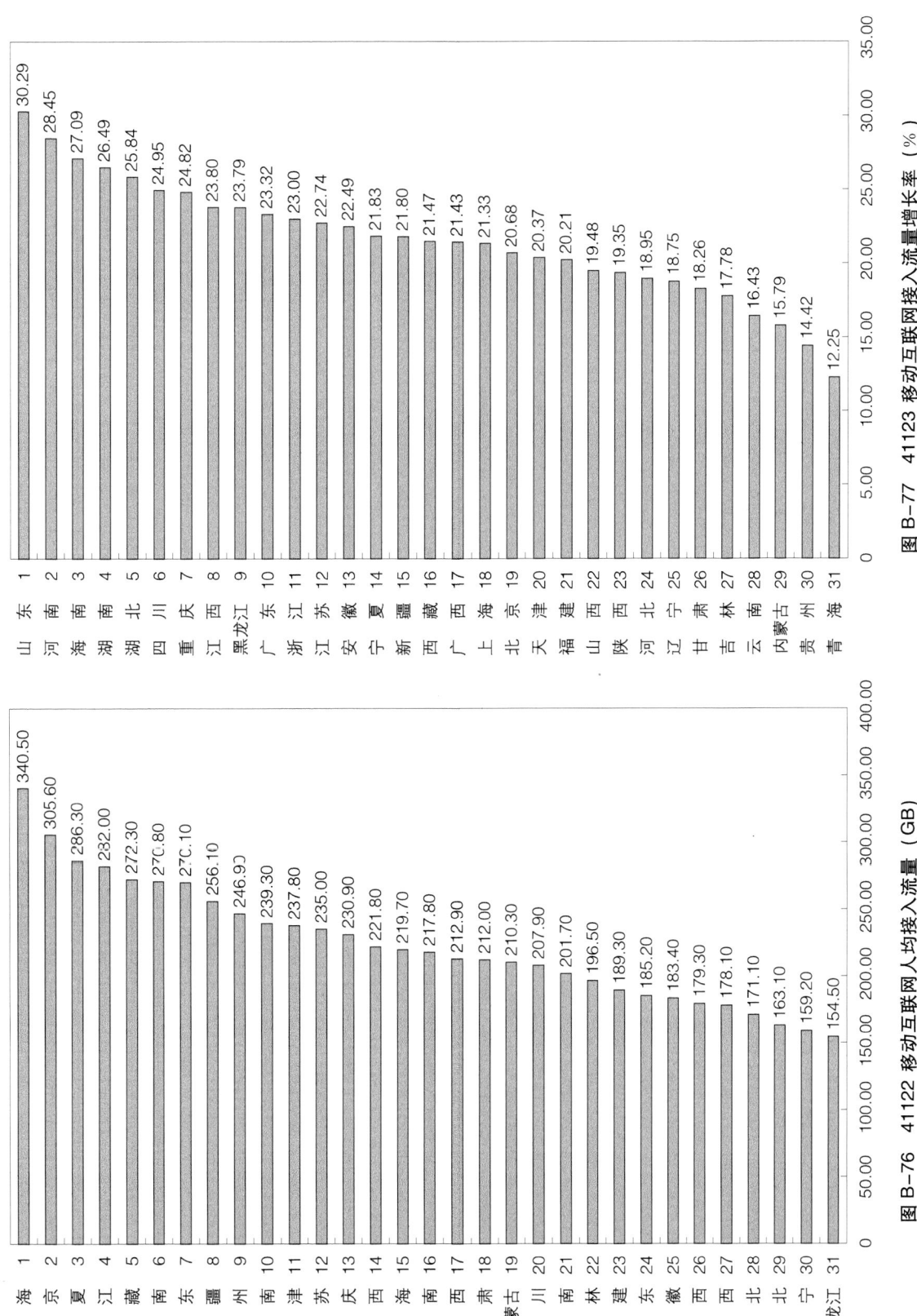

图 B-76　41122 移动互联网人均接入流量（GB）

图 B-77　41123 移动互联网接入流量增长率（%）

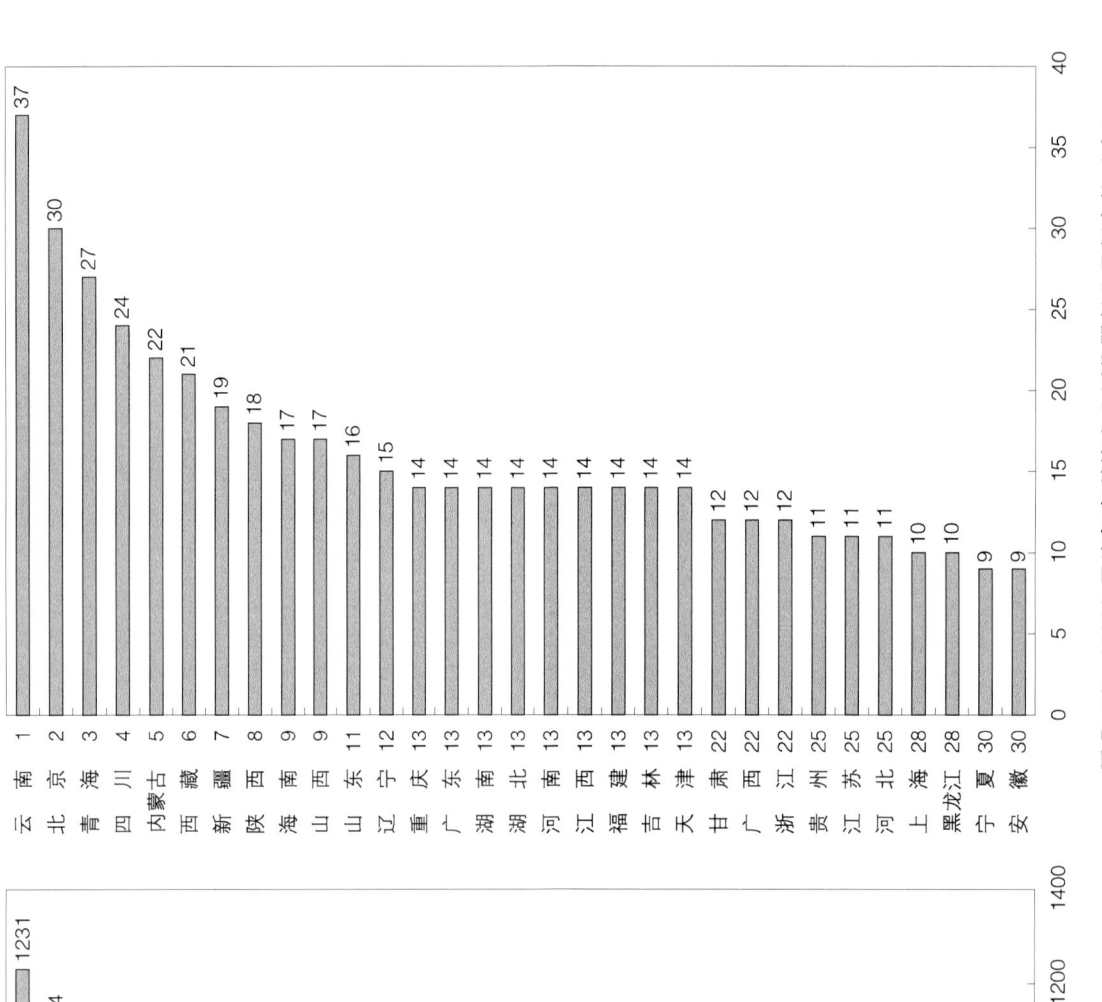

图 B-79 41212 平均每个科技企业孵化器创业导师人数（人）

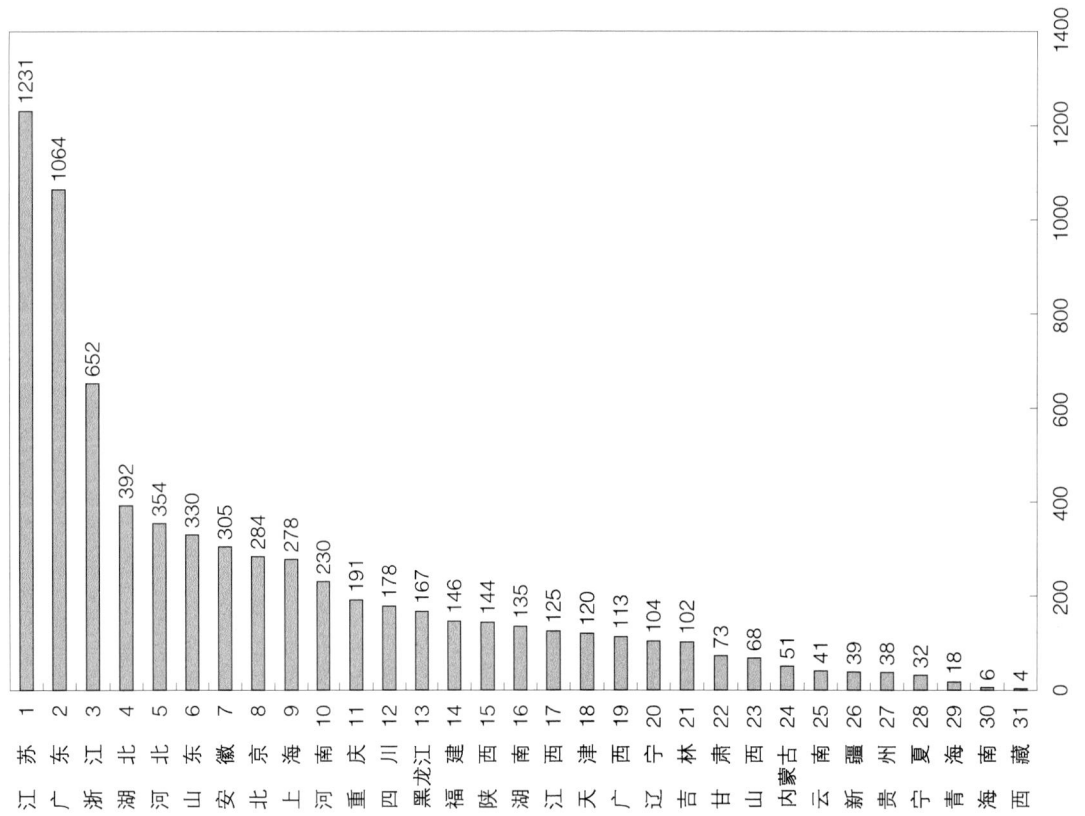

图 B-78 41211 科技企业孵化器数量（个）

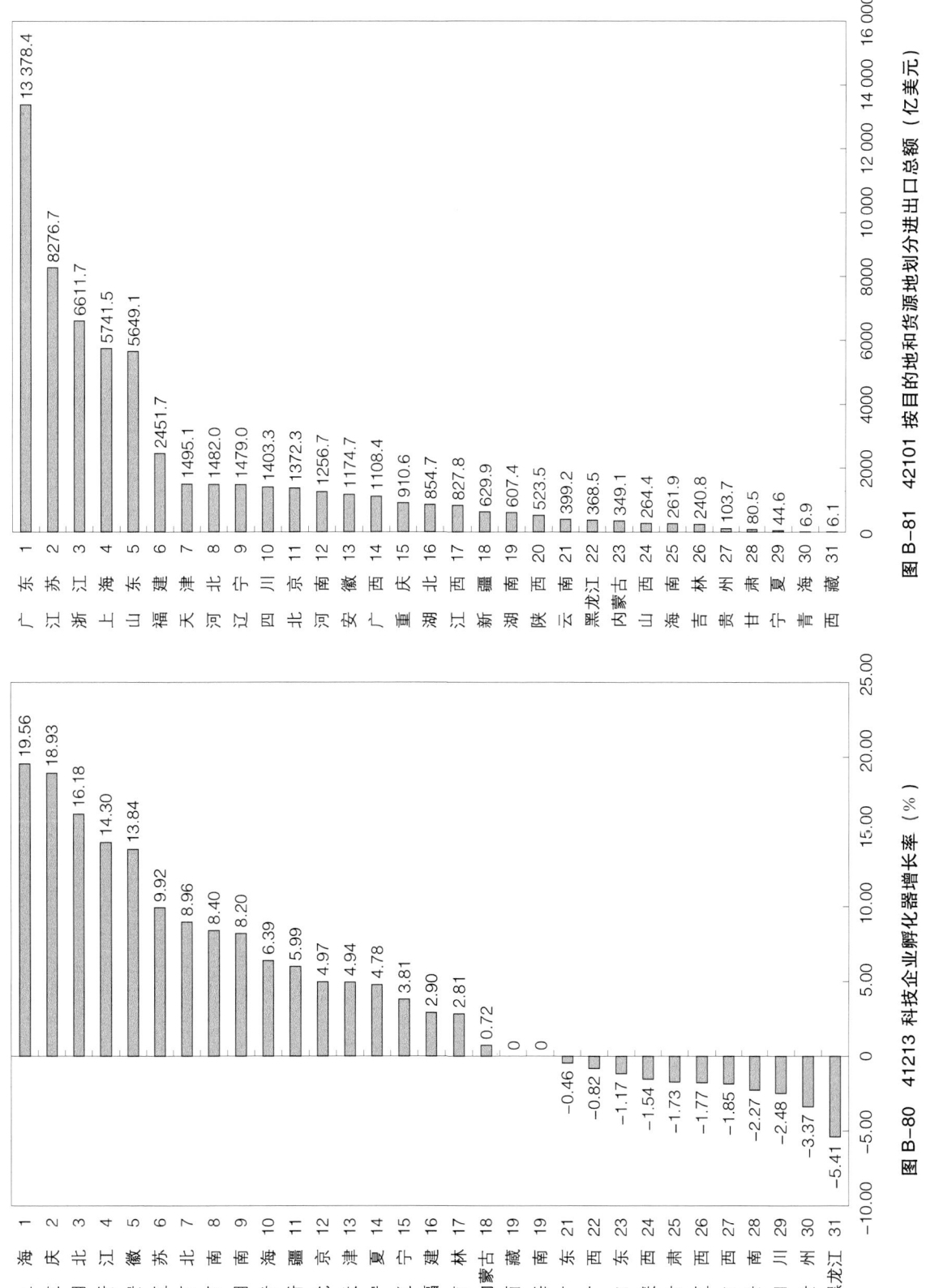

图 B-80　41213 科技企业孵化器增长率（%）

图 B-81　42101 按目的地和货源地划分进出口总额（亿美元）

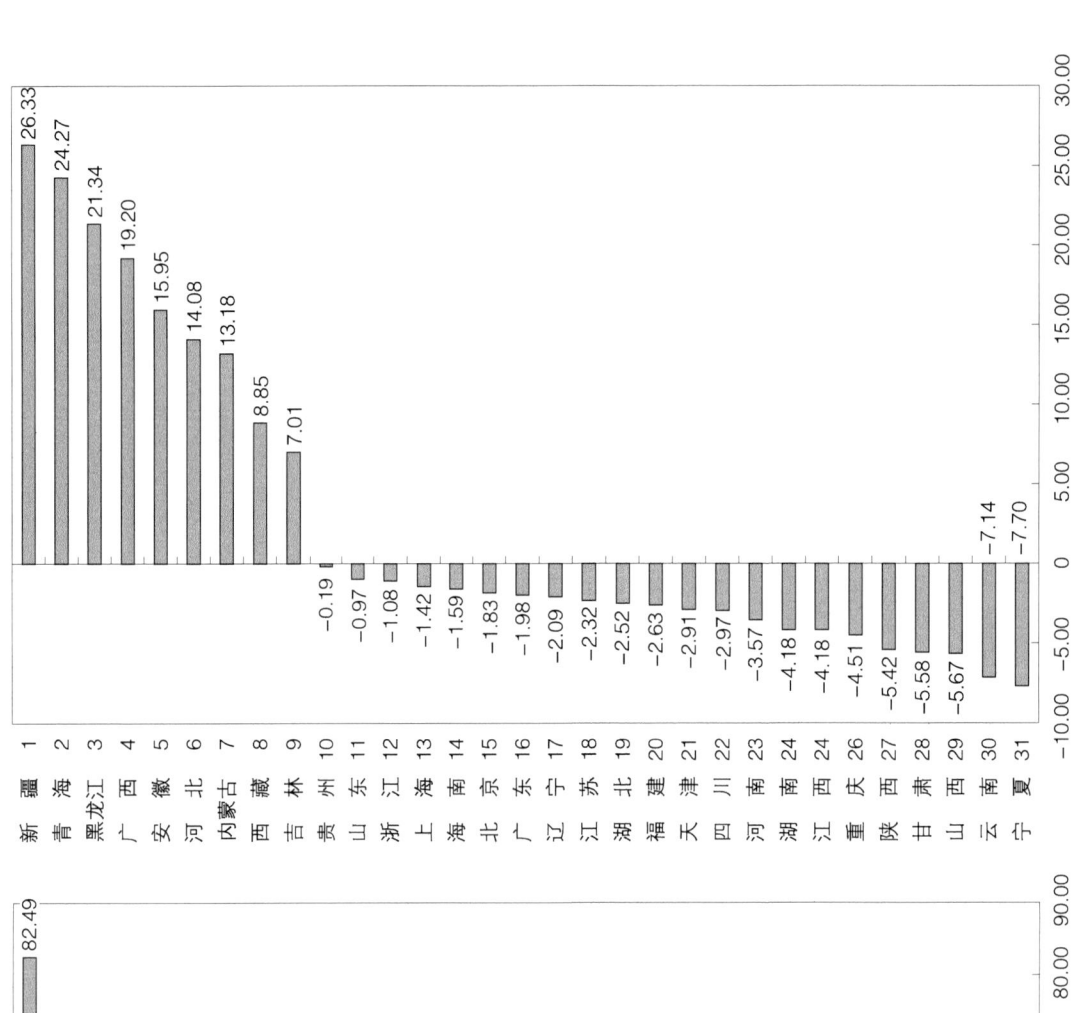

图 B-82 42102 按目的地和货源地划分进出口总额占 GDP 比重（%）

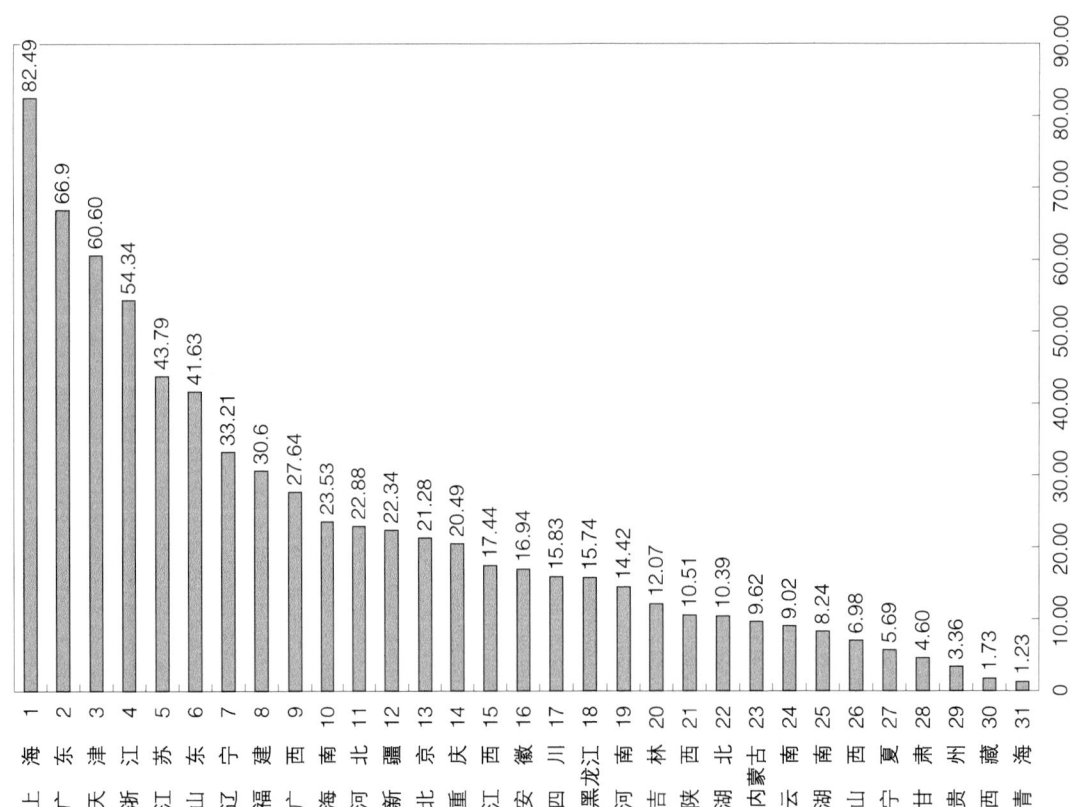

图 B-83 42103 按目的地和货源地划分进出口总额增长率（%）

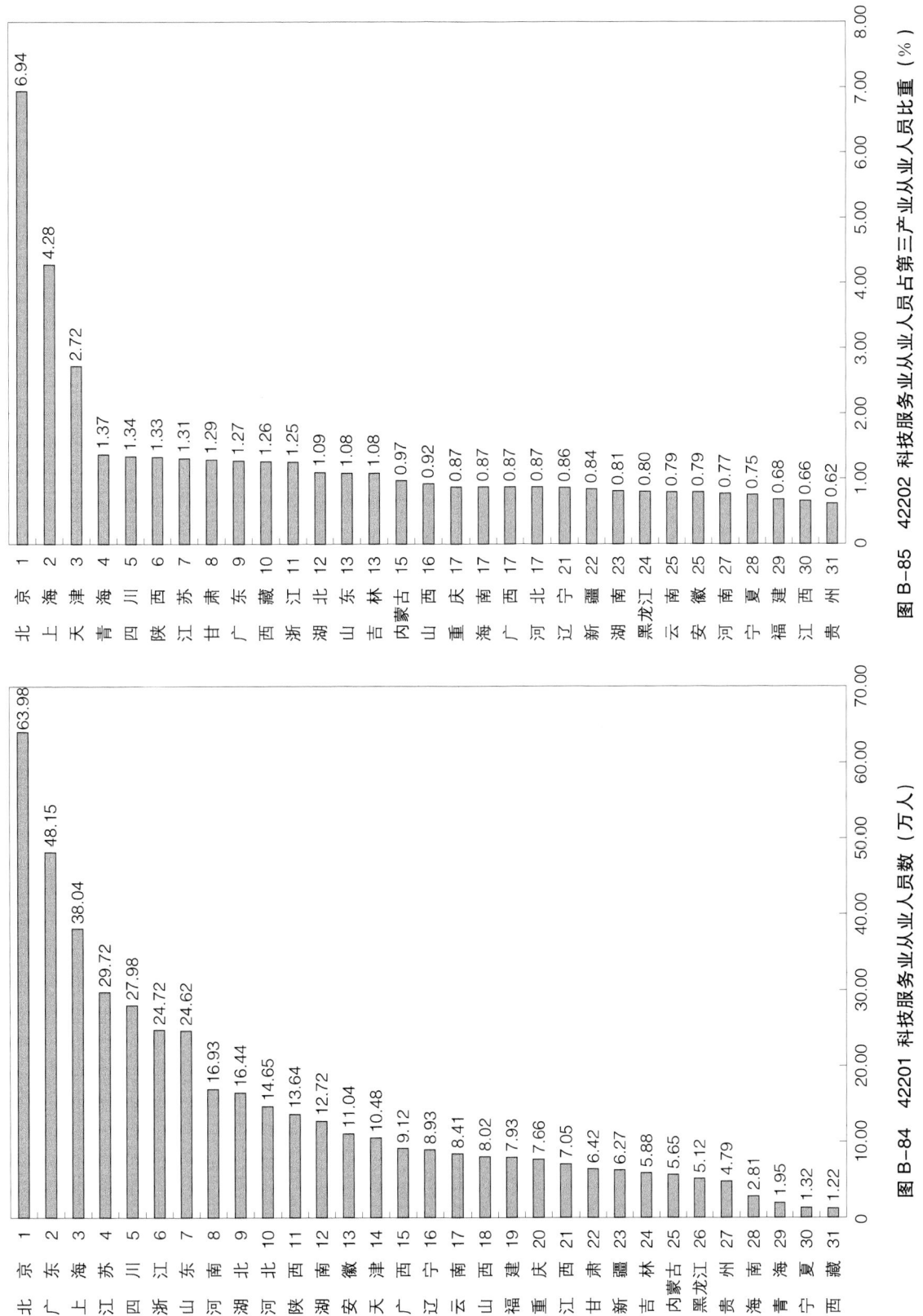

图 B-84　42201 科技服务业从业人员数（万人）

图 B-85　42202 科技服务业从业人员占第三产业从业人员比重（%）

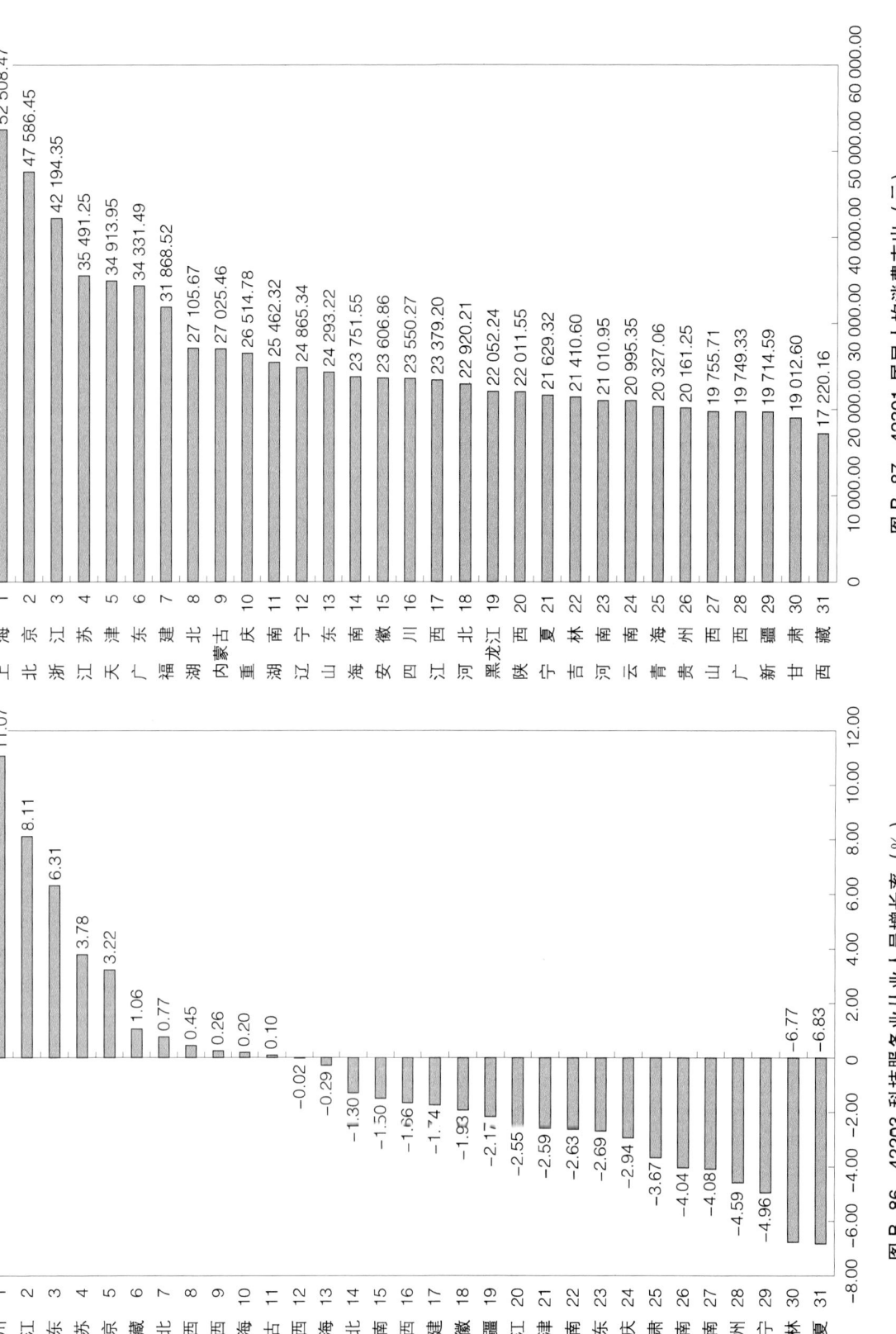

图 B-86　42203 科技服务业从业人员增长率（%）

图 B-87　42301 居民人均消费支出（元）

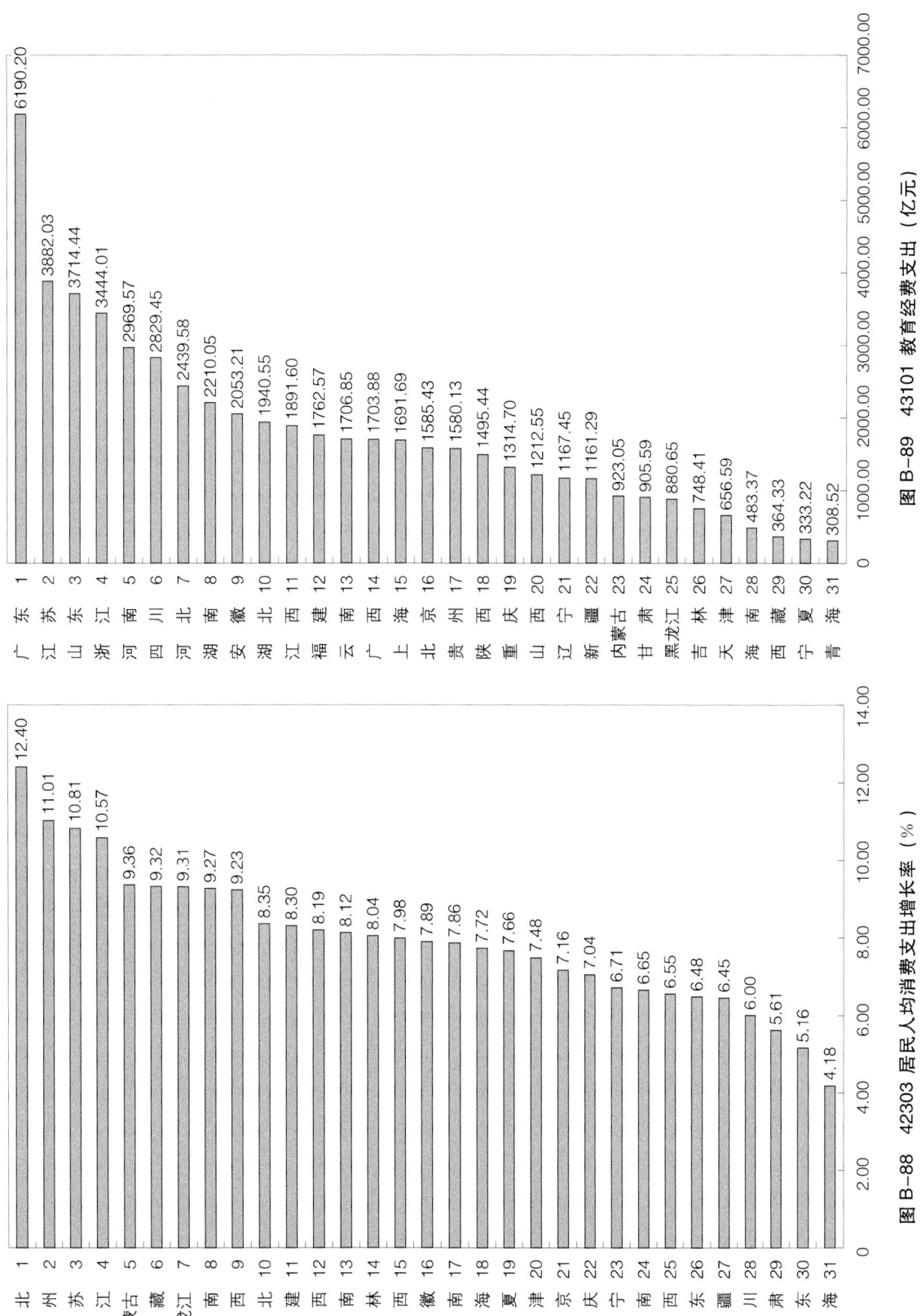

图 B-88 42303 居民人均消费支出增长率（%）

图 B-89 43101 教育经费支出（亿元）

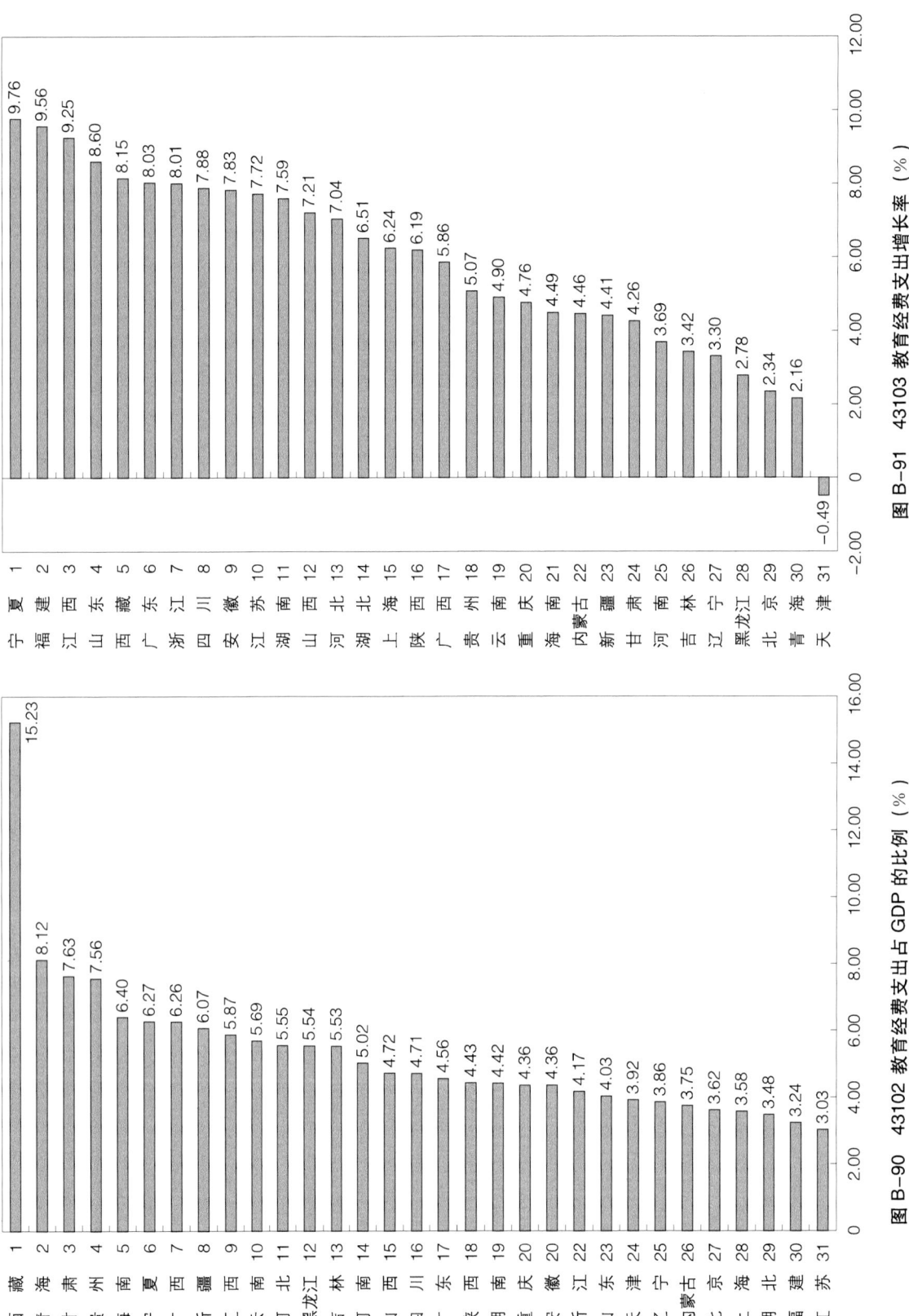

图 B-90 43102 教育经费支出占 GDP 的比例（%）

图 B-91 43103 教育经费支出增长率（%）

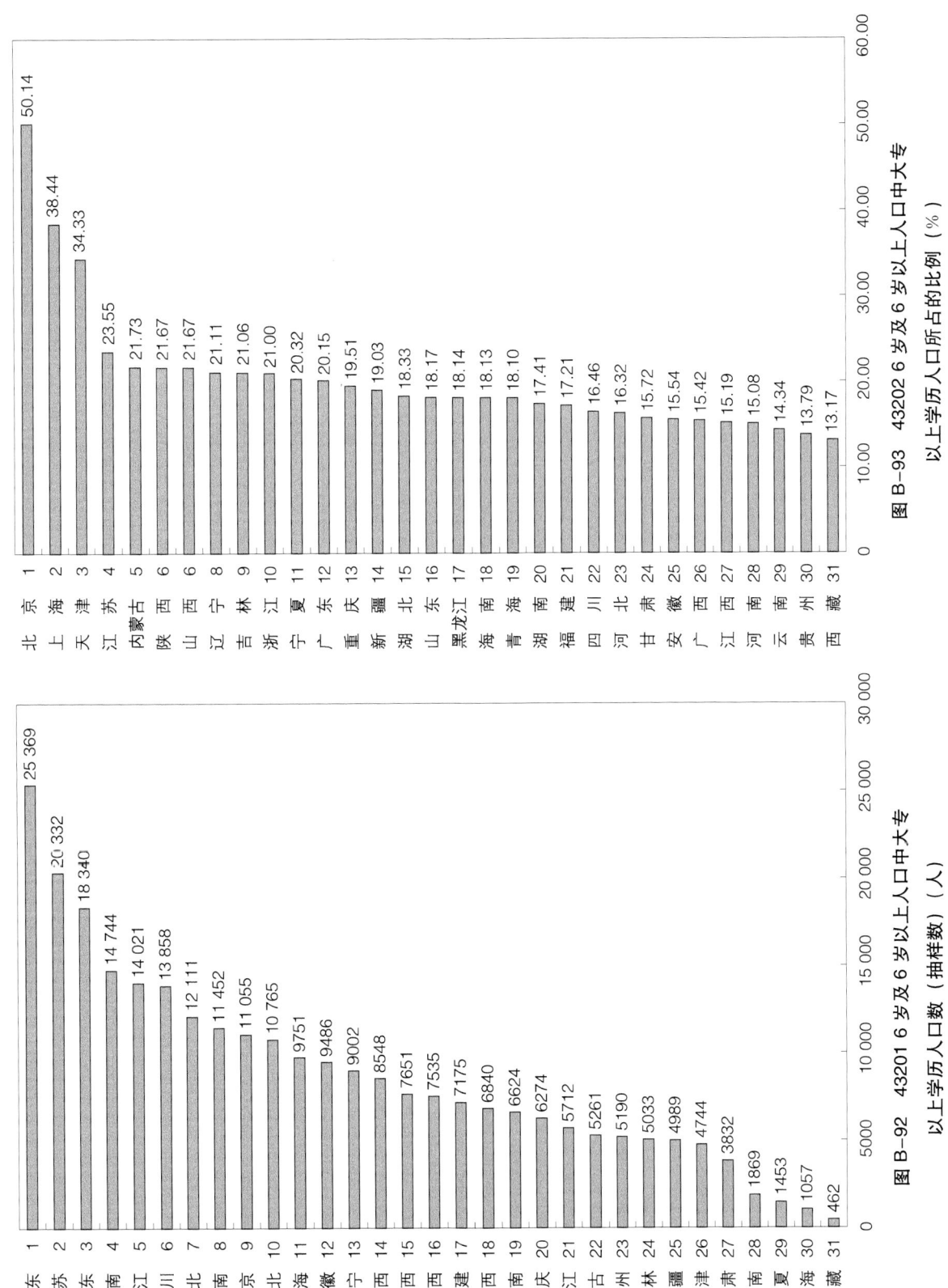

图 B-92 43201 6岁及6岁以上人口中大专以上学历人口数（抽样数）（人）

图 B-93 43202 6岁及6岁以上人口中大专以上学历人口所占的比例（%）

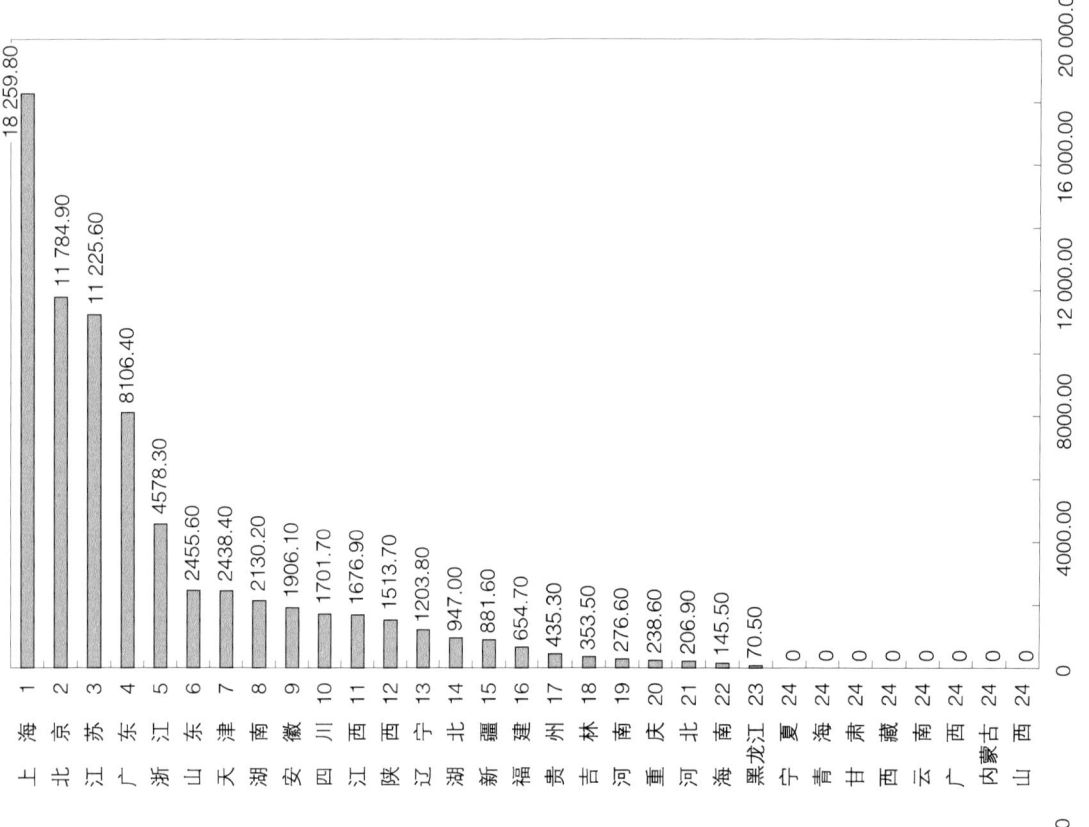

图 B-95 44111 科创板上市公司市值（亿元）

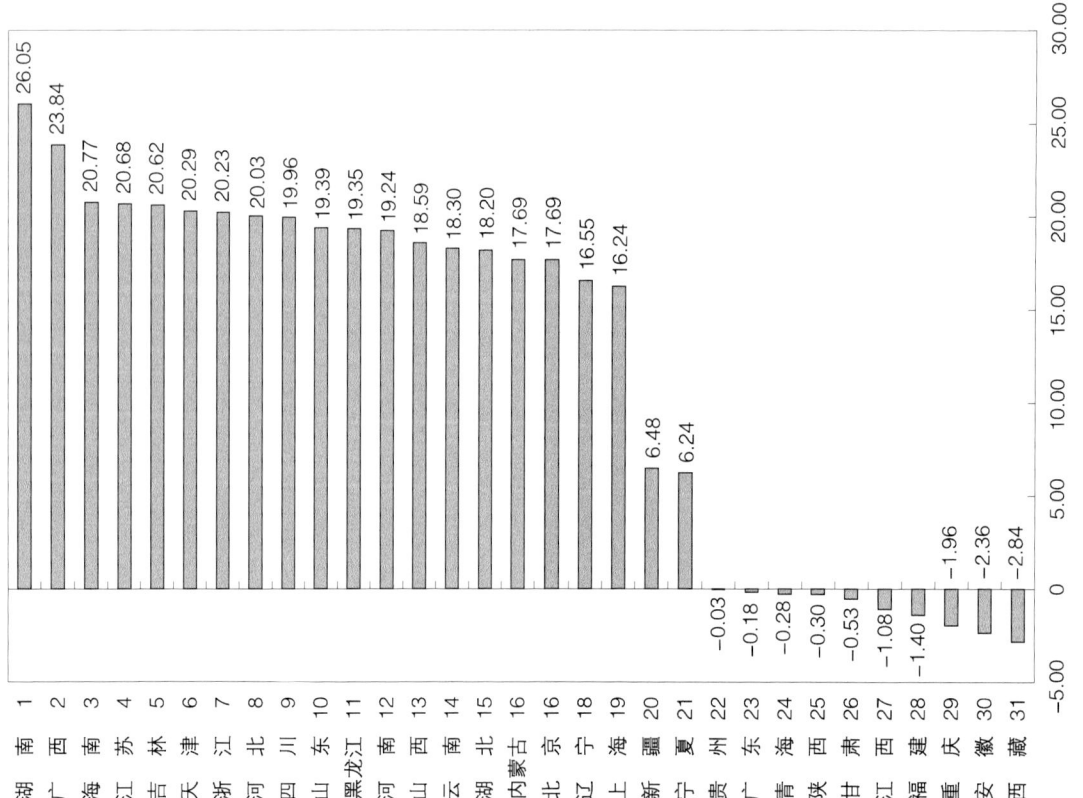

图 B-94 43203 6 岁及 6 岁以上人口中大专以上学历人口增长率（%）

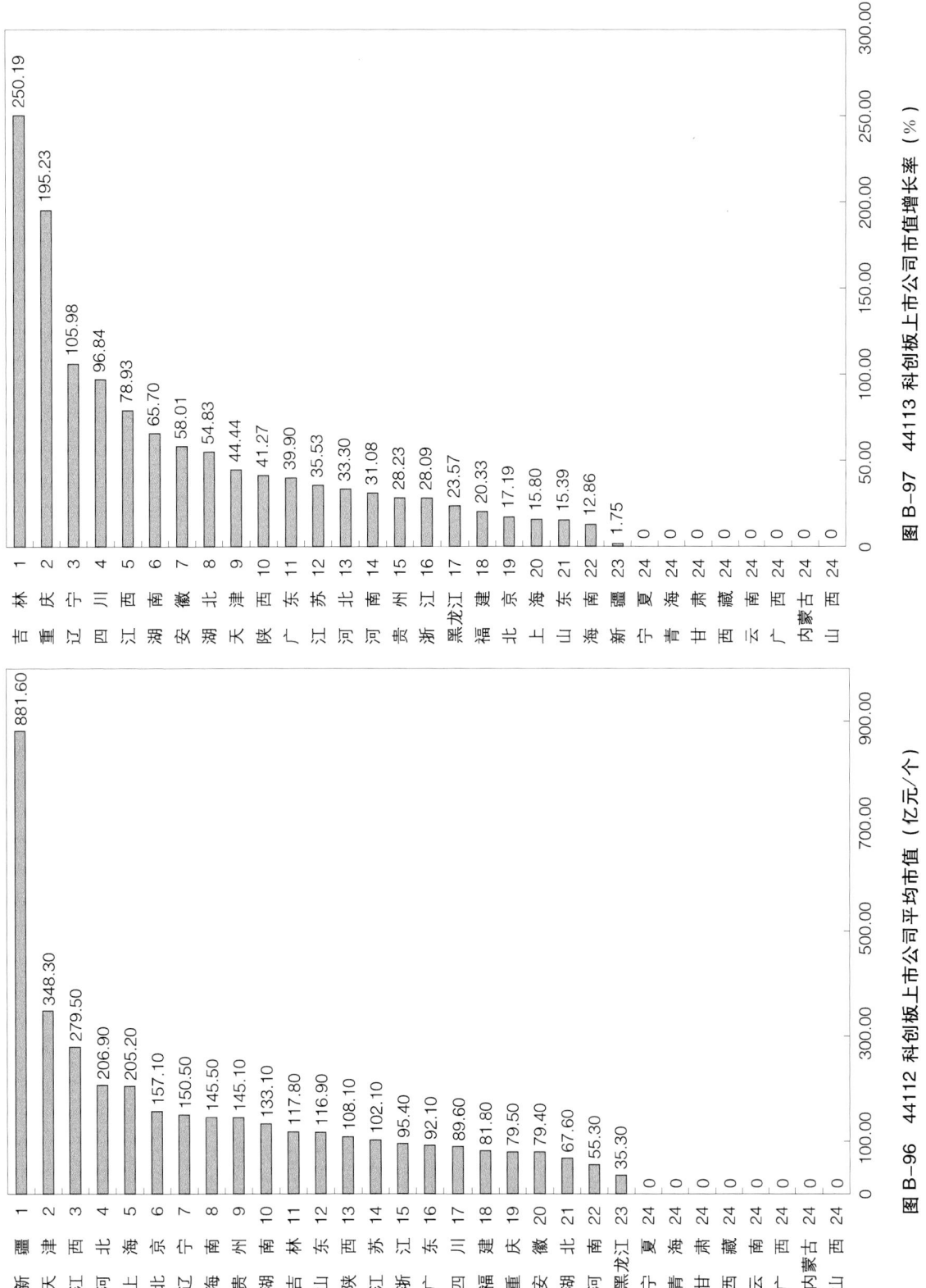

图 B-96 44112 科创板上市公司平均市值（亿元/个）

图 B-97 44113 科创板上市公司市值增长率（%）

中国区域创新能力评价报告 2025

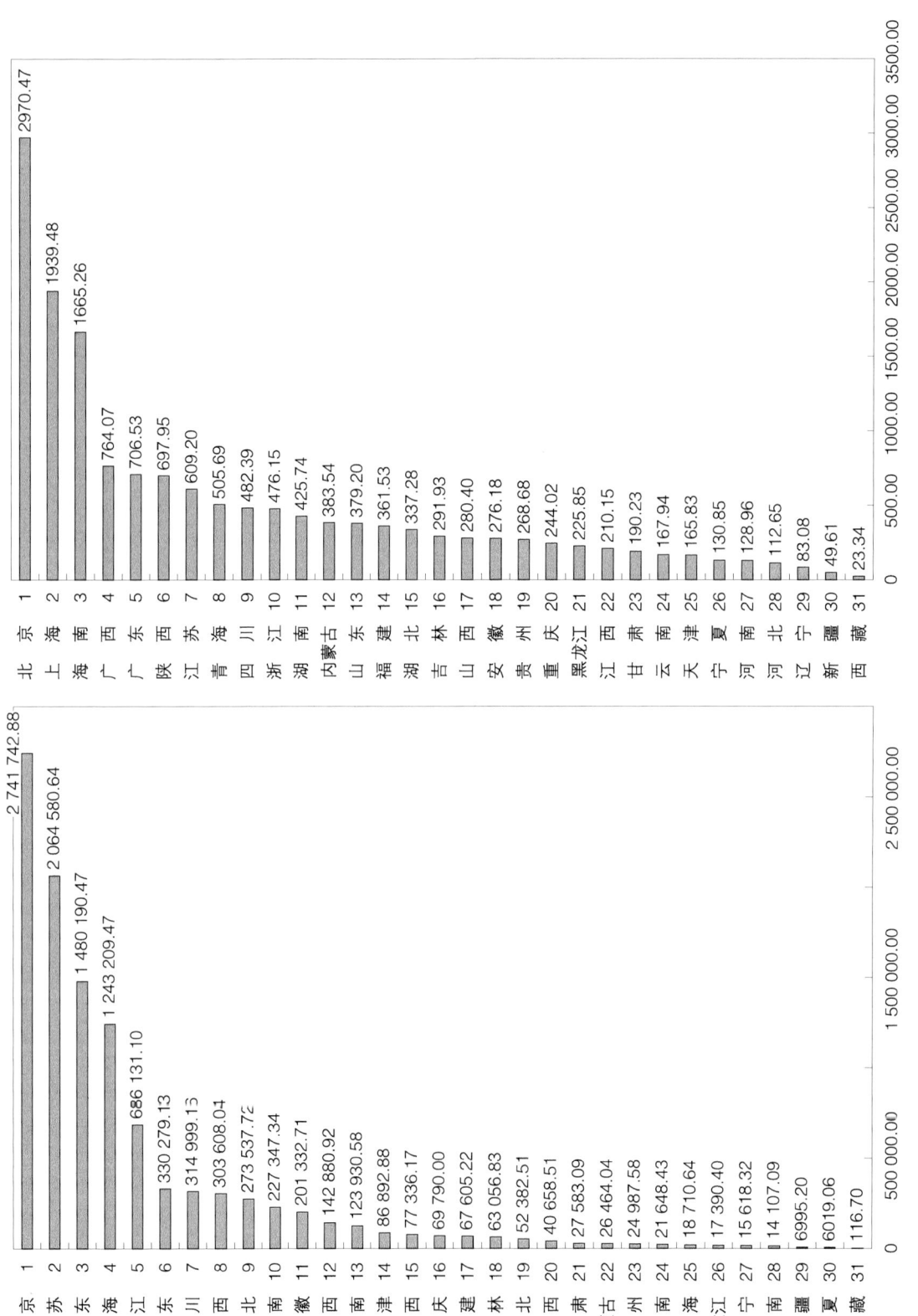

图 B-98 44211 科技企业孵化器当年获风险投资额（万元）

图 B-99 44212 科技企业孵化器当年获风险投资强度（万元/项）

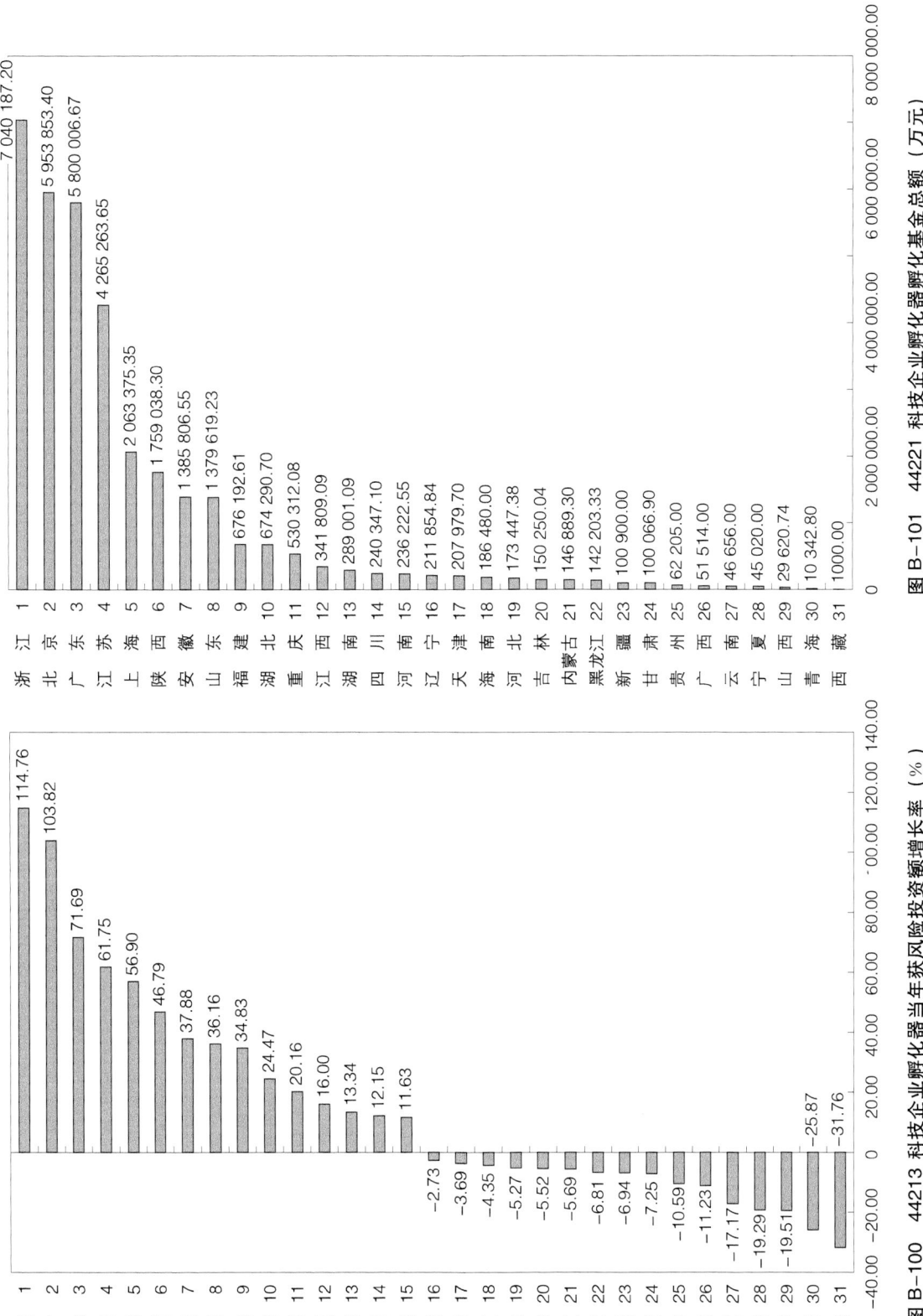

图 B-100 44213 科技企业孵化器当年获风险投资额增长率（%）

图 B-101 44221 科技企业孵化器孵化基金总额（万元）

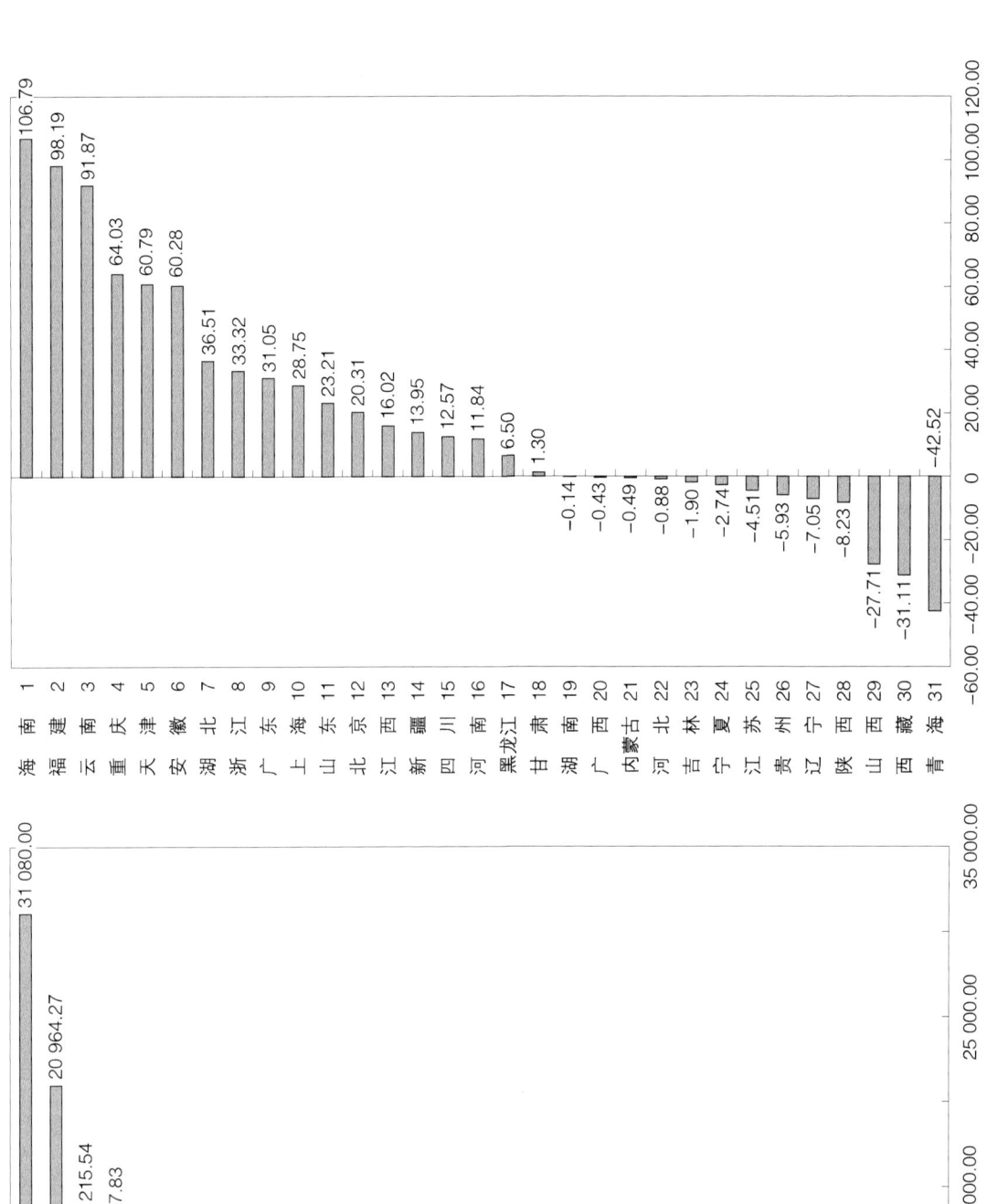

图 B-102　44222 平均每个科技企业孵化器孵化基金额（万元）

图 B-103　44223 科技企业孵化器孵化基金总额增长率（%）

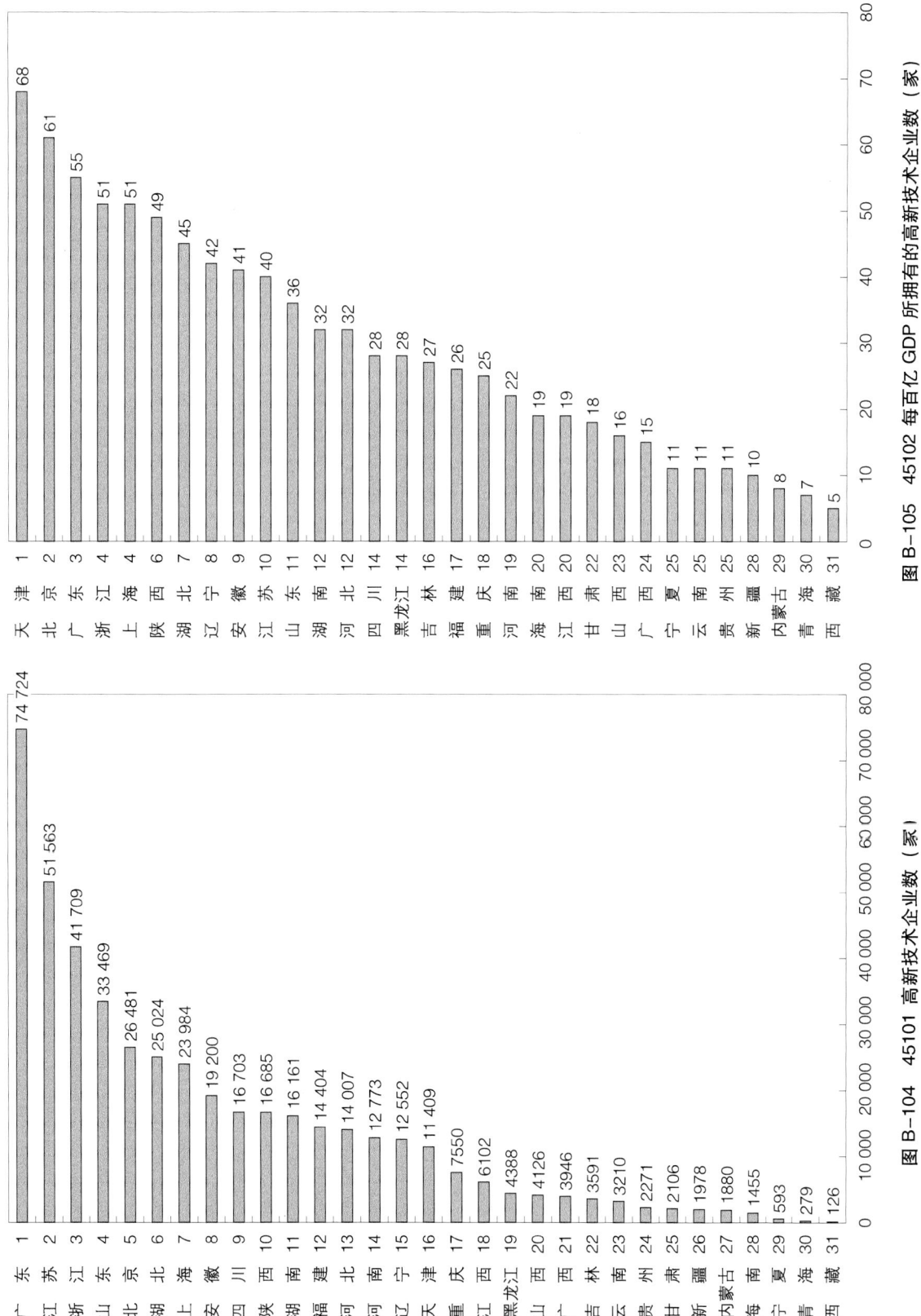

图 B-104　45101 高新技术企业数（家）

图 B-105　45102 每百亿 GDP 所拥有的高新技术企业数（家）

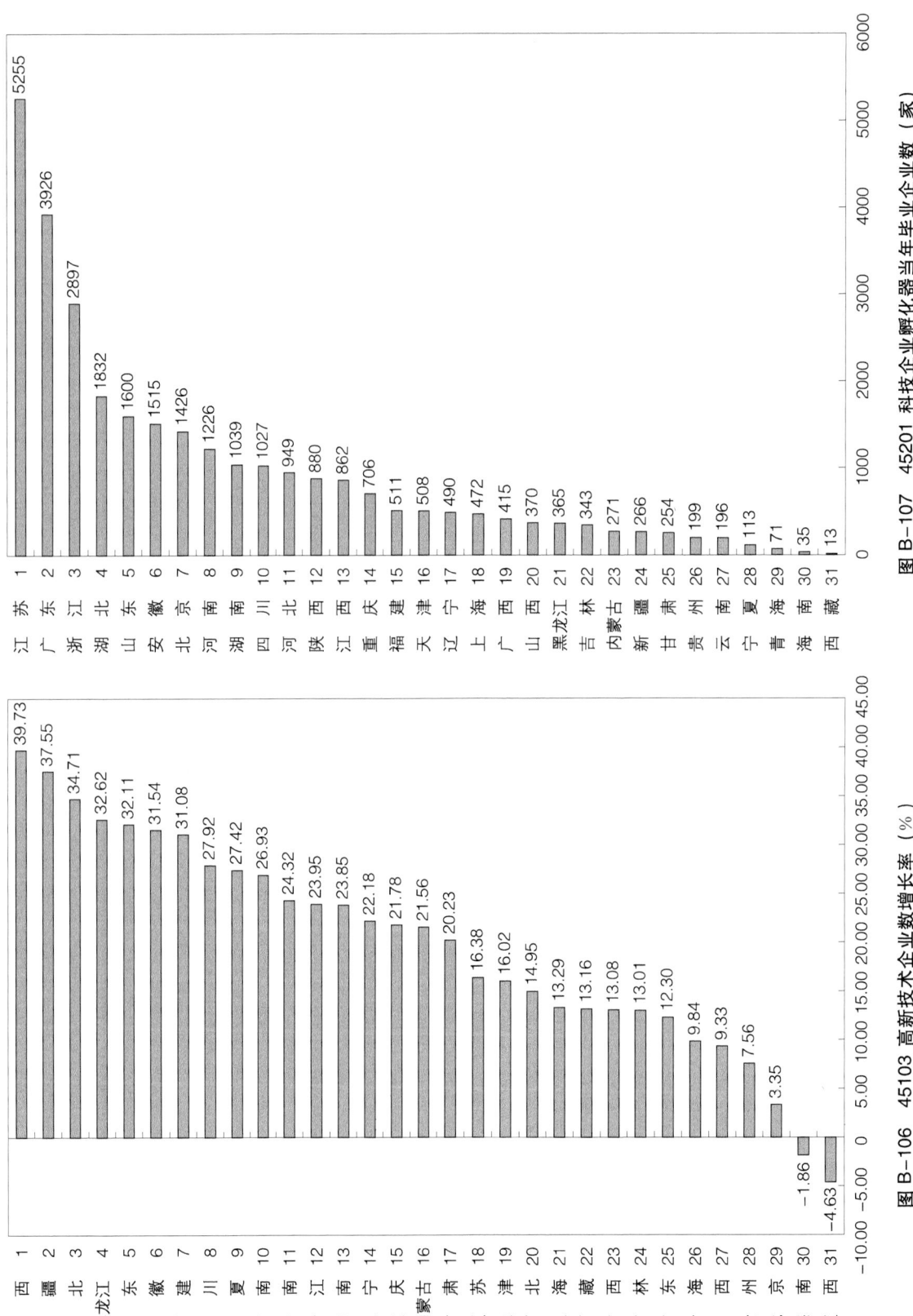

图 B-106 45103 高新技术企业数增长率 (%)

图 B-107 45201 科技企业孵化器当年毕业企业数 (家)

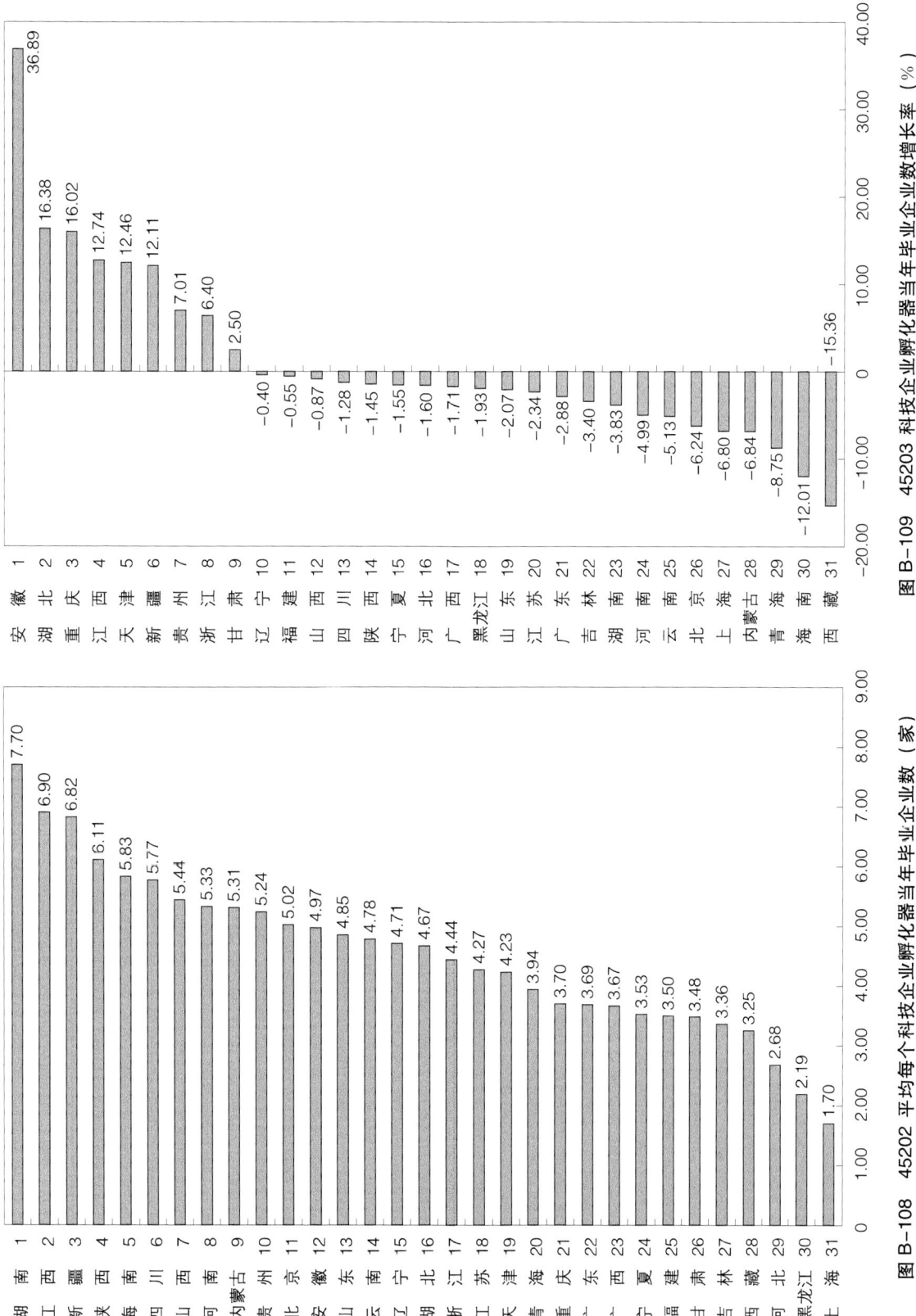

图 B-108　45202 平均每个科技企业孵化器当年毕业企业数（家）　　图 B-109　45203 科技企业孵化器当年毕业企业数增长率（%）

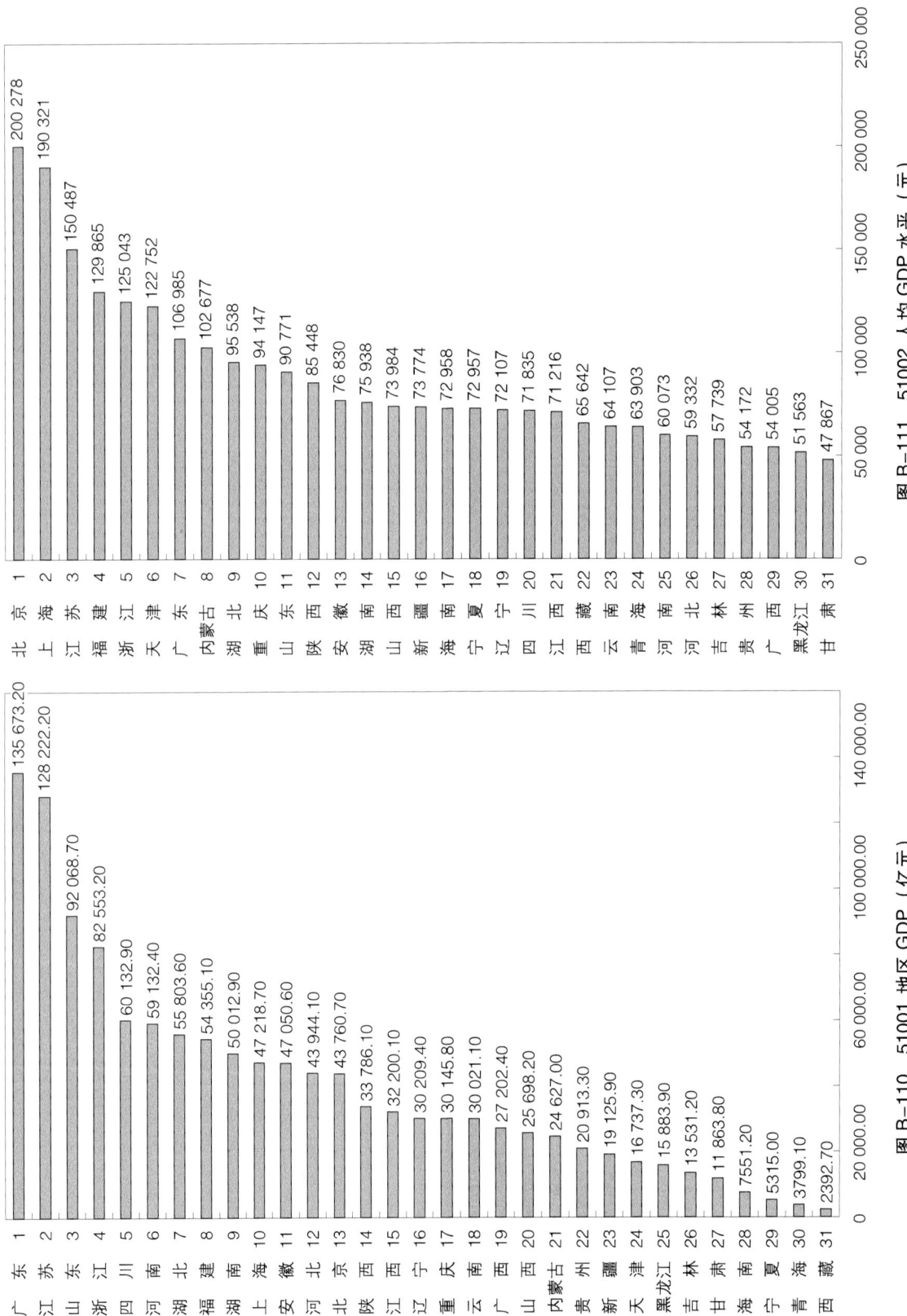

图 B-110 51001 地区 GDP（亿元）

图 B-111 51002 人均 GDP 水平（元）

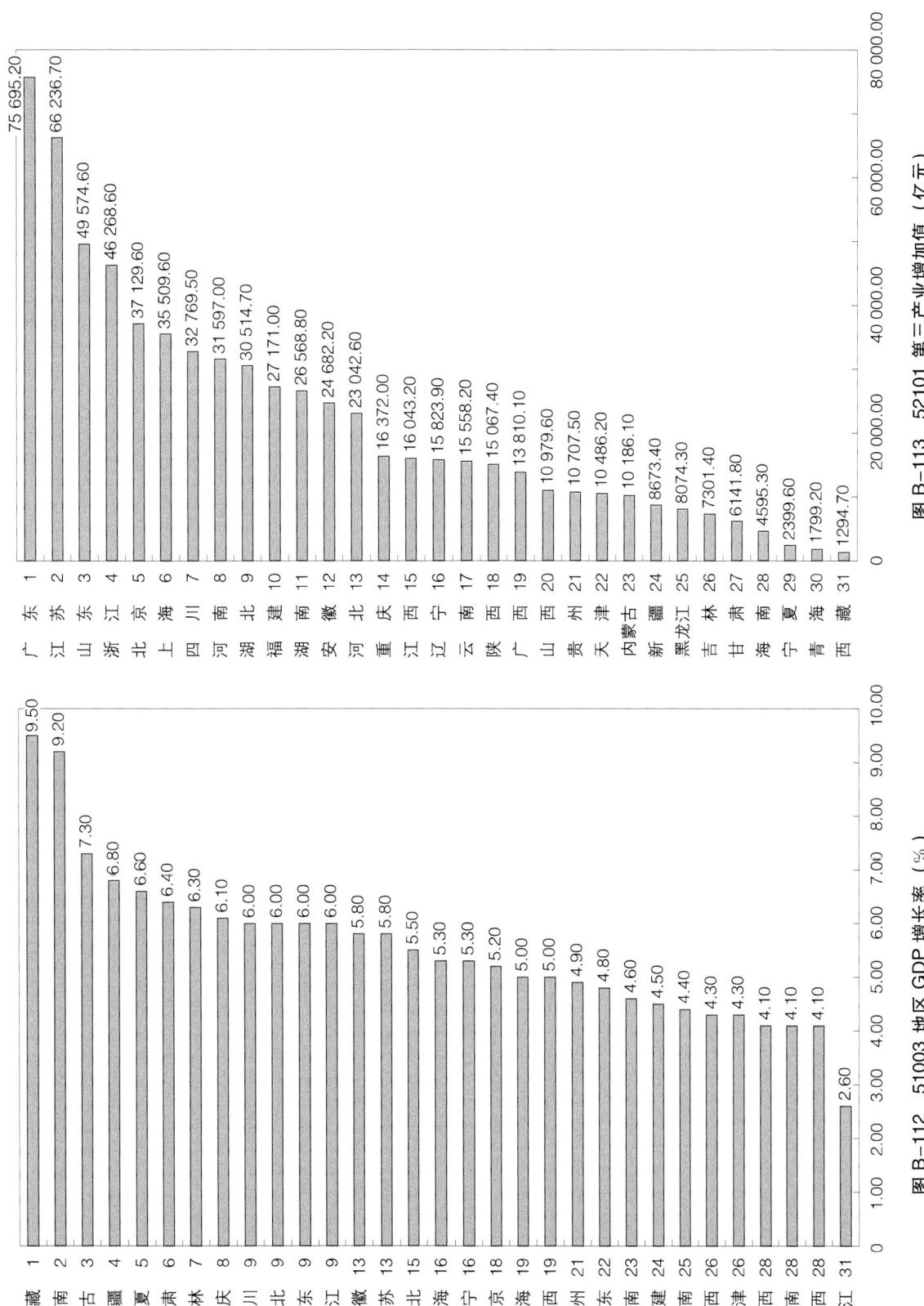

图 B-112　51003 地区 GDP 增长率（%）

图 B-113　52101 第三产业增加值（亿元）

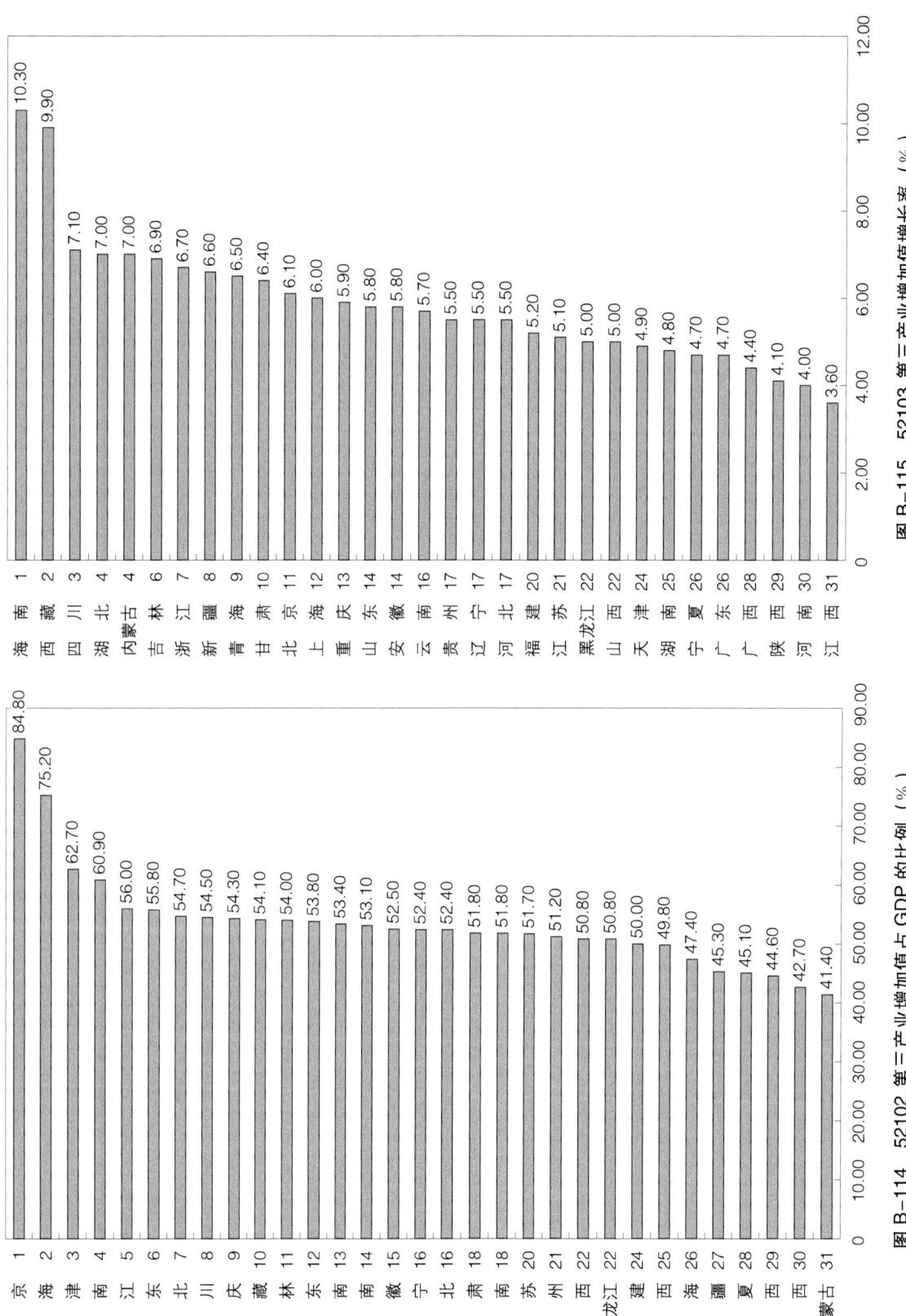

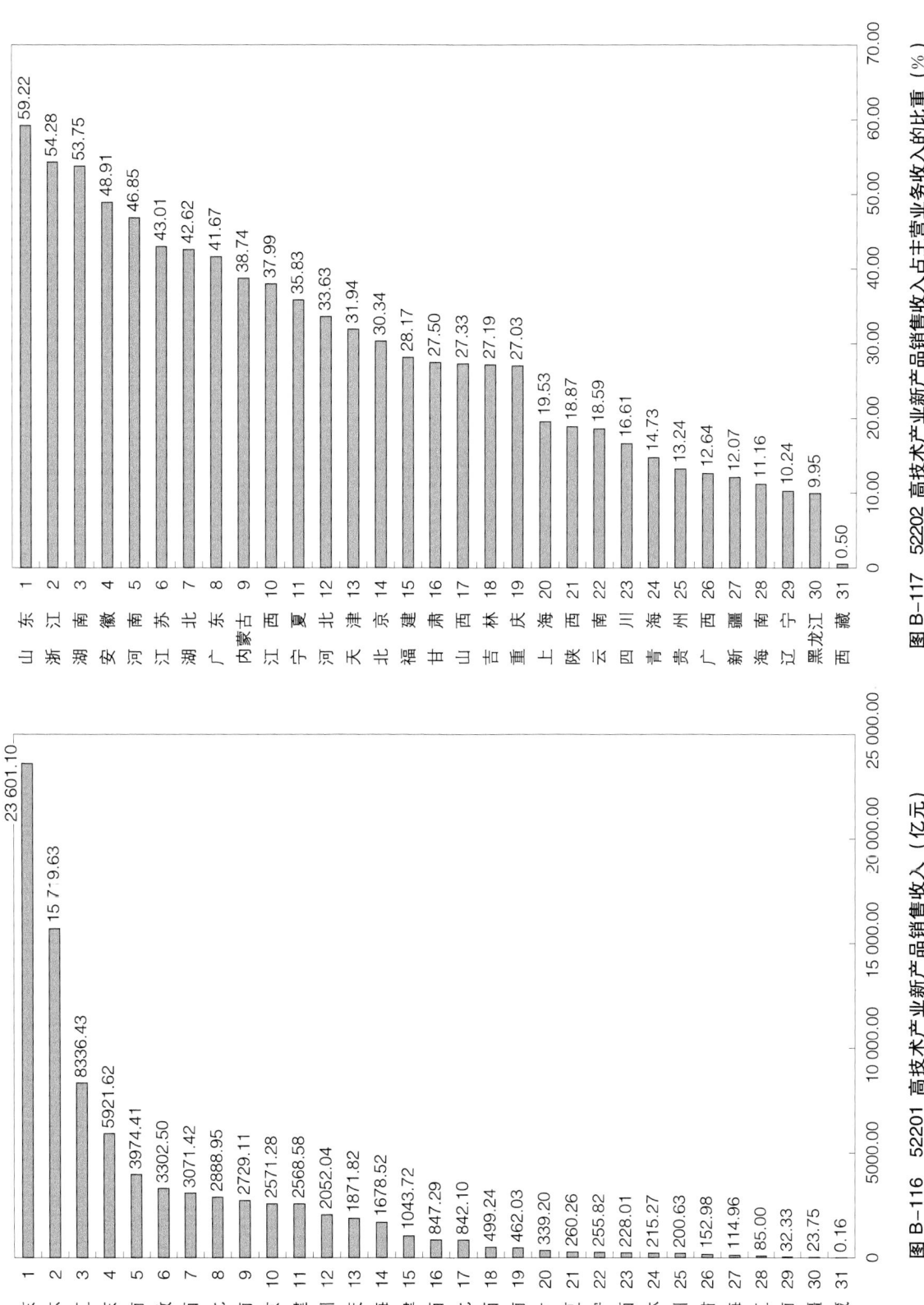

图 B-116　52201 高技术产业新产品销售收入（亿元）

图 B-117　52202 高技术产业新产品销售收入占主营业务收入的比重（%）

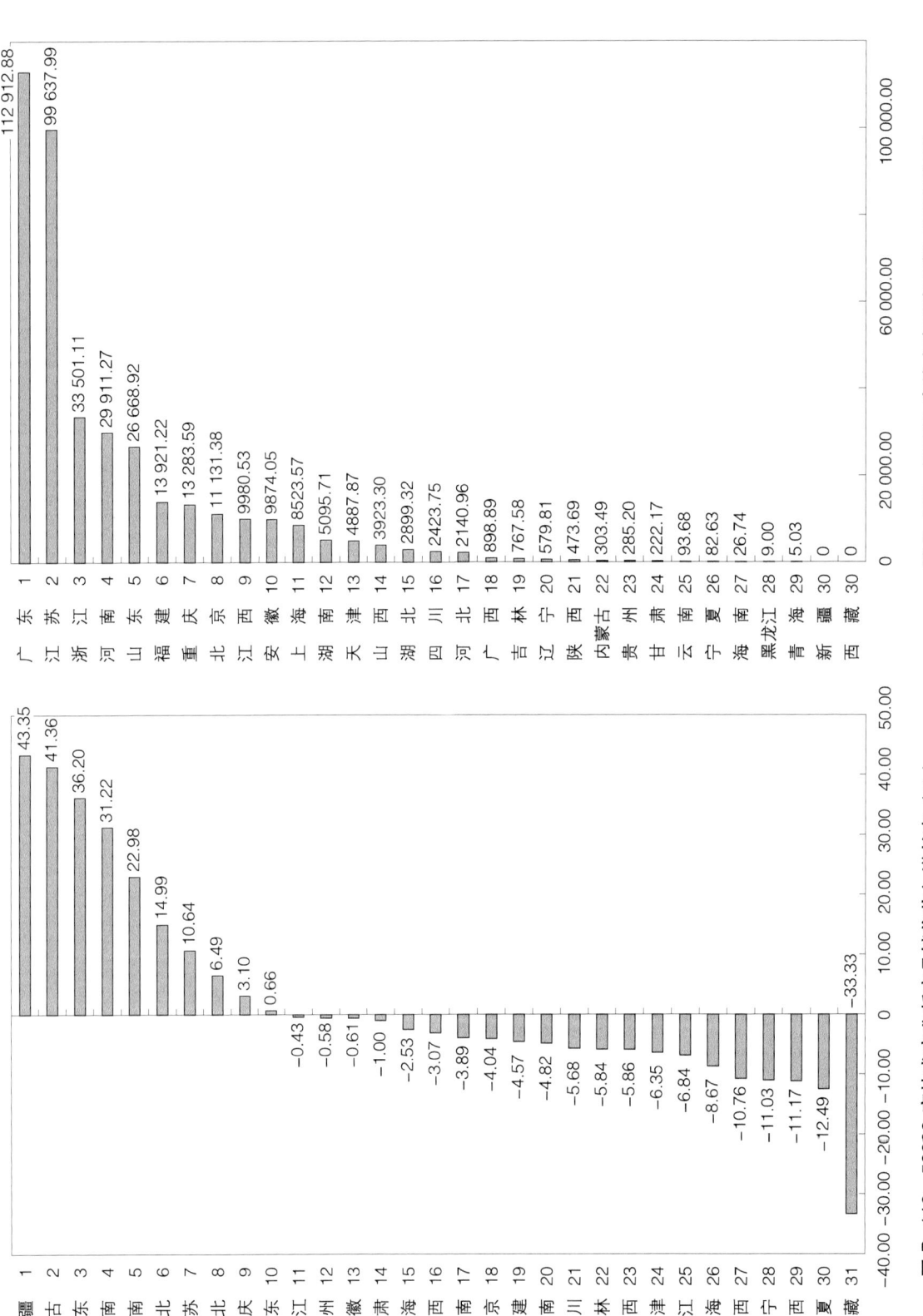

图 B-118 52203 高技术产业新产品销售收入增长率（%）

图 B-119 53001 高技术产品出口额（百万美元）

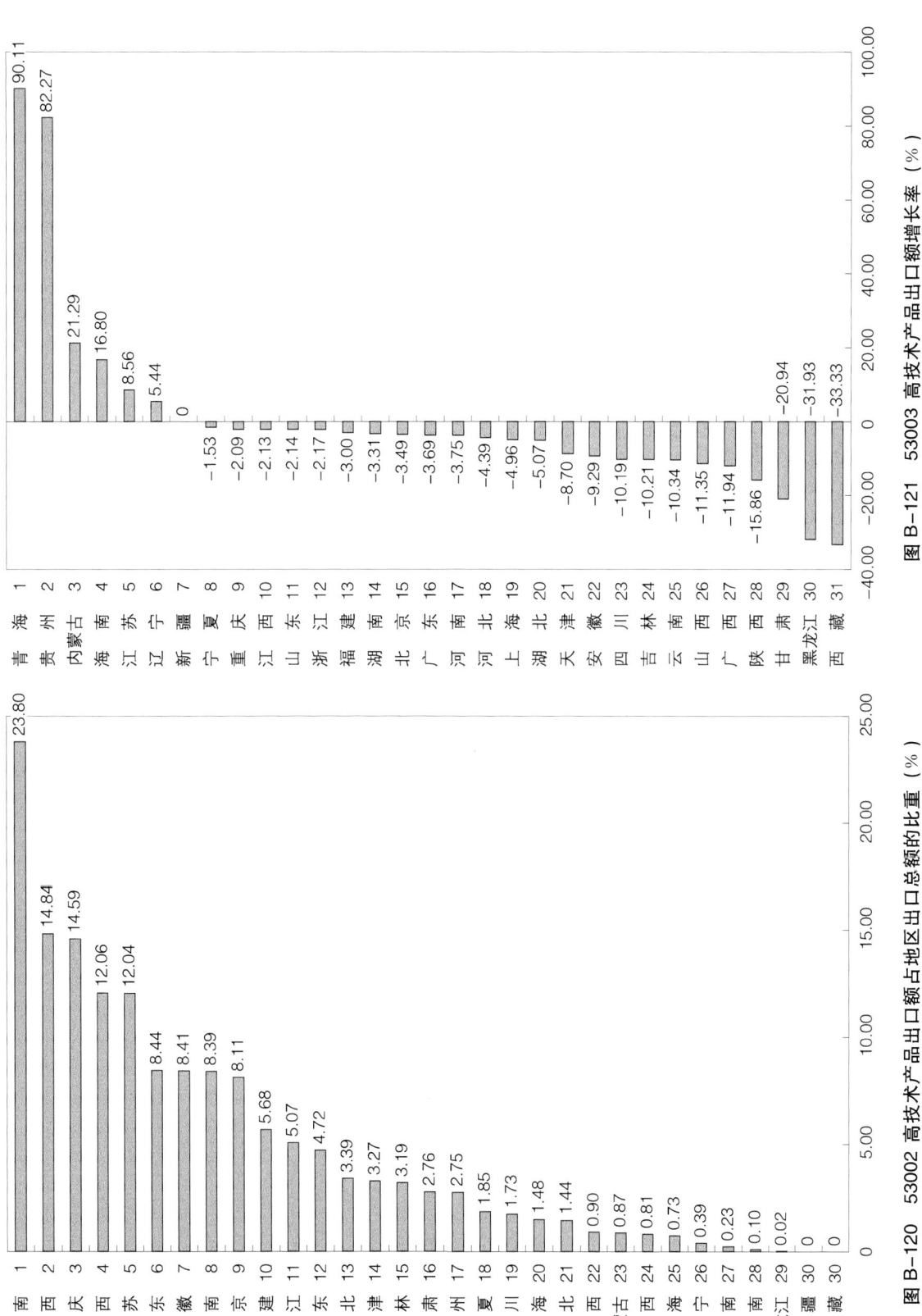

图 B-121 53003 高技术产品出口额增长率（%）

图 B-120 53002 高技术产品出口额占地区出口总额的比重（%）

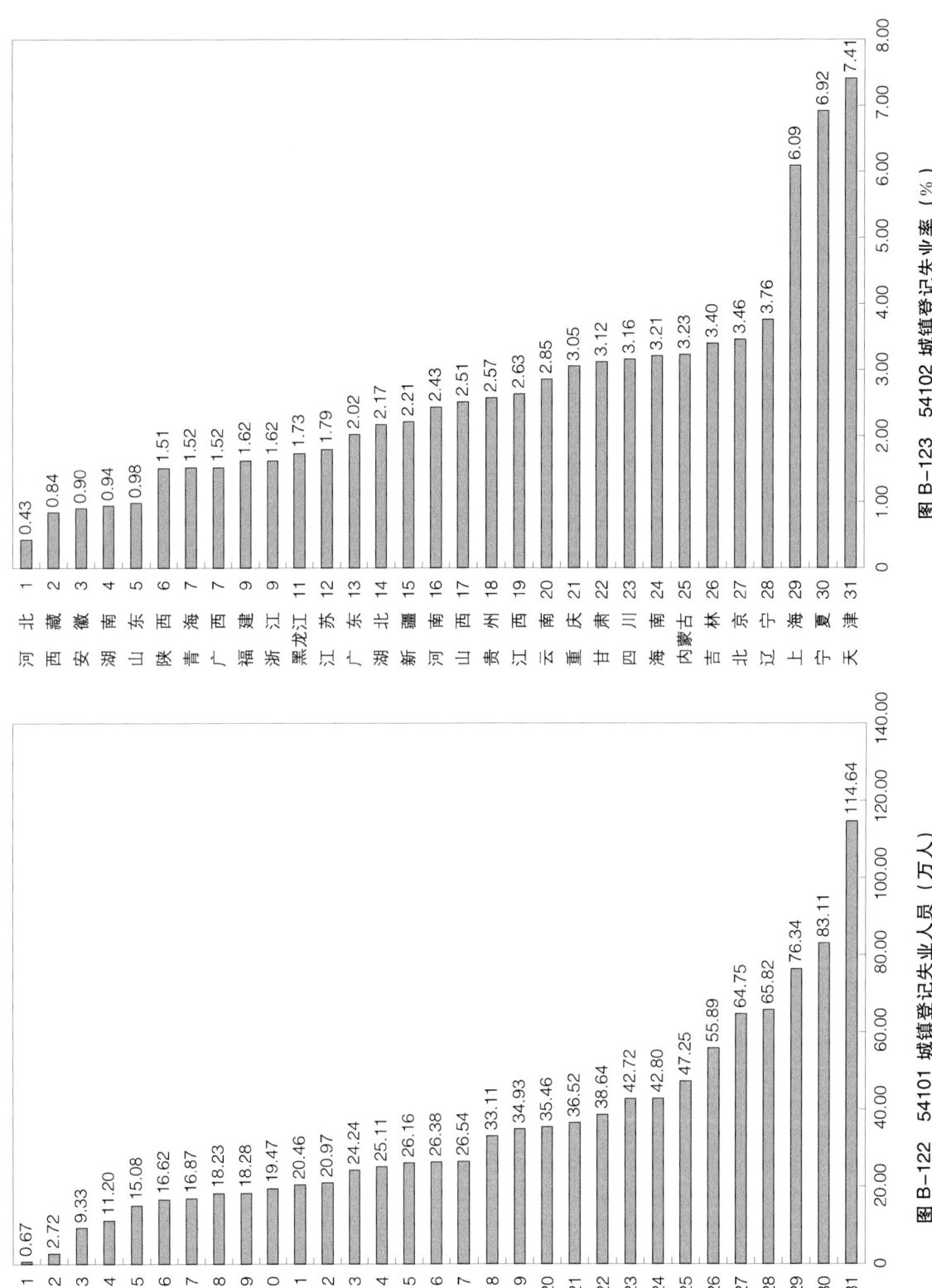

图 B-122　54101 城镇登记失业人员（万人）

图 B-123　54102 城镇登记失业率（%）

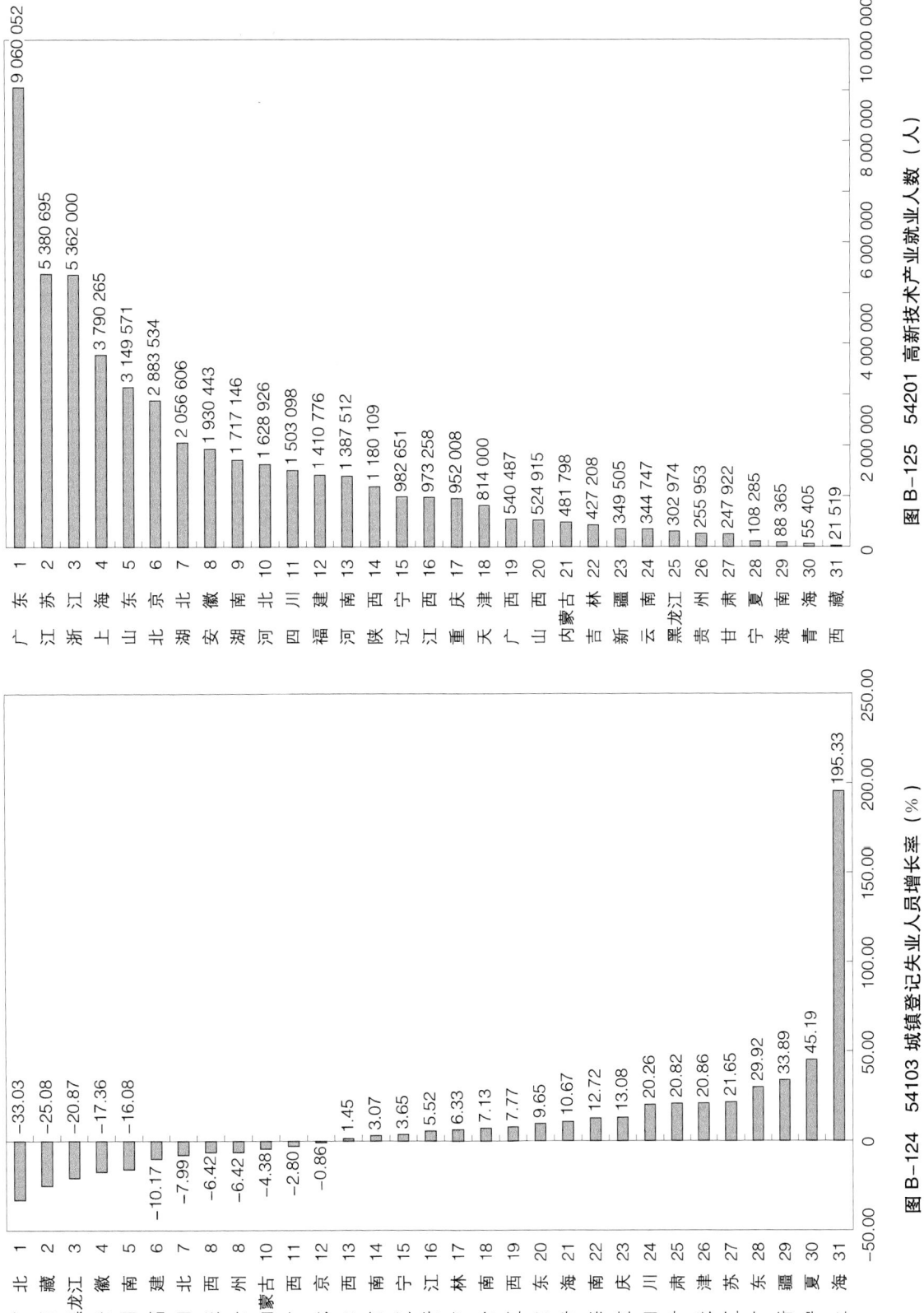

图 B-125 54201 高新技术产业就业人数（人）

图 B-124 54103 城镇登记失业人员增长率（%）

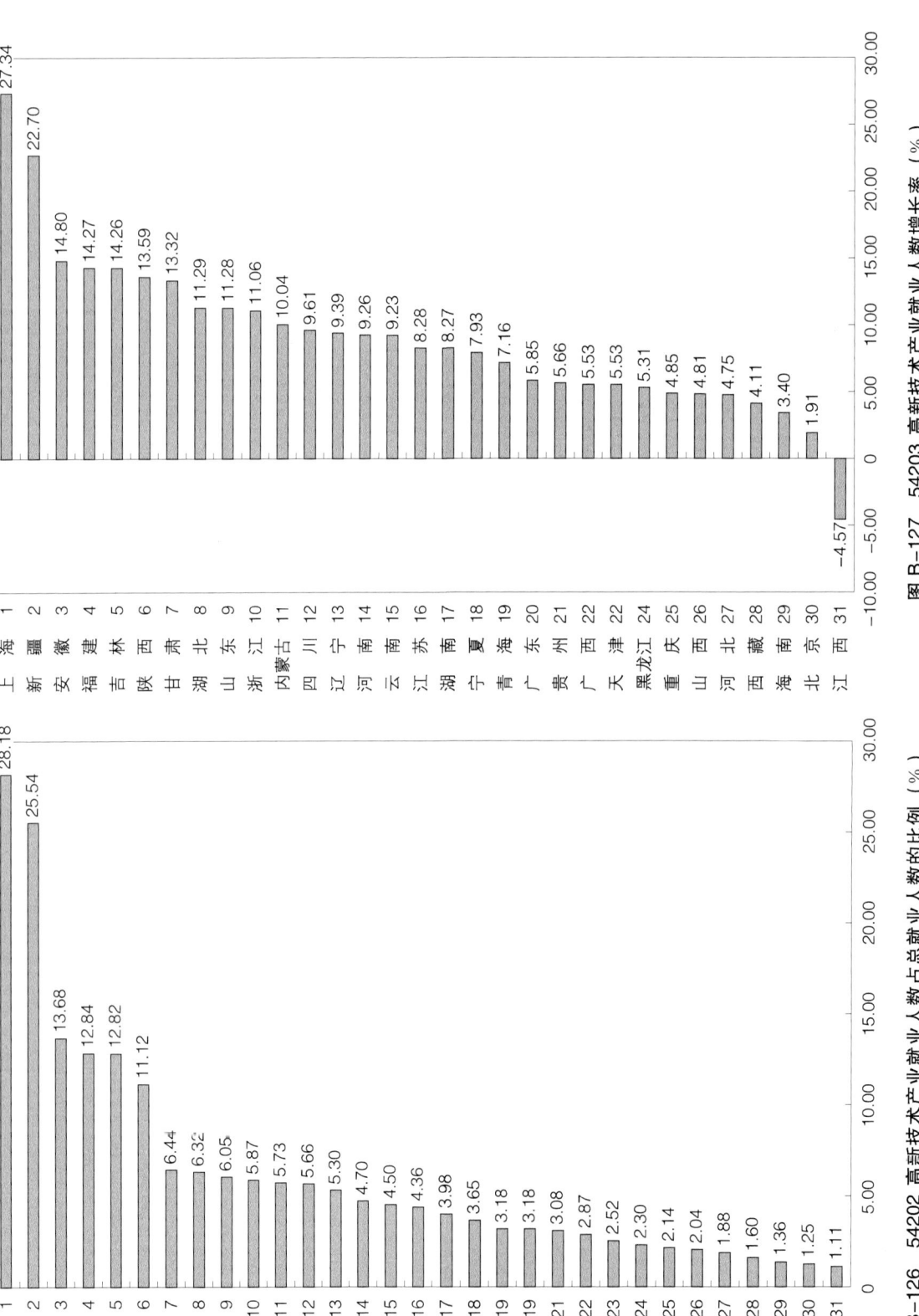

图 B-126 54202 高技术产业就业人数占总就业人数的比例（%）

图 B-127 54203 高新技术产业就业人数增长率（%）

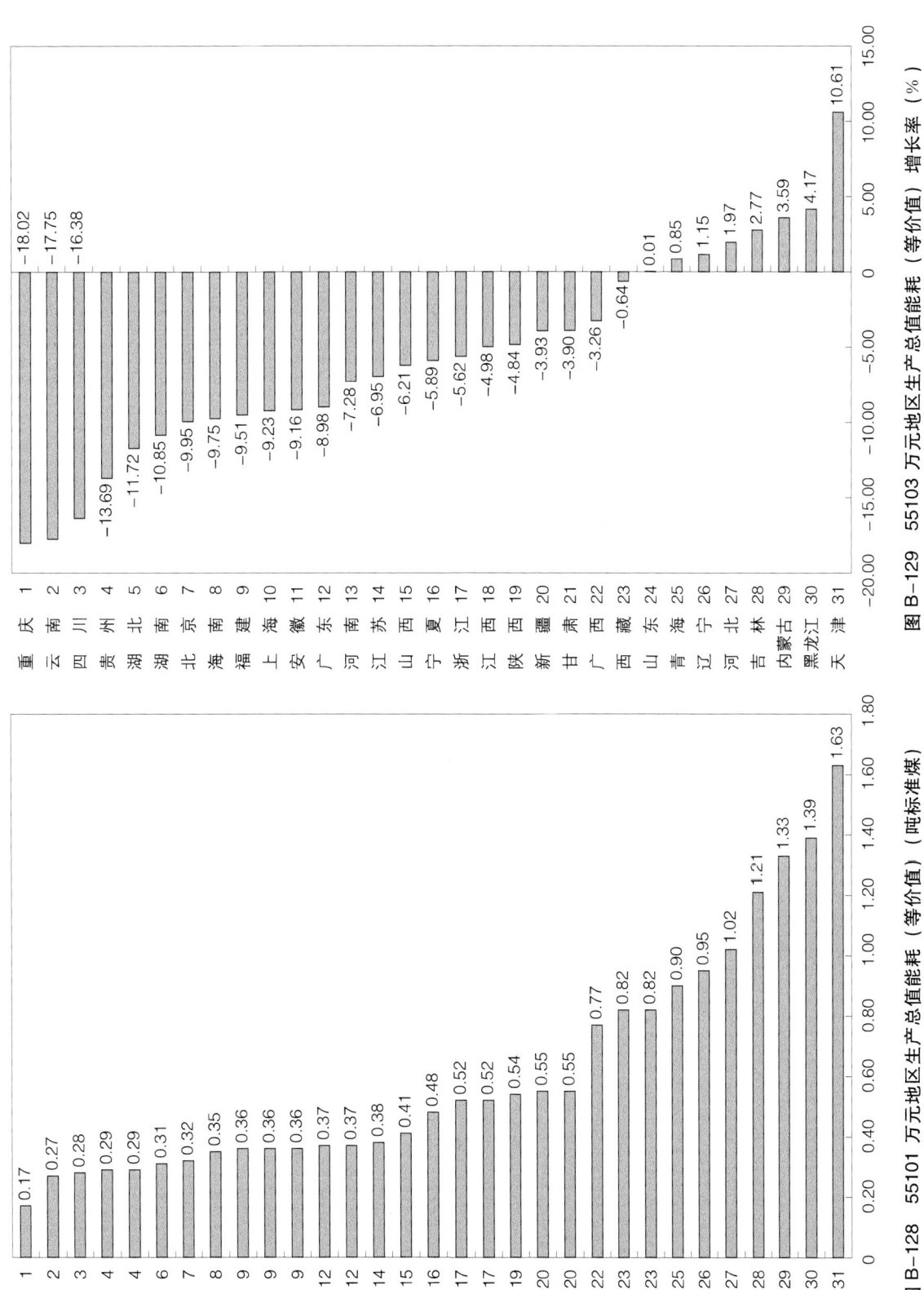

图 B-128　55101 万元地区生产总值能耗（等价值）（吨标准煤）

图 B-129　55103 万元地区生产总值能耗（等价值）增长率（%）

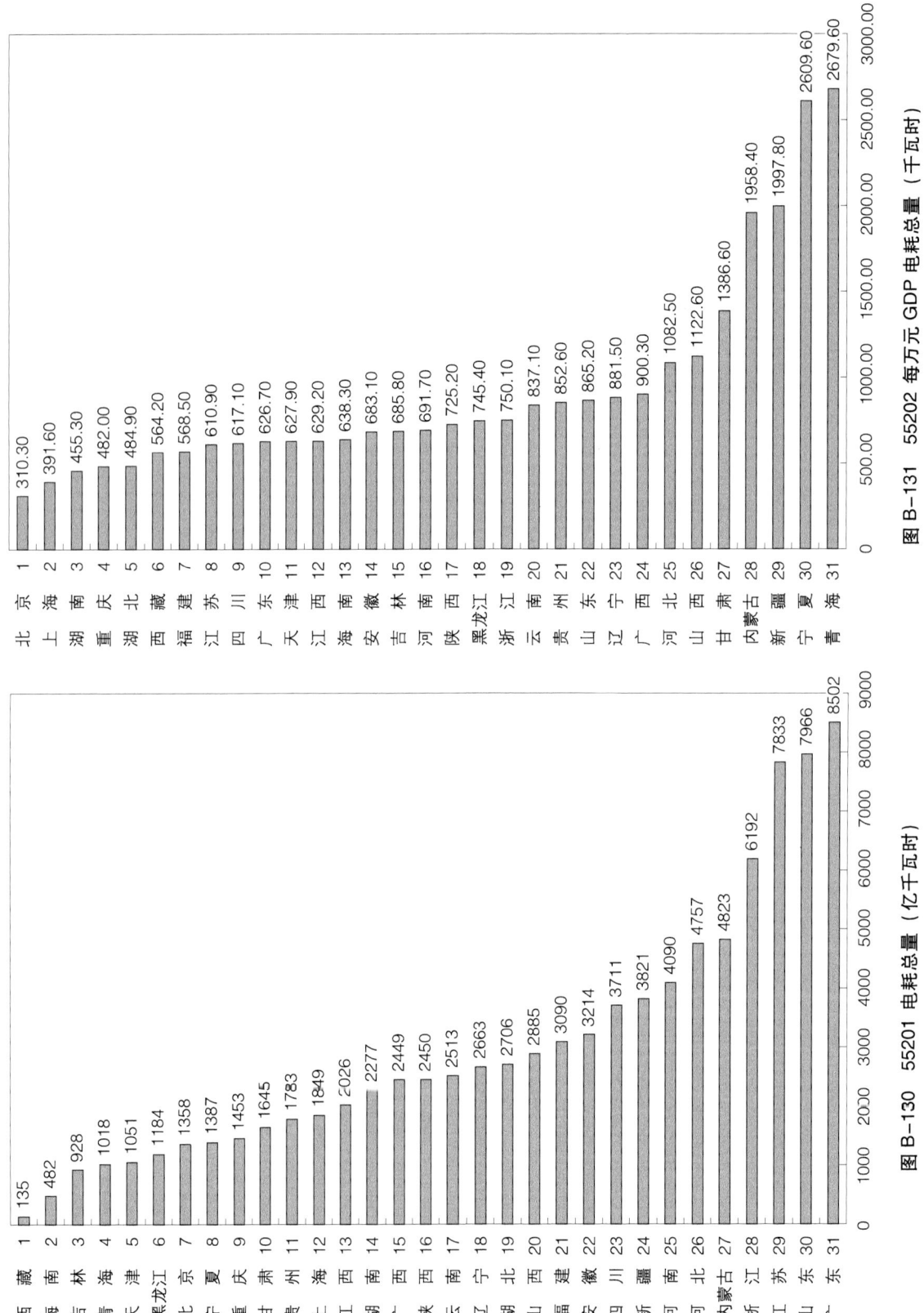

图 B-130 55201 电耗总量（亿千瓦时）

图 B-131 55202 每万元 GDP 电耗总量（千瓦时）

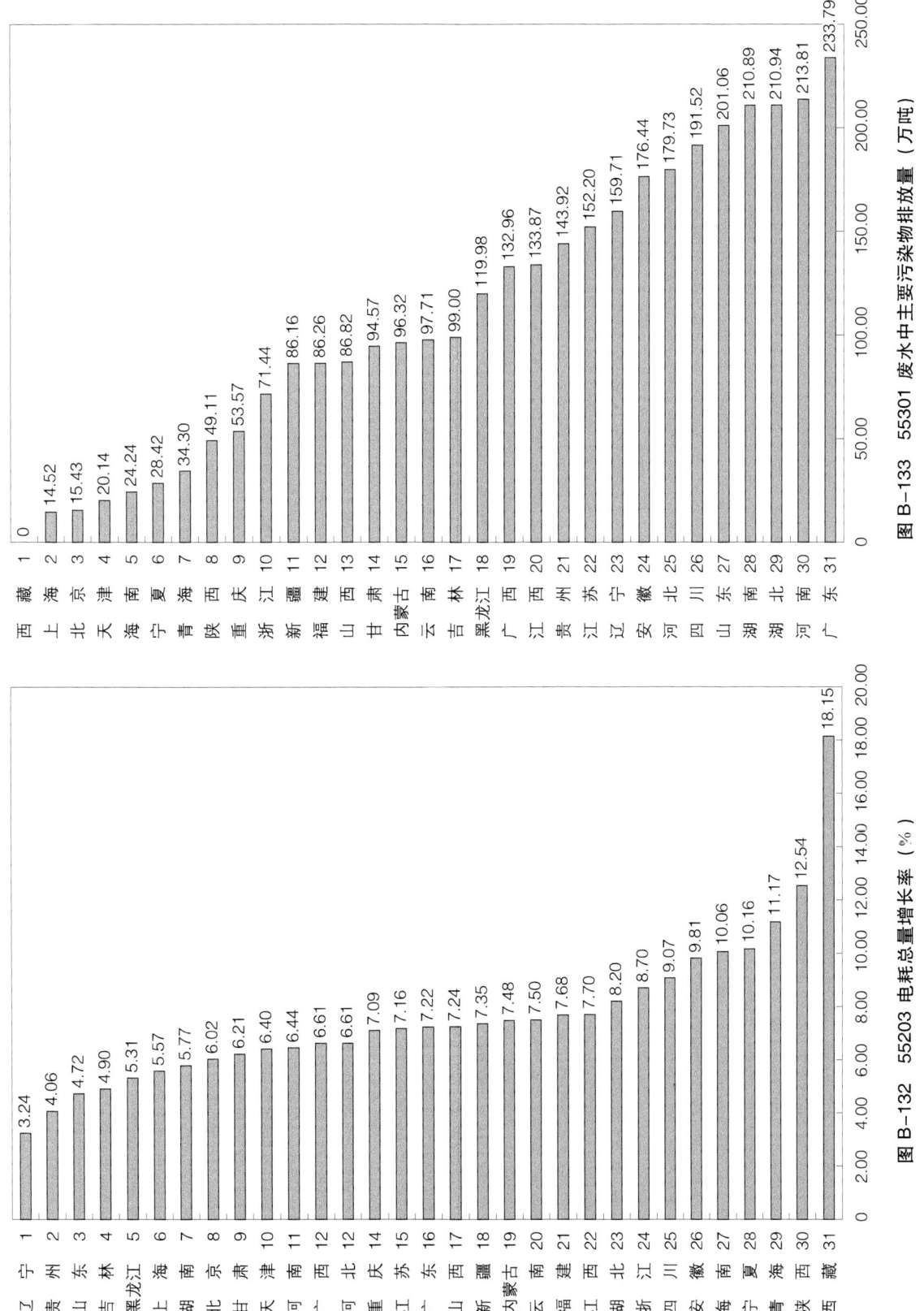

图 B-132 55203 电耗总量增长率（%）

图 B-133 55301 废水中主要污染物排放量（万吨）

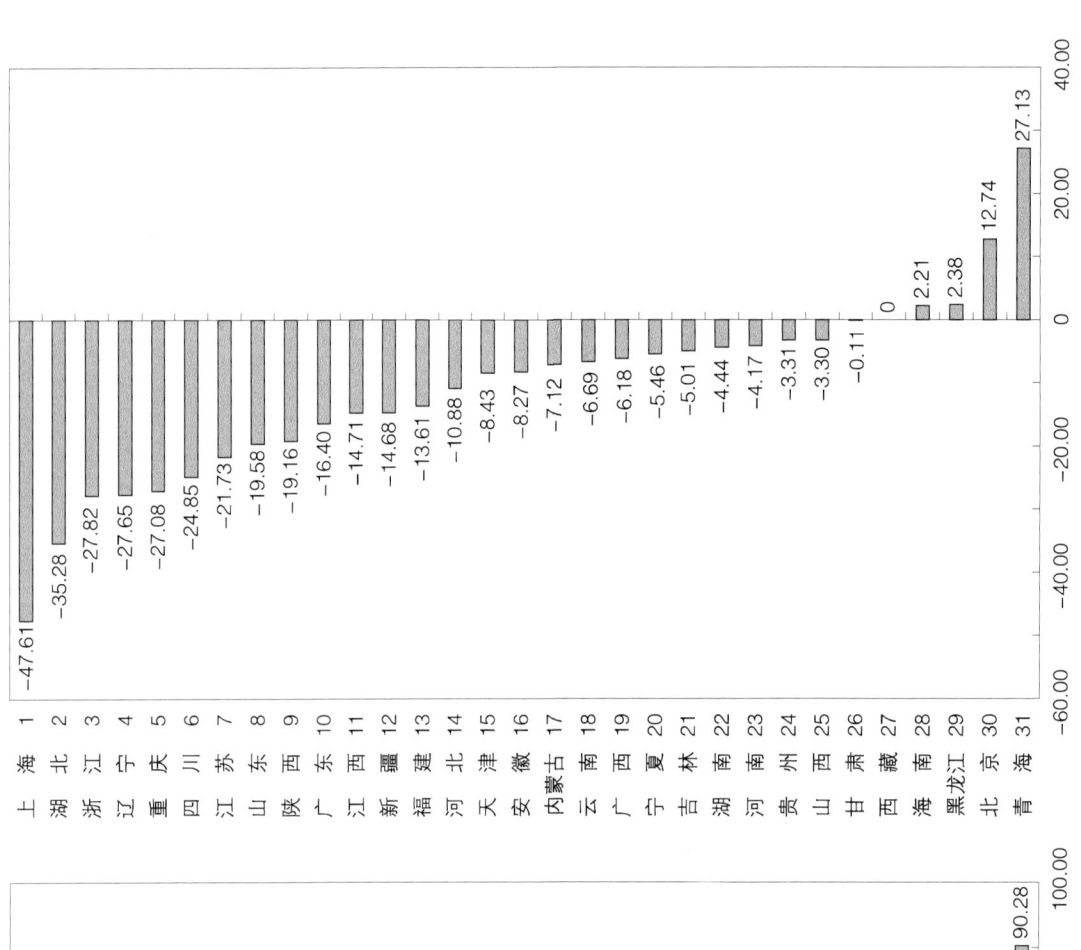

图 B-134　55302 每亿元 GDP 废水中主要污染物排放量（吨）

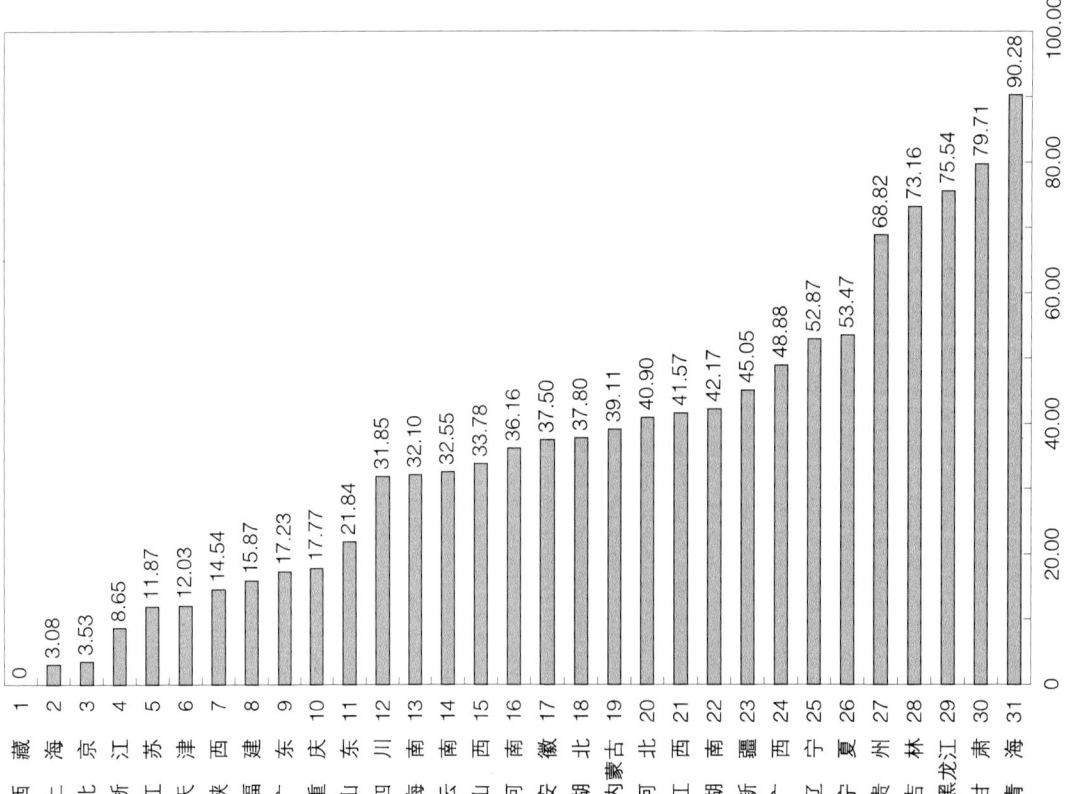

图 B-135　55303 废水中主要污染物排放量增长率（%）

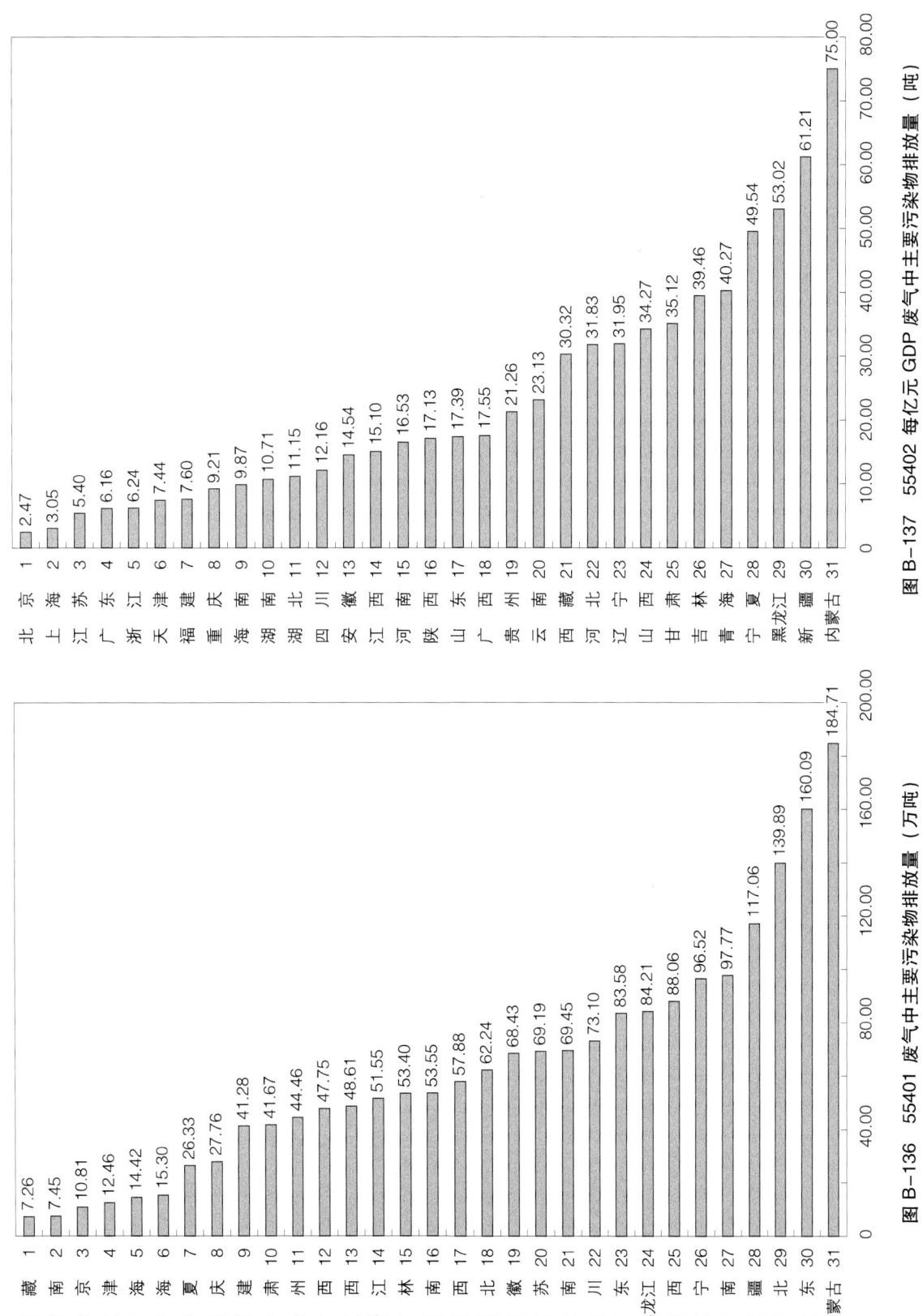

图 B-136　55401 废气中主要污染物排放量（万吨）

图 B-137　55402 每亿元 GDP 废气中主要污染物排放量（吨）

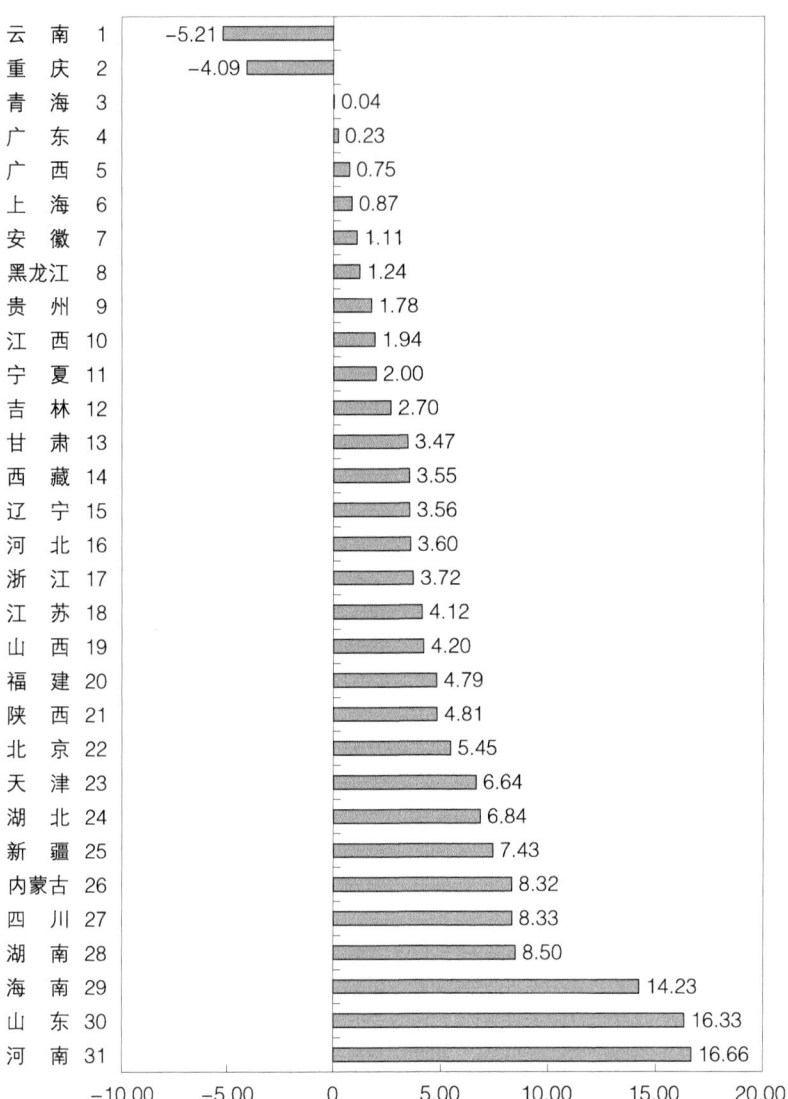

图 B-138　55403 废气中主要污染物排放量增长率（%）